儒道佛三家思想
与二十一世纪人类文明

林安梧 讲述　王冰雅　张　贝 整理

山东人民出版社·济南
国家一级出版社 全国百佳图书出版单位

图书在版编目（CIP）数据

儒道佛三家思想与二十一世纪人类文明/林安梧讲述；王冰雅，张贝整理. --济南：山东人民出版社，2017.9（2025.3重印）
ISBN 978-7-209-10585-9

Ⅰ. ①儒… Ⅱ. ①林… ②王… ③张… Ⅲ. ①儒家-通俗读物 ②道教-通俗读物 ③佛教-通俗读物 Ⅳ. ①B222-49 ②B958-49 ③B948-49

中国版本图书馆CIP数据核字(2017)第092054号

儒道佛三家思想与二十一世纪人类文明
RU DAO FO SANJIA SIXIANG YU ERSHIYI SHIJI RENLEI WENMING
林安梧 讲述　王冰雅　张　贝 整理

主管单位　山东出版传媒股份有限公司
出版发行　山东人民出版社
社　　址　济南市英雄山路165号
邮　　编　250002
电　　话　总编室（0531）82098914
　　　　　市场部（0531）82098027
网　　址　http://www.sd-book.com.cn
印　　装　东营华泰印务有限公司
经　　销　新华书店

规　　格　16开（170mm×240mm）
印　　张　26.5
字　　数　350千字
版　　次　2017年9月第1版
印　　次　2025年3月第3次
ISBN 978-7-209-10585-9
定　　价　48.00元

整理说明

2016年10月，台湾著名哲学家林安梧教授与山东大学儒家文明协同创新中心正式签约。林安梧教授在2016至2017学年内担任儒家文明协同创新中心的杰出访问学者及山东大学儒学高等研究院的客座教授。在此期间，林安梧教授在“儒家文明论坛”为山大师生开设了“儒道佛三家思想与二十一世纪人类文明”系列讲座。

“儒道佛三家思想与二十一世纪人类文明”系列讲座共十讲。第一场讲座的时间是2016年10月13日晚，最后一场讲座的时间是2017年3月22日晚。第一场讲座开讲之前，杜泽逊教授代表儒家文明协同创新中心做了热情洋溢的介绍。他说，林安梧教授是著名哲学家，他的老师牟宗三先生是山东栖霞人，林先生本人研究的主要是儒学，儒学是孔子开创的学问，孔子是曲阜人，所以林先生来山东大学讲学，有非同寻常的意义。他又说，儒家文明协同创新中心邀请杰出访问学者，林安梧教授是第一位，这是一个高起点。祝林先生演讲成功。为了保存现场演讲情况，杜泽逊教授还特别请山东大学本科生院安排拍摄慕课（MOOC）。

因听者众多，讲座地点曾几经变换。第一场讲座在山东大学中心校区理综楼313教室，后因慕课录制需要稳定、安静的环境，遂改在中心校区知新楼A座2116教室进行。人数最多时达200人（理综楼313教室容量约为160人，但教室前后及走道上仍有不少或坐或站的同学），讲座教室更换至知新楼后，教室约有80座，而每次听课者总有百余人。系列讲座，往往开始人多，后来人越来越少，像林老师这样始终座无虚席的讲座，确实不多见。

听众入场前可从前台领取一份林老师提前拟好、儒家文明协同创新中心于晓雨老师打印好的讲纲。这份讲纲便是林老师讲课的依据。

听众包括了本科生、研究生、大学老师以及远道而来的社会人士等不同层次的人群。

林老师讲课如行云流水，偶尔会不按讲纲顺序讲，而是随兴之所至。用林老师的话来讲，他比较喜欢“气的氤氲造化自然生成”这样的讲课方式。林老师讲课很有魅力，不时流露出儒者的智慧。讲到有趣处，妙语连珠，令人捧腹；讲到严肃处，其深沉的忧虑又令人默然深思。我印象里最深刻的事，是林老师用闽南语讲《金刚经》。是时，喧嚣隐退，明月高悬，有习习晚风穿堂而过，瞬间仿佛置身于深山古寺中，有黄钟大吕之音传来，闻者肃穆。

林老师在讲台上自有一种从容谦和的气度，写板书的时候也是潇洒俊逸。他常说听课者分为三个层次：上焉者，听理论；其次者，听例子；再次者，感受气氛。为了照顾所有的听众，林老师会将深繁的理论化作涓涓细流，慢慢沁入听者的心底，使每个人都能有所得。林老师的讲堂如同一场戏剧的上演，自有起承转合、抑扬顿挫，听者的情感也随着林老师讲课的节奏不断变化，这就是林老师深厚功力和人格魅力的体现。

一场讲座的时间通常是3小时（晚上6点半至9点半）。讲座中，前两个半小时为林老师主讲，后半小时为互动环节。在互动环节中，同学们提问积极踊跃，到讲座后期，互动环节会持续到超过10点，甚至近10点半。我们作为记录者，每每惊叹于同学们机敏的反应、厚重的积累、深入的思考和精彩的表达，内心常常受到激励和鼓舞。

我们二人有幸负责林安梧教授讲课记录整理工作。王冰雅是2016级唐宋文学专业的研究生，张贝是2016级中国哲学专业的研究生。我们曾因

《山东大学报》的讲座整理任务和采访任务有幸认识林老师。在几次工作接触中，林老师很信任我们，也经常鼓励我们。后来，林老师萌生将录音整理成书稿的想法，就将书稿的整理工作交给我们。由于晓雨老师和孔维鑫同学牵头，他们把情况报告给杜泽逊教授。经过研究商量，杜老师决定把林安梧教授讲课记录整理工作确立为儒家文明协同创新中心项目，资助整理费用，资助出版，随后，与山东人民出版社签订了出版协议。这项工作也就走上了轨道。

我们的具体分工：王冰雅负责整理第一讲至第四讲、第九讲，张贝负责整理第五讲至第八讲、第十讲。林老师常提醒我们讲座整理是整理句子，而不是整理每一个字，强调对整体的把握和理解，包括对语境的保留。

书稿的整理工作前后历时6个月。在整理工作中，由于我们专业不同，因此需要经常互相帮助，解决疑难问题。哲学专业的李晋阳同学也常为我们答疑释惑。

录音整理成稿后需进一步删减、润色，因为担心两人的整理风格不完全一致，所以我们在各自整理后又进行了合校工作。总的下来，每篇稿子校正的次数基本不低于5遍。整理稿最后送林老师审定。

作为两名研究生，我们深深感到，整理林安梧教授的演讲，是一次难得的学习机会，终生难忘。在此感谢林安梧教授的信任，感谢儒家文明协同创新中心杜泽逊教授、于晓雨老师的大力支持，也感谢孔维鑫同学、李晋阳同学的热情帮助。此外，这篇整理说明是杜老师根据我们的汇报改写而成，让我们感受到长者的爱护。限于学识，我们的整理工作还不够完善，恳请读者批评教正为感。

王冰雅　张贝

2017年7月10日于山东大学

序言

我讲习儒道佛经典，已接近四十个年头，特别是近二十年来，感触颇深。每回讲来，总觉得不是我在“讲”，而是我在“听”。我在“倾听”经典，因为倾听经典，而使得这倾听开启了讲，此之谓“开讲”。开讲不是我在开讲，而是经典在开讲，我反而是在倾听。

倾听《论语》《孟子》，一念警惻，体贴得儒家的“自觉”，在此“自觉”中，人进到世界中，担起来，说“我，就在这里”；倾听《老子》《庄子》，致虚守静，体贴得道家的“自然”，在此“自然”中，人在天地间，看开了，说“我，归返天地”；倾听《金刚经》《六祖坛经》，万尘俱落，体贴得佛教的“自在”，在此“自在”中，人在宇宙间，放下了，说“我，当下空无”。

有倾听，有交谈，有融会，有沟通，新的话语就在耳际重新响起。佛陀说“我，当下空无”，正因这“无我”的“自在”，让“我，归返天地”，就这归返天地，我醒觉到“我，就在这里”；老子说“我，归返天地”，由于这“无为”的“自然”，“我，就在这里”，承担挑起，就这承担挑起，我猛然觉悟还得放下，回到“我，当下空无”；孔子说“我，就在这里”，只因这“承担”的“自觉”更须“生而不有，为而不恃，长而不宰”，如此，“我，归返天地”，既归返了天地，进而“我，当下空无”。

孔子说“我挑起”为的是苍生，回到天地，“看开”一切，终而能“放下”；老子说“我看开”所以能放下，面对苍生，“放下”执着，这才能“挑起”；佛陀说“我放下”更而能挑起，如如无碍，“挑起”志业，把世界“看开”。“放下”“挑起”“看开”“放下”“挑起”“看开”，环环相续，永不停歇！是“儒”“道”“佛”，也是“佛”“儒”“道”，也是“道”“佛”“儒”；是“日”，是“月”，是“星辰”；是“山”，是“河”，是“大地”；是“心”，是“佛”，是“众生”；有等分、有差别，却又还归于虚空同体。

生命似长河，一直向前流淌、奔赴，永不停歇。那光影，倏忽其来，倏忽其去，似有若无，似无又有，有无相间，还真似幻，似幻还真，真有其不可以已者，真有其不可以知之者。

古希腊哲学家赫拉克利特（Heraclitus）说“抽足入水，已非前流”，佛陀指出“刹那生灭，当体即空”，孔夫子也曾慨叹“逝者如斯夫，不舍昼夜”。这三位圣哲，或言其变动性，或言其空无性，或言其永续性。他们对时间都有其洞见，却又有各自不同的理解。

时间，或是变动，或是空无，于我而言，都是生生不息的永续，这是我得自孔夫子的信仰。时或偶然，却又必然，之所以必然，实乃不离人之所思所想也。我来山东，偶然耶！必然耶！真乃偶然而必然也。

一九九八年我第一次来山东，那年在舜耕山庄参加当代新儒学国际学术会议，是《鹅湖》月刊与山东大学联合举办的。之后，我们到业师牟宗三先生的故乡栖霞去参访。我记得在牟氏庄园，对方请我们题字，我写了“仁义为栖，照雨成霞”的句子。后来，一伙人又去青岛参访，记得就在路边，一位街头的速描画家，为我留下了一帧画像。当然，更不能忘怀的是济南的大明湖。“家家泉水，户户垂杨”“四面荷花三面柳，一城山色半城湖”，济南风情，实乃佳绝。

二十年来，我与山东同道、山东大学的交流，像涓涓细流，虽不算太繁密，但确有着汇流成河的趋势。就这样一年年增加着，山东，我来了，我的学生也来了；山东大学的朋友也去了台湾，老师去了，他们的学生也去了。我们的交往不用数，也数不清，自自然然，很是自在。只觉得这齐鲁大地果真是圣贤之乡。宽广平坦，厚德载物；朴质刚健，自强不息。这方天地，虽然免不了仍有些雾霾，但人情的温润、四时的运化，都令人欣悦、欢喜。

课堂上讲论，饭桌上饮酒，或者是议辩，或者是长谈，或者是酣饮，或者是高歌，觥筹交错中，却不离儒道文明，不离哲学诠释，不离东西对话，不离宗教交谈。这里有着家常般的温润，有着天地间的豪情，有着朴质的深情，有着真质的厚义。

二十一世纪初，老友陈炎副校长希望我考虑来山大任教，我因父母年迈，家又远在台湾，实有不便，说只能短期访问。之后，应傅永军兄之邀，我来文史哲研究院访问，也在刘杰院长主持下，在哲学与社会发展学院讲学多次。哲学诠释学的会议，是东西方哲学交汇的好场域，洪汉鼎老师、傅永军兄、傅有德兄、黄玉顺兄、颜炳罡兄、王学典兄，或先或后，除了老壮一代，还有中青一辈的师友，宋开玉、陈治国、张晓梅，大家熟稔如兄弟、如家人。这些朋友来自全国各地，不一定是山东人，但对于山东的厚实与稳健，对于齐鲁大地的圣贤气息，都是认同的。

时序往前延展，二〇一六年六月间，我应尼山书院与明伦书院之邀到大明湖畔的奎虚楼讲学，周锦院长邀来一群朋友，欢宴畅叙。李西宁、王学典、颜炳罡、傅永军、黄玉顺，一大伙人在一起，谈古论今，讲到了中国文化复兴及东西文明对话种种。我正逢慈济大学学术休假，也想到祖国大陆来访问，就这样做出了决定。我就这样来了，来到了齐鲁大地，来到了圣贤之乡，开启了我一年的访问生涯。

孔夫子、曾子、子思、孟子，还有我的老师牟宗三先生都是山东圣贤。我少时除了喜读“四书五经”外，也特别喜读章回小说，特别是《水浒传》，水泊梁山、水浒好汉就在山东。在我生命中，一直认为水浒好汉，也不离圣贤。他们都信奉天理，直契本心，都不离“孝、悌、慈”这三个字，而这三个字正是中国文明永生的奥秘。我总觉得现代的学者，落在学术体制里，条条框框太多了，于生命的真实多有不契，往往就只是将学术作为职业而已，这与我理想中的志业，相隔远矣！我总以为学术训练本须严格，但更重要的是不离生活世界，不离历史社会总体，不离家国天下；面对过度的科层体制的框限，多少要有一点水泊梁山、水浒好汉的精神，突破格局，开启新猷。

从“存在的觉知”，到“概念的反思”，到“理论的建构”，又从所阅读到的“理论的建构”，回到“概念的反思”，进一步回溯到“存在的觉知”，如此往复循环，相互验察。这样的学问，才能既接地气，又通天道。有着宽广厚实的具体生长，有着高明而普遍的理想追求，两两相应，通天接地，人者居于其中，生长之、贯通之，其学乃可成也，其道乃可通也。

这是我第二次比较长时间的外访学习、研究讲学，第一次是一九九三年到一九九四年间，我到美国威斯康辛大学麦迪逊校区（University of Wisconsin-Madison）访问。当时，我应富布莱特基金会（Fulbright Foundation）之邀，主要做《儒学与中国传统社会之哲学省察》的研究。这回来到山东大学儒学高等研究院儒家文明创新协同中心，自二〇一六年十月起，访期也是一年，主要任务是要做一系列的讲座，并且将这讲座做成慕课（MOOC）的课程，课程名称是“儒道佛三教经典智慧与二十一世纪人类文明”。除此课程外，还要完成一个带有学术生命历程的专访，从我的出身、学习、任教谈起，讲我的从师问学、访问研究以及学问的生长与变迁，还有如何面对文明的危机，焦思苦索，提出后新儒学，构造“存有三态论”，主张“公民儒学”，等等。

讲座完歇，文稿已成。想三教所重，儒家在“主体的自觉”，道家在“天地的自然”，佛教在“当下的自在”；三教之观法，儒家重在“观生”，道家重在“观复”，佛家重在“观空”；三教之功夫，儒家主“敬而无妄”，道家主“静为躁君”，佛家主“净而无染”。儒家重在承担，

目 录

强调“我，就在这里”；道家重在归复，强调“我，归返天地”；佛家重在解脱，强调“我，当下空无”。行笔至此，我想起“宗师仲尼诚通天地，三教判分道贯古今”的牟宗三先生，他老人家有言“察业识莫若佛，观事变莫若道，立人伦莫若儒”，真乃的论也。我今之所想、所发，实不外于业师牟先生之所说也。我不是照着讲、跟着讲，而是接着讲、续着讲，做些传薪的工作而已。

这本《儒道佛三家思想与二十一世纪人类文明》是在这样的因缘下作成的。我要感谢尼山学堂以及相关硕士生、博士生，正因为他们的努力付出课程才得以顺利开展。当然，要特别感谢王学典兄、杜泽逊兄的安排，这本讲演集子才得以诞生。此外，我要感谢于晓雨老师和孔维鑫、王冰雅、张贝三位同学的辛勤工作，从讲座的安排到录音整理、誊录、批注，其辛劳自不在话下。但愿这些努力，真有助于人类文明的交谈对话。是为序。

丁酉之夏，二〇一七年七月二十七日清晨写于南京旅次

导读

通融三教、对话东西

2016年10月，著名哲学家林安梧教授正式成为山东大学儒家文明协同创新中心的杰出访问学者，兼任儒学高等研究院客座教授。在2016至2017学年中，林安梧教授在“儒家文明论坛”开讲，为山东大学的师生带来“儒道佛三家思想与二十一世纪人类文明”系列讲座。该系列讲座即为本书成书之因由。

进入21世纪，中国的现代化进程迈入崭新的发展阶段，中国文明也成为现代化的重要反思力量。笛卡尔的“我思故我在”是西方近代哲学的基础坐标。通过“思维的我”确立“我”的存在，并进一步确立世界的存在，这种确立方式正是现代性精神的表征。启蒙运动点燃了人类的理性之光，人从中世纪神的压抑中解放出来，开始以理智控御世界，但是严重的问题也随之而来，人们误以为人是世界的中心。在人类欲望不断扩张的同时，带有进取性、侵略性的思考也越来越多。西方基督教传统中所隐含的强控制力量随着现代性的发展而逐渐形成一股强大之势，并且一往而不复。现代性发展日趋成熟，而隐含的种种问题也随之显现，工具理性高张，生命有机总体失落，人成为工具人，消费化的趋向向全球蔓延……在各领域中，西方的话语权一直处于主导地位。现在进入21世纪，我们有必要对西方的话语权进行反思，告别欧美霸权。当今世界已经被霸权所笼罩，权力的冲突正是世界冲突的根源。如何免除霸权的思考正是当务之急。

中国文明历经数千年而不衰，极具包容性，即使是在今天，中国文明依然有责任、有权利、也有机会参与到世界文明的对话中，为人类文明之发展做出贡献。为此，我们要回溯轴心期，回归传统经典，让先哲的智慧得以彰显，以革现代性社会之弊。以儒道佛为主的东方文明的可贵之处在于以存在为本位。儒道是“生生法”，以“道”作为存在的共同源头。儒家重视“生生之德”的参与与成全，道家强调自然无为，付能于所，回归本真。佛家是“无生法”，寻求苦业的解脱，回到了无挂碍的自在状态。由此，儒道佛三家思想都重视回归存在本身，这正是免除霸权争端的思维方式。21世纪，正是中华文明对人类文明做出贡献的年代，回溯轴心期，以经典的智慧重塑自身，为人类文明之发展发挥正面的示范作用，这是中华文明对人类的责任，也是本系列讲座之初衷。

本系列讲座共分为十讲，其中第一讲为总论，第二讲是对儒道佛三家思想的基本概述，第三至八讲分别陈述儒道佛三家思想的基本义理，第九讲论证儒道佛三家思想融通的可能性及其在现代化之后的可能贡献，第十讲作为系列讲座的结论，反思“文明的冲突”，强调东西方文明对话的可能性。

第一讲，“东西文明之异同及其方法论的省思”，作为系列讲座的总论，概述东西文明异同，并对其研究方法论进行省思。首先，讲者从哲学的研究方法谈起，认为哲学取决于“存在的觉知”，经由“概念的反思”而上升到“理论的建构”。讲者提出做学问之“五证”，即历史的考证、典籍的佐证、科学的验证、逻辑的辩证、心性的体证，这“五证”相互交融才能产生一定的辩证。讲者由“经验的觉知”导入主题，经由儒教和基督宗教的对比，指出儒教也是宗教，却是不同于西方意义的宗教。再者，讲者对东西文明对比的思考一方面受梁漱溟、韦伯、张光直、杜维明和费孝通等学者的影响，一方面又对他们有着重大的反思。他反对“本质主义方法论”的论断，认为历史文明在发展的过程中，并没有一个恒定不变的本质在起决定作用，而是不断变化的、存在着各种可能的。受到张光直“玛雅—中国文化连续体”和杜维明“存有的连续观”的启发，讲者将“存有的连续观”和“存有的断裂观”进行对比，前者强调神人、物我、人己通而为一，后者强调天人、物我、人己分而为二。最后，讲者对中西思维方式做宏观对比，指出在中国传统中，价值和存在和合为一，存在的律动隐含着价值的意含。经由创世神话和东西方宗教对比，讲者指出西方是绝对威权的强控制系统，而传统中国是天人、物我、人己通而为一的弱控制系统。讲者借由哥伦布发现新大陆、《圣经》的定名、中国哲学合法性问题的论争等例子，对东西方话语权进行反思，呼吁汉语的话语权，提倡积极参与哲学思考。

第二讲，“儒道佛三家的基本思想：人伦孝悌、自然无为、缘起性空”，概述儒道佛三家的基本思想。首先，讲者对儒道佛“三教同源”说进行解释。从明中叶以后，就文化心灵的深层结构而言，华人所流淌的血液中已经包含儒道佛三家思想。其次，经由儒道佛三家思想的对比，讲者指出儒道讲“生生法”，佛教讲“无生法”。儒道同源而互补，他们都强调以存在之“道”为共通的根源。儒家的重点在仁，道家的重点在道；儒家的重点在生生的成全，道家的重点在自然的归复；儒家强调观生，道家强调观复；儒家强调积极的实践，道家强调顺成自然。第三，讲者强调，在当代社会中，儒家的复兴需要重新建构人伦共同体，道家对话语之所建构与存在本身的关联进行了深入反思，并强调“付能于所”的应对方法。第四，讲者指出，佛教中国化经历了从“出世间法”到“出世间法”与“世间法”相结合的过程。佛法丰富了中国人对“人”的内在理解，特别是对心灵意识的深层理解。儒家强调自觉，道家强调自然，佛家强调自在，三家义理思想深深渗入华人的生活世界。最后，讲者以“人伦孝悌、自然无为、缘起性空”概括儒道佛三家思想主旨，并期待基督教、伊斯兰教与儒道佛有更多的互动。

第三讲，“儒家经典智慧与二十一世纪人类文明——以《论语》为例”，阐述儒家义理。首先，讲者回顾了自身的学习历程。多年的哲学学习经历使讲者对现代化进程中暴露的种种问题进行深入反思。其次，讲者从《学而》篇讲起，并从三个向度予以解读：一是教育权的解放，二是井田制衰颓、游士阶层兴起，三是人格的自我完善。其次，讲者以牟宗三“良知坎陷说”为例，对民国初年意义危机背景下的哲学论题进行反思，指出当代儒学发展应该去芜存精，回归五伦。进而，经由对《论语》的进一步阐释，讲者指出儒家对“礼有三本”的重视，并将有子和曾子的观点进行对比。有子重视孝悌人伦，而曾子重视忠信仁义，后者更具普遍性，由此看出思孟学派作为儒家嫡传的道理所在。讲者以《为政》篇的道德理念对比西方强调权力制衡的政治，指出政治须以道德为支撑。第三，就大陆的儒学发展现状而言，讲者认为儒学发展之关键在于建构人伦共同体，并具体地谈到两个政策设想。第四，联系《易经》和《中庸》，讲者指出中国文化强调“存在与价值的和合性”，不同于西方所强调的“存在与思维的一致性”。第五，借由《大学章句》，讲者阐明了儒家的内圣与外王通而为一。最后，讲者以《尧曰》篇作结，勉励诸位听众能够通过概念范畴的转化，在现代性社会中充分释放儒学的意义。

第四讲，“如何读《论语》——经典、生活、实践与诠释的交融”，旨在讲明：经典就是生活，生活就是实践，实践中就有诠释，诠释须有实践，实践不离生活，生活本在经典之中。讲者由追溯自己的家族脉络讲起，点出华人追本溯源的文化传统。台湾历经日据时代而能坚持“承天命、继道统、立人伦、传斯文”，成为守护中国文化传统的道场。冥冥中仿佛有历史之神眷顾台湾，1949年两岸分治，大批大陆同胞给台湾文化带来了新气象。接下来，讲者回顾了台中一中的创校历史，指出文化的力量是超迈于政治之上的。讲者讲述了自身的求学经历，高中时代富有戏剧性的读书转折，15岁立志为中国文化努力。讲者以《论语》部分章节为例，分享了读《论语》的体会。在讲者看来，《论语》是一个有机的生命整体，与生活和实践密切相关。讲者谈到《论语》的结构安排自有一种“云从龙，风从虎”的精神气脉。针对如何读《论语》，讲者引朱熹“读论语孟子法”及陆象山读《论语》为例，强调读经典须回归语境，感其意味，体其意韵，明其意义。

第五讲，“道家经典智慧与二十一世纪人类文明——以《道德经》为例”，旨在通过道家与儒佛的对比，凸显其“付能于所”的思维方式。一则，讲者指出儒家意在通过话语去建构世界，而道家的路径与之相反，强调归复本源。道家具有非常强的批判性和反思作用。在话语建构的过程中，道家知其有发生异化之可能，从而使得A变成非A，“天下皆知美之为美，斯恶已；皆知善之为善，斯不善已”。这种批判性即使是在千年之后的今天，仍显得尤为重要，因为道家包含着可以对治现代性社会诸多弊病的智慧。二则，讲者不仅看到了道与儒佛的差异性，更看到道与儒佛及基督神学之间的可融通性，为学者不可偏于一隅，而当以包容之心态发现融通之可能。秦汉以来，儒家彰显在前，道家隐身于后，但儒道本是同源而互补的，不可重此而轻彼。三则，讲者认为道家是一种具体而实存的智慧。道家不断地提醒你，把事情交诸自然天地的场域去处理，因为场域之中有一种自发的、调节的、和谐的秩序能帮你调节好。归复源头，始得自然。讲者之本旨不过是鼓励读者回归经典，深切体认经典中所蕴含之道，入于经典，归于生活。

第六讲，“如何读《道德经》——经典、生活、实践与诠释的交融”，讲者旨在与读者分享其经典诠释与阅读之方法，并强调经典阅读不可离开生命体验。首先，讲者提出“有范围，无定点”的诠释学论点，认为文本一旦完成，作者创作之原意已无可把捉，故“无定点”，又因其原意可作为接近之可能，故“有范围”。然此范围在不同理解视域之下，自会有差异，个人须引自家之体会以入于经典之阅读。其次，讲者认为经典之阅读不必流于文字句读，而当感其意味，体其意韵，再明其意义。经典不应仅被当作对象来理解考察，更要在阅读之中融入自己的生命体验，如此才能将经典阅读与生活实践相贯通。读者可能会困惑，经典本身便是文字组合，为什么要疏于文字而强调感通呢？这就要回到道家思想本身来说。道家认为一切事物经由话语的论定，就不再是其存在本身了，唯有回到未始有言之先，才能真正契入道妙。经典之为经典，在其以文字为载体所开启的生活世界，对不同的人以不同的方式敞开。最后，讲者强调现代性社会看似在提倡多元化，实则是在追求一致性，这便是一系列社会问题的端续，而道家对多元性、差异性的尊重便是治疗现代性病态发展的良方。

第七讲，“佛教经典智慧与二十一世纪人类文明——以《金刚般若波罗蜜经》为核心的诠释”，旨在结合《金刚经》说明佛教般若治疗学于现世之意义，并通过与其他文化的交谈以促成佛教学理之发展。首先，讲者透过儒道佛三教的对比，以显明佛教之基本特点。佛教重在澄念，强调通过净而无染的修养工夫，以达于我法二空的自在之境。又以Paul Tillich和久松真一的对话为楔子，强调东方是弱控制系统的文化脉络，东方的宗教是觉性的宗教。东方之宗教重在回到存在之源，西方之宗教重在言说之论定。其次，讲者认为佛教之要义在寻求苦业之解脱。佛教认为生即是苦，万法皆空，人当有观空之智，方能生菩提之心。如何离苦得乐，入寂灭之境？“应无所住，而生其心”，亦即遣除我法二执。人有所执，便有所住，心有所执，便有所苦，惟证自性真空，方能顿悟妙有。以四句来概括《金刚经》便是“存在的空无，意识的透明，信仰的确定，实践的如是”。最后，讲者指出，若能以般若观空之智荡相遣执，便能使如是之觉性开显。佛教般若治疗学可通过观想除贪爱，调服我们的妄执之心。现代性社会若能使经典重新焕发生机，定于现世之人大有裨益。

第八讲，“如何读《金刚般若波罗蜜经》——经典、生活、实践与诠释的交融”，旨在借由《金刚经》之文本，畅达佛教之根本义理。一则，讲者历述其讲习《金刚经》之因缘，进而对佛教义理做更深入的阐发。讲者认为“讲”是一种“闻”与“思”的活动，而“习”是一种“修”的实践活动，“讲习”是一个主客交融的过程，在此过程中讲者也受益于佛教之哲理，亦可见其对中西文化之融贯，其学术思想之包容。二则，讲者认为佛教的般若治疗不离人伦日用，不拘泥于固定形式，意在使我们回归一种如是自在的状态。讲者视《金刚经》为一个待开发、待阐释的生活世界，认为诠释有五个层次，即言、构、象、意、道，唯有熟读经典，经由感通的路径，最终才能通于道体。三则，讲者通过与基督宗教的对比，结合经文的前三分，指出佛教是“听的宗教”，不同于基督宗教之为“说的宗教”，智慧在场域中方能如其自如地开显。道不远人，行住坐卧皆不离道，泯除差别，回归本源，方能明佛心、见自性。最后，讲者强调“般若空智”是虚涵而不是实摄，是一种“超越的观照力量”，以般若之智体证空无，方得涅槃，并鼓励后生熟读经典，开启东西方文明融通交谈的可能。

第九讲，“论儒道佛三家思想之融通及其对现代化之后的可能贡献”，旨在论证儒道佛三家思想融通的可能性，及其在现代性社会中为人类文明做出贡献的可能性。首先，讲者抛出问题：儒道佛融通何以可能？为了解答这个问题，讲者从“分别说”的层次上升到“非分别说”的层次。讲者通过比较哲学的方式，探讨儒道佛三教对现代性文明的疗愈作用。讲者回顾了儒道佛融通之过程，从宋明排斥佛老到当代儒佛论争，再到今天儒佛融通。受到熊十力《新唯识论》和牟宗三《现象与物自身》的启发，讲者提出了“存有三态论”的构造，即由“存在的根源”到“存在的彰显”，落实到存在的对象物即“存在的执定”。现今谈论儒道佛之融通，既要回归原典，也要注意到前辈学人的贡献。进而，通过概述儒道佛三家思想，讲者指出东方文明的可贵之处在于回到存在本身，能够“言已于无言”，从“分别相”回到“无分别相”，人的参赞化育原本不离存在本身。同时，讲者提到西方很多思想家对于现代性问题也有深入思考，比如韦伯、怀特海、海德格尔等。最后，讲者以《道与言》的意义作为结语，并期望中国文明在21世纪能与西方文明展开更多交谈对话而开启文明发展之新的可能性。

第十讲，“迎接新文明轴心时代之来临——从‘文明的冲突’到‘文明的对话’”，为总括性的章节，讲者借由对东西方经典文本的解读，旨在说明唯有东方文明的主体性挺立起来，才有与西方文明展开更多交谈对话的可能，而且东方文明的回溯与发展对于整个人类文明的发展而言，显得尤为重要。首先，讲者提及新文明轴心期须是对轴心期的复兴与发展，我们要以现代文明为背景，回到古文明经典的范式中，寻求人类文明发展的新可能性。进而，讲者因循亨廷顿的“文明冲突论”和福山的“历史终结论”以说明现代性文明所遭遇的困境，认为文明的冲突本质上是霸权的冲突，这表征了以话语论定为先的西方主流传统所造成的遮蔽。讲者又以东方“绝地天通”和西方“巴别塔”的神话故事为东西方文化之原型展开对比，认为西方语言中心的文明是以构造为主的强控制系统，强调存在与思维的一致性，而东方是天人合德的一统而多元的弱控制系统，强调存在与价值的和合性。东西方文明交谈之可能的向度通过这种对比而得以彰显，交谈之目的在融通而不在对峙。最后，讲者强调中华文明要担负起人类文明发展之重任，就必须回归三教经典，并予以现代性的阐释，如此，中国文化之复兴才能开启文明对话之可能。

纵观全书脉络，可见林安梧教授不仅专注于中国传统文化在现代性社会“安身立命”的问题，更洞见现代性社会的遮蔽，并倡导回归三教经典，以现代性话语重新焕发经典之意含，从而为人类文明之发展开启新的路径，以革现代文明之弊。林教授一气纵贯东西，融通儒释道三教，更以儒者之襟怀直面现代性问题，其学识不可谓不博，其气象不可谓不大，亦可见其思想之包容性。每当谈及传统文化在当代的续命与发展，林教授便会鼓励晚辈后生不仅要熟读东方经典，也要学习西学，在全球化的背景之下，唯有融贯东西，方能有所建树。

林教授讲课如春风化雨，不乏机敏与风趣，让听者能安住于课堂所营造的情境之中，同时又不乏理性与情趣，让听者能有所悟、有所得。读者若能有幸亲临讲座现场，必定会为先生的儒雅风度和广博学识所倾倒，若无此机缘，此书便是不错的选择。愿各位读者能“感其意味，体其意韵，明其意义”。

张贝　王冰雅

第一讲

东西文明之异同及其研究方法论的省思

我非常高兴来到山东大学，山东给人的感觉特别不一样。在古文中，“感”和“觉”有所不同，有所感、有所觉，“感”是进来，“觉”是往上升。我来山东大学，的确是有所感、有所觉。到山东，你会发觉齐鲁大地果真是圣贤之乡。这几天，我走在山大校园中，发现很多路与圣贤的名字相关，或者和德目相关。从这里我们可以看到，山东大学其实就是依靠深厚的齐鲁文化而生长的。山东大学的学风，包括整个山东的学风，都是比较朴实的。在京派跟海派之外，山东应该算另外一派。山东有齐鲁大地，这是历史的真实，同时也隐含着理想的真实。历史的事实是经验的，理想的真实是觉性的启发，是一种向往。

一、从做学问的“五证”谈起

谈东西文明的异同，这个问题很难也很宽。如果就严格的学问来讲，这个问题根本不能谈，一不小心，谈会变成瞎谈。如何不成为瞎谈？我常觉得哲学源于你生活世界中的“存在的觉知”，经由“概念的反思”，再上升到“理论的建构”。这个过程需要丰富的知识系统，所以需要“典籍的教养”。我常提到做学问的“五证”，即历史的考证、典籍的佐证、科学的验证、逻辑的辩证、心性的体证，这五者相互交融才能产生一定的辩证。所以，新出土的文献看上去比较古老未必就一定古老。举个简单的例子，《道德经》讲“绝圣弃智”，“绝仁弃义”[①]。关于“绝圣弃智”，新出土的《老子》郭店本里面提到“绝叒(伪)弃虘(诈)”[②]。这时，研究出土文献的先生可能会进行很多讨论。但是如果你知道《道德经》是“正言若反”的话，就会思考“绝伪弃诈”和“绝圣弃智”有什么不同。“绝圣弃智”，王弼说“绝圣而后圣功全，弃仁而后仁德厚”[③]，这在方法论上合乎正言若反，但是“绝伪弃诈”并不是正言若反，由此可以判定它可能比今本《老子》还要晚一些，因为它可能受到了稷下道家[④]的影响。我举这些例子是想跟大家说，我们在做考证和对比时，思想起了一定的作用。当然，只有思想是不行的，文献是必要的依据。文献需要经验作基础，经验即是你的日常生活经验。譬如《庄子》书中“抟扶摇而上者九万里”[⑤]的“抟”字，有时写作“搏”，有时写作“抟”。回到经验，你看看鸟是怎样往上飞的，是“搏”还是“抟”？抟是如何，搏又是如何。拍击谓之“搏”，而“抟”是回旋而上，这时你就会知道这个字不会是“搏”，而是“抟”。这也说明“五证”要相互验证，交融一体。

---

① 《道德经·十九章》：“绝圣弃智，民利百倍；绝仁弃义，民复孝慈；绝巧弃利，盗贼无有。此三者，以为文不足，故令有所属，见素抱朴，少私寡欲。”

② 据裘锡圭按语：简文此句似当释为“绝叒(伪)弃虘(诈)”。“虘”从“且”声，与“诈”音近。参见裘锡圭:《中国出土古文献十讲》，复旦大学出版社2004年版，第230页。

③ 《老子指略》。

④ 稷下道家：指活动于齐国稷下学宫而宣说黄老之学的道家学者。参见陈鼓应:《管子四篇诠释》，中华书局2015年版，第6页。

⑤ 《庄子·逍遥游》：“《谐》之言曰：‘鹏之徙于南冥也，水击三千里，抟扶摇而上者九万里，去以六月息者也。’”

二、哲学不离生活，从经验的觉知谈东西文明对比

为了避免空洞，我们今天谈东西文明，就从经验的觉知说起。1978年时，我还在台湾读本科。当时有一位美国哈佛大学的博士候选人到台湾来做博士生的短期交换。这位先生喜欢上台湾，不只喜欢台湾而且喜欢台湾的女孩，后来成为台湾女婿。他和我们一起上《易经》课。后来他因为准备结婚，所以要增强经济实力，于是就骑着摩托车到处去教英文。他问我，Mr. Lin，我觉得很奇怪，你们台湾人在十字路口等红绿灯时，怎么可能在红灯还没变成绿灯的前零点几秒，就已经知道红灯要变成绿灯，于是就开始加油往前冲了？我觉得非常奇怪，这怎么会是问题。这个问题其实是一个哲学问题，这就是东西文明的异同。那个符号、指令和实践行动的关系，对他来讲和对我们华人来讲是不同的。诸位想一下，当我们骑着摩托车在路口的时候是怎样的，我们果真是有办法在红灯变绿前的几秒就开始知道并且准备加油往前冲了。因为我们的视觉习惯和洋人的视觉习惯不一样，我们一到十字路口就是眼观四方、耳听八门的，而他看到前面的红灯就停下来了，当红灯变成绿灯时他才开始行动。符号、指令和实践行动是作为我们的一个参考架构，而不是作为一个唯一的指令。或者可以说，我们与这些符号指令是一个交互的关系，并且进到存在的情境觉知中，而不是由符号指令而来的对象化、强控制的决定。

还有，我们现在西方化可能很严重了，所以不一定准确，但你回想一下你的上一代人，甚至上上代人，他们怎样揌门铃。底下人揌门铃，上面问："谁？"底下人说："我。"上面会说："哦，你。"门就开了。也就是说，人们是根据熟悉的声音，一个"你"与"我"的"气的感通"就做出了判断。你去美国留意一下人们揌门铃的情况。底下人揌门铃后，美国人问："Who is it？"这个"it"出现了，说明"他者"是很重要的。底下人回

答："It's John."或者"It's Mary."通过John和Mary来判定而打开门，就把"它"他者化了。生活中还有很多类似的例子，我举这些例子是想跟大家说，哲学、学问这回事和生活是密切结合在一起的。特别是要谈东西文明，很难谈，但是我们抓住一个端点来说，就可以做到。

譬如，我们今天讲到这里，要谈到儒教和基督宗教。儒教是不是宗教呢？要看我们怎样去看待它。前年，我在中国社科院的世界宗教史研究所创所五十周年纪念的首场讲座中讲儒学、儒家与儒教的异同，大标题是《儒教释义》。儒教当然是宗教，但不是西方意义上的一神论（monotheism）[①]的宗教。儒教的教义是孝悌忠信、仁义礼智；教典是"四书五经"；教主是周公、孔子；教团是以士君子自居的、发散性的教团，他们不必登记，也不用受洗；崇拜的对象是敬天法祖。所以，儒教不是一个"信靠的宗教"，而是一个"觉性的宗教"，意在唤起我们内在的觉醒，而一神论的宗教则是要求信徒臣服最高的绝对者，即唯一的人格神。我们也有圣诞节，是刚过去的9月28日，孔子圣诞。我们有《圣经》，"四书五经"就是《圣经》。但是像"圣经"这个名字现在居然给了基督宗教的Bible，"圣诞"给了耶诞，甚至全世界的纪元都是以耶稣纪元。在某种意义上说，这是文化的欧美中心主义、基督宗教中心主义在世界上已经被认为是理所当然的结果。这个"理所当然"是比较严重的。但是这么说不是为了鼓舞大家的民族情绪，然后去反对它，而是提出一个反思让大家重新思考。重新思考，我们就要做一个大一点的对比，就是东西文明的对比。

---

① 一神论：源于希腊文monostheos，意为"唯一的神"。它是关于唯一神、一神教的宗教观念和学说，认为只有一个神存在，并对之进行崇拜，与多神论相对。参见文庸、乐峰、王继武主编：《基督教辞典》，商务印书馆2005年版，第562页。

三、梁漱溟《东西文化及其哲学》的启发

早在20世纪初，中国的很多思想家就已经开始关注东西文明对比的问题。这让我想起当时虽然有全盘西化派，但是也有照顾到诸多文明的异同而强调中国文化有自己的位置的思想家，譬如，梁漱溟及其《东西文化及其哲学》。梁先生提到意欲的概念，“意欲”相当于intention，是心灵意向往哪边走。他认为意欲向前是西方文明，意欲向后是印度文明，意欲适中是中国文明。这个论法虽有一定局限性，但确实很有意义，他指出了中国文明有别于西方文明，也有别于印度文明。梁漱溟指出人类文明是有诸多形态的。诸多形态的文明有自己的文化周期。这有一定的历史决定论色彩，在方法论上也并不是很妥当的。但是现在重新去看，梁先生的有些观点是很有见地的，他是中国文化非常重要的守护者，指出中国文明有它独特的路。今天我不打算去谈梁漱溟先生，只是说当时读了《东西文化及其哲学》很受启发。

四、台湾：“承天命、继道统、立人伦、传斯文”

后来因缘殊胜，我听了唐君毅先生的课，也听了牟宗三先生的课。我大学一年级的时候，唐先生从香港去台湾讲学，后来他身患癌症，回香港治疗，就由牟先生来代课。我大二的时候，唐先生就过世了。牟先生继续在台湾大学讲课，一讲就讲了很多年，这期间一直来来往往于香港和台湾之间。我听课听久了，后来便成了牟先生的学生。其实，我在成为牟先生的学生之前，是牟先生学生的学生。因为我的高中母校是台中一中。台中一中是台湾的一所非常有历史感的学校，并以抗日著名。这个学校是由当时的很多台湾士绅，包括我的家族雾峰林家，一起建立的。它本来是私立中学，但是日本人恩威并济，声称愿意给予补助把学校收归公有，于是就

把“一中”的名字奉献给台湾人。其他各地中学，凡是一中一般是日本人读，二中才是台湾人读，唯独台中一中是给台湾人读，台中二中反而是给日本人读。当然，在我们读书的年代，日本殖民政府已经战败，将台湾归还给咱们中国。在这个过程中，台中一中还是台中一中。我们一直挂着龙牌，听说龙牌在日据时代就已经挂着，因为龙是中华民族的象征。母校的创校纪念碑上写着：吾台人初无中学，有之，自吾校始。所以我们一直觉得有一种光荣感。这也是我想跟大家分享的。

求学因缘是从高中开始的。我的高中语文老师是杨德英先生。杨德英先生是蔡仁厚先生的夫人。这里的“先生”是尊称，杨先生是位女老师。她的父亲是山西人，母亲是河北人，蔡仁厚先生是江西人，牟先生是山东人。你会发觉台湾太有趣了，在台湾那么小的地方我们居然可以受教于中国大陆各地区的老师。没错，我们从小学到初中、高中、大学、硕士、博士一直是这样的。这是拜1949年所赐。1949年是人类文明所少有的一年，是整个中国文明最独特的一年，也是历史之神、历史之道对于台湾人最大报偿的一年。尽管当时蒋介石政权在台湾也会铲除异己，迫害台湾本地人，台湾也有很多人对他有意见，但总体来讲，台湾文化是整个中国文明非常独特的发展。没有1949年，我就不可能成为牟宗三先生的学生；没有1949年，我就不可能听到钱宾四先生的演讲，也不可能听到方东美先生的讲座，也不可能亲自向徐复观先生请教。你看，这都是拜1949年所赐。因为1949那一年，有大批来自中国大陆各个地方的同胞到台湾，从贩夫走卒到书法家、艺术家、国学家，从政治人物到军事人物，统统都有。所以，台湾人原来不吃辣现在吃辣也很爱吃辣，比如我就是如此。以前台湾人大都来自福建的漳州和泉州，像我的祖先就是来自福建漳州。泉州先来，漳州后到，漳、泉常常械斗，械斗之后就会慢慢融合，这是自然的过程。南方的女孩往往个儿小一点。现在你到台湾去会发现很不一样了。1949年后，台湾果真变化了。所以，你在台湾可以看到很多很丰富、很有趣的现象。大陆有故宫，台湾也盖了一座故宫。台湾的故宫其实是新故宫，是仿照故宫建的，但是不要忘了新故宫里面藏的也是珍品。也幸亏如此，在“文化大革命”的时候这些珍品还能继续保存下来。就此来讲，蒋介石对保存整个中国文化是有功劳的。我常常说，蒋介石在未来整个中国历史中的位置会越来越重要，不仅指他把故宫文物搬到了台湾，而且他领导中国人民对日抗战。“承天命、继道统、立人伦、传斯文”，这是儒家的特点，也是全中国文明最强调的内容。现在中国文明经过了一百多年，又重新回到这个轨道上来。我们今天有机会重新来谈中西文明的对比，其实是格外有意义的，这和民国初年救亡图存的心态不同，我们现在处于迈向全世界，展开更多的文明交谈、宗教对话的年代。我们重新思考，会对整个世界史有新的理解。

五、对韦伯本质主义方法论的反思

我回想起20世纪七八十年代台湾的韦伯热。韦伯[①]（Max Weber）的《新教伦理与资本主义精神》《儒教与道教》等著作对整个汉学界影响很大。他认为基督新教伦理和资本主义的精神有非常重要的选择性的亲近关联。也就是说，以新教伦理来说，基督宗教与资本主义精神在历史上有诠释的密切关系。韦伯不喜欢说有因果的推进关系，但从某种意义上来讲，它其实是有历史的因果性的。历史的因果性不是自然的因果性，历史的因果性是人们诠释的。科学的验证和历史的证据是不同的。韦伯做了大量的考察，发现基督新教伦理和资本主义精神有密切的关联。同时他做出论断，认为中国也应当发展出资本主义精神，但是中国的宗教，儒道两教重在教化，

① 马克斯·韦伯（Max Weber，1864—1920），德国著名社会学家、经济学家、哲学家。《新教伦理与资本主义精神》一书，是其影响深远的传世名作。他认为近代资本主义的产生和发展，是以表现在欧洲宗教改革后的新教伦理中的资本主义精神为支柱的，近代资本主义的产生与新教伦理有一种内在的亲和关系。

缺少一种张力，并和资本主义精神不相关。当然，这个论断在今天看来是不准确的。因为人类文明确实和它的宗教以及精神内核有密切的关系，但这并不意味着有命定的关系。今天，中国已经兴起并成为世界上非常重要的强国、大国，整个现代化的脚步也非常迅速。这时，我们重新反思，韦伯的论述或者韦伯被延伸出来的论述显然是不准确的。历史文化并没有一个恒定不变的本质发挥决定性的作用。我反对方法论上的本质主义，认为一定的本质一定会导致什么。其实，历史文明在发展过程中一直是非常多元的、丰富的，各种可能都有。明白了这一点，你大概不会再去相信西方因为有所谓“原罪理论”“性恶趋向”，所以会发展出民主法治，而中国因为乐观地认为人性本善，所以就发展不出民主法治的论断。这个论断基本上是没道理的、错误的。

但是目前在学术研究中，仍然存在本质主义的论断，譬如，人们关于“父为子隐，子为父隐”①的争论。叶公问孔子：“吾党有直躬者，其父攘羊，而子证之。”孔老夫子说：“吾党之直者异于是。父为子隐，子为父隐，直在其中矣。”这个很明白的论断居然在哲学界搅和了很久，直到今天还存在。这些争论议辩是没有道理的。法治是一个很复杂的系统，不能因为这一段话就认为中国没有法治精神，而且孔子的这段话从本身来讲是合理的，因为这合乎人们的经验。请问在座各位，你的父亲偷了羊你会把他告发到法院去的请举手。好，没有。但我们可以依此来判断你没有法治精神吗？不能。你是有法治精神的。我的父亲偷了羊，我会说：“父亲，您什么时候这么喜欢吃羊肉呢？您偷了羊，我们先把它还回去吧。我们再去买一只羊。”父亲说：“我已经吃了。”我说：“没关系，我们再买一只还他。”“买不到了。”“买不到我们再想其他等价的方式还他。”但是我一定不会告发他。只有一种可能会告发，那就是法令规定你的父亲偷了羊你不告发他，

① 《论语·子路》：“叶公语孔子曰：‘吾党有直躬者，其父攘羊，而子证之。’孔子曰：‘吾党之直者异于是。父为子隐，子为父隐，直在其中矣。’”

一旦查出全家要遭受严重的灾难。但这是不合理的法律。叶县是楚国的一个县。楚国在春秋末期基本上已经彻底实施耕战政策，所以楚国的法律是格外严苛的。但法律如果离开了人伦、人情，离开了以人作为基础的话，它就是有问题的。也就是说，人伦是一切法律生长非常重要的基础。我想这个论辩还在继续，如果有机会你也可以参与其中，但是一定要实际了解一下为何如此。

我们今天谈东西文明要有一个宏观的对比，在对比的时候要等价、平和地看待双方。举个例子，在座的很多朋友可能都到过台湾。有人在网上写道：台湾真是不可思议，台湾人居然有耐性一直排队。但是我想跟在座的诸位朋友说，在三十多年前，在我读书的那个年代，台湾人是没有耐性排队的。所以“排队”作为一群人的特性是一个“习与性成”的过程，而不是一个本质上的民族性。在研究东西文明时，我们不能说本质上的区别是什么，但可以通过“理念类型”的方法从总体上说它偏向哪边，它可能是什么，从而更深层地理解它，但不能够一直延伸出去而得出武断的结论。

东西方文明到目前为止的确有很大不同，譬如，西方是一神论的信仰，而中国是以儒教、道教以及已经在地化、本土化的佛教为主的信仰。这三教的信仰以启发人的觉性为主，与一神论那超越的、绝对的、唯一的人格神有很大不同。以我的理解来讲，西方一神论的宗教是信靠的宗教，是强控制的宗教，而儒道佛三教是觉性的宗教，是弱控制的宗教。强控制强调法律、诫命、戒律，而弱控制强调道理、情义。基督教讲博爱，你要爱你的上帝，同时要用一样的方式去爱你的邻人，而我们讲仁爱，仁爱是“人人亲其亲、长其长而天下平”[①]。这里并不是比较二者哪一个更好，而是说，它随着时代的变迁、人群结构的变化也会发生变化。

① 《孟子·离娄上》。

六、张光直“玛雅—中国文化连续体”及杜维明“存有的连续观”的提出

20世纪80年代，我读到张光直先生的书。张先生是华裔美籍学者，对上古史、考古人类学有深刻的理解，提出了“玛雅—中国文化连续体”①这个概念。他发现玛雅文化和中国文明有一种独特的类似性，都强调天人、物我、人己通而为一。后来我又读到杜维明先生有关整个文明的“存有的连续观”，他通过一些考古的依据，深推一层到哲学的思辨，指出天人、物我、人己合而为一在中国是一个普遍的道理，这就是“存有的连续观”。“存在”在台湾翻译为“存有”，“存有的连续观”即“存在的连续观”。

两位先生的观点给我很大启发，这刚好和西方形成强烈的对比。西方是神人、物我、人己分而为二的，分而为二必须有第三者作为连接。神人分而为二中间有一个“道成肉身”的耶稣基督来连接，后来教会成为其代表。物我分而为二中间有话语概念的连接，作为主体对客体的掌握。我们是物我通而为一，以气来感通。人己分而为二需要有契约、法律来连接。人己通而为一，经由“一体之仁”通而为一。

受到张、杜两位先生的启发，我将“存有的连续观”和“存有的断裂观”做了一个对比。“存有的连续观”强调神人、物我、人己合而为一，“存有的断裂观”强调神人、物我、人己分而为二。神人的关系以希伯来的宗教传统做示例，物我的关系以希腊哲学做示例，人己的关系以罗马的法

① 玛雅—中国文化连续体：“中国古代与美洲古代文明之间有许多在美术象征符号上的相似性，我最近提出一种假设，把殷商文明与中美的奥尔美克和玛雅等文明看做同祖的后代，把它们的祖型文化（可以追溯到一万多年以前美洲印第安人祖先还在亚洲的旧石器时代）叫做‘玛雅—中国文化连续体’。”参见张光直：《青铜挥麈》，上海文艺出版社2000年版，第363－364页。

律做示例。西方文明正由这三大支构成，正好将神人、物我、人己最重要的关系显示出来，将西方文明的断裂、缝合展示出来。

七、汉字是图像性文字，汉语的文字和语音是一统而多元的关系

我们之前谈的道理，和西方谈的戒律、法律、诫命是不能等价的。我们谈话语，谈话语之前的无言，强调入于无言之境，回到存在本身。再说到我们的文字。彻底地说，目前为止，几大文明里仍然活生生的还具有自己文字系统的只有中华文明。依据许慎的《说文解字》，汉字有所谓的“六书”，即象形、指事、会意、形声、转注、假借，总的来说是图像性的文字。图像性的文字通过图像表示其意义，人们可以从图像的直觉中体会到文字的意义。你看，“山”和“mountain”，如果没有人告诉你“mountain”的发音是“山”的意思，你不会知道它是山，但“山”却是像山的图像，是象形字。拼音文字，是通过符号记录语言构成文字，文字则隶属于语音，所以有语音中心主义的倾向。我们的语言和文字联系密切但并不等同。我们听各地不同的方言感到习以为常，因为中华民族是一统而多元的。民国初年很多人致力于废除汉字、实现罗马拼音化并且认为这是一种进步的表征。其实，这根本不是进步，反而是一种退步。我们看看若用拼音构成文字，那光福建的方言就可以裂变为几十种语言，全中国大小语种全部变为拼音文字恐怕有上百种。如果全国的方言全统一成普通话，那将是人类文明的巨大损失，因为人类文明非常注重多样性。我常说汉字是人类文明最辉煌的财富。闽南话和普通话差别很大，不只是语音不同，连语汇都不同。譬如，闽南人问“你有空吗”会说“尔有闲否”，这是文言文。闽南人到菜市场不问“一斤多少”而问“一斤寡济”。你看，中华民族是多元的语言、种族、宗教、文明构成的一个整体，最具有包容性。

如果说中国失去了包容性，那必是两千年的帝王专制、父权高压、男性中心累积之后，又因为种种因素造成的。同时，我们要了解，中国这块土地生养了14亿人。你到美国去觉得美国真好啊。为什么？美国的土地生养了3亿人，不到中国人口总数的1/4，而可耕地是中国的17倍，所以一块可耕地养活1个美国人就必须养活近70个中国人。如果你了解印度的耕地和人口，就知道印度一定会出现重视冥想、沉思的哲学，因为只有这样印度人才能放慢脚步，从容自在，不假他求。一个地方的哲学和地域、经济、生长方式都有密切的关系，而不是本质如何。

八、费孝通《乡土中国》的中西文明对比理解

我读费孝通的《乡土中国》很有感触。依照《乡土中国》一书，我做了一个中西文化对比。中国传统是波纹型的格局，好像一个石头投入水潭，波纹一波一波放大；西方传统是捆材型的格局，每一个个人像一个木料，有法律把它捆起来。波纹型格局是弱控制系统，捆材型格局是强控制系统。进一步说，波纹型的格局是差序格局，捆材型格局是团体格局。

中国传统讲“天下”的概念而不是近代“国家”的概念。“中国”这两个字其实是四海之内的意思。西方汉学家有一种误解，认为中国人非常自大，认为自己在世界之中，所以称中国。这个说法是不准确的。“中”是内，“国”是城，“中国”是指城内，扩而充之，即宇内、四海之内。中国其实就是“天下”的概念。这影响到日本、韩国，在古代，他们也称自己为中国。以前的天下格局和近现代的国家格局不同。以前人们认为“国家”这个概念没有被强化起来是中华民族受到西方列强侵略的重要原因之一。的确如此，但是在21世纪，人们需要重新思考，如果人类文化圈中有更多“天下”的概念，可能人类族群之间会有更多共生、共长、共存、共荣的关系。

依照费孝通的理论，中国文化强调平等原则，而西方强调宪法原则；

中国文化强调家族结构，西方强调社会结构；中国强调礼治社会，西方强调法治社会；中国强调氏族伦理，西方强调社会道德。我想这个对比、理解是很清楚的，费先生对于传统中国的理解是接近事实的。

九、中国道论传统：存在与价值的和合性

若以此为背景再做一些哲学反思，我们可以再做一张图表以进行中西思维方式之对比。我认为中国传统强调内在根源性，而西方传统强调外在超越性。中国传统强调宇宙造化通而为一回到总体的源头，所以我们有道论的传统。“一阴一阳之谓道。”[①]商朝讲帝令，到周朝初年讲天命，天命传统一直延续下来，到春秋更强调道、德，这是整个中国文明的历史发展进程。“道生之，德畜之。”[②]周朝初年有“天命靡常”[③]，“唯德是辅”[④]，《中庸》继承这个传统并发扬光大，“天命之谓性，率性之谓道，修道之谓教”，这种天人的连续观是自然而然的。

《易经》乾坤两卦的《大象传》说“天行健，君子以自强不息”[⑤]，“地势坤，君子以厚德载物”[⑥]。如果受到西方哲学，特别是分析哲学的影响，你可能会认为这没有道理。台湾大学留美回来的伦理学老师问我：“‘天行健，君子以自强不息’，天体运行怎么会是刚健的呢？天体运行分明是中性的，说它是刚健的，这是个人主观情感透射的结果。”显然，你不能用自然科学的理解向度来分析“天行健，君子以自强不息”。中国传统认为，人们的价值和存在合而为一，存在的律动隐含着价值的意含。主体和客体通

① 《周易·系辞上》。
② 《道德经·五十一章》。
③ 《诗经·大雅·文王》。
④ 《尚书·蔡仲之命》。
⑤ 《周易·乾卦·大象》。
⑥ 《周易·坤卦·大象》。

而为一，只有主体的对象化活动才使得客体成为一个被决定的定象，而客体成为被决定的定象的过程，是人们话语的论定过程。话语的论定过程才使得它成为一个对象物，但这个对象物不是存在物本身。

这是通过西方哲学的概念来说明一个很重要的道理：我们的认识论和西方认识论的主流有很大不同。有的同学会认为我所讲的内容与现象学很接近，确实如此。西方直到胡塞尔（Edmund Husserl）[①]才真正留意到这个问题，但是中国很早就留意到这个问题。中国最早的认识论的话语现在还存留在闽南话中。闽南话是中原古音传到了南方的结果。我的祖先因为战祸从河南逃到了福建。福建山多平原少使得语言固化，中原古音得以保留。在闽南话中，“你知道吗”表达为“尔知也否”，还有更古老的说法，即“尔八否”，“八”是指分别，也就是说，理解就是分别。所以，没有一个独立于心灵之外的客体作为主体认识的对象，主客体原先是混而为一的。混而为一就意味着人的价值和认知都包含其中。人们把它分别开来特别强调哪一面它就成为哪一面。所以，它可以是自然科学所要观照的对象，也可以是人文学问所要去探索的对象。例如，水可以是H_2O，可以是“人之性善也，犹水之就下也”[②]，也可以是“上善若水。水善利万物而不争”[③]。

中国哲学注重人们参与到总体中去展开参赞活动，在活动中开启一个新的可能。所以，我们不是把一个东西作为对象物去掌握，而是去参与它并演示出来。看昆曲《游园惊梦》，演员在空荡荡的舞台演了两三个小时，演完后观众都叫好说这个园子可真美。洋人不理解，认为空荡荡的舞台很抽象，其实园子是演员演出来的，而且非常具象。懂京戏的人会看出那个跑龙套的人是个生手，因为那个地方有个门槛应该跨过去，他怎么就这样

---

① 胡塞尔（Edmund Husserl，1859－1938），德国哲学家，现象学哲学创始人。

② 《孟子・告子上》。

③ 《道德经・八章》。

走过去而没有跌倒。这就是我们的哲学，我们的思考。我们的感受能力特别强，因为我们存在的情境是心灵参与其中的。这个部分是我们今天恢复中国文化时需要去留意的。

我们重视客观的法则吗？重视。但我们不是以客观的法则作为最重要的依据，因为客观的法则之上更重要的是存在的律动。道不是客观的法则、客观的规律而已，道是存在的韵律，是超乎客观规律使得客观规律之所以可能的根据。“一阴一阳谓之道，继之者善也，成之者性也。”[①]王夫之先生诠释为“道大而善小，善大而性小”[②]，翻译成现代哲学语汇就是存在的韵律优先于人参赞的实践，而人参赞的实践优先于整个文化的教养和习成。因为“一阴一阳”讲的是存在的韵律，这是“道”；“继之者善”讲的是人参赞的化育，能继志述事、合于道，这是“善”。“成之者性”，教养和习成的过程变成了“性”，所以性之为性是在教养习成的过程里。中国哲学讲人性论，性和生是相关联的。“生之谓性”[③]是个老传统，从两个方向解，一是自然生成意义的“生之谓性”，一是道德创生意义的“生之谓性”。道德创生意义的“生之谓性”为孟子传统所继承，后来也为宋明理学家所继承，而自然生成意义的“生之谓性”是从告子到荀子，特别是为荀子所继承。整个中国人性论都是回到生，“天地之大德曰生”[④]，从生去讲宇宙万有一切。如果你学过一点文字学，就会知道“生”是一根小草从泥土中生出来，小草没有长出来是“屯”。存在的“存”是“子”参与进去而把“土”省略了，“在”是从土才声，讲植物从泥土中冒出来，和“生”意思很接近，所以“存在”是人进到世界中。中国哲学的“存在”和西方哲学的“being”在语意上很相似但是不等同。西方讲“being”是从to be讲being，从is讲

① 《周易·系辞上》。
② 王夫之:《周易外传·系辞上》，中华书局1962年版，第151页。
③ 《孟子·告子上》。
④ 《周易·系辞下》。

being，而中国哲学则强调参与、实践，是从生讲存，从存讲在，这样讲的存在。《易经》有言“作易者，其有忧患乎？”世界和自己本来就是一个整体。人的关怀、忧患、用心，这是一体之仁，天地万物与我通而为一。

十、宇宙创生神话折射出不同文明形态的思维方式

人生于天地之间。宇宙天地造化，天为乾，地为坤，乾坤并健，天地相交，因此而生育天地万物。中国哲学认为天地万有一切通而为一，不会因为主体的对象化活动而往上超越，超越出绝对的、唯一的人格神。我们最古老的神话，乃至周边各族神话，基本上都是同一个类型的，讲宇宙最初像一个大鸡蛋，或者说是从一个总体的源头裂解开来、生发开来。宇宙是氤氲造化，万有一切是由氤氲造化而成的，人是得天地阴阳五行之秀气而最灵者。人有男有女，是阴阳和合而为一的，阳气重者为男，阴气重者为女。而在西方神话中，上帝依照自己的形象造了亚当，后来觉得亚当太寂寞了，又抽了一根亚当的肋骨，造了一个女人，叫夏娃。不同的神话代表不同的诠释方式。宗教是人类文明之所产，也是人类文明之能产，是参与到人类文明中的重要方式。一神论是方式，非神论也是方式。但是如果我们回到源头去体会玩味的话，我想女性同胞会比较认同我们的说法，男性和女性都是得阴阳五行之秀气最灵者，男女都是完整的人，只是各有偏重。女性同胞一定不会希望自己的祖先是取男性祖先的一根肋骨而成。不同的神话类型代表不同文明形态的思维方式。这些问题很复杂，我提出来，希望你们去思考。

十一、对欧洲中心主义的反思：中国哲学应积极参与世界对话

“1492年哥伦布发现新大陆”，你有没有考虑过旧大陆的同胞们是否愿

意接受这个说法？真的是哥伦布发现新大陆吗？应该说哥伦布因为航海技术不够精良，受到飓风的吹袭，被吹进一个不知名的旧大陆，而他误认为那是印度，称那里的人为“印第安人”，岛为“印度群岛”。后来人们发觉错了，就改岛名为“西印度群岛”。现在的世界史是从白种人的欧洲中心主义角度写的，包括我们现在脑中思考的哲学恐怕也是欧洲中心主义的，还有其他种种。

十多年前，大陆兴起一个重要的论争：中国哲学的合法性问题。兴起论争的朋友和我在香港见过面，他觉得这个问题很有意义。我说这个问题不用争，中国哲学是哲学。民国初年北大有哲学系，英文翻译是“Department of Philosophy”，那时候就已经定案了。只是中国哲学之为哲学不同于西方哲学之为哲学。不能因为中国没有“being”这个概念，就认为中国讲存在论的问题和西方的“being”是不相关的，这二者是可以相互比较的。人类文明发展到目前已经展开对话，只是中国哲学还没有努力认真参与对话。例如，佛教哲学在西方参与研究之下，已经提出佛教本体论（Buddhist Ontology），这大大丰富了本体论的内涵。同样，中国的道德哲学论据可能会对西方哲学有很大的对话作用。

我呼吁让汉语参与哲学思考。譬如，我们想到“知识”，不能只想到knowledge，想到“道德”，不能只想到moral，似乎“知识”“道德”只是用来翻译西方的语汇。其实，“识”是“了别”[①]，是对对象物的客观的清楚掌握。“知”是定止，是回到内在的确定。“明”是通达于道，“知”是定止于心，“识”是了别于物，而“执”是陷溺于欲。人的心性功夫不同，认知层级就有不同，从对象物认知到主体的确定，再到道体的通透或者往下沉泥，了别成为执着和占有。中国知识论的重点不在于怎样掌握客观的知识，而在于主体心性的修养活动和真理的了彻活动是密切关联的。

---

① 了别：佛教语，即分别、识别的意思。

我们读《论语·阳货》："天何言哉？四时行焉，百物生焉，天何言哉？"当你被说服去读基督教经典的时候，打开《圣经》，发现第一句就不一样。我们说："天何言哉？"他们是"上帝说，要有光"，于是把世界分成白昼和黑夜。"分"和"说"是两个不同的概念。分要已于无分，说要已于无言，所以"无名天地之始，有名万物之母"①，有名，而名之，名之而成为定名，定名方为物也，但是最后一定要回到道。道是无名。"道生之，德畜之，物形之，势成之。"②"万物莫不尊道而贵德"③，"冲气以为和"④。道为根源，德为本性。根源是混沌为一的不可分的整体，是不可名的。德落实为存在事物，指的是本性、性能、功能。道德讲的是根源和本性的关系。如其根源、顺其本性，就是道德。什么是如其根源、顺其本性呢？就像这个纸杯，它的功能是可以装接近100℃的咖啡，但是一定不能装100℃以上的液体。你使用杯子依其道、顺其德就是有道德。如果你拿这个杯子装100℃以上的液体就是没有道德，你对不起这个杯子。你对不起它，它就会对不起你，就会散发出毒素。所以天地有道，人间有德，道德从这里产生。道德是生长，不是控制，也不是强制。中国传统先讲道德仁义礼，再讲法。《道德经·三十八章》有言："故失道而后德，失德而后仁，失仁而后义，失义而后礼。夫礼者，忠信之薄而乱之首。"道为根源，德为本性，仁为感通，义为法则，礼为规范。失去了根源就要强调本性，失去了本性就要强调感通，失去了感通就要强调法则，失去了法则就要强调规范。当人们强调规范时，人们的忠信已经薄弱了，祸乱也已经开始了。

---

① 《道德经·一章》。
② 《道德经·五十一章》。
③ 《道德经·五十一章》。
④ 《道德经·四十二章》。

十二、西方宗教是绝对威权的强控制系统，中国宗教是宇宙、人我、万物通而为一的弱控制系统

我们的宗教，宗为尊主庙之谓也，教为养子使作孝也。宗教是祭祀祖先、神灵、天地而形成的教化传统，这不同于religion。“Religion”原来的含义是神人的再连接，而中国传统认为天人合一。我们讲“天地亲君师”，荀子讲“礼有三本：天地者，生之本也；先祖者，类之本也；君师者，治之本也”[①]。生命的源头有天地的生命，有血缘的生命，有文化教养的圣贤慧命。我们在恢复中国文化时，应该把“天地亲君师”的牌位立起来作为象征，不是作为膜拜的无上权威，而是作为天地和良知本心的象征。如果上天使出绝对的威权，使出不当的手段，我们要不要服从？不要。我们没有这样的神话。上帝对亚伯拉罕说，你果真相信我吗？那么请你把你的儿子带到山上来献祭于我，否则你不是真正地臣服于我。亚伯拉罕果真把他的儿子带到山上的祭台准备献祭。上帝说，且慢，现在我相信你果真是信我的。这是绝对的威权、绝对的爱。如果我们的上苍是那样的话，我们不会臣服于它。西方是绝对威权的强控制系统，而传统中国是宇宙、人我、万物通而为一的弱控制系统，这甚至体现在用餐工具上，中餐用筷子，西餐用叉子。叉子是强控制系统，使用叉子是主体通过一个中介者强力侵入客体而控制客体；筷子是弱控制系统，使用筷子是主体通过一个中介者连接客体构成整体达到均衡和谐才能举起客体。当我这样诠释时，你会觉得使用筷子还蛮有文化。中国人的手指是很灵活的，因为人们需要使用筷子、毛笔。毛笔是软的。西方人使用毛笔吗？西方有鹅毛笔，但是他们不用鹅毛来写，而是用鹅毛管来写，这是钢笔的前身。中国人重视章法，而不是

---

① 《荀子·礼论》。

重视语法和文法。章法是在一个群体脉络中发挥作用的。这些都需要我们加以留意，所以研究中国哲学，需要写写毛笔字，背背诗，作作对子，作作画，要能感其意味，体其意韵，明其意义。

十三、东西方思维方式的对比

我们会发现，在东西方思维方式中，具体与普遍的关系和抽象与普遍的关系很不相同。中国传统的思维方式谈具体的普遍性，西方谈抽象的普遍性。虽然汉字是具象的，却能表现普遍抽象的意义，这是中华民族从最具体的存在到一个最抽象的普遍的东西，它是连续的而不是断裂的。我们讲意义的辩证消融而不在于结构的辩证超克。我们讲万有皆具于道之中而不是超越的人格神论。我们谈的是天人、物我、人己的连续合一的关系，而不是神人、物我、人己的断裂关系。我们强调的是生命的默契感通，而不是话语概念的论定。我们注重血缘性的自然联结，不同于西方注重契约性的社会联结。

也许你会思考，现代社会非常注重契约性的社会联结，那么传统的血缘性的自然联结会逐渐消失，中国哲学原来所依托的载体又当如何？这是另一个论题。人类文明不是西方意义下的现代化可以泛限一切的。西方文明强调现代化其实已经造成了人类文明的浩劫，应该有更多人反思人类的未来应当如何。所以，我们要思考儒道佛三教的学问对于人类文明进入21世纪可能会起到的作用。这一切必须在对比的思考中重新解答。我用两个词来对比：道的错置（Misplaced Tao）和具体性的错置（Misplaced Concreteness），但我今天没有时间展开阐释。

你看画展，发现西方的水彩风景画和我们的山水水墨画有很大不同。山水水墨画从定点透视的观点来讲是不合物理比例的，因为我们看问题是情景交融，多点透视，所以山水水墨画需要观众进入画中而观画，需要换位体会，感其意味，体其意韵，这样才能看出画之好之所在。山水画的写生和西洋水彩画的写生不同。山水画写生是游长江归来画长江万里图，把重要的地方记下来构筑成为一个整体。我们的思考会回到整体来安排，以人伦为重，人权为主。请问人伦为重，人权为主，何者优先？这要视情况而论。人权之为人权其实是在公民社会意义下的法权而说的人权。请问你在家里讲人权吗？讲人伦。有什么理由要求当父母的要对儿女这么付出呢？没有什么理由，因为那是一种慈心。有什么理由要求子女要孝顺父母呢？有什么理由兄弟一定要和睦相处呢？家庭人伦就是孝、悌、慈。这是中国文明最重要的永生奥秘。孝是对生命根源的追溯和崇敬，是纵向的追溯；慈是顺纵向的追溯而来的继续的延伸；悌是纵贯而来横面的展开。

有一次我和一位朋友说到这里，发现这刚好形成一个十字。他是基督徒，问此处是否可以和基督神学建立联系？我说可以。学之为学是人参与创造的，而不是原本如何由人去揭示的，对于宗教也是如此。也许在几十年后中国也是基督福音的输出国，因为现在基督教的信徒慢慢多了。如果基督教对中国的经典有更多理解，把其中“上帝”的意义渗入God中来阐释，可能基督教在中国会更有生命力。

我的一个老朋友孟祥森先生是一个翻译家。他笔名叫孟东篱，散文写得很好，也翻译过很多书。他家是基督徒家庭，他早年对基督教很反感，于是建议把“God”翻译成“高特”，就是“最高的特务”。对不起，这不是我说的，我只是在陈述一个事实而已。我们把“God”翻译成“上帝”，把“Bible”翻译成“圣经”，把耶诞节翻译成“圣诞节”。本来这些语汇应该有个恰当的分位，但是没有也没关系，只要汉语的思考慢慢出现，以后他们会慢慢融通。我主张用开放的态度来融合更多的东西。我们慢慢思考会发现以前很多的指责不一定正确，比如指责中国的画作不合比例。其实，不是这样的，因为中国画是心灵参与的，是多点透视的。中国传统思维是象在形之先而不是形在象之先，所以象不被形所拘，名以定形，文以成物，道之所显为象，话语之所论为形。“执大象，天下往；往而不害，安平太。”①“大象”是指造化最原初道之显现。所以“执大象，天下往”，你不能把它翻译成“抓着大象天下就来了”。

十四、结语：回归经典，让汉语参与哲学思考

我们要好好去理解中国可贵的传统，也要好好理解西方的主流传统。从19世纪末20世纪初以来，西方的主流传统在他们自己内部彼此的冲击下，已经产生了很多新的可能，比如存在主义运动、现象学运动，这两大思潮相击相荡对西方主流传统造成巨大的冲击，而慢慢展现新的可能。这些可能进入21世纪后会更加波澜壮阔。东方哲学，特别是中国哲学，对西方来讲或者有比拟之处，或者有超出之处，或者有交谈之处，也会展现更多的可能。这些可能要回到经典中去寻找。在座有很多尼山学堂的同学，我知道尼山学堂的同学读了很多古代典籍，接受了基础的国学训练。典籍的深层理解是必要的，但要有更进一步的思维训练，在更多的训练中让思维生长，回到最初的五证，即典籍的佐证、历史的考证、科学的验证、逻辑的辩证、心性的体证。这五证必须彼此交涉，却因学科的需要，会各有偏重。

基本功是必要的，是我们判断的依据。例如，上帝的“帝”，从文字学来看，“帝”有两种解释：一说“象花萼之形”，一说“积薪架柴，祭祀上天，是为禘祭”。如果你受过训练就会敏锐地察觉“象花萼之形”是恰当的解释。因为“象花萼之形”引申为“万物始生之处”，后来这个意思就不见了，“帝”加个草字头，变成“蒂”。这含有中国宗教的意味，“帝”是万物始生之处。再譬如，“共通”的“共”，原先是“拱”，因为

① 《道德经·三十五章》。

表示“共通”的含义，所以“共”加个提手旁变成“拱”。再比如，“日暮乡关何处是”的“暮”，原先是日入草丛之中，写为“莫”字，但是“莫”字后来引申为“没有”的意思，所以“莫”底下就加一个“日”成“暮”。从这里可以证成“帝”和“蒂”原先是同一个字，所以“象花萼之形”一说比较妥当。这里也可以看出，在中国宗教中，帝不会是西方超越的、绝对的、唯一的人格神的意义。《诗经》中讲到，我们“小心翼翼。昭事上帝”①，与西方礼拜上帝的意义就不一样。就像我们刚才讲“道德”，你懂了“道生之，德畜之”②，“志于道，据于德”③，“尊道而贵德”④，就不会把“道德”只理解为morality。你懂了“虚室生白”⑤，“自知者明”⑥，“知常曰明”⑦，就不会把“明白”只理解为understanding。汉语是活着的，不是作为翻译西方的语文而成为现代语文存在的。你只有体会玩味汉语，才能明其意义。在这个过程中，中国哲学要回到源头，而不是通过西方哲学来格义。我不是排斥格义，也不是排斥中西哲学的比较，而是强调一定要出现汉语思考，从而产生更多的互动、对话。

刚刚过世的哲学家叶秀山先生在20世纪90年代说，中西比较是必要的，像和面，刚开始手和面是揉在一起的，黏糊糊的，和好以后，手是手，面是面，就清楚了。这是他的比喻，我想也是这样的。所以我们不必担心西方哲学使得中国哲学如何扭曲，只要把中国哲学的意义释放出来，有更多交谈对话，我相信中国哲学以图像性文字所蕴含的力量能使它足够壮大成为一个新品种并且返本开新。儒学也必须如此。

---

① 《诗经·大雅·大明》。
② 《道德经·五十一章》。
③ 《论语·述而》。
④ 《道德经·五十一章》。
⑤ 《庄子·人间世》。
⑥ 《道德经·三十三章》。
⑦ 《道德经·十六章》。

我今天主要是按照自己的思路来讲并没有依照讲纲，我常说，讲纲是一时间的思考呈现的结构，我还是比较喜欢气的氤氲造化而自然生成，而不是“上帝说”这种结构性的论定。

｜问题与讨论｜

学生：林老师，您好！我是政治系的学生，有两个问题想请教您。第一个是关于当代新儒家代际划分的问题。您是牟先生的学生，现在学界在研究新儒家的时候大部分都在关注第三代。关于第三代当代新儒家的划分，现在公认的有杜维明先生、成中英先生、刘述先先生。如果按照代际划分的话，您是牟先生的弟子，应该是第三代，但是从年龄结构上来讲的话，您是蔡仁厚老师夫人的学生，所以现在学界把您划分为当代新儒家的第四代，您怎么看？

林安梧：你意思是说，我应该是第三代还是第四代？

学生：对。

林安梧：这个我不关心。

学生：您个人认为代际的划分应该有什么样的依据？

林安梧：这个我也不关心。我也不太关心我是不是当代新儒家的问题。有人跟我说，你有些想法跟当代新儒家不太一样。我说，这没关系。但是我是牟先生的学生这一点是肯定的，但这并不是说我的想法一定要和牟先生一样。

学生：如果我把您划分为第三代，您反对吗？

林安梧：我不反对，但是把我列为第四代我觉得也不错，而且你说到的三位被列为第三代的话他们也会想是不是。就像劳思光先生在香港，他比唐君毅先生、牟宗三先生、徐复观先生年纪都小。香港中文大学有“人文三老”。他不服气，认为应该是“四老”。后来有人发现其实“三老”

比较好，因为放在新一代他就是“大老”，要是放在这一代就是“小老”。所以这个问题不重要。

学生：还有第二个问题。我是政治系的学生，所以我比较关注您的政治哲学。当前学界对政治哲学出现两个导向：一个是哲学解释的导向，一个是政治实践的导向。我在阅读了您的书以后，发现您在对当代新儒家前辈的政治哲学的反思基础上，特别关注社会实践，特别关注当下的整个社会总体，而且您也提出试图把儒家的道德省察、体验和马克思主义革命实践、社会批判理论结合起来，探索有没有可能产生新的儒家型的马克思主义。如果从这个角度来讲，是否可以把您的政治思想或者说政治哲学归结为一种政治实践导向型的哲学而不是一种哲学解释的政治哲学？您对这个问题怎么看？

林安梧：第一，我对于你这么认真地阅读我的作品很感恩。第二，你阅读的作品有一些是我很年轻时的作品。譬如，《迈向“儒家型马克思主义”的一个可能——革命的实践、社会的批判与道德的省察》这篇论文是我20多岁的时候写的，那时候是两岸还不通的年代，而现在这篇文章大概成为大陆谈新儒家和马克思主义时很重要的一篇文章。我讲一下这篇文章产生的掌故好了，这比较有趣。我们研究生一年级的时候有一门课是“马列主义批判”。这门课是台湾任何一个哲学研究所以前都没有开设过的，包括台湾大学哲学研究所。那年不只有这课，而且学校还另外开设了“三民主义哲学”课程，原因何在？因为蒋经国，这是一件很有趣的事。因为台湾大学很晚才有哲学系博士班，所以现在一般介绍说我是台湾大学第一位哲学博士。这的确是一个历史事实，但它只是时间的先后并不代表程度的先后，也不代表成就的先后。为什么台湾大学那么晚才有哲学博士呢？因为台湾大学有殷海光。殷海光原先和蒋介石关系密切，曾是“《中央日报》”的主笔，但后来他走向自由主义一派，就成了蒋介石一直芥蒂的对象。整个台湾大学哲学系常常用自由主义思想和分析哲学的思维方式，对蒋介石的话语提出反驳，所以当局就不让台湾大学哲学系成立博士班。后来台湾到了蒋经国主政之后慢慢改革开放，台湾大学哲学系就和蒋经国谈：能不能成立博士班？台湾大学哲学系是很古老的哲学系。日据时代，所谓“日本的台湾帝国大学”，也就是台湾大学的前身，当时就已经有哲学系了。但它后来居然那么晚才设博士班，确实有点荒谬。其他像辅仁大学都有哲学博士了，文化大学也有哲学博士，台湾大学岂能没有哲学博士呢？于是蒋经国说，那就先开设“三民主义哲学”和“马列主义批判”两门课，而且必须作为必修课。就因为这些必修课，我读了很多马克思主义哲学的东西。我不仅读正统马克思主义，还读新马克思主义，读法兰克福学派。当时学期末要写报告，于是我就写了一篇文章——《迈向“儒家型马克思主义”的一个可能——革命的实践、社会的批判与道德的省察》，那应该是在1983年。显然，“革命实践”讲的是正统马克思主义，“社会批判”讲的是法兰克福学派，“道德省察”讲的是新儒家。当时我写的这篇文章，还得到了老师的称赞。但是文章不能发表，因为台湾当时还不适合谈“迈向儒家型马克思主义的一个可能”，所以这篇文章发表得很晚，而且是在我们自己办的《鹅湖》月刊上发表。当时发表以后，《鹅湖》月刊内部还有人在检讨这是否合适。所以发表年代和我写作的年代差很远，写作年代是1983年，也就是我26岁的时候，这是很有趣的。现在看那篇文章我还是觉得有一点趣味的。我不会像有些先生说我以前几岁写的东西都不会看，我倒是想说我以前几岁写的东西还是很可以看一看的，因为现在也没有多大进步。

我关心政治实践，更关心对政治做哲学的理解和诠释。所以，我对整个中国古代政治传统的一个提法是“道的错置”，也就是把“圣王”错置成“王圣”。原来儒家讲圣者当为王，结果后来被现实有权力之皇帝宣称“我就是圣”。圣君，把君当圣上，“圣”这个字就被最高权力者所垄断。孟子讲：“闻诛一夫纣矣，未闻弑君也。”[1]武王伐纣是顺乎天、应乎人

① 《孟子·梁惠王下》。

的，所以中国是有革命的传统。我认为秦汉以后这两千年，文明在发展过程中已经走到一个新的阶段。而这个新的阶段有很多问题，最严重的问题是以三纲取代了五伦。所以现在恢复儒学，应该恢复五伦而不必太强调三纲。有一位大陆的学者，也是我的朋友，他说我不了解三纲。其实，我是了解的，“君为臣纲，父为子纲，夫为妇纲”当然有它正面的意义，但是它会关联着“君要臣死，臣不得不死，父要子亡，子不得不亡”，会成为贞节牌坊来压迫女性。类似这样的思考，无所逃于天地之间的话，我想这样的三纲是不值得提倡的。我一直强调要回到先秦去理解儒家，而不要回到秦汉以后来掌握儒家。当然，我也肯定秦汉以后儒家有发展，宋明理学是了不起的。宋代人虽然疆域很小，但是口气很大，横渠先生说“为天地立志，为生民立道，为去圣继绝学，为万世开太平”[①]，这是汉儒讲不出的话。这是很了不起的。当然，这也是因为宋代的赵匡胤立了几条规矩，其中之一是“不杀士大夫”，所以士大夫想怎么讲就怎么讲，讲了之后顶多被贬而已。大家都知道，苏东坡是被贬得较厉害的人物之一。他先被贬到黄州，又被贬到琼州。1991年春天我到海南开会，朋友们找了一辆车从海口开到东坡书院，大约有100公里路，直到现在那里还是非常偏远的地方，你可以想象宋朝时又是如何。但是“九死南荒吾不恨，兹游奇绝冠平生”[②]，这就是苏东坡，一个有意思的人。

中国历史也是很有意思的。有一次，大家笑谈中国的奸臣对中国文化贡献大。因为中国的奸臣把这些忠良之辈贬到了边疆，所以边疆的文化就慢慢发展起来。王阳明被贬到贵州，贵州就不一样了，苏东坡被贬到海南，海南就不一样了，所以幸亏这些奸臣把忠臣贬到了边疆。这是个笑话，虽然很荒谬，但又很有趣，这里面有天道。

有人说中国历史非常黑暗，但是我们要问，这么黑暗的历史为何能够

① 张载著，章锡琛点校：《张载集·张子语录中》，中华书局1978年版，第320页。

② 苏轼：《六月二十日夜渡海》。

流传数千年而不绝呢？这里面一定有它的奥秘，这也是我关心的对象，但是不能因为这些奥秘，就不去好好理解中国历史。恢复中国儒学，让中国儒学返本开新的再造是必要的，但是一定要好好理解这两千年的帝制、父权、男性中心，当然，男性中心很可能没到两千年。男性中心后来发展到比较严重的程度——让女人缠足。女人缠足被视为一种尊贵的象征，这可笑到极点。家里只要富裕到一定程度就缠足。我的祖母本来没有缠足，后来家境好一点了，就被要求缠足，但是她痛，她反抗，所以她不缠足。我会思考这些很有趣的问题。男人怎么会喜欢那样缠足的女性？这是什么样的审美呢？我认为不可思议。如果你把它放在文化脉络里面看就是可思议的。它可思议，可理解，但不代表合理。这个部分我认为必须要花更多时间去诠释，所以实践必须来自于哲理的诠释、反思和构建，而哲理的诠释、反思和构建也必须和实践有密切的关联。

大陆很多朋友说，蒋经国很伟大，使整个台湾迈向了自由、民主、法治的社会。我说，蒋经国之所以伟大是因为他的儿子不行，他有两个儿子，一个是章孝严，一个是章孝慈。我每次讲到章孝严、章孝慈就想到“国家昏乱有孝慈”[①]。随着经济发展以及其他种种因子开始生长，台湾慢慢地走向改革开放。这就好像尧的儿子不行，才会禅让给舜。舜的儿子不行，就禅让给禹，禹的儿子不错就没有禅让。尧舜禅让当然是儒家构建的理想的事实，不是历史的事实，并带有神圣化、宗教化的倾向。孟子是其中非常重要的推手，构造了一个孝悌典型，所以真正的孝悌楷模就是舜，最重要的推手和宣传者就是孟子。你看舜的父亲、母亲多坏，舜的弟弟多坏，而舜居然能够如此，并且刚好尧找不到人来做事，而舜能力又强，所以尧舜禅让顺理成章。舜耕于历山之下。济南的舜耕山庄就与这个传说有关。于是，整个文明就这样发展出来了。对于这个发展，我们要去慢慢理解它而

①《道德经·十八章》。

不是神化它，但是对于神话中的理想成分也要去尊重它，了解意义何在，不能把它批评得一文不值，它也是很重要的部分。对于中国的政治，我是花过一些功夫去理解的，但是我不赞成“中国只有治道没有政道”这个说法。它有它的政道，只是它的政道不是西方意义上的民主宪政的政治之道。中国有科学不是只有科技，只是中国的科学不是西方近现代意义上的科学而已。当代新儒学，因为年代的限制，所以很委屈地做了一些论断，并且在这个论断之上提出如何开出民主和科学。现在这些说法都已经过去了。中国人的科学脑袋不会比西方的差。中国人民主的素养是可以长养出来的，新加坡、中国台湾都是很好的例子。有人说台湾的民主还是民主吗？我说是。有人说台湾很糟糕如何如何。我说台湾受到非常独特的历史因素影响，而它居然能够民主地发展下去，这代表着中华民族的文化底蕴非常深厚，在我们学习西方民主宪政的过程里起到了非常重要的调节性作用。所以，台湾的民主不是蒋经国“给”出来的，而是全民奋斗生长出来的。

现在大陆有不少学者朋友谈儒教宪政。我和他们的提法不太一样，我认为是“宪政儒学”，而不是“儒教宪政”。“宪政儒学”是在宪政底下开启一个新的儒学思考，而不是依照原来的儒教思考去建构一套宪政体系。因为依照原来儒教的那一套方式去建构一套宪政体系是不可能的，譬如，我的老朋友蒋庆先生的方式，我认为是不可行的。但是很多朋友会问我：你对蒋庆怎样评价？我认为他是不错的、很好的，因为他引发了一个非常重要的议题去讨论，但并不代表这个议题就是准确的，就像最近有关“读经运动”也引发了热烈讨论，其中被讨论的一个主角就是我的好朋友王财贵教授。我也被采访过很多次，我说需要检讨为何王财贵教授的提法会有那么多人信从呢。这个提法是很独特的。就像比丘、比丘尼宣称出家很好，你们都来出家，但是真正出家的一定是极少数的。所以，王财贵宣称背多少万字经典就会如何如何，这一定是极少数人会相信的。居然有那么多人相信，这就表示我们整个社会的民智对这个问题的思考有问题。但是王财贵先生的提法其实是一个强调的说法，是一个独特的说法，意义在于读经一定要背诵，背熟了对我们会有帮助。我是这样理解的。所以，王财贵先生的提法是有意义的，因为它会引发很多讨论，它在讨论的过程中会被辩证地看待、被厘清，它只是多元中的一元，不能够一统江湖。我今天所讲的内容，包括讲东西方文明比较，只是我一时兴感，根据以前的思考说出来希望作为你思考的一个参考而已。你不要真就把它当真，但是，它还是可以参考参考的，因为它真的很有趣。

1993年至1994年，我在美国访学。我这个人喜欢读书，第二天就到学校图书馆看书。时差加上头昏，我按电梯时不小心按到了防火铃，铃声马上响起来了。我当时非常惊讶、畏惧，就马上跟执事人员讲："我错了。"他对我讲："Never mind."（没关系。），我以为会被留下来做一番查问，因为在台湾一定会这样，在中国大陆应该也是这样，结果没事。我当时发觉：哇，不得了，美国政治非常宽阔。但是美国政治有没有它不宽阔的地方呢？也有。我当时做访问学者没事做，学校也没有给我安排课程。我在那里晃啊晃，遇到很多大陆和台湾的留学生，他们说他们常常被问到一些有关中国哲学、中国思想的问题。我说那我们就先来讲讲中国经典吧，于是准备开讲《道德经》。海报的报告名都是用汉语写的，也没有英文，只有写时间和地址用英文而已，这不是很平常的事吗？结果有一张海报贴出去就被注记了，上面被涂鸦"racist！""exclusionist！"，也就是种族排他论者。也许你会问有那么严重吗？对。这就是美国人看重的地方。他们对于不同的意识形态话语，对于看不懂的符号是非常惊讶且排斥的。又因为他们有很多的资源，所以对于细节是宽容的，于是我就写了一篇《美国的宽容与不宽容》的文章。很多人到美国去了会觉得美国多好多好，但我到美国去觉得美国有好有不好。一年以后，我回到台湾清华大学继续任教。台湾的清华大学和北京的清华大学的校训是一样的："自强不息，厚德载物。"我初到台湾清华大学时就问他们："它语出何处？"结果没人知道。

于是我就写了一篇《“自强不息，厚德载物”清华大学校训语出何处》。台湾清华大学的教授常常在校务会议上争论说我们是以理工为主的大学。我说，我们的校名清华大学，校训“自强不息，厚德载物”后面有没有加一个括弧说“以理工为主”？这是有趣的故事。我拗不过他们，后来就离开了台湾清华大学，回到了我大学时期最初的母校台湾师范大学。我把亲身经历拿出来跟大家分享，是因为有亲身的思考在里面。这些思考是，有时候洋人比你还重视中国传统文化，因为洋人非常重视差异，所以有时候到西餐馆去，有人会问你：你需要chopsticks（筷子）吗？有次我到淡江大学去做讲座，晚上在意大利面餐厅吃晚餐。我问侍者要双筷子，他就板起面孔跟我说：“我们是意大利面餐厅。”这些生活的小例子其实隐含了哲学的意含，隐含了文化的歧视，也隐含了文化的自我歧视。

史华兹是研究中国先秦思想史的专家，写了一本《古代中国的思想世界》。20世纪90年代，他来台湾大学做讲座，全程用英文讲，当时我的老朋友黄进兴先生担任翻译，翻译得很好。大家说着半生不熟的英文和他讨论，大家觉得那也很光荣，觉得不错。但是你有没有想过，台湾的莎士比亚专家，也是从大陆到台湾去的梁实秋先生，翻译了《莎士比亚全集》，如果在英国全程用中文讲莎士比亚，然后人家再把它翻译成英文讨论，这可能吗？不可能。我不是要掀动民族情绪，而是说要有对话的平等性，这是我们常常忽略的问题。所以我们必须好好重视汉语本身在古籍里能够彰显出什么意义来，留意它的脉络，不要拿着西方的哲学语汇直接来说。当然，我这么说不是意味着要排斥西方哲学。在座有很多尼山学堂的同学，也有很多其他对于中西文明有兴趣的同学，至于我所说的中西文明的对比，仅供参考。不过我还想说，它还是很值得参考的。

第二讲

儒道佛三家的基本思想：人伦孝悌、自然无为、缘起性空

诸位老师、同学，晚上好。我很高兴有这么多朋友来参加这个课程。这个课程会有十讲，现在是第二讲，我们开始进入儒家、道家、佛家基本义理的陈述。

儒道佛三家的基本思想在一个晚上是不可能讲完的，不能泛泛而讲，但可以放在一个核心点上对比来讲。今天我们做一个概述，是我个人的一些反思。在座的朋友们大概都拿到了一张表。我们就以这张表作为开讲的依据。

一、儒道佛“三教同源”说

不管宗教还是哲学，儒、道、佛，一般会被当成中华文明最重要的三个向度。儒道是本土的，佛是外来的。佛教在中国经过在地化和本土化，基本上已经和原始的印度佛教大不相同。经由东汉、魏晋、隋唐到宋元明清，一直到现在，佛教已经慢慢内化成中国传统文化中非常重要的一部分。

到明代中叶，有个提法称儒道佛“三教同源”。三教在历史上是不可能同源的，因为佛教是从印度传来的。所以这个“同源”的说法存在争议，历史上非同源，哲理上也很难讲同源。在华人文化传统中，“同源”这个词是很复杂的。我们讲“中华民族都是炎黄子孙”，基本上也很难讲大家都是炎帝、黄帝之子孙。这个“同源”代表一个阶段性：炎黄之后，中国向大一统的格局发展。在这个语义上，儒道佛“三教同源”意味着从明中叶以后，就其文化心灵的深层结构而言，华人所流淌的血液中已经包含儒道佛三家思想。虽然如此，三家思想的义理还是有区别的，佛与儒、道的区别大一点。

二、儒道佛的基本区别：儒道之“生生法”与佛教之“无生法”

儒和道原先是同源而互补的，二者讲的是“生生法”，佛教讲的是“无生法”，它们有很大的不同。“生生法”讲宇宙造化之源。宇宙造化之源是生生的动能。我们的文化传统重视“生”。“生”是一根小草从泥土里面生长出来。“生”连着“存”谓“生存”，“存”连着“在”讲“存在”。“在”这个字从土才声，是植物从泥土中生长出来，和“生”的意含很接近，“存”是“在”加一个“子”，后来省略了“土”变成“存”，所以“存”这个字中隐含了人的参与以及整个天地的生长。用“存在”对应西方的“being”，两个词的语意是同一个level，但并不等同。西方从“是”来讲“有”，我们从“在”“存”连着来讲“存在”，所以“存在”是人进到场域之中的生长。像今天，大家都很有存在感，大家在一个场域中生长。这个生长之中还有一个气息周流。

中国文化有“气”的传统。大概再过十几天，早晨起来，你到外面呼吸一下，就会感受到气。“气”这个字，简体字简化得很合理，回到了源头。气的繁体写作“氣”，因为吃五谷杂粮才会有气力。像我到山东来，感受到山东的五谷果然不同，吃了很长气力。我看山东人都很健壮，即使不是山东人来到这里也变健壮了，所以这和米是相关的。有人问我是否赞成简体字，我说有些赞成，有些不赞成。像“气”字我还是赞成的，像父母亲的“亲”字，我就不太赞成，因为少了“见”，父母亲要常相见的。“亲不见，爱少心”，这不太好。以前台湾大学的刘孚坤教授作《简体字歌》，对简体字提出讽刺的意见：“亲不见，爱少心，厂内空空，产无生。”但是简体字有一些是对的，比如“气”。气不足的话，是打哈欠的“欠”。欠，就是不足。譬如，林老师今天讲完课后还欠了8次讲座，这是“欠”。这些语义在我们华人世界中是活生生的存在，它融入我们的生活中。我常说，要唤醒我们对汉语的体会和直觉力。

“天地之大德曰生”[①]，华人传统非常重视生生之德。但佛教不讲“天地之大德曰生”，在佛教看来，生老病死皆苦。在我们的文化传统中，不管儒还是道，生就是喜悦，尽管苦乐相生，有苦，但重点在乐。所以儒家、道家、佛教在基本区别上，儒道是“生生法”，佛教是“无生法”。佛教的无生法不讲宇宙万有一切的来源。佛教基本上不谈宇宙论，不谈本体论，但是现在也有一个说法叫作“佛教本体论”（Buddhist Ontology）。这个“本体论”不是原先本体论探索生命、道理的源头的意义。探索本体论，如果你谈“有”，这是探讨本体论的传统方式，但是佛教探索“空无”，只能勉强说佛教有本体论。因为佛教参与整个哲学的交谈对话，所以“Ontology”这个词发生了变化，变得更宽一些，不再是传统亚里士多德式的本体论。

儒、道、佛的基本差别是很大的。佛教的重点在人生论，不在宇宙论和本体论，儒和道的重点既在宇宙论、本体论又在人生论。也就是说，儒道把宇宙论、本体论、人生论、价值论、实践论混在一起说，这是因为中国哲学的本源正是如此。最初，我们讲一个东西的存在是如何时，是整个生

① 《周易·系辞下》。

命参与其中的。知识论问题中并没有客观的实体存在在那里，而是经过区别（differentiation）的过程才有主客之分。所以，中国哲学是回到源头，回到“存在与价值的和合性”这一基本论点展开思考的。我们进入天地场域之中，用我们的活动开启了对世界的认知、价值判断等，这是为儒道两家所肯定的。我们从“生”“存”“在”等语汇中去体会生。你先进入场域之中，再用眼睛看世界，这个世界不是与你心灵无关的、割裂的对象。儒道都肯定生生，它们讲存在论的时候就隐含了价值论、知识论，隐含了所有的东西。

三、儒道之同源互补

道家讲“无名天地之始，有名万物之母”①，天地是指场域。在未始有言之先，天人、物我、人己是完全通而为一的无分别状态。我们姑且称这个状态为“天地之始”。“有名万物之母”，主体的对象化活动使得一切存在的事物开始有分别。也就是说，语言的必然介入使得万物成为万物。“名以定形”②，这是王弼在两千多年以前对老子所做的解释，也可以说是“文以成物”。从整个人类文明来看，老子对存在与话语的反思很早就开始了。存在是在未始有言之先的存在，而人们用语言去说它以后，存在成为话语所论定的对象物，并不是那个存在者本身。在我们的文化传统里，你回到存在者本身去体会领悟，当下可以体会到存在的律动。

“一阴一阳之谓道”③是人们描述宇宙造化之源隐含着阴阳两端，翕辟成变，阴阳和合。翕是凝聚的力量，辟是开发的力量。任何一个事物都隐含着这样的翕辟，宇宙造化的源头也是这样。我们从一气之屈伸来说存在的韵律，而人是参与到这样存在的韵律之中的。所以“一阴一阳之谓道”

① 《道德经·一章》。

② 《道德经·二十五章》。

③ 《周易·系辞上》：“一阴一阳之谓道，继之者善，成之者性。”

讲的是宇宙的源头，存在的律动。“继之者善”是参赞实践论，人的参赞隐含着善的动能。“成之者性”是文化教养论，讲教养与习成。这三句话出自《易经》，宇宙造化之源从道说起。这个道落到人，可以是从心去指点、去主宰来说，落在人与人之间可以用仁爱的“仁”字去说。一种存在的道德真实感的关系叫“仁”，而这个存在的道德真实感的关系就是宇宙造化之源，也就是生命的动能之源。

我们可以看到，中国哲学是归返到存在的源头展开诠释，存在的源头与人的活动相联结，所以不能说《易经》《中庸》是从天道论导生了人道论，而是天道论、人道论本来通而为一。之后我们做了分别说，观天象可以是天文学，可以是天象论，也可以因此成就一套客观的天道论，但并不是说我们客观地去理解天道之如何而主观地导出人当如何。它原先就是一个不可分的整体，这样理解才恰当。

我们说“道”是客观的规律、法则。这样的说法不算错但是不准确。“道”应该是存在的律动。“一阴一阳之谓道”，道也是言说。“道”原先是道路途径的意思，是一个首领引导出一条道路来。经由历史的发展慢慢累积，到春秋战国时代，“道”就不仅是语言义、途径义，而是总体义、根源义，所以才会有“一阴一阳之谓道”这个说法。它从商朝的“帝之令”发展到周朝的“天之命”“道之德”，再到周初时讲“维天之命，于穆不已”[①]“天道无亲，常与善人”[②]。“帝”是万物始生之处，后来引申为一个部落的至上神，而部落之至上神的命令隐含了宇宙造化之源。到了东周春秋时，孔老夫子讲“志于道，据于德，依于仁，游于艺”[③]，把“道”和“德”提到很重要的范畴。《中庸》讲“天命之谓性”[④]就从部落的至上神转

① 《毛诗正义·周颂·维天之命》。
② 《道德经·七十九章》。
③ 《论语·述而》。
④ 《礼记·中庸》：“天命之谓性，率性之谓道，修道之谓教。”

变为一个抽象意更高的“天”的概念，后来“道”这个字眼，从“帝”到“天”到“道”，概念逐渐落实到人间，讲总体和根源。所以，道是就其总体义、根源义说，德是就其内在义、本性义说。道为根源，德为本性，儒家这么说，道家也这么说，只是方向不同。儒家讲“志于道，据于德”，道家讲“道生之，德畜之”。儒家从人的主体自觉往上说，道家从总体的根源往下说。连在一起很容易理解，“志于道”而“道生之”，“道生之”而“德畜之”，其德可畜所以人可以“据于德”，而“据于德”落实讲“依于仁”，仁是人与人之间存在的真实感动。一种存在的道德真实感谓之仁，所以仁是就感通意说。儒家强调人的主体性，即人的主体参赞，道家强调总体的根源，即场域天地。儒家认为，人的主体参赞开启了这个世界，使世界成为世界，这也可以与道家的“有名万物之母”相联系。

所以，儒与道的关系并不是主流与旁支的关系，而是同源互补的关系。同源，用一个字来说就是“道”。君子“忧道不忧贫”“谋道不谋食”[①]“志于道”，这是讲道，所以讲道理就是从根源落实而说的一个客观真实。我们的传统讲法则，但是法则在道理之后。于是我们可以了解，儒家的重点在仁，道家的重点在道。道在天地、场域、自然，道家强调整个天地场域包蕴万有一切，包括人，这样形成了一个总体。这个总体隐含着自发的、和谐的、调节的秩序，这是“道法自然”。

四、儒家之人伦建构与道家之归复自然

儒家的重点在建构。“范围天地之化而不过，曲成万物而不遗”[②]，万事万物经由人的理解、诠释、实践而开启了一个所谓“人文化成”的世界。

---

① 《论语·卫灵公》：“子曰：‘君子谋道不谋食。耕也，馁在其中矣；学也，禄在其中矣。君子忧道不忧贫。’”

② 《周易·系辞上》。

话语的建构会形成一大套制度、结构及其他种种，而道家关心这其中可能产生的问题。“道生之，德畜之，物形之，势成之。”[①]“物”这个字包括人、物、事，包括你对任何对象物的指称。道家认为到了“物形之，势成之”的时候就会出现问题。问题即老子《道德经》第二章中讲到的“天下皆知美之为美，斯恶已；皆知善之为善，斯不善已”，重点在“皆”“知”二字。知是执着，大家都把捉着、执着着，认为那样叫作美，这就变成恶了；大家都紧抓不放，认为那样叫作善，这就变成不善了。这个哲学告诉我们，人们通过话语去建构一些东西时，使得对象物成为对象物，从而形成庞大的结构，在这个过程中，人们的意念、兴趣、欲望、贪求、权力会加在上面，这样就会产生严重的问题，所以道家不断强调一定要回到未始有言之先，也就是回到话语之前的存在本身。回到存在本身正视存在，你才能真正体会到生生之动能，这是道家的可贵之处。

“天地之大德曰生”[②]，儒家强调生生的开启。这个“生”由人开启，开启一个人间的世界。这个人间的世界里人与人之间构成了一套制度结构，即伦理。这个伦理可以追溯到“天地之大德曰生”，它的目的是使“生生”永续不已地发展。在人伦永续的发展过程中，“责任”是非常重要的概念。责任与现代性所说的权利与义务有很大不同，它是放在一个生生不息的历程中去说的，并不关乎功利的计较。责任追求更高的层面——我们必须要继志述事。这在民间依然存在。举个例子，我的母亲是一个很虔诚的佛教徒，她会固定去某个地方做义工。有一次，我回家省亲，她老人家那天感冒了，而第二天正好轮到她去一个寺院里煮饭。她没办法去，就打电话找人去。找谁呢？刚好她的朋友也不能去。于是，她就打电话花钱请人去寺院。你可能会觉得奇怪，你是做义工，你不能去就请假好啦。她说不行，这是有责任的。这有什么法律上的责任吗？没有。但是她若没有做

① 《道德经·五十一章》。
② 《周易·系辞下》。

到就会觉得辜负神佛。这在现代社会可能很难理解，但其中有一个生生不息的延续，而这正是我们的文化传统非常重视的部分。我们的民族在考量一个族群如何发展时，考虑的不是及身而止，而是思前想后，考虑到过去、现在、未来。我的生命连着我父母的生命，父母的生命连着祖父母的生命，祖父母继续连，到最后就连到天地了，这是一个生命的连续。儒家、道家都重视生之连续性，只是儒家更重视人文共同体，而道家更重视自然共同体。在华人的文化传统中，这个人文的共同体与自然的共同体是一而二，二而一的，二者最后通而为一，通于道。分开来讲，人文共同体不能违背自然共同体，不能违背天地之道。所以道家不断地反思儒家：你们所建构的这一大套东西恐怕繁复得很，如何如何就会出大问题。所以道家强调回归，不断地归返自然。儒家不断向前发展，也会进行反思，但是反思的方向是对人文共同体的反思，从历史往回追溯到三代，追溯到尧舜，最后还是回到大自然去理解。这个"大自然"不是一个"physical world"的语汇，不是物理自然世界所说的自然，而是一个人我、天地、万物通而为一的最原初的那个自发的、调节的、和谐的秩序。所以，原先那个无分别的状态是未发的、和谐的状态，而分别之后是已发的、和谐的状态。《中庸》里面讲："中也者，天下之大本也；和也者，天下之达道也。致中和，天地位焉，万物育焉。"什么是"中"呢？"喜怒哀乐之未发，谓之中。"喜怒哀乐未发以前的那个状态，就是一个无分别密藏为一的状态，这既是人存在的大本，也是宇宙造化的大本，这就叫"中"。儒家的重点在从道体之内核而发，还要中节，不能离开大本和达道。

儒道同源互补，只是儒从主体的自觉说，道从天地场域的自然说，方向不同。如果把儒家的道与道家的道分别讲成两个"道"，我认为这恐怕是可以商议的。二者只是方向不同。那么后来儒家辟佛老是不是有问题呢？这是因为儒家思想已经形成了一套学问，不再关乎最初的道理。回到道理之源，儒道是同源而互补的。

儒家重点在生生，在成全，道家重点在自然的归复。生生从哪里说呢？从人所建构的世界说。人所建构世界从哪开始呢？从家庭开始。有天地而后有万物，有万物而后有男女，有男女而后有夫妇，有夫妇才构成家庭。《易经》上经从开天辟地讲起：乾、坤、屯、蒙、需、讼、师、比。乾卦讲天，坤卦讲地，屯卦讲万物之生的艰难，蒙卦讲教育，天地生长如何由蒙昧而启蒙，需卦讲饮食、宴饮，讼卦讲争讼，师卦讲用兵，比卦讲如何纠合群众。下经从咸卦与恒卦说，咸讲男女爱情，恒讲婚姻。在座诸位年轻朋友，谈恋爱时看看咸卦怎么说，咸卦是少女在上，少男在下，少男把少女捧得高高的；恒卦是长男在上，长女在下，主客已经易位了。谈恋爱是什么，谈恋爱就是相互体谅。女生对男生说："听说你要去听讲座，那你就不用来接我了。"男生就对女生说："没问题，我一定会去接你的！讲座9点半就结束了。如果还没结束，我立马就走，还是会去接你！"这是咸卦，艮下兑上，少女是兑卦，少男是艮卦。恒卦，巽下震上，长男是震卦，长女是巽卦。

儒家讲生生的成全，道家讲自然的归复。儒家讲生生的成全从人伦的开展来说"父子有亲"[①]，讲人伦共同体；"君臣有义"，讲政治社会共同体；"夫妇有别"，讲人伦共同体；"长幼有序"，讲人伦共同体；"朋友有信"，讲社会共同体。从《易经》看五伦，有天地而后有万物，有万物而后有男女，有男女而后有夫妇，所以夫妇之伦为最先，其次是父子，其次是兄弟，再从家庭人伦跨到社会讲朋友。政治共同体讲君臣，君字从尹从口，主管事情。所以儒家是从血缘的关系延展开去，这是一个连续体的拟血缘的关系，其中隐含着人们对宇宙造化的体会。

儒家认为人要参赞天地之化育，要去建构一个人伦的世界。"观乎天

---

① 《孟子·滕文公上》："圣人有忧之，使契为司徒，教以人伦：父子有亲，君臣有义，夫妇有别，长幼有序，朋友有信。"

文以察时变，观乎人文以化成天下。”[①]人文是人通过语言文字符号去诠释这个世界，而在诠释的过程中要体会天地万物感通之气。人具有这个能力，因为人是得天地阴阳五行之秀气而最灵的一个存在。从这里来讲“一阴一阳之谓道，继之者善”，讲“天命之谓性，率性之谓道”。以人为出发点讲“志于道，据于德”[②]。从人的心灵主宰讲，“尽其心者，知其性也。知其性，则知天矣。存其心，养其性，所以事天也。殀寿不贰，修身以俟之，所以立命也”[③]。心、性、天是通而为一的。

从人的自觉去看这个世界，这个“自觉”和所谓“free will”一样吗？它们看起来很像，但是源头不同。通过康德学去诠释儒学是有限制的，把儒家的“良知”诠释为康德学的“自由意志”[④]，并不准确，所以必须要有更多交谈和对话。我觉得牟宗三先生的可贵之处在于他做了这个工作，他通过康德学的“free will”来理解“本心、良知”，但是他回过头去又两两对照，研究彼此之间交谈对话的可能，尽管很多学者对于他的看法还是有争议的。因为那个年代，也就是所谓“逆格义”的年代，研究中国哲学很难避免西方近现代思维的影响，但是在这个过程中有进一步的对话很好。这一点，当代新儒学的大家是有自觉的，但不是说他们已经做到尽善尽美了。在我们的文化传统中，尽善尽美有一个永恒的向往叫“止于至善”[⑤]。永恒的向往是必要的，所以你才能够“知止而后有定，定而后能静，静而后能安，安而后能虑，虑而后能得”[⑥]，儒家的工夫论从这里说。你可以把“知止而后有定”理解为思虑停止吗？当然不可以。你说“止”是“心行

---

① 《周易·贲卦·彖》。

② 《论语·述而》。

③ 《孟子·尽心上》。

④ 自由意志：在近代，德国康德提出先天的善良意志的观点，把意志自由作为他的实践理性的三条公设之一（其他两条为“灵魂不死”和“上帝存在”），强调人的自由意志是独立的、绝对自由的。参见冯契主编：《哲学大辞典》，上海辞书出版社2007年版，第821页。

⑤ 《礼记·大学》：“大学之道，在明明德，在亲民，在止于至善。”

⑥ 《礼记·大学》。

路绝，言语道断”[①]，那是不对的。“止”是脚趾到那里，引申出永恒的向往，我要到那里。终点决定起点。所以“物有本末，事有终始”，本就其根源说，终是就其永恒的向往说、终极关怀说。记住人生不是起点决定终点，而是终点决定起点，所以“物有本末，事有终始，知所先后，则近道矣”[②]。

儒家从自觉处说，道家从自然处说。儒家讲观生，“观天地生物之气象”[③]。生是一件很美好的事。从华人世界来讲，生是天经地义的事情。男大当婚，女大当嫁，所为者何？生生不息也。这个生命的责任叫传续，所以“不孝有三，无后为大”[④]。还有特殊的传衍，比如你当老师、宗教师，慧命相续，道命相承。儒家讲“观生”，道家讲“观复”。复其所始才能生生不息。《道德经》十六章讲：“致虚极，守静笃，万物并作，吾以观复。”道家说，人还是尽量先让开，让宇宙造化的生生之源好好生长，人为造作太多了会出问题。所以致虚要极，守静要笃，这样才能“万物并作，吾以观复”，“作”是生长，强调一种多元的共生、共长。“夫物芸芸，各复归其根，归根曰静”，能够回溯到宇宙的造化源头是静，“归根曰静，是谓复命”。“复命曰常”，回到生命的源头，这是常道。“知常曰明”，你体会到这个常道就是智慧，明是通达于道。“不知常，妄作，凶”，道家告诉你，这个世界太多人不知常而妄作。譬如，你肚子稍微有点不舒服，可能是你今天中午吃多了，隔一餐不吃或者吃少一点就好了，但你说，赶快去医院，那是“不知常，妄作，凶”。

国家在发展的过程中会出现各种各样的问题，那要怎么处理呢？国家的治理有常道，不可以随便处理。“治大国若烹小鲜”[⑤]，你在煎小鱼的时

---

① 《四明尊者教行录》卷二。

② 《礼记·大学》。

③ 《河南程氏遗书》卷六。

④ 《孟子·离娄上》。

⑤ 《道德经·六十章》。

候，油要足量，热度要够，放下去以后不能够随便地翻搅，这是说你要能够恰当地主宰。道家讲这些问题是告诉你，回到源头想一想。譬如，现在信息海量堆积，怎么办，你会都看吗？你一定要知道，信息是堆积，知识是构造，而智慧是照亮和生长。所以要懂得信息的选择、知识的构造，回溯到本源才是真正的智慧。“为学日益，为道日损。”[①]读书不是每天认真读就行了，你要懂得不该读的不要读，像中国哲学很多二手、三手、四手的文章，依我看，大概一半以上不用读，这讲得太保守了，大概三分之二以上不用读，再多一点，五分之四以上不用读。那你现在太高兴了，你说，老师，我现在终于有太多书可以不用读了！那你该读什么？读原典。原典不只是一些重要的概念范畴，更重要的是它不离生活世界，需要你去体会、玩味。老子对此反思很深，“故失道而后德，失德而后仁，失仁而后义，失义而后礼。夫礼者，忠信之薄而乱之首”[②]。少了根源就强调本性，少了本性就强调感通，少了感通就强调法则，少了法则就强调规范，当人们强调规范时，就是“攘臂而扔之”[③]。什么是“攘臂而扔之”？妈妈拉着小明的手厉声喊道：“我叫你坐好，你就给我坐好！”当我们强调礼时，已经是“忠信之薄而乱之首”了。我们的民族一直有这样的动能，强调回到根源和本性，所以在改朝换代、异族入侵之时，文化传统可以不亡，因此民族也可以不亡。这是很了不起的。

你翻开《史记》会看到本纪、世家、列传。本纪从五帝本纪讲起，讲政治社会共同体的顶端从什么时候开始。“一统说”，明其统系。世家讲诸侯，从泰伯讲起，因为泰伯让出了位置，而成就了周朝。当时，商周并立，周在西边，商在东边，商是共主，周是诸侯。周太公有三个儿子：泰伯、仲雍、季历。季历的儿子就是后来的周文王姬昌。周朝很早就实施嫡

① 《道德经·四十八章》。
② 《道德经·三十八章》。
③ 《道德经·三十八章》。

长子继承制，但是祖父认为孙子有德有能，泰伯看出了父亲的心事，觉得自己的孩子不行，自己的能力也一般，所以他就和弟弟仲雍商量好了，二人隐退到江浙一带成立了吴国，所以吴是姬姓。泰伯这一让就让出了周朝八百年，所以让德很重要，司马迁把他放在了第一位。列传从伯夷讲起，如《伯夷叔齐列传》。伯夷、叔齐是和平主义者，主张天下和平。武王将要伐纣时，伯夷、叔齐叩马而谏说，告诉周王不能以暴易暴，如果以暴易暴，他们就不食武王的俸禄！武王伐纣虽然顺乎天应乎人，但是战况惨烈，史书记载血流漂杵。我认为血流漂杵不太可能，有一种可能是下大雨了，血染了河流，所以才会血流漂杵。伯夷、叔齐义不食周粟，二人在首阳山采蕨而食，最终以身殉道，饿死于首阳山。孟子称赞他们是"圣之清者也"[1]。后人写对联赞颂他们"一根穷骨头支撑天地，两个饿肚皮包罗古今"，这副对联歌颂的是生命的纯粹与理想，这正是政治社会共同体建立的一个必要的源头——德。"为政以德，譬如北辰，居其所而众星共之。"[2]德是本性，这个本性合乎天道。儒家、道家都讲道德的传统，儒家从生生处说，讲生生的成全，道家讲自然的归复，而且儒道同源互补。

儒家讲仁义礼智。仁是什么？仁是讲人与人之间的一种真实关怀。真实关怀从哪里开始呢？从父子之间开始。孝是对生命源头的追溯和崇敬。儒家非常重视生命的源头，"天地者，生之本也"[3]，天地是自然生命的源头；"先祖者，类之本也"，祖先是血缘生命的源头；"君师者，治之本也"，君师是政治社会共同体的源头。总的来讲，人的生命有三个层次：自然的生命、血缘的生命、政治社会共同体的生命。所以，人生活在自然生命的共同体、血缘生命的共同体，或者更广来说人文生命的共同体中，尽其伦、尽其责、尽其分，这是所谓"礼有三本"。"其为人也孝弟，而

① 《孟子·万章下》。
② 《论语·为政》。
③ 《荀子·礼论》："礼有三本：天地者，生之本也；先祖者，类之本也；君师者，治之本也。"

好犯上者，鲜矣；不好犯上，而好作乱者，未之有也。君子务本，本立而道生。孝弟也者，其为仁之本与！”[①]孝是对生命根源的崇敬，悌是顺着生命根源而来的横面展开，由爱兄弟姐妹而及社会，这是实践仁的根本。“人人亲其亲、长其长而天下平”[②]，事亲是仁，敬长是义，仁义从这里说。仁是真实的感动，义是由此衍生出的客观法则，礼是具体落实的规范，智是对仁义礼节度的恰当判断。仁义是生命的根源，而仁义的源头是回归到本心的自觉。自觉不是一个自由意志的无上命令，而是一种在人伦中的觉醒。我们讲人伦，伦是指人与人之间、人与其他事物之间的恰当关联，重点不在权。权是什么呢？秤锤谓之“权”，秤杆谓之“衡”，为了维持秤杆的平衡，权就要变动，所以讲权变。权所谓返经也，权变是回到经常之道。你慢慢体会，可以感受到这些语汇构成一条脉络和道理。这些说法原先是来自宇宙造化之源，所以最终一定要回到那个宇宙造化之源说。“大礼者，与天地同节也；大乐者，与天地同和也。”[③]礼，礼节，节，节气。音乐讲韵律，韵律与和谐有密切关系。礼乐相联结，生命也是如此。“兴于诗，立于礼，成于乐”[④]，完成一个典礼，先诵诗，再行礼，再奏乐。生命像一首乐章，人进到场域中，演奏出韵律感，演奏出乐章来。这个乐章是人伦的乐章，是自然的乐章。“君子有三乐，而王天下不与存焉”[⑤]，君子有三件快乐的事，统治天下不在其中。“父母俱存，兄弟无故，一乐也”，讲孝悌人伦；“仰不愧于天，俯不怍于人”，讲对得起天理良知，对得起人伦社会；“得天下英才而教育之”，是人文教养的传习使得生命生生不息。道家也重

---

① 《论语·学而》。

② 《孟子·离娄上》。

③ 《礼记·乐记》。

④ 《论语·泰伯》。

⑤ 《孟子·尽心上》：“孟子曰：‘君子有三乐，而王天下不与存焉。父母俱存，兄弟无故，一乐也；仰不愧于天，俯不怍于人，二乐也；得天下英才而教育之，三乐也。君子有三乐，而王天下不与存焉。’”

视人文教养，讲薪尽火传，其实薪未尽火先传。

到了五六十岁，我发觉做学问最重要的是传承，所以对我来讲只做研究不讲学是不对的，人文最重要的是讲学。孔老夫子也做研究，他“删诗书，定礼乐，赞周易，修春秋”，但最重要的是讲学。我们从中可以体会到，在人伦的传续中，文化的教养传习非常重要。《易经》里面也讲“剥极而复”，五阴消尽，一阳独存，谓之剥卦，而剥卦就是重启再生之可能，剥极而复，就是一阳来复。所以不要小看文天祥、史可法，更不要小看我们会歌颂文天祥、史可法。因为有文天祥、史可法这样的人存在，所以一直有中国。有个说法是“崖山之后无中国”，崖山就是陆秀夫背负幼主投海的地方。其实，这个说法是不对的。中国是一直存在的。明末清初有顾炎武、黄宗羲、王夫之。王夫之曾经“窜身窑洞”，后来隐居到湖南衡阳的湘西草堂，著书立说，教授学生。黄宗羲写作《明夷待访录》，“火入地中，明已灭矣”，他的著述之中其实也隐约传达着“明夷待访”之意。《明夷待访录》反思了整个中国社会政治，思考中国政治社会、文化教养应当如何，后来成为晚清各派，不管是改革派、立宪派还是革命派的“圣经”。这叫中国，中国的可贵之处在于有这些东西在，有这些人物在。林则徐被贬官到新疆，也没有怀忧丧志，他考察那里的风土人情、地文水文，做成图册，后来为左宗棠平新疆之乱提供了重要的资料参考。他有句诗“苟利国家生死以，岂因祸福避趋之”①，最能表现他的人格。君子莫不如是，“居天下之广居，立天下之正位，行天下之大道”②，“广居”者居于仁也，立于礼谓之“正位”，行其义谓之“大道”。仁礼义逐渐内化成人的修养之德，并且它关系到整个外王枝叶，所以内圣与外王本为一体，这是儒家强调的内容。

---

① 林则徐：《赴戍登程口占示家人》。

② 《孟子·滕文公下》。

五、儒道在当代社会：儒家之自强不息与道家之付能于所

现在进入21世纪，我们有机会重新反思这些问题。你会发现儒家强调的人伦确实与西方强调的人权概念不同，但是二者相悖吗？不。你可以简单思考下，有人伦下的人权比较好，还是没有人伦下的人权比较好？有人伦下的人权一定比没有人伦下的人权要好。人伦最后回到生生之德说。“其父攘羊，而子证之”[①]不合乎人伦、人情、义理，也不合乎现行西方最进步的法律。明白了“父为子隐，子为父隐”是为了保住人与人之间的恰当关系，这样你就不会说中国不谈法律、不谈人权，你要恰当地理解经典的意义是什么。之后，在历史的发展过程里出现的种种问题，是因为君主专制、父权高压、男性中心，形成了严重的“道的错置”问题。原来“圣王”的传统变成了“王者为圣”。所以，儒家谈大丈夫之道、君子之道，谈“忧道不忧贫”，“谋道不谋食”[②]。孟子有很多可贵的思想，如“君之视臣如土芥，臣视君如寇雠”[③]。“革命”这个字眼，不是现在才有的。《易经》有鼎、革两卦，革命是顺乎天应乎人的。天子不是世系不迁的天皇，有道得之，无道不能得。1911年代表整个中华民族文化兴复的新起点，秦汉以来两千年的帝制被革除了，我们必须重新思考我们民族本身最可贵的东西是什么。回到《孟子》，“人人亲其亲、长其长而天下平”，我们重视的是人伦共同体。如果人伦共同体没有建构好，政治社会就会出问题。因为有人伦才有好的社会，有好的社会才有政治，而政治以道德为准。至于以前的政治共同体的设计，我们当然要检讨它本身存在的问题。我们讲恢复儒学，

① 《论语·子路》。

② 《论语·卫灵公》。

③ 《孟子·离娄下》。

那把两千年的帝制儒学恢复了对吗？当然不对。回到先秦去看，孔老夫子不是那么说的。“或谓孔子曰：‘子奚不为政？’，子曰：‘《书》云“孝乎惟孝，友于兄弟，施于有政。”是亦为政，奚其为为政？’”[①]能够通过一个恰当的管道把孝悌人伦推展出去这就是为政，所以为政最重要的是孝悌人伦共同体的重新建构。儒家的复兴，最重要的是整个人伦共同体的重新建构，这是一个很难的问题，因为现代社会已经不是农业社会了，人们不再聚村而居、聚族而居，那要怎么建构呢？当今所谓的大陆新儒家最应该想的问题不是急着当帝王师，最重要的是在一个公民社会下建构公民儒学，应该思考在社会中以一个儒者的襟怀能做些什么？在民间，儒学要如何兴复？我的老朋友像颜炳罡教授、赵法生教授，他们推动乡村儒学，身体力行，这是很了不起的，有一点继承梁漱溟乡村儒学的味道，这样的发展其实是必要的。

时代变迁，进入21世纪，道家起到了更为重要的反思作用。道家反思了人类最根源性的话语所建构的世界与存在本身的关联，以及在话语建构的过程中，权力与欲望及其他种种的加入会形成怎样的麻烦。道家不只是追求一个消极的心灵境界，它其实思考到很根源性的问题，而且有一套应对的方法。道家的方法，一言以蔽之，即观其事变、付能于所。道家把一切放在一个场域、制度、结构中去处理，故人的主体承担得以减轻。如果你每天要考验自己的良心：我今天会不会贪污，那会很辛苦。在台湾，商店的店员大概很难贪污，因为它有一套完善的发票制度。在台湾，即使你买一元钱的东西也要给你一张发票。譬如，你买了一份报纸，新台币十元钱，相当于两元人民币。店员会给你一张发票，这张发票还可以兑奖，说不定会中两百万新台币。所以，在这个机制下，店员的心一定很清净。这是付能于所，把“能”放到“所”里面处理。付主于客，把主体放到场域

① 《论语·为政》。

里面处理，场域用制度结构处理。我下飞机从遥墙机场出来，出关的时候，要排队，还要排很多行。我看大家也还相安无事，最主要是因为遥墙机场的人还不够多，人够多的话难免会争先恐后。如果排成一行，弯弯曲曲的，大概会更好，因为不会有幸运的人，也不会有倒霉的人。倒霉是说，我排在这一行，假如前面有一两个碰到了问题，我就必须等很久。这就是一个制度结构的设计。有好的制度结构，世间事就好办了。道家就强调这种智慧。“察业识莫若佛，观事变莫若道，立人伦莫若儒。”[①]这是牟宗三先生的名言。

我们刚刚讲儒道的同源互补以及在当代社会中应当如何。儒家强调一种承担的精神，“我，就在这里”；道家强调放回天地去处理，“我，归返天地”。儒家强调积极的实践，自强不息，道家强调顺承自然。这样，佛教好像都没有被我们放到里面去说。

六、佛教中国化：出世而即世

汉魏之际佛教传入中国，逐渐浸润到中华民族的血液中。佛教的可贵之处在于讲苦业的解脱。“有漏皆苦”，若能了证“诸行无常，诸法无我”，当下便入“涅槃寂静”。“四圣谛”讲“苦、集、灭、道”，“苦”就是一切有漏，任何不圆满事物的存在都是“有漏”。一切活动都是刹那生、刹那灭，无常无“自性”的。若能通达生灭之法，就能够懂得一切了不相涉而无所挂碍。但在我们的文化传统中，重点不在刹那生、刹那灭，而在生生不息，这与佛教有很大不同。

佛教传入中国有一个适应调节发展的过程。从原初的出世间法发展到后来出世间法和世间法相互结合。佛法原是强调出世间法，后来发展成为

① “察业识莫若佛，观事变莫若道，而知性尽性，开价值之源，树立价值之主体，莫若儒。”参见牟宗三:《生命的学问》，广西师范大学出版社2005年版，第27页。

“不离世间觉”[1]。“前念迷即凡夫，后念悟即佛。”[2] 当下念觉，此身即在西方净土，若不能觉，即在东方娑婆。佛法原本强调苦业解脱，但传到中国后逐渐转变为对真正觉性的开发。十方法界变成如何当下成佛，如何度一切众生，所以它的重点不在阿罗汉道，而在于菩提萨陀。菩萨道是人间的有情觉者来度一切众生到彼岸，彼岸即证得涅槃。彼岸不离此岸，“彼岸净土”的概念转变成“人间净土”的概念。所以禅宗、华严宗、天台宗，中国的三大宗派都隐含了很强的人间性，并且吸收了儒家的人伦思想。儒家的人伦思想与佛陀的本怀相结合，于是出现了一部经典——《佛说父母恩重难报经》。其实，它并非是佛说，而是汉人代替佛说，所以这一部经是伪经，但是伪经也很有价值。佛教吸收了儒家的人伦思想，一方面讲出世间法，另一方面则要安顿人间事，安顿人们当下的“自性”。从苦空无我到长乐我静，从无常到常，从原来的种种染污到纯净，这是觉性的转化。所以，佛教在中国发生了很大的转化，这个转化经过了儒道的刺激。

我常说儒家是饭，道家是空气、阳光、水，而佛教是药，有病苦才需要吃药。佛教在中国发展极其兴盛时，正是中国处在水深火热之中的时候。魏晋南北朝时，社会动荡不安，民不聊生。所以，道家“无”的概念很快和佛教“空”的概念结合在一起，有所谓的“格义佛教”，即通过老庄的“无”来格义佛教的“空”。佛教般若学传进中国一百多年就形成了“六家七宗”，代表中印文明在互动的过程中形成了新的文化思想。

顺便要说，佛教虽为印度文明，但是它极力拒斥印度文明之主流——婆罗门教，也就是后来的印度教。印度教认为，梵天大我流出世间之一切而有种姓之区分，众生各因其业力而有不平等产生。但释迦牟尼佛以大悲心和智慧力解开业力之不平等，脱离轮回之苦。

佛法传入中国后逐渐与儒道两家思想相互通融，这也丰富了中国人对

① 《坛经·般若品》：“佛法在世间，不离世间觉，离世觅菩提，恰如求兔角。”
② 《坛经·般若品》。

“仁”内在的深层理解，特别是对心灵意识的深层理解。到目前为止，唯识学对人内在心灵意识的深层挖掘可以说是无与伦比的。这个刺激使得后来宋明理学开始了对人内在的深层挖掘而回溯到《中庸》《大学》，把一些重要的概念范畴重新进行诠释，如心、意、知、物、中和、已发、未发等，并且连着道家的思想一起重新思考。在这种相激相荡之下，儒学逐渐开出了新的风貌。

相对于儒家强调主体的自觉，道家回到场域的自然，佛家更强调当下的自在。这些义理深深渗入华人的生活世界中。举个例子，儒家强调积极面对，下午妈妈对小明说：“明天就要高考了，今天要努力。”但是她懂得回溯到源头才会有动能，所以到晚上她告诉小明：“明天要考试了，今天要放松一点啊。”下午才说要努力，晚上就说要放松。第二天要出门的时候她告诉小明：“一切要放空，要自在，要心无挂碍。”这是很自然的过程。你问妈妈学过儒道佛吗？她是不学而自化的。最后考完了，小明垂头丧气，妈妈说：“不要再想了，作无想想，放空。出去走一走，回老家看看爷爷奶奶。”这又把自在、自然、人伦联结在一起。这就是我们的传统。

佛教接受了儒家的人伦、道家的自然之道，佛教的高僧大德也注解《易经》，讲《论语》。你可能会说他们有时候胡讲。胡讲也没关系，讲通就可以了。那么儒家和道家有没有胡讲佛教呢？也有。我记得民间有人讲“南无阿弥陀佛”。他怎么讲呢？诠释学到这个地步真不知该如何说起。“南无阿弥陀佛。”“南”者，南方也，向阳，离位。离，向明而居者。“无”者，致虚守静。“阿”，山阿聚集之处。“弥”，周遍。“陀”，圆环。“佛”，觉醒。这样解释我们好像也可以接受。我们的文化传统中蕴含着回归宇宙造化之源的生生力量，有极大的消融力量。原始佛教与儒道大不相同，而它居然能在中国文明中落地生根，开花结果，其最重要的原因在于佛教能与本土文化相互通融。

七、结语："生生法"有别于"无生法"，"无生法"包蕴"生生法"

回归源头，儒道都是"生生法"，佛法是"无生法"，无生法后来接受了生生法，以无生法来包蕴生生法，以出世间法来包蕴世间法。其实，儒道原先是通世间和出世间的，只是不以两者割裂来说。儒家对待死亡问题，是"未知生，焉知死"[①]，视死犹生，"生，事之以礼；死，葬之以礼，祭之以礼"[②]。道家的态度是回到自然的生，而不是人伦的生。所以，庄子的老婆死了他可以鼓盆而歌，这是一种潇洒，是回归自然。当然，有人怀疑庄子和老婆感情不好，但是我想不是，道家讲"至人无己，神人无功，圣人无名"[③]。儒家是圣人要"正名以求实"，而道家是圣人要"无名以就实"。正名以求实和无名以就实相互违背吗？其实，无名以就实刚好比正名以求实更为根源。佛法也可以作为根源，佛法经过中土文化的刺激和熏陶以后，长出了世俗谛与真谛，第一义谛和第二义谛联结在一起，所以真谛俗谛，真俗不二,一方面讲真空，另一方面又讲妙有，佛教的重点在于了无挂碍。

所以，我们有儒家的主体自觉，有道家的归返自然，有佛教的当下自在，这样的哲学是很好的。我们要有承担的精神，有"我，就在这里"，有"我，归返天地"，有"我，当下空无"。生命如果有这些修养就会好很多。佛、老讲虚无、寂静，儒讲实有、生动，看似相互违背，实则虚可以涵实，无可以为有。"集义"而"生生"，静为一切振动的起点。《易经》艮卦之后才是震卦，艮为知止，知止方能重始，止不是彻底的停止，而是一

① 《论语·先进》。
② 《论语·为政》。
③ 《庄子·逍遥游》。

个新生的起点。这些道理需要回到经典去诠释，回到生命中去印证，回到生活中去经验，在这过程中逐渐累积。整个中国文明经历了近代一百多年来的曲折颠簸，山穷水尽，终于柳暗花明，即将迎来一个新的可能的时代。

对于儒道佛三家，我今天就一个点来说，儒道都是“生生法”，佛教为“无生法”。中国的佛教又以无生法来包蕴生生法。从儒家人伦孝悌强调生生的成全，到道家自然无为强调自然的归复，到佛教的无生法，缘起性空、苦业的解脱；从儒家自觉到道家自然，到佛教的自在；儒家讲观生，道家讲观复，佛教讲观空。儒家修养工夫强调敬，敬而无妄，道家讲致虚守静，佛家讲净而无染。儒家重点在立志，道家重点在宁心，佛教讲澄念，心宽而念澄。所以这样一层层去理解它，我们慢慢地在生活周遭就可以体会到儒道佛。我想有朝一日，在这块土地上，基督宗教、伊斯兰教也会与儒道佛三家有更多的互动。很多东西以后有机会再谈，今天我就先说到这里。

| 问题与讨论 |

学生：林老师，我想了解您对于儒道佛的态度以及您研究的方法。

林安梧：我的态度是很包容的。我的方法，上次提到做学问的五证：历史的考证、典籍的佐证、科学的验证、经验的查证、逻辑的辩证、心性的体证，基本上还是回到原典的阅读。

学生：我们研究传统文化，解读文本时经常用其他思想的文本来解读，但现在我们大部分的话语叙事结构都是西方的。我想问一下，您在解读时偏向于“以中解中”还是“以西解中”？

林安梧：你觉得呢？听完两次讲座，你大概会发觉我基本上是中西互为体用。

学生：我发现您讲课有一部分使用西方的叙事结构，您刚才也在坚持一些中国传统文化的基本理念，能够把两种文化融通。

林安梧：在我看来，只要它能适应就可以拿来用。就像我穿衣服，喜欢穿唐装，戴法国帽，穿西装裤和一般的鞋子，还喜欢抽个烟斗，好像看起来也不是怪物吧？我的想法就是这样，只要它能适应，就试试看，并没有说一定要“以中解中”或者“以西解中”。这其实就是一个相互对话、融通的发展过程。至于结果如何，我想不是我能决定的，因为我们只是参与这个活动的交谈者之一。方向就是这样，方向就是道理。道理要讲得有道理。譬如，这是咖啡，但是我不能说“这是多么难喝的茶”。你从茶的角度来讲，咖啡可能不是好的茶，因为咖啡是咖啡。那你说我喜欢把咖啡和茶混在一块喝，可以吗？那你觉得可以也可以，但是其他人可能觉得不好。如果你喝到更高档的咖啡、更高档的茶，就会觉得混着喝有一点不太好。

学生：我们现在文化界的难题不是判断谁错，谁错很容易看清楚，但是我们对于同时正确的东西却认为是冲突的、不能够接受的。

林安梧：现在我的一个想法，就我所知的问题和思考，我谈出来，彼此有一些启发可以展开交谈，但是对方所谈，譬如你跟我谈的，我会想，我可能还有哪些东西没有读到，有机会再多读一些，然后再去慢慢思考、交流。因为我们很难拿定一个东西就说它果真是什么样子。我今天所说的内容，大概就像我煮了一盘菜，请你吃吃看。如果你觉得还不错，可能会说，林老师我也想煮煮看，说不定我煮的会更好吃，仅此而已。我持一个很开放的态度，但觉得有一些属于感悟、体悟的东西一定要有根据，一定要言之有物，言之有据。至于有物、有据是不是够，谁都不敢说够。所以我们需要交谈和对话，这也是讲座的目的所在。

学生：谢谢林老师。

学生：林老师，您好！您刚才讲儒道早期的时候，人参与世界当中来实践、体验。我感觉您对于人的实践、行为、动作比较重视，而对于语言有所轻视。我不知道您有没有这个意思。我想听您谈一谈人在世界当中，人的行为、交往的动作和语言相比，哪个重要？

林安梧：语言既是动作，也是实践，“修辞立其诚”①，言还是很重要的。

学生：语言和行为，哪一个更重要？

林安梧：我想都很重要。你不能问我说：“林老师，你觉得你的手心比较重要还是手背比较重要？”我只是要说明，在华人文化传统里，我们对话语以及话语本身导致的种种问题是有戒心的。“相视而笑，莫逆于心”②，“酒逢知己千杯少，话不投机半句多”，我们有这些说法，但是我们不是因此就不说话。我们非常重视话语的记录，例如“四书五经”“二十五史”都包含佛经翻译、西方文学作品的翻译，等等。目前，汉译佛经已经成为人类文化的瑰宝。因为汉译对于语义的保值更高。所以《般若波罗蜜多心经》，你看看玄奘的翻译或者更早的鸠摩罗什的翻译，你再看看现在从巴利文直接翻译过来的译文，你会觉得原来的汉译语义更为丰厚。最主要是因为，汉字不是语音中心。我常说这个语音中心的文字，用符号去记录构成的这样的一套语义系统容易贬值。

学生：现在有一种语言成为哲学的趋势，也就是人们过度强调语言的重要性。

林安梧：因为整个西方自古希腊巴门尼德（Parmanides）③以来强调“存在与思维的一致性”，这就是我所谓的“以言代知，以知代思，以思

---

① 《周易・乾卦・文言》。

② 《庄子・大宗师》。

③ 巴门尼德（Parmanides，约公元前515年—前5世纪中叶以后），古希腊哲学家，埃利亚学派的奠基人。在毕达哥拉斯学派、赫拉克利特和色诺芬尼的影响下，创立存在理论。他将思想和感觉割裂并绝对对立起来，认为思想和存在是同一的，感觉和非存在是一致的；以感觉看存在，存在是没有的；以思想去想非存在，非存在是虚假的；感觉的对象是非存在，感觉获得的内容就是生灭、运动和可分的东西。参见冯契主编：《哲学大辞典》，上海辞书出版社2007年版，第1570－1571页。

代在”，由话语、认知到存在的一个控御，使得存在不能彰显，所以出现所谓“语言学转向”希望把它拉开来，但结果是陷入一种相对主义、虚无主义。但我们原先对这个问题是很清楚的，我们是“言外有知，知外有思，思外有在”，就是存在大于思考，思考大于认知，认知大于话语。我们对话语很谨慎，我们知道话语不能凌越存在之上而控制存在。

学生：也就是说，存在更为根源？

林安梧：是，存在更为本原。就像夫妻两人吵架，如果存在更为本原，不会因为吵架就离婚的。所以，以前在华人世界里面不太怕吵架。吵架这事没那么严重。

学生：林老师，非常感谢您精彩的讲座。很多人都在探讨儒释道的区别，但是从您这两次的讲座来看，我感觉您更关注它们之间的共同性，比如您讲儒道互补，讲佛在中国的本土化。那么我想问一下，在这背后，您把这三者拉在一起的一股力量究竟是什么？来源又在哪里？还有一个问题，在您的讲座中，您贯通中西，运用自如，但是像您这样境界的人还是很少的，很多人在对东西进行融合时，会变成一种攀附，用外在的东西解释自己的东西，我想这就涉及一个话语权的问题。那么您觉得我们应该如何在东西贯通之中把握住我们自己的话语权？

林安梧：我大概会对自己的学生说，对于古典的话语、现代的生活话语、现代的学术话语要熟悉。古典话语有日常的话语，也有比较学术的话语，我们都要熟悉。现在比较难的是，我们对于古典话语的熟悉。所以，我主张学生对古文要熟悉，要练习写作。因为你创作过，你就可以更清楚地谈论它。譬如，你要谈一首诗的好，你都没有写过古诗，怎么谈一首诗的好呢？所以，你要写写看。你可能是三流的古诗作家，但可能是一流的古诗鉴赏家。但是如果你从来没有写过古诗，那么你可能很难成为一流的古诗鉴赏家和评论家。譬如，我不一定很能喝酒，但是对于白酒，我应该还是能说一说，因为我喝过好多种白酒，虽然还不在行，但是这有一个起点。我觉得尼山学堂学生所接受的训练是比较完整的国学院的训练，即基本的文字、声韵、训诂、考证等。但是除此之外，还要有义理的讲明以及西方哲学的训练等。学问若想打通，需要自己学“近乎道”。我也只是在努力中，能做到怎么样的结果也不知道。我觉得自己还算幸运，以前听牟先生、唐先生上课，会有比较大的启发。当然，我们最主要的不是听课，而是阅读。我们回到原典去阅读是很重要的。我对原典的深切体会不是随便说说的。譬如，“儒”这个字，一个“需”，一个“人”，不能说“需要人”就是“儒”，这是胡说。那么“佛”就“不是人”了。事实上，这个“儒”当然跟人有关，它的声符是底下这个“而”字，上面的“雨”是润泽之意，加上三点水是“濡”，所以这个人字旁的“儒”有润泽、教养、调节、生长之意。这需要我们慢慢体会、玩味。在学会了整套学问之后，你要会用。我以前学过文字学，那时也是很不喜欢它，慢慢地会用了才觉得很好用，而且很真实。现在比较可惜、比较担心的是，中国哲学的很多研究者，自身的古典训练是不够的。另一方面就是他对西方的东西没有全面理解，却武断地讲这个东西就是这样或那样。这样讲，不一定错但是不准确。譬如，他们把“道”讲成客观规律，这是不准确的。“道”其实讲的是“存在的韵律”。因为在华人的文化传统中，存在的律动是高过于客观规律的。华人文化传统中客观规律是第二义的，道理是高过规律的。华人比较严重的问题是现在有些人不讲道理。所以，重点不是你不遵守规律，而是你不讲道理。你讲道理的话，就可以调整过来。

学生：您刚才提到人伦共同体和我们现在说的“人情社会”是一回事吗？二者有什么区别？

林安梧：人情社会？

学生：对。

林安梧：人情社会是人伦共同体的一部分。中国不只是人情社会，也是讲义理、讲道理的。

学生：林老师，您好！我们青年人特别关心自己的精神航标应该如何树立，所以我特别想问您一个非常生活化的问题：这些传统文化是如何伴随您的生命，然后对您有一个启发的过程？对于我们来讲，这个启发的过程可能更能渗入个人的生活体验中，真正能够启发我们的生命。

林安梧：你这个问题需要做一个另外的演讲。我这一次来有一个任务，要接受一个“访问”，其实像是“考问”。访问者会问我“这些问题您是怎样思考的？”“这些思考的来龙去脉是怎样的？”这一年我大概会把这个事情做成，出一本访谈录的册子。人生有一些运气，你会碰到什么老师，有什么样的际遇、发展，包括结交什么样的朋友都会对你产生影响。譬如，我结交了一些学习西洋哲学的朋友，在座的傅永军老师就是我很好的朋友，还有很多人，包括张祥龙教授、邓晓芒教授，虽然他讲了很多我不赞成的话，但是并不妨碍我们成为朋友。学问可以不同，但是可以讨论。我的想法是这样的，甚至有的人可能认为不可理喻，但是我都很愿意去理解。我愿意理解是说“它是非理性的但是可理解的”，我们理解以后可以慢慢讨论。比如，邓晓芒说了一段非常漂亮的话：“中国的自由是没有意志的自由，中国的意志是没有自由的意志！”这话确实讲得漂亮，但是你读《孟子》《论语》时会发觉不是这样的，那为何两千年来中国的确有一些现象是如你看到的那样。为什么那个自由是没有意志的自由，那个意志是没有自由的意志？你要说出理由来就有趣了。我不是说中国好像天生就没有这样的东西。我曾经写过一篇小文章叫《孔子与阿Q》。阿Q是鲁迅笔下当时国民性的一个代表。你不能说鲁迅写得完全是假的，但是你回到《论语》里就不会看到阿Q这样的人。那为什么两千年来中国会熏陶出阿Q这样的人？这是一个我们要解决的问题。所以有时候有人说，“哎，林教授你是传统主义者，还有人说你是新传统主义者，可我怎么听你讲起话来比传统主义者还反传统啊？”我没有，我只是觉得大家要正视这些问题。人能读的书是有限的，了解也是有限的，所以到目前为止，我还是继续努力吧。我很愿意跟在座的年轻朋友一起努力。因为我在山东大学看到很多年轻朋友读书非常认真，非常努力。山东大学有一种非常朴实的学风，这是非常好的，一大早就有很多同学在读书了。

儒家经典智慧与二十一世纪人类文明
——以《论语》为例

一、缘起：学习《论语》历程之反思

我们今天谈“儒家经典智慧与二十一世纪人类文明”。这个题目关联到《论语》，我想借此机会谈谈读《论语》的心得。

对我来讲，学习儒学是很久以前的事。20世纪70年代初，我刚进入台中一中读高中。我的高中语文老师是杨德英先生，《论语》教得非常好，受她启发，我越来越喜欢儒家哲学。那时我也读《王阳明传》，连带着读了很多古书。到了高二时，中间经过一些转折，我从自然组转到社会组，之后更认真地读这些书。高二上学期，我写了自己的第一篇论文《从心性及中国文化谈起》，并发表在台中一中的学校刊物《育才街》上。到了高三上学期，我写了《今日谈儒家哲学》一文。高三下学期，我又写了另一篇与儒家相关的论文《从天道及中国文化谈起》。那个年代，能写这样文章的高中生并不多。

就这样慢慢读着读着，我进入了大学，在台湾师范大学读中文系。这个中文系很像我们现在的尼山学堂，或者说更像以前的国学院。我在那里接受了完整的国学训练。我们大一学《论语》，大二学《孟子》，大三学《大学》《中庸》，还有许多基本课程，如“文字”“声韵”“训诂”“国学概论”“中国哲学史”“中国文学史”“中国古代语法”等，此外还有很多选修课，涉及经、史、子、集。总之，课程非常多，也很丰富。我猜现在尼山学堂的规模和这个也差不多，或者还没这么大。台湾师大中文系主要是章黄学派①的大本营，以文字、声韵、训诂、考据、文献见长。除此之外，中文系有一个讲求义理的新儒学传统，这是牟宗三先生1949年之后到台湾师范大学任教留下的传统。他当时办人文友会，教了一些学生，后来这些学生有的成为中学老师，有的成为大学的教授，他们将这个传统延续下来。我是接触这个小传统比较多的人。我的高中语文老师的先生，就是我说的师丈蔡仁厚先生，是牟先生的大弟子，而我后来也成为牟先生的学生。这个因缘是从那时候开始的。

高一有《论语》课，除了跟老师学习，我们还自己读书，有时候似懂非懂，其实《论语》很容易懂，只是懂得不够深入。我个人对《论语》的理解是在教书以后才慢慢深入，也就是在我接受了完整的国学训练之后。所以我常说经典和报章资料不同，经典是完整的系统，只有感其意味，体其意韵，才能明其意义，逐渐深入。《论语》这部书需要好好研读。今天我们以此为例来讲一些问题。

我学习儒学的历程是受到《论语》的启发和阳明哲学的激励。高二时，我读了郑继孟先生的《王阳明传》，写了《从心性及中国文化谈起》一文，谈对儒家哲学的一些基本想法。现在我对《阳明传习录》很熟悉，因为我和学生们一起逐章逐字读《阳明传习录》超过3遍。《阳明传习录》反思了整个宋明理学，其主要论敌是朱熹，内容牵涉“四书五经”，最主要是“四

① 章黄学派：以章太炎、黄侃为代表的学派，继承乾嘉学派的治学方法，以小学为研究基点，辐射到经学、诸子、历史、地理、天文历法、音律、典章制度等学术领域，受传统的汉学影响很深，同时受到西学东渐的影响，将学术研究与时代相统一，师古趋新并举。

书”加《易传》，所以读《阳明传习录》能够检讨与全部儒学相关的内容。

另外，我还读了熊十力的《新唯识论》。当时杨德英老师给我介绍了很多当代新儒家，包括牟宗三、唐君毅、徐复观、钱宾四、马一浮、熊十力。你会发觉这些人名和数字有点关系，马一浮、熊十力、牟宗三、钱宾四，简直像对联一样。杨老师讲到熊十力，只听这个名字我就觉得独特，他有一部书叫《新唯识论》，我高一时就从图书馆借来看，却根本看不懂。我看的是语体文本，所谓“语体文本”，即文言文本，因为民国时代的语体文本不是白话文，而是带有语录体意味的简易文言。我当时没有读懂。我怎么可能读懂呢，它涉及的知识量太大，涉及古今中外，特别是佛教的唯识学。我到大学一年级暑假，才有能力彻底地阅读，摘抄一遍，还是不懂，但已经有所感应。我感受到儒学在整套理论上是完整的。从《新唯识论》中，你可以看到他如何对比佛教，杀出重围，建构自己的理论。

这些因缘慢慢成熟。在中国哲学方面，我很幸运，大学时就读于完好继承当代新儒学传统的台湾师范大学，而且我进校刚好碰到《鹅湖》月刊创刊。我是《鹅湖》月刊的参与者，但不是创刊者。创刊者是大我四五届的学长。《鹅湖》月刊是一本民间刊物，从1975年创刊延续至今，在台湾也算是一个奇迹，形成了不同学问间讨论的良好氛围。我在参与的过程中学到很多东西。

西方哲学方面，我在台湾大学读硕士、博士时，系统地修读了西方哲学课程。台湾哲学系，以台湾大学为例，当时必须学习西方哲学、中国哲学、印度哲学，学习量很大。当时台湾大学西洋哲学是相当不错的，现在也很好，老师们从欧洲、美国回来会深刻介绍西方人的想法。这个过程有助于我反思整个西方近现代发展的历程，回想中国哲学发展历程，包括它在当代的走向。

这些议题常在我的念想中。虽然教我们西方哲学的老师不一定那么关心中国哲学问题，但是因为我很关心中国哲学问题，所以在上课过程中会有很多想法，我习惯写笔记记下来。譬如，我读韦伯《新教伦理与资本主义精神》，会对其中本质主义的方法论进行反思。我发现民国初年很多前辈的思考受到强大的时代压力，陷溺于文化本质主义中。因为西方的坚船利炮把中国打垮了，所以中国人失去了信心，误认为中国本质上发展出科学是困难的，本质上发展成现代社会也是困难的。现在看来，这样的思考是错的，文化并不是由先天的本质所决定的，而是处在不断地累积和发展的过程中。用王夫之的人性论来讲，人性并没有固定的状态，“性日生日成”[①]，“未成可成，已成可革”[②]。王夫之从此处诠释“天命之谓性，率性之谓道”[③]，我觉得诠释得相当好。所以并没有一个固定的民族性是什么，顶多这样说，目前我们累积到现在，某个区域的这一群人的习性是什么。我们不能通过方法论上的本质主义去论定民族性，而应该通过方法论上的约定主义去理解民族性。

进入21世纪，人们必须对现代化进程中出现的问题进行反思。最近美国总统刚换届，很难想象特朗普居然最终获胜。听说今天美国有地方几千人游行抗议特朗普大选获胜。对于希拉里和特朗普这两位候选人，选民的不信任度达60%，这是否说明美国的两党政治到了一个该反省的年代呢？早在20世纪初，很多高瞻远瞩的思想家已经意识到人类文明在现代化进程中遇到的危机。譬如，史怀哲认为，文明正在衰颓，而战争只是文明衰颓的一个表征。当时，中国还没有迈入现代化。改革开放30多年来，中国旋乾转坤，变化巨大。以我个人来大陆交流的经验来看，这真是不可思议。在座的诸位年轻朋友恐怕很难想象以前同学们的穿着是什么样的，而中国今天已经强盛到参与全球治理，提出“一带一路”这样的思考，彰显出泱泱大国的姿态。

---

① 王夫之：《尚书引义·太甲二》：“夫性者生理也，日生则日成也。”
② 王夫之：《船山全书》(第2册)，岳麓书社1988年版，第301页。
③《礼记·中庸》。

今天谈儒学，与民国初年、“文革”时期不同了，这是一个新的年代。1949年以后，几位先生在香港办了新亚书院、研究所。他们当时深深感受到中国传统文化花果飘零，寻求灵根自植。港台新儒家的兴起代表了灵根自植的一个向度，所以的确是这几位先生留下了火种。大陆虽然遭遇了“文革”十年浩劫，中国文化道统看似断了其实没断，因为大地母土有丰厚的文化土壤，仍然蕴蓄着古老的儒道佛智慧。但在现代化的发展历程中，如果没有得到好好地护持，这些智慧会慢慢不见，所以必须唤醒当代人，重视儒学的传统文化价值。儒学蕴藏着圣贤深厚的智慧，它既是现代化进程中的重要调节性力量，也是应对现代化之后种种问题的反思和调节力量。

换言之，现在回想一百多年来知识界、学术界争论的很多议题，基本上是假议题。有一个议题说中国传统文化会妨碍现代化，还有一个议题说西方原来有民主传统而中国没有，这些都是假议题。传统是会变化的，更何况西方也不是原先就有所谓“近现代的民主传统”。这种近现代的民主传统是发展出来的，不是原先本质就有的东西。所以以前一直争议这些问题，其实是陷溺在方法论上的本质主义的表现。现在显然不必如此。

我们可以看到，要发展出现代民主宪政，并不意味着要把儒家人伦拆解掉。如果光从儒家的人伦、血缘、亲情延伸出来，这当然和现代化中的民主、科学、法治、公民社会是两回事，但这并不意味着要发展出民主、科学、法治、公民社会就必须要完全否定儒家的人伦、血缘、亲情，这中间需要一个转折，这个转折需要在实践的过程中调节。所以，我们今天从一个更宽广的角度思考问题，现在我们回到儒家哲学，去深沉地理解它。

二、《学而》篇的三层理解：教育权的解放，游士阶层兴起，君子人格的自我完善

《论语》开篇提到：“学而时习之，不亦说乎？有朋自远方来，不亦乐

乎？人不知，而不愠，不亦君子乎？”[①]《学而》篇，代表着整个儒学的精神，儒学既有继承、批判，又有解构、创造。“学而时习之，不亦说乎”是讲教育权、学习权的解放。教育权不再被贵族垄断，平民百姓可以接受教育，参与社会文化价值的创造，人们因为受了教育，而能溯及文化价值的根源，由此而生出根源性的喜悦，也就是道喜充满。“有朋自远方来，不亦乐乎”，相应来说，那是井田制度瓦解后，土地逐渐走向私有制，人们不再被固陷在土地上。游士阶层兴起了，人与人的交往互动流淌着真存实感的关怀。共学适道，这是来自彼此生命感通的悦乐。“说”，是来自内在根源总体的喜悦，如同道体、本体之“说”。乐者，共乐也，是人与人之间的真存实感。“人不知而不愠，不亦君子乎”讲到人的教养，人格的自我完善。人格的自我完善，无关乎社会阶层的高低，而是人内在觉知到自己生命成长如何。孔子正是彰显这样的精神，即人格的自我完善历程。人格自我完善成为君子，所以“君子”这个概念不再是社会的阶层概念，而是德行的位阶概念。君子作为君子，不在乎别人怎么看你，君子作为君子，是自我生命的教养、发展与成全。孔老夫子说：“吾十有五而志于学，三十而立，四十而不惑，五十而知天命，六十而耳顺，七十而从心所欲，不踰矩。”[②]这里说的是生命有一个发展历程，“兴于诗，立于礼，成于乐”[③]，年少“兴于诗”，中年“立于礼”，晚年“成于乐”。我记得以前牟先生说：“年少比才气，中年比功力，晚年比境界。”这和“兴于诗，立于礼，成于乐”颇为相称。生命追求安身立命的生长，生命得有一个自我完善的过程。自我不是封陷起来、被区隔开来的存在，而是放在生活世界、放在政治社会共同体之中的存在。

“学而时习之，不亦说乎？有朋自远方来，不亦乐乎？人不知而不愠，

① 《论语·学而》。
② 《论语·为政》。
③ 《论语·泰伯》。

不亦君子乎？”可以从这三个向度去理解：一是教育权的解放，一是井田制衰颓，游士阶层兴起，人与人之间的相遇，共学适道，一是人格的自我完善过程。当今社会必须重视君子人格的自我完善。以前我会强调如何走向公民儒学，现在我要说只有君子儒学的建立，才会使得更好的公民儒学的建立成为可能。当然，君子之道和公民儒学有很大不同。君子之道是人格的自我完善，公民儒学是落在权利与义务之间的恰当的配称关系。

三、意义危机背景下的哲学论题批判：以牟宗三“良知坎陷说”为例

现在我们的问题已经不再是民国初年的问题。民国初年很多问题问错了，因为问题错了所以答案很奇怪，包括我的很多前辈老师们的答案。譬如，如何发展出民主科学，牟先生有个说法是“由道德主体良知的自我坎陷开出知性主体，开出民主科学”。这个说法是很高妙的，但是奇诡而高妙。我怎么会这么说呢？因为背后有强大的、彻底的反传统主义，以致中国人失去了信心，我们连正常说话都困难，所以你只好顺着他说，勉强地说，说中国有科技没科学，中国有治道没政道。中国其实有治道、有政道，只是不是西方意义上的民主宪政之道。中国有科技，科技背后有科学，只是不是西方近现代意义上的科学。我们误认为西方的民主政治和科学就是为知识心所开出，它当然与知识心有密切的关系。但并不是说我们现在要好好发展我们的知识心才能发展民主和科学，而是在民主和科学的学习过程中，自然而然地调节我们的心态、心灵、心智的运用。

我以牟宗三先生“良知坎陷说”为例。“坎陷”是《易经》语汇。坎者，陷也，一阳陷于二阴之中。因为我们被坚船利炮打垮，所以彻底的反传统主义思想弥散在知识界。我们退居到最后，强调“良知”“天理”，但也被误以为中国是只重视“良知”“天理”，而不重视知识的民族；所谓的

“良知”“天理”好像与知识无关，或者说它在知识之上，是更高的绝对，所以从“良知”“天理”落实到知识，发展成为主客相对的对立格局，再由对立格局发展出法治、科学，这是一个曲折发展的过程。这个说法我觉得不算错，却是在诠释学意义下的一种理论构造，并不合乎历史的发生进程，也不合乎学习的实践历程。也就是说，我们去学习现代化的时候，如果现代化包括“德先生”“赛先生”， 那么也是在学习的过程里。这里有三个次序：历史的发生次序、实践的学习次序、理论的逻辑次序。理论的逻辑次序牵涉到诠释角度、诠释系统。在当时“西风压倒东风”的背景下，当代新儒学选择高扬主体性，以宋明理学、心学直透本体，上追先秦，通过这样的方式得以确立。牟先生的“良知坎陷说”，是在理论的逻辑次序上做出的安排，但不符合实践的学习次序。实践的学习次序是在学习、实践的过程中发展而来的，是主体由经验的觉知上升到概念的反思，形成对事物的掌握和判断，才构成知识性的系统，如科学知识的系统、民主法治的系统等。

有学者以为西方因为基督宗教的“原罪”传统，所以才会有民主法治，我们则因为性善论的传统，所以开不出民主法治。这个说法是胡说，因为民主科学也是文明发展中的某些样态，文明的样态是多元的，民主科学并不代表终结。譬如，华人世界中的香港、新加坡的社会状态接近西方，其政治社会共同体的构造方式比较接近西方现代化的构造方式。这样的构造方式在学习的过程中不断发展出来，而这个发展以存在的觉知作为起点，无所谓“良知的自我坎陷”。因为当时中国业力深重，中华民族陷溺其中，所以我们高提良知然后使之降临人间，就是先把人高提为佛、菩萨然后再降临人间讨论做人该当如何。这是迫不得已的。所以我说当代新儒学的几位先生做了形而上的保存工作，但现在要探讨的不是“道德的形而上学”而是“道德的人间学”。“道德的人间学”不仅要面对人作为自然的存在（natural being），面对人作为社会的存在（social being），还要面对人作为被教养的文化传统的存在。由此可以看出，儒学对“人”的理解是很宽广的。这是我自己的一个思考心得。

四、儒学发展应该去芜存精，回归“五伦”

儒家重视人伦孝悌，讲五伦：父子有亲，君臣有义，夫妇有别，长幼有序，朋友有信[①]。我常说，五伦之中，夫妇应该摆在最前面。《易经》讲有天地而后有万物，有万物而后有男女，有男女而后有夫妇，有夫妇然后才能成就人伦，所以可以把五伦的次序调一调。有一次，一个学生提到，老师我们把“有别”改成“有爱”好了，夫妇有爱。父子、夫妇、长幼是人伦共同体，朋友是社会共同体，君臣是政治共同体。五伦比较起来，虽然有上下、长幼、尊卑之别，但它更强调恰当的配称关系。配称关系没有绝对关系，而是相伴依倚而生。我强调儒学要回到五伦去发展，而不是回到三纲：君为臣纲，父为子纲，夫为妇纲。因为三纲在汉代被确立后，变成上下隶属关系，这就造成一种控制性的封闭关系。中国两千年来君主专制的问题正出在这里，这种封闭性的控制关系使我们的视野、胸襟变小。这个问题很严重。

对于现在的儒学热，我们的态度应该是去芜存精。一百多年来，反传统主义者的想法并不是毫无道理的，却是不准确的。我们要思考反传统的原因，这隐含着一个“道的错置”（Misplaced Tao）的问题。儒家希望圣者当为王，但是两千年来，刚好出现错置，现实中有权力的王者声称自己是圣，所以皇上变圣上，皇上的指令变圣旨，而且这还关联到父子，父子关系变成“君父臣子”。父子和君臣不同。什么叫父子？父子关系是“登报不能作废”，是天定的关系。而君臣关系是“君臣以义合，合则留，不合

① 《孟子·滕文公上》。

以义去”。君是指领导，君字从尹从口，发号施令，所以老板为君，伙计为臣。我们要恰当地理解这些关系，回到五伦是对的，回到三纲仍然有问题。因为五伦的关系是配称的，而三纲的关系则是隶属的。

五、从“人伦孝悌”到“仁义忠信”

儒家强调三个生命共同体。荀子讲“礼有三本：天地者，生之本也；先祖者，类之本也；君师者，治之本也”[①]。这三个共同体指自然生命共同体、血缘生命共同体、人文生命共同体，所以人不能离开共同体。现在有一种说法，说儒学谈及的东西不涉及公领域，只涉及私领域。我不同意这种说法。儒学当然涉及公领域，它涉及自然生命的共同体、血缘生命的共同体和人文生命的共同体。这三个共同体凝聚起来用一个牌位来表现：天地亲君师。天地指自然生命共同体，君师指人文生命共同体，亲指血缘生命共同体。亲排第二位，后来君不断上升，窜到前面去了，变成“天地君亲师”。

有子曰：“其为人也孝弟，而好犯上者，鲜矣；不好犯上，而好作乱者，未之有也。君子务本，本立而道生。孝弟也者，其为仁之本与！”[②]儒家重视人伦共同体，人伦共同体重点在孝悌，孝悌重点在对待父母兄弟。儒家通过孝悌来彰显仁义，这是儒家实践仁的源头。所谓“仁义”，孟子诠释为“仁之实，事亲是也；义之实，从兄是也”[③]。曾子曰：“吾日三省吾身：为人谋而不忠乎？与朋友交而不信乎？传不习乎？”[④]有子以血缘共同体为主导，强调孝悌；曾子以社会政治共同体为主导，强调回到人的内在本性。曾子显然是更进一步的发展。

---

① 《荀子·礼论》。
② 《论语·学而》。
③ 《孟子·离娄上》。
④ 《论语·学而》。

值得注意的是，你读《论语》的时候会发现有子和曾子两人的意见不太一样。这两个人是孔老夫子过世之后第二任会长的候选人。大家知道原先孔老夫子选定的接班人是颜回，但颜回不幸短命死了。后来孔老夫子重新寻找接班人。他发觉子贡不错，但是一考试子贡不及格。他问子贡："女以予为多学而识之者与？"对曰："然，非与？"曰："非也，予一以贯之。"[①]子贡没成功。子贡居然误认为老师的学问是博学多闻强识，孔老夫子的学问是一以贯之。那"一以贯之"是什么？有一天，孔老夫子说"吾道一以贯之"，结果同学们都不敢回应，因为不懂，只有年纪小的曾参点头。孔老夫子卖了个关子就离开了。其他弟子凑过来问小曾参："老师说'吾道一以贯之'，你猛点头，你真的懂吗？"曾参说："夫子之道，忠恕而已矣。"[②]孔老夫子发觉，这年轻的学生果真不错，所以他看中了曾参，但因为曾参那时才20多岁，要怎么说服其他年长的弟子呢？因此，孔老夫子并没有宣布接班人是曾参，而且孔老夫子的身体一向安好。

孔老夫子身体好是有原因的：第一，他这个人看得开，即使在受苦受难中依然弦歌不辍。《述而》篇说："德之不修，学之不讲，闻义不能徙，不善不能改，是吾忧也。"孔老夫子感受到那个年代的人们不修德，不讲学，而忧心忡忡。下一章接着说："子之燕居，申申如也，夭夭如也。"所以我常常对学生们说，不要老是忧心忡忡的，还得过日子。"燕居"，就是平居，"申申"，是气息非常舒畅，"夭夭"是指行容有一种从容愉悦之感。孔老夫子平居所处，从容舒坦，安身立命，但是他还是忧学之不讲，忧德之不修，所以"乐以天下，忧以天下"[③]。范仲淹"先天下之忧而忧，后天下之乐而乐"[④]，我想这个诠释多半对，却稍微没那么准确。虽忧乐在心，

① 《论语·卫灵公》。
② 《论语·里仁》。
③ 《孟子·梁惠王下》。
④ 范仲淹：《岳阳楼记》。

但还是要从容度日。

儒学显然重视“仁”这个概念。仁、义、礼是生命的基本立足点。“仁，人之安宅也；义，人之正路也。”[①]大丈夫“居天下之广居，立天下之正位，行天下之大道”[②]。从这里可以看到，人不是孤立的个体。儒家首先把人放在人伦共同体、自然共同体、文化共同体中，之后才谈到政治社会共同体。“为政以德，譬如北辰，居其所而众星共之。”[③]德在前面，说明政治要讲道德。西方近现代政治太强调权力的制衡（check and balance），但是权力的制衡如果没有道德作为支撑，就容易陷入权力之间的争斗，通过争斗所达到的制衡只是脆弱的平衡，这是现代法权政治所面临的问题，所以我们必须回到以道德教化作基础的有道又有法的政治。

“或谓孔子曰：‘子奚不为政？’子曰：‘《书》云：“孝乎惟孝，友于兄弟，施于有政。”是亦为政，奚其为为政？’”[④]孔老夫子秉承周公礼乐精神周游列国，目的是要突显出一种真正的实存的关怀，一种爱。这种关怀的实现必须以建立恰当的人伦共同体为前提，而这个人伦共同体就是孝悌。能把孝悌人伦之道做好了，就是为政，这是孔子的理想。孝悌以及孝的延伸——慈，是中华民族永生的奥秘。“孝”是对生命根源的纵贯追溯与崇敬，“悌”是顺着生命根源而来的横面展开，“慈”是顺着生命根源而来的纵贯的继续延伸。孝、悌、慈，你读遍“四书五经”，翻遍“二十五史”，会发现整个中国民族都重视这三个字。中国靠人伦共同体的建立来确立族群，而人伦共同体需要依靠文化传统来确立。以前常说“不孝有三，无后为大”[⑤]，生命有传延的责任。责任不是你获得多少权利、多少利益，所以你必须付出多少努力的一种配称关系，而是一种生生传承的关

① 《孟子·离娄上》。
② 《孟子·滕文公下》。
③ 《论语·为政》。
④ 《论语·为政》。
⑤ 《孟子·离娄上》。

系。当然，权利、利益及你付出相应努力的配称关系、法权关系应该被重视，但人的关系、生生不息的关系更为重要。生生不息体现人伦，是历史的延续和传承。什么是责任？我的老师传给我什么，我作为老师也要把这个传授给学生；我的父亲教导我什么，我作为父亲也应该把这个道理教导给我的儿子。“父在，观其志；父没，观其行；三年无改于父之道，可谓孝矣。”[①]上一辈传下来的事业不能在我的手里结束、断送掉，而是要继续延续下去，所以薪未尽，火要先传，薪尽了，火才能传。

六、建构现代社会下的人伦共同体，实现人格的自我完善和生长

生命有一个人格的自我完善过程。人在法权社会中所争取到的权利和利益只是其中的一个向度，不是最重要的向度，人最重要的向度是人格的自我完善和生长。在人格的自我完善过程中，有恰当的法权关系来成就人格，那不是更好吗？所以，人伦之教并不妨碍现代社会的法权关系。

孟子曰：“君子有三乐，而王天下不与存焉。父母俱存，兄弟无故，一乐也。仰不愧于天，俯不怍于人，二乐也。得天下英才而教育之，三乐也。君子有三乐，而王天下不与存焉。”[②]“父母俱存，兄弟无故”，关乎孝悌人伦。“仰不愧于天，俯不怍于人”，讲人要对得起天理、良心，社会共同体以良知、天理为支撑。“得天下英才而教育之”是文化传承，传承教养，教养成就人格。人格是从人伦中生长出来，进一步在社会共同体中生长。这些关系太重要了，而且要分辨清楚。严格来说，人权概念是现代社会政治共同体中的法权概念，并不是天生就有的，必须在政治社会共同体中好好发展。人还应该有更为基础的人伦生长权，如果没有人伦生长权，那么这个社会不

① 《论语·学而》。
② 《孟子·尽心上》。

会好，所以体制设计需要思考怎样让人伦更好地生长。现在社会的严重问题是没有办法让人伦好好生长。如果祖辈、父辈、儿孙辈都分开住，丈夫和妻子、孩子都分开住，如此妻离子散，而且在现代性利益的追逐之下，人为了生存下去如此辛苦，人伦共同体能建立吗？如果人伦共同体不能建立，儒学能够存在吗？问题会很严重。儒学的存在必须关联到人伦共同体的建立。只有人伦共同体建立恰当，社会才会更好地发展。

大陆改革开放后追求现代化，从文化搭台、经济唱戏到经济发展、文化生根，现在面临儒学怎样发展的问题。我认为至少要出台两个政策，其中一个政策一定会促进经济增长、社会稳定、教育发展、文化繁荣，这个政策就是，让祖辈、父辈、儿孙辈尽量住在同一个社区，譬如，只要他们在同一个社区买房，就可以享受无息贷款。另外，我们要找室内设计人员问一个问题：家中是否应该有一个神圣的文化教养空间？如果需要，就请在这个空间里供一个牌位：天地亲君师。“礼有三本”，即自然的生命共同体、血缘的生命共同体、人文政治社会的共同体，这三个生命共同体的源头讲天地、先祖、圣贤。当然，你可以在里面放“四书”、《道德经》、佛经乃至基督教的经典、伊斯兰教的经典，放任何与你的信仰相关的经典。这对于儒学复兴很重要。进入21世纪，中国不断推进改革开放，现代化如火如荼展开，但也出现了很多问题，其中有一个问题很严重，就是人的心灵处在极端精神匮乏的状况下。儒学复兴，不能仅仅依靠读《论语》。我们只读《论语》不如采取上面两条建议。在农业社会，人伦共同体是自然建立的。农村聚村而居，聚族而居，农业耕作顺应自然时序，依其节气，所以人们从小体会到自然的韵律感。人们家中供儒道佛三教，譬如，台湾人供土地公、土地婆，供祖宗牌位，中间供观音大士神像，早晚三炷香。人们早上起来洗漱完毕，第一件事就是上香，晚上所有事都做完了，梳洗完毕，上香，然后关门睡觉。在这个自然顺序中，儒道佛融入人们的生活，因此人们思考问题时义理自在心中。

子曰："志于道，据于德，依于仁，游于艺。"[①]儒家上透宇宙造化之源。道连着天，天是就普遍义、理想义而言，道是就总体义、根源义而言。"天命之谓性"[②]，天命有赋予之义，有流行之义。道落实而为德。"志于道，据于德"，所志之道是就总体根源说，所据之德是就内在本性说。"依于仁"，仁是感通，指人与人之间存在的真实感通。"游于艺"，艺是指整个生活世界。如果在现代社会中，人们能够"志于道，据于德，依于仁，游于艺"，那么人就不会成为马尔库塞所说的"单向度的人"[③]，不会成为只是工具理性格外发达的人。我们可能会说，在现代社会中很难做到这样，但是我们要想办法调节出可能性，因此我们重新省思儒家的价值，建构现代社会下的人伦共同体，唯有这样才能应对现代性问题。现代性问题正是全球化所面临的重大问题。

七、存在与价值具有和合性

儒家讲仁智双彰。子曰："知者乐水，仁者乐山；知者动，仁者静；知者乐，仁者寿。"[④]仁代表一种柔软的心肠，一种关怀。智代表清明的头脑，清澈的思维。儒家上溯到宇宙造化之源，讲生生之源，从存在的律动到参赞的实践，再到文化教养的习成。《易经》讲"一阴一阳之谓道"[⑤]是存在的律动，"继之者善"是讲参赞和实践，"成之者性"重点在教养与习成的过程。这与《中庸》的道理是关联的，"一阴一阳之谓道"即"天命之谓

① 《论语·述而》。

② 《礼记·中庸》。

③ 单向度的人：当代工业社会是一个新型的集权主义社会，因为它成功地压制了这个社会中的反对派和反对意见，压制了人们内心中的否定性、批判性和超越性的向度，从而使这个社会成了单向度的社会，使生活于其中的人成了单向度的人。参见［美］马尔库塞：《单向度的人——发达工业社会意识形态研究》，刘继译，上海译文出版社1989年版。

④ 《论语·雍也》。

⑤ 《周易·系辞上》。

性”。天命是指宇宙造化之源。存在的律动落实到人而为性，循顺天性，修成人间之道，所以人间之道和宇宙造化之源是相连的。人间之道的传承是教化。教化所成，必须修明此道。此道从何而来？循顺天性而来。天性从何而来？天性从存在的律动而来。这里隐含着“存在和价值的和合性”，它不同于西方从巴门尼德（Parmanides）以来的“存在与思维的一致性”的传统，人们以客观的认知去区隔，导致存在和价值裂解为两端。要知道，“存在”与“价值”，二者彼此独立但不是漠然无关的。举个例子，新闻有所谓“客观报道”，但客观报道与价值无关吗？没有一种新闻报道叫作“与价值无关的纯粹客观报道”，而应该是与价值有恰当的正相关的客观报道。

语汇很重要。譬如，中国香港、台湾地区，把男性与男性、女性与女性之间的同性恋情关系称为“同志”。这其实是不恰当的，因为“志”这个字眼，带有一种往上升的推许之味，所以应该叫“同性爱”或者“同性恋”。蒋介石先生很喜欢把他的画像送给党员同志，上面会写着：某某同志，蒋介石。我们开玩笑说，以后是不是要考证看看他们的关系是什么关系。譬如，你把Bible叫作“圣经”，却把《古兰经》直接音译为“古兰经”，而《古兰经》是伊斯兰教的经典，那么你应该把Bible直接音译为“拜普经”。12月25日应该正名叫“耶诞节”，把圣诞节还给9月28日（孔子圣诞）。我认为，应该对语汇做恰当的清理，这是很有必要的。

八、儒家的内圣外王之道通而为一

儒家的内圣外王之道是通而为一的。“大学之道，在明明德，在亲民，在止于至善。知止而后有定，定而后能静，静而后能安，安而后能虑，虑而后能得。”[①]首先，“大学之道”，明其明德本心，从诚意、正心、修身，

① 《礼记·大学》。

进一步齐家、亲民，进入社群之中。其次，亲民者，“亲亲而仁民也”①。在朱熹的《四书章句集注》中，“亲民”又作“新民”，新其民也，取“日日新，苟日新，又日新”②之义，让生命生生不息地生长，最后止于至善。“至善”是圆满的最高的善的期许，有这样的理想落实下来，才“知止而后有定”。

儒家的定静之学不同于佛家的禅定之学。儒家的定静之学，由明明德、亲民、止于至善，而以“至善”作为最后的皈依，因此启动“我”的志向，由终点决定起点。终点是作为生生不息的永恒的向往和动能。回过头来“知止而后有定，定而后能静，静而后能安，安而后能虑，虑而后能得”。儒家“定、静、安、虑、得”之教中隐含了一套内圣学的修为方式，内圣学通向外王。人们不断唤醒内在的身心的总体而去面对人伦、社会、自然天地，这与《孟子》可以关联在一起，“有诸己之谓信。充实之谓美，充实而有光辉之谓大，大而化之之谓圣，圣而不可知之之谓神”③。人的生命是这样一步步生长的，“吾十有五而志于学，三十而立，四十而不惑，五十而知天命，六十而耳顺，七十而从心所欲，不踰矩”④。这是人格教养完善的过程。“止于至善”，确定立志的方向，因此你能够身心宁静，身心宁静而后能够安居于仁，能安所以能思虑清明。人的修养、修为和认知、是非裁夺密切关联，知识和道德不是分裂的两端，而是辩证的和合为一。

“物有本末，事有终始，知所先后，则近道矣。”⑤“本末”，就存在事物的生命体说，本如同树根，末如同树梢，从理上说，本优先，末在后，但就生命体来讲，本末合一。任何一棵树，当下在长树根，当上也在长树梢。“事有终始”，是指时间先后，终决定始，不是始决定终。所以，我们

① 《孟子·尽心上》。
② 《礼记·大学》。
③ 《孟子·尽心下》。
④ 《论语·为政》。
⑤ 《礼记·大学》。

不必担心什么“三岁就决定人的一生”的说法，这只是幼教的口号，应该说：你拥有的一生的企划、宏愿会决定你的一生，而不是你出生如何会决定你的一生。“知所先后”，有本末的先后和终始的先后。本末的先后是回到生命体本身的先后，它接近于逻辑的先后；终始的先后，是生命历程发展的先后，接近时间历程的先后。格物、致知、诚意、正心、修身、齐家、治国、平天下。从格物、致知、诚意、正心到修身，这是本末的先后；从修身到齐家、治国、平天下，这是终始的先后。格物是理论上的基础，而修身是起点，也是最重要的本，所以“自天子以至于庶人，壹是皆以修身为本”[①]。

我们在现代性的社会下思考什么是生命的本末、生命发展历程的终始。我们必须通过整个概念范畴上的转化，把儒学重新放到现代性的过程中来思考。譬如，我们讲“大学之道”，请问政治系会读这一段内容吗？不会。社会系会读它吗？也不会。哲学系会读它，却是把它放在中国哲学史中去讨论，而不会把它放在现代化过程中去思考。所以，我今天想鼓励在座的朋友们，你们来自不同专业，请把儒学放在你的生活世界，放在政治社会共同体、人伦共同体中去思考，这样中国学问才可能“活”出来。你可以关联到西方的思想理论重新思索，创造新的可能，但一定要重视这些容易被忽略的问题。我希望各位学习国学的同学们、先生们，能够让古代经典丰富的意含释放出来，参与到现代学科中来展开更多交谈和对话。如果现代心理系的先生，能读懂《六祖坛经》《阳明传习录》《道德经》《庄子》等经典，是否会对其心理咨询更有帮助呢？当然会有帮助。我们现在的学科建制是西方化的，所以更应该扩大科际之间的互动来往和整合。这的确是一个不容易解决的问题，但是必须重视。儒学是关乎生命共同体的思想，如果这些活生生的智慧只能作为学术史来研究，那也太可惜了！

---

① 《礼记·大学》。

九、《尧曰》篇：儒家永恒的道德理想

《尧曰》篇是《论语》最后的篇章。“尧曰：‘咨！尔舜！天之历数在尔躬，允执其中。四海困穷，天禄永终。’舜亦以命禹。曰：‘予小子履，敢用玄牡，敢昭告于皇皇后帝：有罪不敢赦。帝臣不蔽，简在帝心。朕躬有罪，无以万方；万方有罪，罪在朕躬。’周有大赉，善人是富。‘虽有周亲，不如仁人。百姓有过，在予一人。’”①

《论语》开篇为《学而》，终篇为《尧曰》。《尧曰》代表尧舜之治的永恒理想，代表“大道之行也，天下为公”②的向往。尧舜禹的传承中隐含着永恒的和平主义，及永恒的道德理想王国的确立。“谨权量，审法度，修废官，四方之政行焉。”③这是修己安人之道，也就是内圣外王之道。政治不仅仅是权力与利益的制衡，更重要的是让人能够安顿身心，完成教养。只有“为政以德”，政治才能在权力和利益上达到真正均衡。当然，合理的程序、制度、结构的建立是必要的，但程序、制度、结构的均衡，必须建立在人对它的肯定之上。只有人们愿意去实践，君子之道才能成就公民之道。

“兴灭国，继绝世，举逸民，天下之民归心焉。所重：民、食、丧、祭。宽则得众，信则民任焉。敏则有功，公则说。”④文化道德共同体的建立，必须“兴灭国”。这里“国”的概念不是“nation”，而是指以前的诸侯国，或者指一个区块所代表的族群。譬如，周朝灭商，但商朝必须延续下去。微子启被封于宋，商朝虽灭，但是宋国得存。“继绝世”，已绝之

① 《论语·尧曰》。
② 《礼记·礼运》。
③ 《论语·尧曰》。
④ 《论语·尧曰》。

世能够延续下去。“举逸民”，散逸之民能够聚拢起来。如此，“天下之民归心焉”。百姓生活安定，不仅要有粮食，还要有教养。有教养的表现是“养生丧死无憾”①。丧者，送死也，祭者，养生也，而且是遂其所生，生生不息。丧礼告别死者，祭礼联结生者，丧礼为凶，祭礼为吉。慎终是丧礼，追远是祭礼，“慎终追远，民德归厚”②。所以，统治者不能制定一个法令要求丧礼要在一天之内结束。这个政策我不知道是不是已经出台了，但是好像有这个说法。很多学者反对它，我也表示反对，并参与了签名。这是没道理的事!

十、结语：回归儒家经典，彰显圣贤智慧

我今天仅举此例，希望大家回到《论语》，让儒家的义理思想在现代社会中发挥作用，为21世纪人类文明做出贡献。如今中国已经是参与世界治理的重要角色，中国文明如何发展会影响到整个人类文明的未来。我们的王道主义襟怀在全中国有多少知识分子了解呢?“大道之行也，天下为公。”能背诵《礼记·礼运·大同》篇的有多少人?背诵之后能够了解的又有多少人?了解之后能把它关联到全球治理的又有多少人?我认为经典中隐含着很多可贵的智慧，而我们忽视了它。今天，我们重新学习圣贤的教养，彰显圣贤的智慧，让圣贤的智慧参与到现代文明社会中，这是我们的责任，因为人类文明没有理由一直让欧美文明承担巨大的责任。人类文明发展到今天，出现了种种问题，人类需要有新的治理方式、新的安身立命的方式。我们要解决这些问题，必须仰赖不同的文化传统，而拥有悠久儒学传统的我们必须承担应有的责任，把儒道佛的传统发扬出来，让圣贤的智慧参与现代文明社会建设。这是我今年来山东大学做访问学者的思考，

① 《孟子·梁惠王上》。
② 《论语·学而》。

也是我的用意。我的这个用意，你今天回去就可以开始实践，首先就是把《论语》读熟。

| 问题与讨论 |

学生：我是生物系的学生。我经常去听一些有关道家、儒家思想的课程，发现中国哲学有一个非常大的问题是文化不自信，研究道家思想的人非常看重训诂、考证，但是很少做独立的阐发，比如《庄子》研究，一旦有些人做自我阐发就会遭到很多人的批评。为什么人们不敢在原有的基础上进行自己的阐释呢？

林安梧：你是在批评这个现象吗？

学生：对，我的问题是为什么没有人有勇气去做自己的阐发呢？

林安梧：那没关系，勇气从你开始。我们知道，很多前贤讲明白字义、义理，搞清楚文献是很重要的。你可以从这个地方做起，再深入发展。它并没有限制你发展，对不对？所以，勇气从你开始。

学生：林老师，您好！现在国家提出了道路自信、文化自信，但是我们现在的问题是文化不自信。您怎样看待法治和德治两者之间的关系？中国是否能够在21世纪再度拥有自己的普世价值，培养真正的文化自信？

林安梧：文化自信必须回到经典去阐释。譬如，我们今天诠释了很多《论语》的东西，我想你会发觉这些东西如果放到现代性的思考中会很好。所以，经典的意义必须释放出来。再说德治和法治，中国也不是只有德治，中国古代也有法。现在我们学习西方的法治已经过了一百年，在这个过程中，我们必须思考该怎样把经典的意义放进去发挥作用，所以讲文化自信就变得非常重要。文化自信就是好好读经典，但这只是起点，不是读了经典就能解决一切，而是读了经典才能够知道有哪些可能的解决途径。当然不能只读我们的经典，也必须读西方的经典，这样才能解决你现在所面临的问题。但是记住，要树立中国的文化自信，如果古代经典的意义没有释放出来，并参与现代讨论，那真是太可惜了。我就是要点出这个意思。

学生： 林教授，您好！我是人类学系的学生。我有一个疑惑，您说现在很多人在开展乡村儒学，而您又提到了现代社会对于保存儒学家庭伦理的一些建议。您觉得现在的城市化是对儒学的一种冲击吗？如果我们要发展儒学，又该怎样在城市化的进程中继续发展？

林安梧： 城市化有各种方式，譬如，以前刚开始卖的商品房和现在商品房的构造大概不太一样。我想或许发生了改变。也就是说，城市化是一个趋向，那么城市化是不是可以不要那么集中化？怎样可以让原先儒学的载体也能够在城市化中有它的可适应性、可承载性？不然，儒学的载体都没了，谈发展就很难了。你把祭祀都废了，把祖孙三代联结的可能性都断了，那就很难有儒学。有人可能会说，那我们就好好地把良知放在公民社会里面去强调。可以，但会比较困难。台湾基本上也没有把这个问题处理好，所以台湾的文化道统也在衰颓，只是它比较慢，并且在发展的过程中慢慢转进。譬如，儒家的“血亲”这个概念，在宗教里面变成了所谓的“法亲”“道亲”的概念。在传统宗教中，“血亲”不仅谈“血缘”这个概念，还谈“慧命相续”，所以就慢慢出现了非政府组织（NGO）、非营利组织（NPO），出现了一些人伦构造的可能性，而这些人伦构造的可能性其实已经不是原来的儒学了。台湾当然原先也努力地保持着一些东西，大家也在呼吁祖孙三代的关系应该怎样处理，因为祖孙三代能够恰当相处，这个人伦才能够长出来。现代以城市化为主的社会并不是都不可能长出这些，我们必须要去设计、去思考，让经典参与对话交谈，使之成为可能。

学生： 林老师，您好！我们现在实施的文化强国战略，对内表现为刚才同学们所说的文化自信，对外表现为一种对其他民族的文化吸引力，其中我们的传统文化扮演着非常重要的角色，但是目前在海外以孔子学院为主的一些机构宣传传统文化的效果并不理想，甚至遭到了部分国家的排斥、抵制。请问，您觉得我们在对外宣传时应该注意些什么？

林安梧：我们在对外宣传时，最重要的是要表现出，譬如《论语》中所说的“温、良、恭、俭、让”①，表现出一种王道的襟怀，不要让人家觉得你是在侵略。在推展的过程中，我们要注意“己所不欲，勿施于人”②，而不是“己所欲，施于人”，这是一个大原则、大方向，至于实际细节怎么样我不知道。其实，孔子学院原先是为了汉语教学而设立的，并不是为了传播中国文化，即使它在教汉语的过程中会有一些儒学文化，也不必太强调孔子学院是为了传播中国文化。洋人一听到文化传播会认为这是侵略，但是如果你说孔子学院主要是语言教学，他们会接受。所谓“君子之道，暗然而日章”③，所以我们不必太担心。

学生：林老师，您说儒学在西方现代性的问题上，比如“单向度的人”、工具理性的控制，会有一个调节作用。我想听听您说的这个调节作用可能表现在哪里。

林安梧：儒学和道学、佛学不一样。道学和佛学基本上是消解现代性下人所处的困境和苦闷，而儒学是告诉你去面对现代的政治社会共同体，面对人所处的这个世界。通过对比儒学原先所描述的人伦共同体、政治社会共同体，你发现现代社会必须调整。因为没有理由驱策所有的人都朝一个一致的现代性的方向迈进，而现在似乎必须把人都放在竞争中去求得生存，这是不合乎人性的，但是我们必须重新去想该怎么办。如果不是直接

① 《论语·学而》。
② 《论语·卫灵公》。
③ 《礼记·中庸》。

面对现代性的人的处境和痛苦，如何去解决人在现代性中面临的问题？当然，它也可以有这方面的可能，譬如，我研究的“儒家型意义治疗”。但更重要的是，我们要对比整个体制、制度、结构与儒学原来所描述的、依持的人伦共同体、政治社会共同体，然后思考哪些地方应该如何调整。我现在的重点转到了这里，原先比较重视心灵意义的主体层面。

学生：林老师，您好！您刚才讲一百多年来，我们关于社会政治发展的许多问题都问错了，回答错了。所以您强调说不要做“道德的形而上学”，而是要做“道德的人间学”。您也一直强调要注重生活世界，重视政治社会共同体。显然，在您和前辈学人之间有一个存在范式转变的问题，您一直提倡“后新儒学”，也提出了“儒学革命论”，所以“新儒家”这个群体是一个逐渐消解的学术群体。那么您认为这个明显的学术范式的转变，会导致“新儒家”这个学术群体的消解，还是在发展过程中会出现一个新的形态迎来自己的发展呢？

林安梧：这应该已经是判断了。

学生：就是想求证一下。

林安梧：你显然有读过我写的书，思考过这些问题，而且思考得蛮深。郑家栋先生所说的是一个向度，但是我觉得那并不是真实的向度，因为当代新儒家的组成分子是非常多元、复杂又丰富的。我当过《鹅湖》月刊的主编和社长，当然属于当代新儒家，但是我这个当代新儒家可能不是要照着讲、跟着讲，而是接着讲、续着讲。现在大概越来越清楚，我们老师那一代人已经完成了阶段性使命而必须有一个新发展。如果固守原来的方式，那个群体就会逐渐衰颓、瓦解或者说结束，但是应该会有继起者。譬如，我做这个工作是从20世纪90年代初，如果更早一点，20世纪80年代初，我就写了《当代新儒家述评》一文，已经开始这些活动了，这方面的思考一直在继续。其实，华人文化的复兴是应该一起往前发展的，我并不认为有所谓的“大陆新儒家”跟“港台新儒家”的区隔，更准确地说是彼此相互影响。熊十力、马一浮、梁漱溟，他们原先都在大陆。牟宗三、唐君毅、钱宾四、徐复观，他们是从香港到台湾，而且又从台湾到香港，而他们的所思所想是就整个大中华共同体来想的，进一步想到人类共同体。进入21世纪，我们有机会想这些问题，而且前辈先生完成了阶段性使命，预示着未来必须要往前发展。他们走错的路是帮助我们能够走对，因为他们走错的路我们不会再走了。所以，我是乐观的，我认为应该要批判地继承，继续发展。

学生：您刚才提到儒家文化的本位是群体性，但是西方的文化和我们的文化不同，它们宣扬个体本位，在这样的情况下，要怎么达成东西对话呢？

林安梧：这就是我们认识的不同。西方文化不是只是个体本位，我们也不是只是群体本位。任何一个政治社会共同体都必须考虑群体与个人的关系。我们现在太容易用这样的方式去想，他们是个人本位，我们是群体本位，群体本位和个人本位是不能放在同一个地方来思考的。其实，问题不是这样的。

学生：林老师您刚才提出三个共同体，我看您在用的时候是当作一个本体在用的。

林安梧：你是什么意思？

学生：就是您预设了一个理论起点，用您的理论起点解释您的理论体系，在哲学上，您预设了一个本体。

林安梧：这个地方，其实你脑子里先不要想一个哲学会导致什么，你先顺着我的话去理解可能理解就会不一样。目前来讲，我们非常习惯地认为，好像一个基础是什么，之后会是什么，其实不是。

学生：按照您的理论来讲，我们现在社会的法治、法律是以个体为本位，如果我们强调这三个共同体的话是没有办法用的。我在思考如何达成一种和解。比如，我们讲求“孝”，我们孝顺父母，如果根据法，我是告他还是不告他？

林安梧：其实，在实际的发展过程中，洋人也不是这样搞的。真正的国法不外人情，这句话可以有问题，也可以没问题。譬如，我的父亲偷了羊，我当然不会去警察局告他。我爸爸说：“羊已经被我吃掉了。”我会说：“那我们把钱还给人家吧”，或者说“这个事很小，下次人家婚丧嫁娶，我们可以包一个大红包”。这个部分其实在西方的现代法律里也有，几等亲内基本上是可以不出庭作证的。因为西方文化也认为人与人之间如果没有恰当的关系的话，这个世界就不成为世界。所以你现在思考的问题，可能在我们现在的知识界、学术界里面讨论得很热烈，但是它是假的。这就是我现在最担心的问题，现在我们知识界讨论的很多问题很严重，好像如何格格不入，其实不是。你吃西餐，谁规定不能够用筷子，你用筷子或刀叉都可以。谁规定现在不能穿唐装？穿唐装为什么不能够带戴一顶南瓜帽，同时裤子是西装裤，鞋子是休闲鞋？你会觉得不搭吗？你觉得不搭那也没关系，看久了就会搭了。这就是我的一个理论。这个理论就是我们在实践中，不断地调节、对话就会有发展了。不是用文化的本质主义锁定它是什么，你疆我界，所以不能怎么样。没有这回事。我常说儒跟佛，这差了多远的东西都能够融通，儒跟耶为什么不能够融通？儒跟耶是很容易融通的，只要耶放下身段。我感觉，中国的基督宗教和海外基督宗教的方式不太一样，中国有机会成就一个新的基督教。我预计20年之内，中国将会成为基督教福音的输出国，而不只是输入国。这是可能的事情。

就像政治力量能够抵挡住谷歌，所以就会扶得起百度、搜狗还有网易，懂吗？这个是很独特的。你说政治一定那么不好吗？如果没有政治的力量，百度、搜狗还有网易怎么跟谷歌比啊？那谷歌是自由的吗？现在我们号称是自由的其实很多是不自由的，它背后是被整个经济、科技、媒体以及庞大的政治力量、文化趋势所操控的，而现在中国因为够大，中国文化够久，中国人够多，因此有新的可能。中国自己成一个天下，所以有新的可能，但是我们要把这个新的可能实现好，实现好才能够走出去。中国大妈除了会跳广场舞外，走出去也能够温文尔雅，人家会觉得“嗯，很好”。它真的在变化中，不是本质就如何。有一些朋友到台湾去会说：“哇，台湾人的特性就是排队。”台湾30年前绝对不是这样，更别说40年前了。人们为什么争先恐后？因为恐后所以要争先，现在不恐后了，因为不会后，有条理有秩序，不会后就不会争先。所以说这不是我们民族的民族性怎么样决定的。我最厌恶“中国的民族性就是如何，人家洋人的民族性如何”这种论调，我还没注意听就会发火。

你读读《论语》，你为什么不说我们的民族性是王道，是爱好和平呢？我讲这个时还有很多人怀疑：中国的文化是王道吗？是爱好和平吗？都是虚假的吧！据经典所说，这是真的。那我们要问为什么我们误认为真实的东西是虚假的？原先孟子那么强调“自反而缩，虽千万人吾往矣”[①]。两千年的帝皇专制、父权高压是怎样搞成这个样子的？这是一个发展的过程。我还记得20世纪90年代，有一次在香港中文大学开会，遇见了金观涛夫妇。他们极度批评中国传统文化，现在可能会好一点了。我说你极度批评中国传统文化没错，但是你要问中国文化何以变成这样。为什么和经典所描述的内容有那么大的差距？因为他们对经典了解太少，甚至也不读经典，所以就把这些现象当成中国文化的本质。原来A何以变成非A，这个问题很重要，所以我们要深入地探索它，不能泛泛而谈。那什么是泛泛而谈呢？譬如，儒家是“主智论”，法家是“反智论”，后来儒家法家化了，所以就会如何如何。这是我大学时代读的余英时先生的著作《反智论与中国政治传统》中的论述。我当时就觉得怪怪的，后来深入研究写了一篇文章叫《中国政治传统中主智、超智与反智的纠结》。儒家是主智而有

① 《孟子・公孙丑上》。

超智，而它何以会反智？道家是超智而它何以会反智？那么这个地方还牵涉到中国政治社会共同体变迁的问题及其他权力的种种问题。这就很复杂了。你不能够说它是什么，把那些表象、现象当成本质。你要去问，那个表象在历史的发展过程里为什么会变成这样？为什么它和经典所描述的不一样？譬如，“忠”这个概念，“为人谋而不忠乎？”[①]“令尹，三已之，无愠色。”[②]楚国宰相令尹，忠矣。这是责任的概念，你怎么能说中国儒家不讲责任伦理呢？那我们要问，为什么后来儒家的责任伦理弱化了而意图伦理增强了？我们要去检讨这些问题，而不是说我们就没有这些东西。

学生：林老师，您对目前大陆新儒家，比如蒋庆、姚中秋的“政治儒学”怎么看？

林安梧：姚中秋跟蒋庆都是我的多年老友，特别是蒋庆，我们认识很久了。他们现在都是在讨论中。当然，蒋庆早期有一个“政治儒学”的提法。这个提法我本来就不太赞成，因为“政治”这两个字放在儒学前面就容易被搞混。后天，孟子研究院要开一个关于“心性儒学和政治儒学”的讨论会议。他们邀请我参加，我到现在还没有决定要不要去，但我给了他们一个发言稿。我也谈心性修养跟公民正义的问题，我很关心这个议题，但是这也应该参与更多讨论，我认为这些思考都还在发展中。所以目前来讲，我没有什么好评论的，这个评论大概不是三言两语可以说出来的。我跟姚中秋曾经一起参加一个节目讨论这个问题，就是谈君子跟公民的一些概念，这个我们必须要继续努力。我今天本来还要讨论这个问题，因为时间限制就先暂时打住。

学生：林老师，您好！我想问《论语》这本书我们具体应该怎么读？

---

① 《论语·学而》。
② 《论语·公冶长》。

您从《论语·学而》篇开始讲到最后《尧曰》篇，《论语》本身在编纂的过程中，它的篇章结构是怎样安排的？

林安梧：这位朋友提到的问题很重要，《论语》怎么熟读？《论语》的篇章次序有一个生命似的感通的类的关联。我只能这么说，就是它有一个生命生息的互动感通关联在一块，它如何关联，你可以用一个更有逻辑的方式去说。这大概从皇侃就已经开始思考这个问题了，一直到近现代还有很多人思考，所以它并不是毫无次序的，这个部分是可以讨论的。你怎么样去读它？我是这么建议的，读古书不能太慢但是也不能太快，所以慢跟快要结合在一起。举个例子，譬如，我一天读一篇，一篇不是一章，比如《学而》篇是十六章，今天读《学而》篇，后天读《为政》篇，大后天读《八佾》篇，然后《里仁》篇、《公冶长》篇，一直读到《尧曰》篇，二十天就读完了。我第一天读完了，第二天当我再读《为政》的时候，就会选择《学而》篇中的两篇精读。第三天读《八佾》篇，我选择《为政》的两篇精读。篇章分开，篇是一个chapter，章是一个section。这样读下去，时间久了，我就会选择哪一些需要好好精读。至于它内在的逻辑关系，自己慢慢地去悟，因为现在有很多种说法，甚至还有很多人结合着《易经》的卦序说成很复杂的关系。那我认为它是有关系的，《为政》从“为政以德”，马上讲“《诗》三百一言以蔽之，曰思无邪”，所以道德的教化是性情之教，道德教化是成就一套政治社会共同体的起点，而它是从诗教说的。接下来落实《为政》，“道之以政，齐之以刑，民免而无耻；道之以德，齐之以礼，有耻且格”。接下来讲孝道，因为政治社会共同体必须讲孝道。它有自己的一套，很有意思，至于它怎么关联，这大概需要每个人去悟。它不是乱编的。我们的分类方式其实是“生命生息的互动感通”（我名之谓）的一种同类相聚，“云从龙，风从虎”[①]的一种相生相聚的关系，它不是西方知识理论的逻辑构造方

① 《周易·乾卦·文言》。

式。这是很独特的，也是很值得我们去留意的。这其实可以让我们重新思考一个人文的组织构造应该如何组织构造，它可能不是一个知识的、理性的组织构造，却是有道理的、可理解的。读熟《论语》，你会发现它很有趣，孔老夫子和弟子之间的行容样貌如在眼前，读要读进情境之中，把重要的句子抄写一下。如果用毛笔抄就更好，不行的话，钢笔抄也可以，反正比较郑重一点最好。拿一个本子抄，不用多久就读完了，它只有一万六千多字，大约五百章而已，所以好好读它是绝对可以的。我今天好像在为孔老夫子宣扬“你要读我的书”，我确实在为他宣扬。

第四讲

如何读《论语》——经典、生活、实践与诠释的交融

今天晚上，我们要谈“如何读《论语》：经典、生活、实践与诠释的交融”这个论题。我常跟很多朋友说，一个题目其实能告诉你接下来要讲些什么。这个题目就是要讲经典、生活、实践、诠释，这样四个核心性的概念。

一、华夏民族可贵的文化传统：追本溯源

我们都是中华儿女，台湾大部分人是从中国大陆来的，主要来自福建的漳州、泉州。现在很多朋友问我是哪里人，我会说我是台湾人，祖籍福建漳州。我的祖先雾峰林家，于1751年来到台中。在台湾中部，很多人姓林。以前班上的同学基本上70%都姓林，我们还以为这个世界上姓林的最多，后来才知道姓林的虽然不少，在福建算很多了，但是在全国来讲不算太多。我们读《论语》知道“殷有三仁焉”，有比干、微子启，还有东走朝鲜的箕子。“微子去之，箕子为之奴，比干谏而死。孔子曰：‘殷有三仁

焉。’”[①]原来，我们的祖先是比干，来自河南。慢慢追问，我听父亲说祖先来自福建漳州。我读了很多书后，知道漳州是朱熹曾经驻足过的地方，他曾当过漳州知州。再追问一下，我了解到我的祖先是漳州平和县人。平和县什么概念呢？王阳明平漳寇置的县。这下子，我的感觉完全不一样了，原来我祖先的家乡是宋明理学、心学的两位大家都驻足过的地方。从这里就可以看到，我们华人有一个非常重要的追本溯源的文化传统。

我的父亲是个农夫，他跟我讲这些故事时，怀着故国之思。你可以想象吗？“农夫”是什么概念，就是可能不识字的人。我父亲识字，但读书并不多，他于台湾日据时代接受了大概6年的日文教育，再加上自己读民间私塾，读汉语大概有3年的时间。他谈起这些事时，仍然有故国之思。从这里可以看到，我们华夏民族强大的生命力量。

我出生于1957年，大概到了60年代才懂事。父亲今年84岁，我是父亲的第一个孩子，去年我们兄弟姐妹帮父亲出了一个诗文集。你想他只读了3年私塾居然还可以出一本诗文集，有点不可思议啊！我常常批评现在的语文教育，现在台湾中文系有些只做现代文学研究的教授，可能连对子都做不出来，我想这个情况在大陆也是有的。这就是我们的语文教育出了问题，古文是我们本国的语言，而我们却把古文当成外文教。

父亲还能记起我们的村子，他说我们是漳州平和县埔坪村人。“埔”就是地面隆起之处。后来，我知道了我的乡先辈林语堂先生是漳州龙岩人，跟我是小同乡，又跟我同姓，我就越发高兴了。我一直觉得中华民族非常可贵的是重视生命的源头，我们讲“礼有三本：天地者，生之本也；先祖者，类之本也；君师者，治之本也”[②]。我们生命中所重视的就是这三个共同体：自然共同体、血缘共同体、社会政治文化共同体。我们说“礼有三本”其实就是“天地亲君师”。

---

① 《论语·微子》。

② 《荀子·礼论》。

二、日据时代的台湾："承天命、继道统、立人伦、传斯文"

我常说上苍是很有趣的。所谓"有趣"，是上苍有一些你不能理解的东西。从1894年到1945年，即使被日本人统治51年，台湾也一直是中国文化的基地。我父亲那一代人从没有觉得自己是日本人过。你很难想象，台湾人被日本人殖民统治了51年却从来没有觉得自己是日本人，你看身份证上面写的都是日本国的国籍。这是台湾的真实情况。台湾人说日本人是"四只脚"。大家知道，"四只脚"是禽兽。台湾人是"两只脚"。介乎台湾人和日本人之间的是"三只脚"，就是买办。所以辜显荣被当时台湾民间叫作"三脚仔"。本来我们用的是阴历，而日本人一定要用阳历。到现在为止，台湾民间还保留着这个习惯，有一句话翻译成普通话是"我们人今天是什么时候啊？"因为台湾人认为自己是人，所以问今天阴历是什么时候。你可以看到文化深远的影响力。

我觉得我们这一代人的成长是最幸运的。台湾人被日本人压迫了51年，一直坚持"承天命、继道统、立人伦、传斯文"，上天也给台湾人最大的报偿。1949年有大批大陆同胞到台湾，这是人类文明所少有的大迁徙。我常说这个迁徙是历史之神对台湾的最大眷顾。这次迁徙中有贩夫走卒，有达官贵人，有一般的平民百姓，有国学大师，有艺术大家，有方方面面来自中国大陆非常高明的学者，所以我们从小学起就有很多大陆来的先生教我们读书。台湾不讲普通话，讲闽南话。我现在讲的话是我进小学一年级的第一天开始学习的，那是1963年的9月1日。后来在台湾师范大学中文系学习，我才知道我们的闽南话是中原古音，大概是魏晋到隋唐时候的古音，我才知道讲这个话真好，为什么呢？以前学习声韵学必须学习入声判别，你们尼山学堂可能也要学习入声判别，譬如，"国家"的"国"、

“学问”的“学”、“道德”的“德”，如果依照普通话来讲，都是平声字，但是你用闽南话讲就知道这是入声字。同学们学声韵学学得很苦，判别的时候判了半天还常常判错，而我们一念就对。你可以想象吗？与大陆隔了一个海峡的台湾岛上讲的语言居然是中原古音！于是，我们当时就有一种奇特的神圣感。上苍好像暗示台湾应该是中国文化的复兴基地之一。这种神圣感会激励自己一定要好好读中国古代经典。

1972年，在座很多朋友一定还没有出生，当时我在台中一中读高一。后来，我了解了台中一中的历史：台中一中是1915年由台湾的乡先辈，包括我的乡先贤林献堂先生以及其他几位先生联合起来，为了对抗日本而建立的中学。林献堂先生是台湾对抗日本的民族运动中一个关键性转换的代表。台湾以前武装抗日，结果被日本人镇压，但是台湾人一直认为自己比日本人优秀。林献堂先生到日本奈良见了梁启超。梁启超是广东新会人，讲客家话，林先生讲闽南话，两个人语言不通，就用笔谈。梁启超说，抱歉，中国现在是多事之秋，积弱不振，清朝到底能不能存在还不知道，所以对台湾同胞很抱歉，实在没有什么办法帮助你们，不过我可以给你一个良心的建议：不要用武装对抗日本。台湾人武装对抗日本，到最后会什么都没了，所以应该想办法转换一下，比如学习爱尔兰的方式。爱尔兰是英国殖民地，他们有个办法是结交英国中央权贵的开明派，以抗衡爱尔兰总督，所以台湾人可以结交日本中央权贵的开明派，以抗衡台湾总督。这是整个台湾民族运动中非常重要的一章。

后来，林献堂先生回到雾峰阿罩雾成立台湾文化协会，就是根据梁启超的建议，不跟日本人直接对抗而采取保全中国文化策略，这个方向真正保住了中国文化的生机。文化看上去是最薄弱的，但也是最悠久、最深厚的。整个中华民族都非常重视文化，所以当时的台湾文化协会就是要让中国文化传统生根，但是日本人希望台湾日本化，那怎么办？除了我们在民间读私塾、读汉文外，我们还想办法自己成立中学。当然，日本人也不是省油的灯，他们懂得一方面高压，一方面怀柔，于是就跟乡先辈讨论。乡先辈里面有抗日派和亲日派，抗日派以林献堂为首，亲日派以辜显荣为首。辜显荣是什么概念？你们一定听过“汪辜会谈”。辜显荣也算是台湾的世族，但他是亲日派。咱们中华民族有一个特点：凡是谈到自己的文化时，不管政治立场如何，只要于我族文化有帮助，一定同心协力，于是乡先辈就办成了这个中学。经过几番交涉，双方后来达成共识：这个中学由日本政府支持，用现在的话就是“官办民营”，但是也有条件，“一中”这个名称必须给台湾人用。以前在台湾各个地方，“一中”都是日本人读，“二中”是台湾人才可以读，只有台中一中是台湾人读。一直到我们读书时，那时台湾已经光复了，我们都还觉得很自豪。学校从日据时代起就挂了一个龙牌，龙是中国文化的象征，大地龙种，我们是龙的子孙。我们的建校纪念碑上写着：吾台人初无中学，有之，自吾校始。现在台中一中在台湾的力量还是很大的。

我讲这一段历史是想跟大家说，文化的力量是超迈政治之上的。我常说文化是长远的，政治是一时的，人性是真实的，而天理是永恒的。台湾人秉持着“文化是长远的，人性是真实的，天理是永恒的”的观念，就这样一直走着。1949年大批大陆同胞到台湾，这个变化太大了。也因为1949年，我们的小学、中学、大学的老师几乎有大半以上是中国大陆来的先生，所以我们听普通话的能力基本上都不错，我们听湖南的普通话、四川的普通话、山东的普通话、浙江的普通话……从不懂到懂。当时，我们在台湾地处一隅，但想象的是大中华。我们读的历史是整个大中华的历史，读的地理是大中华的地理。

三、早年的读书转折：“吾十有五而志于学”

我自己读《论语》完全是人生中“因缘之不可疑移者”。高一时，我们的语文课，包括另外一门课“中国文化基本教材”都讲《论语》。我特别要谈这一点，我年轻的时候成绩最好的科目是数学、物理，那时总想当科学家。大陆认为“学好数理化，走遍天下都不怕”，台湾和大陆这一点是一样的，所以我进台中一中时一心一意想读数理。台中一中是全台湾中部最好的中学，而且非常具有民族精神。高一的语文老师就跟我们说，不能所有最优秀的人都去读数理，人文是非常重要的。这位语文老师是杨德英先生。大家知道“先生”是我们对于老师最高的称呼，杨德英老师其实是位女士。当时，我觉得没问题，因为我喜欢读《论语》，喜欢中国哲学。但是我还是想选数理，因为当时的观念就是读数理，后来我真的选了数理。到高中二年级时，我越来越喜欢人文，读《史记》精华，读《汉书》精华，读《道德经》，读《论语》……越读越喜欢，于是我开始思考，是不是要以研究中国文化作为这辈子努力的目标。当时，我问了很多前辈朋友，他们多半都跟我说，你数学这么好应该读数理，包括我舅舅，他是高中老师，也这样说。但是每次跟他们谈完我都有疑义，我就去问我父亲。我父亲是农夫，他跟我说，其实我最喜欢你去学医学。台湾有个独特的传统，医学很发达，台湾医师从日据时代以来地位就很高，因为日本人不喜欢台湾人读两个专业，一个是文学，一个是政治。读文学，大家知道会以文乱法，读政治，那台湾人懂得政治、法律的话，更是要跟日本人抗衡的，所以日本人在整个制度体制上尽量压迫台湾人不要读文学、政治、法律，台湾人最好的专业选择大概就是医学、生物。我生物很好，父亲一直希望我读医学，但是我发觉自己做不了，你知道为什么吗？因为我这个人很关怀人，如果我去当医师的话，会出现的严重后果是病人的病痛会常怀在我心。也就是说，我会一直关心他到底有没有好，我觉得这个压力太大。后来我跟很多朋友聊天，他们都认为我应该读人文，但是当时的流风习气让我不知道该怎么办。

我还记得高二上学期转组的最后一天的情形。当时有个机缘是你高二读了一个学期后，可以从自然组转到社会组。自然组包括数理和医农，社会组包括人文、法律和商业。到了最后一天，我还意决不下，就又问我父亲。父亲说你自己决定吧。他松口说，当医生虽然也不错，但是我看我们雾峰街上有一些医院也门可罗雀，有一些门庭若市，可见学什么东西最重要还是依照兴趣，看最后学成与否。他跟我讲这些以后，我信心倍增，但还是没有办法做出决定。

大家知道台湾是中国文化传统保留较多的地方。因为祖父很早过世了，我从小就跟着祖母，跟着爸爸妈妈，晨昏定省，不只对长辈，还对已经过世的祖先。我们早上洗漱过后第一件事是敬天法祖。台湾佛教很盛，家里厅堂供着一个观音大士的神像，旁边就是祖先牌位，观音大士神像底下有土地公、土地婆。观音大士的神像有一副对联，写着：佛力永福家安宅吉，祖宗常佑子孝孙贤。你会发现佛教已经儒教化了，佛的力量永远扶持着你，使你家安宅吉、子孝孙贤。我们从小就跟着长辈一起拜拜。我想跟诸位朋友提的一点是，这些东西是要进入一种荣格[①]所说的“无意识”里，在生活中，即使是无意识的，但也有儒学、有佛教、有道家。

当我没有办法做出人生选择时，宗教就起了作用。我真是百思不得其解，到底要不要选择转社会组，我就这样深夜偷偷跑到我家的晒谷场。我跑到那里，跪下来向上苍祈求，应该是选择文科还是继续走数理的路。如果我转社会组，既不会去读商业，也不会去读法律。闽南有掷筊风俗，有一神圣的器具，一正一反，当你祭拜完毕后，拿起两个来，拜拜后放下去，如果出现一正一反就表示神明、祖先同意了。我也不敢去拿它，因为觉得那太神圣了，于是就拿了两个铜板，一元钱。台湾以前一元钱很大，大约有现在的五十元那么大。我跑到晒谷场，对天祈祷，到底是否应该转文科？然后念念有词，虔诚地对天祈祷，祈祷完就掷筊，一掷，结果一正一反，这表示上苍同意了。我还不太敢相信，就郑重其事连掷三次，三次中如果两次都通过的话就表示你应该这么做，结果三次都通过。于是我欢天

① 荣格（Carl Gustav Jung，1875－1961），瑞士心理学家、精神病理学家、弗洛伊德主义者、分析心理学创始人。

喜地，第二天就转到社会组。这是我这一生的转折。那应该是1973年1月初的一天。我在1973年的9月就转到了社会组。

所以，我常说有宗教精神没什么不好，因为人生中我们能用理智判断的东西是有限的。在座诸位同学如果碰到人生难题，其实可以学一下今天林老师讲的方式，但是你最好先思索再三，再占卜。后来我学《易经》才知道，原来占卜就是这么一回事，占卜就是你穷尽理智思索之后，无法抉择时候的一个选择，所以不能随便占卜，要很诚恳的。

这一次占卜后，我就决定了要转到社会组。当时，我就起誓：这一生要为中国文化努力。那时候我15岁，我想起孔老夫子“吾十有五而志于学”[①]，读起来就格外有意思。

四、读《论语》的体会：经典即是生活

我当时读《论语》的体会是非常自然、顺势的，因为我来自农村，所以觉得其中的所思所想和父辈那一代人的所思所想完全一样。我父亲是农夫，读的书也不多。他的所思所想不出自然共同体，即天地；不出血缘、人伦共同体，即祖先；不出整个政治社会文化共同体，即君师，所以“天地亲君师”对我们来讲太平常了，自然就体认得到。

读《论语》，我当时喜欢读到什么地步呢，只要老师规定的文化基本教材上的篇章，我能背的都背了。《论语》中，我现在能够背诵的内容大概都是高一时背的，还有一些背不了，大概因为那时候没背，所以诸位年轻朋友趁着年轻要多背，背熟。背书是一件非常好的事，因为书背进去以后无时不在，而且它和你的行住坐卧、和你的整个生命连在一起。也就是说，你不是坐在课堂上才在读书，你任何时刻都在读书。

---

① 《论语·为政》。

就这样读着读着，到了大学，我走向了中国哲学这一条路。读《论语》到现在，你问我："林老师你读了多少遍？"我是真的不清楚读了多少遍，但是我自己讲习《论语》，一章一句的讲，从"学而时习之"[①]到"不知命，无以为君子也"[②]，大概有十几回。十几回不算多，因为《论语》比较长，大概有一万六千字。我读的比较多、背的比较多的是《道德经》，因为《道德经》只有五千字。到现在为止，我讲过六十多次《道德经》，所以我最熟的一部经典是《道德经》。

但《论语》跟《道德经》不同。《道德经》讲道法自然，《论语》讲学思互济，学者觉也。道家讲"自然"，《论语》讲"自觉"。你如果用闽南古音读，会发现"自然"和"自觉"有很大不同，一个是平声字（然），一个是入声字（觉）。入声字的特性是简洁有力，最重要、最核心的概念，多半用入声字。自觉，指天下事最重要的是你自己做主。入声字是中国文明的瑰宝，讲到这里我不禁想起叶嘉莹先生说，你不懂得入声字，诵读《诗经》、唐诗、宋词就会失去滋味。在座的诸位朋友，如果你的家乡是非官话地区，如闽南、广东或者浙江，你大概很容易了解，因为这些地方的方言，多半就是古汉语，大体来说是入声字。

在阅读过程中，一篇一章地读《论语》，你会深深觉得《论语》其实是一个有机的生命整体，你会深深感受到你跟孔老夫子以及孔老夫子的弟子生活在一起，你能慢慢体会、玩味其中的道理。今天我想跟大家说，《论语》这样一部经典和我们的生活、实践密切相关，所以《论语》的诠释一定离不开生活。读《论语》，重要的不是你读了多少注解，而是你真正体认到多少。

后来，我在大学阶段参加了一个非常重要的社团——"《鹅湖》月刊社"。这个社团是1975年创办的，我在1975年的9月进入大学学习。社

---

① 《论语·学而》。

② 《论语·尧曰》。

团的创办者是我的学长，包括王邦雄、曾昭旭、袁保新、杨祖汉等，他们有的大我几岁，有的大我多一些。我进入大一时就有因缘跟他们见面，这是非常好的。什么因缘呢？我进入大学时很兴奋，第一件事就是去见我的恩师蔡仁厚先生和杨德英先生。他们跟我说有一个社团叫“《鹅湖》月刊社”。这个“鹅湖”，可能有人还搞不清楚什么是“鹅湖”。“《鹅湖》月刊社”创办时去登记，有人还问，你这是农业杂志吗？我们讲了半天，他们才知道，原来“鹅湖”是指朱熹、陆象山的鹅湖之会。鹅湖代表一个学问论坛的地方。《鹅湖》月刊的创立是台湾文化的一个非常独特的发展，代表台湾经济起飞后慢慢跨到一个新的年代，是中国文化真正在民间生长成学问的一个标志，那是在20世纪70年代中期。

这个因缘也刚好是1975年唐君毅先生到台湾当客座教授。我读唐君毅先生的书，上宋明理学的课。唐君毅先生后来因为癌症没有办法来上课，就改由牟宗三先生来上课。两位先生当时都在香港新亚研究所上课。以前在台湾，儒学和官方结合在一起，国民党儒学大概以蒋介石、陈立夫为主导。一直到我们读书的那个年代，唐、牟两位先生来讲学，才别有一番气象。在他们的理解中，儒学当然高于政治。牟先生和唐先生都不是政治中人，而是学术中人。后来钱宾四先生也从香港来到台湾讲学，所以台湾儒学的发展从20世纪70年代以后越来越好。我们刚好就在这个势头中生长。牟先生1949年来了台湾，先在台湾师范大学任教，后来去了东海大学，再后来又去了香港，一直到20世纪70年代中叶，才又回到台湾。从1976年到1995年过世，牟先生一直在台湾讲学，台湾也是牟先生学问生长及其传述发扬的一个最重要阵地。

五、经典即是生活，生活就是实践，实践中有诠释

今天谈这些，我是想跟大家说，经典和生活是密切相关的，经典就是

生活，生活不外实践，实践中会有诠释。我刚才就等于在诠释，诠释就会点化，一点化就会不一样。生活之为生活不是一般世俗的生活，生活里面隐含着一种生命的体验，“生”就变成“原泉混混”[①]，“沛然莫之能御”[②]那样一种动能，而这个“活”，在整个生活世界之中鸢飞鱼跃，无所不在，这就是生活。

当然，你如果读禅宗会觉得，禅宗也是不外乎生活。确实，禅宗的生活和儒家的生活、道家的生活都是生活，只是儒道两家的生活和佛教的生活不同。佛教的生活告诉你心无挂碍，当下即能明心见性，明说的是“般若智”，明，观一切皆空，能度脱到彼岸。见性，性是“佛性”，佛性是真如。真如是一切法皆归真如，即万有一切皆归于空无，所以你了无挂碍。“一切有为法，如梦幻泡影，如露亦如电，应作如是观。”[③]这和儒家不同。儒家不会说“一切有为法，如梦幻泡影”，儒家说凡走过的必留下痕迹，不只留下痕迹，而且还生生不息。“殷因于夏礼，所损益，可知也；周因于殷礼，所损益，可知也”，如此推而扩之，“虽百世可知也”[④]，所以儒家重视连续性（continuity），一种生生不息的连续性，重视“生”这个概念，而佛家重视的是刹那生灭。所以读《论语》要恰当地读，如果你用禅宗的道理来读，读了半天，到最后发现不对。有一位台湾的朋友在大陆讲儒学讲得不错，也讲《论语》，有一次他问我：“你觉得我讲得怎么样？”我跟他说：“禅味太重。”禅味太重，讲当下就是放下，而儒家讲当下是提起。当下提起生生不息，不是当下放下了无挂碍。中国受佛教影响很深，佛法也很了不起，但是毕竟与儒学有不同，这是我们要了解的。所以，“生”，“原泉混混”，“沛然莫之能御”；“活”，“范围天地之化而不过，曲成万

① 《孟子·离娄下》。
② 《孟子·尽心上》。
③ 《金刚经·应化非真分第三十二》。
④ 《论语·为政》。

物而不遗”[①]，这样才叫“生活”。生活中就有实践，实践中有诠释。

六、回归语境阅读经典

我常常强调，读古书，请回到古汉语的语境中去理解。我们现在读《论语》，常常离开了我们的生活世界，离开了生活世界应该有的诠释，而且常常可能是洋汉学家怎么说，我们就跟着怎么说。一百多年来，我们基本上接受了西方近现代以来的传统，强调人的主体性，认为人是非常重要的。人果真是很重要的，儒家也强调人很重要，但是重点不同。西方近现代的“人”的概念是从神的殿堂走出来，人理智的照亮几乎取代了上帝，不只强调人是万有一切诠释的起点、实践的起点，而且以为人能够管控整个世界，甚至想要征服这个世界。笛卡尔[②]说：“我思故我在。”这是通过思维“我”的存在去证立“我”的存在。培根[③]说：“知识就是力量。”他把知识（knowledge）和力量（power）连在一起，认为人拥有认知的能力，是力量的掌握者。但是，中国哲学不这么讲，我们会说，人和天地连在一起，人是得天地阴阳五行之秀气而最灵者。人有一个非常重要的任务，“人之异于禽兽者几希”[④]，人要参赞天地之化育。“参赞”这两个字多好，“参”就是参与，“赞”就是筑成，人参与天地之间而助成它。西方近现代的“人文”是人走出神的殿堂来主宰天地。我们是人参赞天地之间，去助

---

① 《周易·系辞上》。

② 笛卡尔（Rene Descartes，1596—1650），有著名的“我思故我在”哲学命题，此命题是他通过怀疑，清除心灵中一切传统、偏见和一切可疑的知识后，得到的第一条哲学原理。他认为当我在怀疑一切时，我不能怀疑那个正在怀疑着的“我”的存在，这是清楚明白因而也是确实可靠的事实，而怀疑是一种思想活动，因而这个思想着、怀疑着的“我”是存在的。参见冯契主编：《哲学大辞典》，上海辞书出版社2007年版，第1643页。

③ 培根（Francis Bacon，1561—1626），英国哲学家，英国唯物主义和现代实验科学的始祖。

④ 《孟子·离娄下》。

成、顺承、参与，即使有再高的科技都是“天工人其代之”[①]，即大自然之巧功人其代之而已。人天虽有分别但最后要和合为一。所以，你读《论语》一定要放在整个场景、情境、生活世界中，要还原到历史社会文化中。因为人之为人，是生活在天地之中的，是生活在古往今来之中的。

七、《论语》的精神气脉：“云从龙，风从虎”

中国经典有个很独特的地方，它不注重语法而注重章法，不只注重章法，还注重整部书的精神气脉，要契入整部书的脉络才能分派处理得好。有人说《论语》20篇是有脉络的，它自有其安排，但很难说明它安排了些什么。我读《论语》大约40年了，还没有想好应该怎么分派它，今天早上醒过来，想到了，我稍微分派了一下，你看，我是这样分派的：

第一篇《学而》：为学悦乐，君子自反。

第二篇《为政》：为政以德，养其性情。

第三篇《八佾》：礼乐教化，人文化成。

第四篇《里仁》：里仁为美，君子怀德。

第五篇《公冶长》：不罪无过，道器不离。

第六篇《雍也》：南面居敬，文质彬彬。

第七篇《述而》：述作默识，志道据德。

第八篇《泰伯》：礼让为国，民可使由。

第九篇《子罕》：承命立统，岁寒后凋。

第十篇《乡党》：乡党宗庙，时处以礼。

第十一篇《先进》：先进质朴，礼乐可成。

第十二篇《颜渊》：克己复礼，天下归仁。

---

① 《尚书·皋陶谟》。

第十三篇《子路》：勇者力行，以正治国。

第十四篇《宪问》：知耻明德，修身居藏。

第十五篇《卫灵公》：恭己南面，忠恕一贯。

第十六篇《季氏》：礼乐征伐，君子三畏。

第十七篇《阳货》：出处进退，兴观群怨。

第十八篇《微子》：陪臣柄政，贤臣远隐。

第十九篇《子张》：道德宏笃，仲尼日月。

第二十篇《尧曰》：允执其中，知命君子。

这或许也是我读《论语》数十年的一点心得吧！中国的分类方式不是现代逻辑的理性分类，而是生命情气的感通，是“云从龙，风从虎”[①]，相与为类。你读《论语》，记住不要用现代理性逻辑去分类，你要去体会、玩味，这一点很重要。体会、玩味，并不是说不用你的脑袋思考，还是有一些基本方法的，朱熹有个“读论语孟子法”的提法。他引程子之言说：“凡看《语》《孟》，且须熟读玩味。须将圣人言语切己，不可只作一场话说。人只看得二书切己，终身尽多也。”[②]读《论语》和《孟子》重点就在于切己不切己，这切字用得极好，要贴切、亲切、与自己的生命有切身的感受。

八、“缺憾还诸天地，亦是创格完人”：郑成功引朱子学入台

朱熹，有人说他是“江西佬”，有人说他是“安徽佬”，我们福建人说他是“福建佬”，这些学说都可以。他是中国人，而且对日本、韩国乃至整个东亚的影响非常深，譬如，日本明治维新能够成功与朱熹有密切的关系。基本上，台湾的儒学传统是朱子学，是随着郑成功从福建带去的。

① 《周易·乾卦·文言》。

② 《四书章句集注·读论语孟子法》。

郑成功是福建人，和他的军师陈永华一起到台湾之后就建立孔庙，把朱熹的学问引到了台湾，台湾也由此走向文治治国。

台湾文化的生成跟郑成功有密切的关系。我常说，政治虽失败，文化还是成功的，叫郑成功。郑成功从政治角度来讲是失败的，他战败了，不到40岁就过世了。但是郑成功在台湾影响范围很广，台南有个延平郡王祠，专门奉祀他。“延平郡王”，是明朝给他的封号。你们到台湾旅游的话，阿里山、日月潭等自然风光当然要去，同时也要到台南参拜一下台湾最早的孔庙，参访一下延平郡王祠。祠里有一副对联，是当时清朝的抚疆大臣沈葆桢写的：“开万古得未曾有之奇，洪荒留此山川，作遗民世界；极一生无可如何之遇，缺憾还诸天地，是创格完人。”沈葆桢很了解儒家的观念，他知道儒家所歌颂的完人往往在现实中是有缺憾的。儒家歌颂的不是现实的成功者，而是在现实中努力去追求理想的人。你看《史记·伯夷叔齐列传》《史记·泰伯世家》，都是如此。《泰伯世家》被列为世家之首，讲礼让为德，《伯夷叔齐列传》居列传之首，代表纯粹理想性的坚持。后人有副对联歌颂：“一根穷骨头支撑天地，两个饿肚皮包罗古今。”伯夷、叔齐真是了不起的人。郑成功“缺憾还诸天地，亦是创格完人”，我常拿这副对联跟很多台湾朋友说，台湾文化因“承天命、继道统、立人伦、传斯文”，所以才有今天。如果台湾摒弃了天命，不继承道统，就很难成为今天这个样子。

九、朱熹：读论语孟子法

我想在座的很多朋友一定都读过朱子《四书章句集注》所列的“读论语孟子法”。我们且来看看！

程子曰：“学者当以《论语》《孟子》为本。《论语》《孟子》既治，则《六经》可不治而明矣。读书者当观圣人所以作经之意，与圣人所以用心，圣人之所以至于圣人，而吾之所以未至者，所以未得者。句句而求之，昼诵而味之，中夜而思之，平其心，易其气，阙其疑，则圣人之意可见矣。”

“易”是平易，顺势自然谓之“易”。所以读《论语》有读不通的话没关系，我们“阙其疑”。平其心，易其气，久而久之，你读《论语》就好像与亲人、长者为伴一样，有长者指点你。你要把孔老夫子的气象读出来。孔老夫子的气象是什么？是“老者安之，朋友信之，少者怀之”[①]，是“浴乎沂，风乎舞雩，咏而归”[②]，是“子之燕居，申申如也，夭夭如也”[③]，是太和境界。但是他也有忧，“德之不修，学之不讲，闻义不能徙，不善不能改，是吾忧也”[④]。孔老夫子当然有所忧，那个年代，不讲学、不修德，但是他还是要过日子，怎么过呢？从容中道。“从容”是什么意思？不是读得很慢叫作“从容”，该快则快，该慢则慢，读懂了有体会了就读慢一点，读不懂，没体会，那也没关系，略过去。什么叫“略过去”？你上网时，电脑有时会弹出一个问题，问你要不要处理？然后它让你选择要“处理”或者“忽略”。你知道，这时候最好点“忽略”。因为你选了“忽略”接下来就可以继续工作，但是你点了“处理”就会没完没了地运行。我常跟我的学生说，你在写博士论文的时候也需要这样处理。处理不了，就忽略，忽略是记得以后再处理。处理没有完成，但你说，我一定要把它完成！那你可就完了，知道吗？我不知道电脑这一点是谁发明的，真是很人性化的。“忽略”，就是这里说的“阙其疑”。

“读书者当观圣人所以作经之意，与圣人所以用心，圣人之所以至于圣人，而吾之所以未至者，所以未得者。”[⑤]你去体会圣人何以作经，圣人所以用心。圣人之所以至于圣人，而我为什么达不到，所以未得。圣人是什

① 《论语·公冶长》。
② 《论语·先进》。
③ 《论语·述而》。
④ 《论语·述而》。
⑤ 《四书章句集注·读论语孟子法》。

么？通天地人谓之“圣人”。“聖”这个字，就是耳听于天、口宣之于人，把那神圣的天道信息传述到人间来。有一次我讲到这里，一个基督教的牧师跟我说，这跟上帝启示我们很像。我说那也不错，基督教神学如果都往这个方向思考的话，儒耶一定可以对话。对于基督教神学，我基本上还是乐观的，特别是在中国境内。中国境内有一个独特的地方，就是政治的力量大到可以封锁一些东西，让本土的经济、文化好好发展。譬如，世界上有哪一个国家像中国政府有这么大的力量能够让谷歌不在中国大陆境内使用？因为谷歌受到限制，百度、搜狗、易网等互联网公司都涌现出来了。所谓“自由”是什么？西方有所谓“自由贸易”，意思就是，资本家用最强的力量来宰制你。我们当然不能随便让资本家，或者最庞大的西方力量彻底宰制。如果我们被来自西方的基督教神学完全控制，那么你还会有自己本色化、本土化的神学吗？不可能的。现在有政治的力量介入，所以基督教在中国民间只好自己生长，逐渐茁壮以后，也就会不一样。

设想，如果国际语言都统一为英语的话，那么中文还有机会吗？中文肯定没机会了。我听说，现在高考语文的比例增加了，这是明智之举。它告诉国内的人，咱们汉语本来就是世界性的，而且咱们自己是很容易学习的。外国人学中文很困难，因为他们放不下自己的连绵语。他们的语言是“连绵语”，要连在一起说，我们不是，我们的中文是单音节。单音节在讲的时候，好像这个字会显得比较独特。中文的难处，不仅在于单音节念的时候比较困难，而在于书写，因为汉字是一笔一画的写法，这是很辛苦的。洋人喜欢贴在纸上写。我年少时读的初中是教会学校，有很多洋人很喜欢中国文化。只要他们在黑板上写字，一写，粉笔就断。洋人的手，没有办法像我们这样柔软。我们能以非常快的速度写字，在要碰到转折的时候马上变化，你不要小看它，这一笔一画就这样写。我们使用毛笔和他们使用鹅毛笔（鹅毛管）有很大不同。毛笔是软的，而鹅毛管是硬的。我们使用筷子，跟他们使用叉子也有很大不同。我常说，使用叉子是主体通过一个中介者，强力侵入客体而控制客体；使用筷子是主体通过中介者联结客体构成整体，达到均衡和谐才能举起客体。很多人都会赞成这个说法。我认为中国人最擅长软着陆，而洋人在这一方面就很困难，因为我们的一切都在弹性之中，包括看红绿灯等。我们觉得所有的语言文字符号系统只是一个参考架构，只有面对存在本身才是最真实的。你读《论语》同样要体会这些东西，要读入字里行间，而不是僵在字上。你要体会，“昼诵而味之，中夜而思之”①，要“平其心，易其气”。心平了，气顺了，从容自然，道理也就开显了。

程子曰：“凡看文字，须先晓其文义，然后可以求其意。未有不晓文义而见意者也。”②

晓其文义，然后进一步求其意。文字的意义之上有一个更高的意韵、意象，最终又与作者的心灵意向有密切的关系。我记得之前提到，读中国古典要感其意味，体其意韵，然后才能明其意义，所以一定要有语感。如果你读的时候没读懂，就再玩味一下。“学而时习之，不亦说乎？有朋自远方来，不亦乐乎？人不知而不愠，不亦君子乎？”③你发现，“说”和“乐”不太一样。你讲“学而时习之，不亦乐乎”就不对。“说”者，自悦也，“乐”者，共乐也。“乐”是生命生息的互动感通，一种存在的真实相遇之乐。“说”是回归内在的心灵，往上追溯宇宙造化之源的本体的喜悦。说、乐精神不同。“人不知而不愠，不亦君子乎”讲君子人格是一个自我完善的过程，无关乎你是不是博士，无关乎你是不是国家领导人。你进而联想到“兴于诗，立于礼，成于乐”④。年少时“兴于诗”，诗兴发其志气也；“立于礼”者，有所立也，礼让你能卓然自立，有所确定；“成于乐”，和合而为一也。

① 《四书章句集注·读论语孟子法》。
② 《四书章句集注·读论语孟子法》。
③ 《论语·学而》。
④ 《论语·泰伯》。

这句话原先讲的是，你行礼时一定先颂诗、行礼、奏乐。人的生命也是如此，像一首乐章一样。“乐其可知也：始作，翕如也；从之，纯如也，皦如也，绎如也，以成。”[①]

我们读《论语》就是要这样，读熟，慢慢进来，慢慢理解。你还会读很多其他的书，于是你知道，“学而时习之，不亦说乎”原来是讲教育权、学习权的解放。教育权、学习权解放让所有愿意学习的人都能够进入整个文化价值的创造过程中，并且能够上溯其源，因而有本体之喜悦。春秋时期，社会发生变化，井田制瓦解，游士阶层兴起，自由民增加了。人与人之间的迁徙自由多了，所以人与人之间相与的道德真实感豁显了，“有朋自远方来，不亦乐乎？”如此一来，你就能了解，君子这个概念不再是一个社会的阶层概念，而是转变为德性的位阶概念。德性的位阶和社会阶层不同，社会阶层是“赵孟之所贵，赵孟能贱之”[②]，一个政治社会共同体的领导者给你的，可以贵之、贱之，不仅可以给你，也可以从你这里剥夺。这里君子强调的是“人人有贵于己者”[③]，每一个人都有他最为可贵的东西，有良贵者才会有良知、良能，思想就是这样一步一步来的。

“君子”的概念发生了变化，君子是人格的自我完善过程。孔老夫子说“吾十有五而志于学”。“学”者，学道也，志于学就是志于道。“三十而立”，立者，立于礼也。“四十而不惑”，能够卓然确立、无所惑。“五十而知天命”，一方面知自然之限制，一方面知造化之无穷。儒学必须讲下学而上达，践仁而知天，上下与天地同流。孔老夫子又说“加我数年，五十以学《易》，可以无大过矣”[④]。你马上想到子贡说：“夫子之文章，可得而闻也；夫子之言性与天道，不可得而闻也。”[⑤]孔老夫子谈不谈性命

① 《论语·八佾》。
② 《孟子·告子上》。
③ 《孟子·告子上》。
④ 《论语·述而》。
⑤ 《论语·公冶长》。

天道呢？孔子谈性命天道，但是子贡没听懂，所以“不可得而闻也”。你不可以理解为孔老夫子不谈性命天道。孔老夫子有没有天道论？有没有形而上学？这些孔子都有。学界里有人说，儒家都是世俗伦理之言，后来受到道家影响，所以才会有天道等想法。这个说法是瞎说，违背事实，居然还有一定的影响力。今人之浮浅，有如是者耶，真是可叹！

近现代有很多关于中国哲学的瞎说，影响力还蛮大的。比如，中国为性善说，因为对人性太自信了，所以不会出现民主法治，这是瞎说。有些人认为性恶论才会出现民主政治，这也是瞎说。例如，霍布斯[①]主张“人性如豺狼”，却是专制的拥护者。读书要读熟，读熟要读懂，读懂要读透。所谓“透”，就是融贯，融会贯通。有人说中国儒学没有责任伦理。哪里没有？曾子曰：“吾日三省吾身：为人谋而不忠乎？与朋友交而不信乎？传不习乎？”[②]你能够告诉我这不是责任伦理吗？这是很清楚的。“令尹子文三仕为令尹，无喜色；三已之，无愠色。旧令尹之政，必以告新令尹。”[③]楚国的令尹子文，三次当令尹三次被罢黜。他被罢黜不是拍拍屁股就走了，而是把自己的一切政令及实施状况等相关事务，全部告诉新令尹。孔老夫子称赞他“忠矣”。你能够告诉我这不是责任伦理吗？所以，说儒家只有意图伦理没有责任伦理，这不是瞎说吗？瞎说之后，还要加上“中国如何要从意图伦理开出责任伦理”，这不是一种瞎说之后的瞎说吗？现在中国哲学界这些瞎说还是蛮多的，这真令人担忧。

所以，我们读《论语》要熟读。“夫子之言性与天道，不可得而闻也。”[④]子贡听不懂。子贡是一个很通达的人，他最通达的是管理学、财经学、外交学等实用的学问。子贡如果生活在我们这个时代一定是巴菲

---

① 霍布斯（Thomas Hobbes，1588—1679），英国哲学家。

②《论语·学而》。

③《论语·公冶长》。

④《论语·公冶长》。

特（Warren Buffett）。据《史记》记载，子贡贱买贵卖，亿则屡中，逢低买进，逢高卖出，每一次都中的。套用现代的理解，你可以猜想，孔老夫子周游列国的经费有一大半是子贡从股票市场和期货市场赚得的。子贡很厉害，他是卫国的大商人，因为仰慕仲尼先生的学问前来求学，本来想学三五个月也就罢了，结果一学，三年五载不止，一直到三十年五十年。孔老夫子过世之后，他成为群弟子中真正能够帮忙处理种种事务的领导者，而且他知道自己没有悟道，所以不会去争取大位。

孔老夫子对于接班人的要求是很高的，但也出现了种种问题。他第一个想到的是颜回，“不迁怒，不贰过”①。颜回是孔老夫子最好的学生，但是不幸短命死矣。孔老夫子想那哪一个人行呢？他发现子贡其实也不错，觉得子贡以前不是很行，后来该有些进步，但仍不知道行不行，那再问一下，于是试着问了：“女以予为多学而识之者与？”②“端木赐，你认为老师的学问是博学多才吗？”子贡说：“是啊，难道不是吗？”孔老夫子说：“非也，吾道一以贯之。”孔子最可贵的是能够把学问贯通为一个不可分的整体。通过一个不可分的整体来贯通一切，这不可分的整体有不可言的东西叫“道”。答案是“吾道一以贯之”。于是孔老夫子就着“吾道一以贯之”发问，后来他发觉一个年轻的朋友不错。这个朋友小他四十六岁，叫曾参。

曾家三代人都是孔老夫子的学生，你可以看出孔老夫子教学基本上不分年龄。曾参的父亲曾点是孔老夫子的学生，他的儿子叫曾西也是孔老夫子的学生。根据记载，曾子比孔老夫子小四十六岁。孔老夫子过世时，曾子才二十七岁。他二十七岁你想他儿子多大，就算他十七岁娶妻生子好了，以前十七岁娶妻生子是可能的。如果他十七岁就有儿子，他儿子不过才十岁，所以孔老夫子有童子之为弟子。有一个有趣的笑话，孔老夫子七十二贤里面，到底成年的有多少个，没成年的有多少个？“冠者五六人，童子

① 《论语·雍也》。

② 《论语·卫灵公》。

六七人”，五六三十,六七四十二，不是加起来七十二贤吗？你看《论语》还隐含了一些有趣的笑话。这当然是为了吸引眼球的随意说说，并不是果真如此。

孔老夫子问“吾道一以贯之”。当时年轻的曾参说，是。孔老夫子卖个关子走了，弟子们就围过来问小曾参，老师说“吾道一以贯之”，你说“是”，请问是什么意思？他回答：“夫子之道，忠恕而已矣。”[①]“忠恕”如果用一个字来表示，就是“恕”。“尽己之心为忠，推己及人为恕”[②]，这个解释真好。从这里可以看出，孔老夫子差不多已经准备传道给他了，也就是想选他作为第二代接班人，结果没想到孔老夫子还没有指名就过世了。孔子过世后，弟子们守孝三年之后，子贡就召集群弟子过来，群弟子拥立了两个人，一个是有子，一个是曾子。有子似圣人，他的声容样貌，言谈举止，都像孔老夫子，只是个儿稍矮一点。个儿要像孔老夫子一样高不容易，孔老夫子是“长人”，听说跟姚明差不多。当时有子的弟子说，我们的老师长得很像太老师，每天行礼时都可以想到太老师。曾子和他的弟子不同意。

你读《论语》可以读出曾子和有子不同。有子曰：“其为人也孝弟，而好犯上者，鲜矣；不好犯上，而好作乱者，未之有也。君子务本，本立而道生。孝弟也者，其为仁之本与！”[③]对，孝悌人伦，重在上下、长幼、尊卑。曾子曰：“吾日三省吾身：为人谋而不忠乎？与朋友交而不信乎？传不习乎？”[④]曾子重视职务的责任伦理，重视人与人之间的信用，重视文化的教养和传承。“孝悌”虽然是很基础的事，但“忠信”的概念，其普遍性更高。“子以四教：文、行、忠、信。”[⑤]“言忠信，行笃敬，虽蛮貊之邦行

---

① 《论语·里仁》。
② 《中庸章句》。
③ 《论语·学而》。
④ 《论语·学而》。
⑤ 《论语·述而》。

矣；言不忠信，行不笃敬，虽州里行乎哉？”[①]你就这样慢慢理解，慢慢扩大，就会有体会。你今天回去，不妨上网查一下《论语》中有子和曾子观点的不同。

我认为以思孟学派作为儒家的嫡传是有道理的，因为他的思考真正进入生命的源头。从周公制礼作乐，到孔子“删诗书、定礼乐”，礼乐的源头是仁。“礼云礼云，玉帛云乎哉？乐云乐云，钟鼓云乎哉？”[②]“人而不仁，如礼何？人而不仁，如乐何？”[③]孔老夫子点化出这一点。这个“仁”何在？怵惕恻隐为仁，孟子点出性善。这样一步步看下来，你就可以理解，它有一个真正的血脉在传承。

程子曰：“凡看《语》《孟》，且须熟读玩味。须将圣人言语切己，不可只作一场话说。人只看得二书切己，终身尽多也。”[④]

读《论语》，要一生读之。记得大学时，我的学长王邦雄先生去拜访钱穆先生。钱先生第一件事就问他，《论语》读了几遍。王邦雄先生很不好意思，就说读了两遍。钱先生说，我今年读第五十三遍了。就是如此，一读再读，所以钱穆先生的书还是值得读的。在当代新儒学里，钱穆先生的书，当然和牟宗三先生的书、唐君毅先生的书不同。因为唐先生和牟先生受过西方哲学的训练，所以书中有很多哲学概念的语汇。以武功做比喻，我的老师牟先生是招式繁复、功力深厚，钱先生则虽招式简单，但功力深厚。所以，年轻人读钱先生的书读不出滋味，会觉得那么简单，都是说说而已，实际上他功力深厚。读钱先生的书你要玩味，读牟先生的书你要思考，这是不同的。你读《论语》不要一直抓着它讲了什么意思，要读熟，那要多熟呢？你不用多熟，跟我一样熟悉就可以了。你跟我一样熟悉可能

---

① 《论语·卫灵公》。
② 《论语·阳货》。
③ 《论语·八佾》。
④ 《四书章句集注·读论语孟子法》。

还不够，因为我还没有钱先生熟。山东的李炳南居士对于论语的熟悉度，大概不亚于钱先生。他有一部书叫《论语讲要》[①]，我在很多地方称赞过这本书。他有个叫徐醒民的弟子作得力助手，帮他做讲课记录。《论语讲要》这本书写得很好。

程子曰："《论》《孟》只剩读着，便自意足。学者须是玩味。若以语言解着，意便不足。"[②]

很清楚了，"若以语言解着，意便不足"。《论语》读熟了，你就能体会。宰予昼寝，孔老夫子批评他。当然，你会问宰予为什么上课打瞌睡呢？一定是昨天没睡好。昨天为什么没睡好？因为他昨天才跟夫子辩论三年之丧，被夫子批评了一顿，回去辗转反侧睡不着。《论语》读熟了以后，这些很容易连接在一起。你能说我的说法错误吗？你只会赞成说："嗯，老师你讲的还是有道理的。"宰予跟老师辩论三年之丧，老师动怒了。老师怎么动怒了？我们看一看，就这一段，我们都读过。

宰我问："三年之丧，期已久矣。君子三年不为礼，礼必坏；三年不为乐，乐必崩。旧谷既没，新谷既升，钻燧改火，期可已矣。"子曰："食夫稻，衣夫锦，于女安乎？"曰："安。""女安则为之！夫君子之居丧，食旨不甘，闻乐不乐，居处不安，故不为也。今女安，则为之！"宰我出。子曰："予之不仁也！子生三年，然后免于父母之怀。夫三年之丧，天下之通丧也。予也有三年之爱于其父母乎？"[③]

宰我这个人也是厉害。你读《论语》可以读出什么？孔老夫子允许弟子跟他意见不同，而且可以那么直接地争论。老师都已经生气了，"食夫稻，衣夫锦，于女安乎？"他说："安。"孔老夫子只好说："女安则为之！""夫君子之居丧，食旨不甘，闻乐不乐，居处不安，故不为也。今女

① 《论语讲要》：由雪庐老人讲述，弟子徐醒民敬记，2003年由台湾的台中莲社出版印行。
② 《四书章句集注·读论语孟子法》。
③ 《论语·阳货》。

安，则为之！”宰我被老师说了一顿，觉得难过，上课上一半，开着门就出去了。老师感叹一声，宰我宰我，何等不仁！他又回过头来一想，宰我何以如此呢？是不是宰我的父母对他不够好？人啊，父母子女的关系是很密切的。“子生三年，然后免于父母之怀。”人是非常脆弱的具有灵性的动物。人很可贵是因为具有灵性，但是凡是具有灵性的事物必然脆弱。猪是很厉害的，生下来就会走路。你有没有看过小猪降生的场景？我看过，因为我家以前养过母猪。鸡啄破蛋壳出来就会走路了，而且会啄米，这是鸡的本能。本能强者，其觉性不高，我们人是本能低但是觉性高。人的可贵之处就是觉性，不是本能。所谓“良知良能”者，知良叫“良知”，能良叫“良能”，所以不是生物学意义的，而是道德学意义的。良知良能属于道德学，是觉性之所发。

“夫三年之丧，天下之通丧也。予也有三年之爱于其父母乎？”后一句话表现出一种关怀，一种悲悯。宰我，难道父母对你的爱不足吗？孔子讲得很慈悲，但弟子们很难体会。这句话这样讲，弟子可能听错了，回到宿舍，看到宰我很难过，就问他，宰我你好一点没有？宰我说，我今天不应该顶撞老师，不知道老师怎么样？弟子说，老师说你不仁！宰我就越发难过，整个晚上都睡不着。睡不着怎么办？他索性没睡。他一夜没睡，第二天要不要上学？他当然要去上学。第二天上学，昼寝。昼寝又被老师点名骂了一顿。所有的弟子都想，完了！你知道吗？子曰：“朽木不可雕也，粪土之墙不可杇也，于予与何诛？”你看这话讲得很厉害了。子曰：“始吾于人也，听其言而信其行；今吾于人也，听其言而观其行。于予与改是。”[①] 你读《论语》会发现孔老夫子很少如此“追杀”学生。这与孟子的风格大不相同。我们说孔老夫子充满了温馨，充满了生意，而孟子则是带有秋煞之气，一直辩论、一直“追杀”，所以《孟子》是辩论，《论语》是交谈。

① 《论语·公冶长》。

交谈是倾听，倾听是你说说，我也说说。而孟子劈头就是批驳到底，“叟不远千里而来，亦将有以利吾国乎？”孟子对曰：“王何必曰利？”[①]然后接下来骂一顿，骂完了以后，梁惠王就没话说了。您可以想一下，这是何场景？梁惠王想，今天在飞机场接见了孟老夫子，孟老夫子好不容易从那么远的地方飞到北京来，本来打算召开记者招待会，请孟老夫子说说看本国的经济怎样能够振兴。他一定带着很多大项目来，告诉我应该怎么办，结果居然把我说了一顿。他说完了让我哑口无言，我想还是不要再辩论了，要不然记者传播出去很难说，于是只能讲，那我们就来和平饭店用餐吧！

读圣贤书，像《论语》《孟子》都是对话体，你要把情境带进去，比如，这一段有关宰我的部分，这样读就很容易理解。所有弟子都想，好不容易在尼山学堂读了四年，马上要毕业了，这下子我们这个师兄恐怕完了。结果毕业典礼的时候公布成绩，德行：颜渊、闵子骞、冉伯牛、仲弓。言语，居然宰我还得第一名！子贡，捐钱又多，又会讲话，居然是第二名！所以，孔老夫子生气归生气，最后下笔给分数的时候还是清楚明白的。政事：冉有、季路。文学：子游、子夏。[②]这个文学当然不是现在的文学系的文学，而是文化教养之学。

或问：“且将《论》《孟》紧要处看，如何？”[③]你把《论语》《孟子》中最重要的话拿出来编纂成另外一部书然后去诠释，这样好不好？好啊。“固是好，但终是不浃洽耳。”[④]读《论语》你从《学而》篇、《为政》篇一直读，读到最后《尧曰》篇，一天读一篇，20天就读完了。你们今天回去就开始读，20天后在我们的微信群上说，老师我已经读完了。我就给你拍拍手。这很好，也很重要。你们一定要这样做。

---

① 《孟子·梁惠王上》。

② 《论语·先进》：“子曰：‘从我于陈蔡者，皆不及门也。’德行：颜渊，闵子骞，冉伯牛，仲弓。言语：宰我，子贡。政事：冉有，季路。文学：子游，子夏。”

③ 《四书章句集注·读论语孟子法》。

④ 《四书章句集注·读论语孟子法》。

程子曰："孔子言语句句是自然，孟子言语句句是事实。"[1]你要玩味什么是自然、什么是事实，自然和事实有什么不同。自然天成，回到天地之间。孟子所谓"事实"是什么样？"圣王不作，诸侯放恣，处士横议，杨朱、墨翟之言盈天下"[2]，所以他要"正人心，息邪说，距诐行，放淫辞"[3]。孟子展开义利之辩、王霸之辩、人禽之辩。了不起！"岂好辩哉？予不得已也。"[4]孟子那个年代，已经到了不可不调理的地步。人之所以为人是什么？征伐暴力，所以你要知言养气，"其为气也，至大至刚，以直养而无害，则塞于天地之间"[5]，句句事实。"士尚志"[6]，孟子把"志"提高了。大丈夫"居天下之广居，立天下之正位，行天下之大道"[7]。"广居"者，仁也。"仁"者，人之安宅也。"大道"者，义也。"义"者，人之正路也。"礼"者，人之正位也。孟子讲仁义礼智。仁是真实的感动，义是确当之行为，礼是适合之规范，智是清楚之判断。所以恻隐、羞恶、辞让、是非，仁义礼智四端。

程子曰："学者先读《论语》《孟子》，如尺度权衡相似，以此去量度事物，自然见得长短轻重。"[8]尺所以度也，权所以衡也。大家知道，权是秤锤，衡是秤杆。权衡，以此去量度事物，自然见得长短轻重。如果你《论语》《孟子》都没读熟，那么六经要怎么读熟呢？

程子曰："读《论语》《孟子》而不知道，所谓'虽多，亦奚以为'。"[9]所以要"知道"，"知道"是体会、玩味总体、根源。"道"这个

① 《四书章句集注·读论语孟子法》。
② 《孟子·滕文公下》。
③ 《孟子·滕文公下》。
④ 《孟子·滕文公下》。
⑤ 《孟子·公孙丑上》。
⑥ 《孟子·尽心上》。
⑦ 《孟子·滕文公下》。
⑧ 《四书章句集注·读论语孟子法》。
⑨ 《四书章句集注·读论语孟子法》。

字，在中国古代典籍里指根源，总体之根源。德，就是具体之本性。道为根源，德为本性，仁为感通，义为法则，礼为规范。你读儒家这么读，读道家也一样。所以“失道而后德，失德而后仁，失仁而后义，失义而后礼。夫礼者，忠信之薄而乱之首”[①]。有人说这个“失”应该读“先”，应该是“先道而后德”，也就是有根源然后才有本性，有本性然后才能感通，有感通然后法则才能确立，法则确立规范才能够真正具体落实。当人们只是强调具体规范时，已经是“忠信之薄而乱之首也”。

如果你把“道”解释成客观规律，那是不准确的，道才是根源。我们讲的是“存在与价值的和合性”，“一阴一阳谓之道”讲的是存在的律动，“继之者善”讲的是实践的参赞，“成之者性”[②]讲的是文化的教养和习成。这是很清楚的，这些光靠考据没用，因为你所考据的那些人写的东西，不见得会比你体会得深，所以考据也要明义理。训诂明而后义理明，义理明而后训诂明。训诂明而后义理明是讲你学习的先后次序，义理明而后训诂明，是你真正体会、玩味，了解到其中隐含着一些诠释的基底，这个基底就是义理。义理明而后训诂明，这是以前唐君毅先生常说的。

十、象山读《论语》：“学苟知本，六经皆我注脚”

当然，古往今来谈怎么读《论语》的学者很多，陆象山就讲过。

象山曰：“《论语》中多有无头柄的说话，如‘知及之，仁不能守之’之类，不知所及，所守者何事；如‘学而时习之’，不知时习者何事。非学有本领，未易读也。苟学有本领，则知之所及者，及此也；仁之所守者，守此也；时习之，习此也。说者说此，乐者乐此，如高屋之上建瓴水矣。

---

① 《道德经·三十八章》。

② 《周易·系辞上》：“一阴一阳之谓道，继之者善也，成之者性也。”

学苟知本，六经皆我注脚。”[①]

“学苟知本，六经皆我注脚”，不是注释象山陆某人，而是注释“道”，所以中国的诠释学最后是上契于道。佛教也认为，究竟[②]了义才是最重要的，“依法不依人”，你所依据的是法，不是哪位师父的讲说。“依义不依语”，你所依据是语义不是话头。“依了义不依不了义”，这讲得很好。我在《中国人文诠释学》这一部书中提到了中国诠释学有五阶：言、构、象、意、道。言是语言、句子（sentence），构是结构（structure），象是图像（image），意是意向（intention），道（Dao）是至高的根源之整体。句子是一种堆积、记忆，再上一层是结构，结构是一种掌握，再上一层是图像，图像是一种想象，再上一层是意向，意向是一种体会，更高一层是道，道是智慧，智慧是一种体悟。一层一层往上，你就掌握了。“知及之，仁守之”，守什么呢？道。“志于道，据于德，依于仁，游于艺”[③]。你能“志于道”，以那总体之根源、普遍之理想为定向、志向。“志于道”而“道生之，德畜之”，所以其德为可据也，德是本性，“道德”这两个字不就是“天命之谓性”[④]吗？确实道为天命，德为性，这是“天命之谓性”。道为根源，德为本性，仁为感通，“依于仁，游于艺”，艺为整个生活世界。就整个理论来说，诠释的根源从“道”“德”而后“仁”，而后“义”。

若问整个生活世界的教养从哪里开始，它是从艺开始的。所以，孔子从这里开始学习，洒扫应对进退，“游于艺”，然后慢慢懂得“依于仁”“据于德”，慢慢懂得“志于道”，从八岁一直陶冶到十五岁，所以“十有五而志于学”，十五岁就进入大学，以前叫小学。这个小学就是洒扫

① 陆九渊著，钟哲点校：《陆九渊集·语录上》，中华书局1980年版，第395页。
② 究竟：佛教用语，意为彻底或完全准确。
③ 《论语·述而》。
④ 《礼记·中庸》。

应对，当然，它也需要句读之学，也跟文字、声韵、训诂相关，你要学习这些基本的知识。到了十五岁，“大学之道，在明明德，在亲民，在止于至善。”[①]“明”，明内在之明德本心。“亲民”，是进入社群，进一步发展为止于至善。《论语》就是这样，从《学而》篇“学而时习之，不亦说乎？有朋自远方来，不亦乐乎？人不知而不愠，不亦君子乎？”到《尧曰》篇，讲如何“允执其中”，如何真正能够“兴灭国，继绝世，举逸民”。这是孔老夫子的理想，“大道之行也，天下为公”[②]。“老者安之，朋友信之，少者怀之。”[③]

这些话语你慢慢读，读熟了，把相关的部分放在一起去理解。孔老夫子和弟子之间是当下联系。“颜渊、季路侍。子曰：‘盍各言尔志？’子路曰：‘愿车马、衣轻裘，与朋友共。敝之而无憾。’颜渊曰：‘愿无伐善，无施劳。’子路曰：‘愿闻子之志。’子曰：‘老者安之，朋友信之，少者怀之。’”[④]这里就彰显出了孔老夫子襟怀如何，弟子气象又如何。“子路，行行如也。”[⑤]子路是孔老夫子最心疼的学生，也是他很重视的学生。你可以读出子路的形容、样貌。他是山东人，生得高大威猛，只比孔子小九岁，是尼山学堂的班长。这个班长有一天奇怪了，夫子进来他不喊“起立”。为什么？因为孔老夫子昨天去见了卫国的夫人南子，于是第二天上课就发生了学生运动，带头的就是子路。孔老夫子想起来，原来昨天和美女喝咖啡今天就出事，所以发誓“予所否者，天厌之！天厌之！”[⑥]你能够想象孔老夫子和群弟子的声容样貌。这就是带着情境，带着意味，好好地、实存地去读它。

---

① 《礼记·大学》。
② 《礼记·礼运》。
③ 《论语·公冶长》。
④ 《论语·公冶长》。
⑤ 《论语·先进》。
⑥ 《论语·雍也》。

现在有学者说“要让孔子走下圣坛”，这说法真不知从何说起。孔老夫子从来就没有把自己供在那里。他本身就在我们的生活世界中。他就是这样的坦然、明白。你看，他问弟子的话都很直接，弟子还跟他发拗，对不对？孔老夫子也生气，然后到最后也没事。这就是孔子，生命是何等坦荡，何等明白。

孔老夫子非常怀念已经过世的颜回，就跟子贡说：“端木赐，我也称赞你很聪明，你觉得你怎么样呢？你跟你的学长颜回比起来谁行呢？”老师这么问，子贡也够真诚地说：“老师你称赞我聪明，我只不过闻一以知二，不过我的学长是闻一以知十。”我们的仲尼先生，这一位老师，可真够绝的，居然就跟子贡说：“算你真正了解自己，我赞成你，你的确不如他。”[①]你要读懂这里的“闻一以知二”和“闻一以知十”。“闻一以知二”是对比性的思考，“闻一以知十”是整体性的思考。一和二是对比的关系，一和十是部分与整体的关系。于是，你脑中马上出现“举一反三”“一以贯之”“一言以蔽之”这样的词语。“一言以蔽之”是概括性的思考，“一以贯之”是融贯性的思考，“举一反三”是脉络性的思考。我有一次谈孔老夫子涉及的思维方法，就谈这五个词语，你会觉得真是太有趣了。你问我：“林老师，你是怎么想出来的？”因为我读熟了，熟到孔老夫子晚上都会来托梦。你会体会、玩味，这些想法自己就出来了。所以《论语》需要怎样分章、分类，然后再怎样安排串联吗？不用，只要你读熟就懂得其中深意。它们会自己去串组成相关的组合，这真的非常有趣。

---

① 《论语·公冶长》：“子谓子贡曰：‘女与回也孰愈？’对曰：‘赐也何敢望回。回也闻一以知十，赐也闻一以知二。’子曰：‘弗如也！吾与女，弗如也。’”

十一、结语：经典就是生活，生活就是实践，实践中就有诠释，诠释须有实践，实践不离生活，生活本在经典之中

其实，我今天来的目的就是想说，诸位朋友，趁着你年轻的时候请把《论语》读熟，把经典读熟。我已经不年轻了，这些书都是以前读熟的，希望你们一定要熟读。读熟了，你就能够真正了解到我今天要讲的其实没什么深奥的学问。今天讲的课程，就是把经典和生活连在一起。经典就是生活，生活就是实践，实践就是诠释。

你熟读《论语》就能想到有子什么样，想到曾子什么样，你会想到孔子、子路，也会想到子游、子夏，你想到孟懿子问孝道，慢慢地就都懂了。读熟了就懂了，别无他法。《论语》是作为一个中国人应该读熟的基本经典。熟读《论语》，算是你作为中国人应该熟知的内容。《论语》应该是一个中国人生命的一部分。“天不生仲尼，万古如长夜。”[①]经典就是一个生活的世界，所以拜托大家一定要读熟经典，回到生活，回到真正自家腔子以内去体会、玩味。其实，千言万语就是一句话：经典就是生活，生活就是实践，实践中就有诠释，诠释须有实践，实践不离生活，生活本在经典之中。我期待大家能够有缘一起读《论语》。

| 问题与讨论 |

学生：林老师，您好！您刚才讲到我们读古书时要回到古典汉语的语境中去理解，您也讲我们读经典时要体会、玩味。其实，我们在读经典时，很容易把当下的情境带到经典当中。

① 黎靖德编，王星贤点校：《朱子语类·孔孟周程张子》，中华书局1994年版，第2350页。

林安梧：那很好。

学生：学界在讲这种诠释时，把这种现象描述为“主观的过度投射”，请问我们在读经典时怎么去避免这个现象？比如，当年熊十力先生面对儒家经典，他对于儒家经典的过度解读的态度，其实像梁漱溟先生、钱穆先生还有余英时先生都对此做出过很激烈的批评。所以，我们在读经典的时候如何能避免“过度投射”？这种客观的标准或准绳在哪里？

林安梧：其实是这样的，诠释没有定点，但是有范围。如果说熊十力先生读经典有过度诠释，我宁可过度诠释它。余英时读儒家经典，当然不如熊十力，梁漱溟读儒家经典，也不如熊十力。这没有关系。过度诠释，你读到一个地步就会知道，它不会过度，所以不用担心。你们今天会觉得我过度诠释吗？我想应该不会。你会觉得原来《论语》还蛮有趣的，但最后不要想成《论语》还蛮搞笑的。《论语》当然也可以讲笑话。我去闽南地区讲《论语》，问孔老夫子最喜欢吃什么肉？你很奇怪怎么会有这个问题？因为《论语》有一段“吃肉”的话，孔老夫子说：“知之者不如好之者，好之者不如乐之者。”[①]知之、好之、乐之，你知道这用闽南话读的话就是“猪一只，不如老虎一只，老虎一只，不如鹿一只”，所以孔老夫子最喜欢吃鹿肉。我在漳州师范学院（闽南师范大学），讲这一段，学生简直笑翻了。这叫搞笑，但是我觉得不当，偶尔谈一谈觉得好玩。像我这样解《论语》，你可能在其他地方没有看过，但这样解是合理的，因为你必须把它放到整个历史政治社会总体中，放在整个存在情境中去解释。解释之为解释，诠释之为诠释本来就没有一个东西是所谓“绝对客观”的，它是放在脉络中去彰显。你必须能够连续，必须能够融贯一致。所以，我一直跟很多朋友说，读中国古代经典，你要慢慢用现代语汇去诠释看看，而且要能够通贯。“道”和“德”，儒家和道家所讲的当然一样，怎么会不

① 《论语·雍也》。

一样呢？道为根源，德为本性，只是道家要如其根源、顺其本性，讲人的顺成自然，儒家也是如此，但是儒家强调人的参赞化育。这个就是熟了就懂了。至于熊十力先生对儒家的诠释，当然有些人说他过度，但是因为那个年代，他可能要批评佛教、道教，所以有些不是那么准确，但是总的来讲，他还是很了不起的人物。我的老师牟宗三先生一样对道家、佛家有批评，但是慢慢到现在，我们大概有机会更清楚了，那这个就无妨了。像余先生对儒家的理解当然不错，但是余先生会说，这个时代儒学已经如游魂了，为此他有“儒学游魂说”。我能深深体会到他讲这个话的用心，因为我到普林斯顿大学（Princeton University）见过他，跟他聊过天。余英时先生也是很了不得的大学者，他真的体会到儒学之飘零如同游魂一般，但是我想他可能没有在台湾长住过。他要是到过马来西亚的华人地区和中国的台湾、福建、广东、江浙的一些乡下常住过，就会发现儒学充满着生命力。儒学哪里是游魂？儒学根本就是实实在在的，是活生生的存在。兄友弟恭、父慈子孝、敬天法祖，无所不在，怎么是游魂呢？所以，我们这个时候就要想办法，让活生生的种子真正生长出来，“若泉之始达，若火之始燃”[①]。我们不必担心会过度诠释《论语》，其实进入生活中，进入经典中就可以了。

总之，我希望在座诸位同学，回去开始启动一个《论语》的阅读计划。

---

① 《孟子·公孙丑上》。

道家经典智慧与二十一世纪人类文明
——以《道德经》为例

“儒道佛三家思想与二十一世纪人类文明”已经进入第五讲，我们会慢慢推进到第十讲。我们今天要谈“道家经典智慧和二十一世纪人类文明”。

道家思想是很令人喜欢的思想。虽然我在学派上常常被分到所谓的“当代新儒家”，其实我还蛮喜欢道家，如果把我理解成所谓“当代新道家”的话，我会更喜欢。道家思想让人觉得轻松可爱。

道家思想的一个主要观点是“付能于所”，我们在谈儒道佛三教思想时都有提到，儒家比较强调的是“摄所归能”。儒道有这么一个基本异同。我也常常被问到，道家讲的“道”和儒家讲的“道”是不是同一个道？我说，当然是同一个道。也有人比较深入地问我，牟先生说道家是境界形态的形而上学，而儒家是实有形态的形而上学，二者是不是不同？我说，虽有差异，但其实是通而为一，因为“道”讲的都是“总体的根源”，“儒”和“道”其实是一体之两面。

儒家讲生生之德，道家也讲生生之德，佛教则是讲无生。譬如，佛经中有“无生法忍”的说法，佛教的“忍”字用得非常贴切，持久而不失谓之“忍”。“无生法忍”就是你能够入于佛教的根源“空”，能够了无挂碍，证得涅槃。无生法就是证得涅槃，涅槃是寂静之意而且能够持久不失。

儒家讲生生法，道家也讲生生法，这么一说，大概你会想到宋明理学家常常辟佛老，显然应该是儒道同源互补，根本不用辟老。再说，佛家虽与儒家、道家不同源，但是它已经在地化、本土化，也可以共襄盛举，完成儒道佛互相融通的大业。儒道佛相互融通的大业又可以进入人类文明以展开更多的交谈和对话。我总的论点大概是这样的。

一、讲习《道德经》的因缘

今天就谈谈“道家经典智慧和二十一世纪人类文明”。我大概从1987年开始讲习《道德经》，以前读过很多遍《道德经》，也读很多《道德经》相关的著作，但是没有讲习。什么是讲习？“讲”是根据《道德经》的文本来讲，把它的义理讲明了。“习”，讲而习之，习带有一种参赞、诠释的意味，就是在参赞、诠释的过程中，你心领神会，并且落到你的生活世界里面展开实践。

我讲习《道德经》从哪里开始的呢？从我家附近的一家庙堂开始，这家庙堂叫作“慈惠堂”。台湾的讲习传统，常常和佛道相关。讲习通常是在佛教的寺院或道教的宫庙。我就是在道教的宫庙讲习《论语》。

儒道本来就是同源而互补的。你想孔老夫子不是还要“问礼于老子”吗？我常和很多朋友说，你要读《史记》。孔子去见老子，老子和他说：“去子之骄气与多欲，态色与淫志，是皆无益于子之身。”[①]孔子披头就被老子骂

① 《史记·老子韩非列传》。

了一顿说，你要去掉你的骄慢之气，你多欲，有太多理想、太多愿望，这些愿望依我看来很多夹杂着你的欲望，你所显示出来的“态色”“淫志”无益于子。我常觉得这一段应该是很有意思的。仲尼先生也可能因为“问礼于老子”而有比较大的变化，这是我揣摩的，究竟是不是如此，可以再讨论。

二、道家之本真在轻松平常，道家之功用在去遮除蔽

道家基本上是很轻松、自然、平常的。道家看天下人皆平常人也，看天下事皆平常事也。尧舜也是平常人，平常人也可以成尧舜，儒家也认为“人皆可以为尧舜”[①]，“涂之人可以为禹”[②]。儒家讲人都是平等可为的，而且都是可以成就的，而这个成就是人格的自我完善。儒家讲的是“可欲之谓善，有诸己之谓信。充实之谓美，充实而有光辉之谓大，大而化之之谓圣，圣而不可知之之谓神”[③]。儒家也讲生命的成长历程，“吾十有五而志于学，三十而立，四十而不惑，五十而知天命，六十而耳顺，七十而从心所欲，不踰矩”[④]。从这里你可以看到，儒家其实很重视人生命的成长。

道家基本上认为人的原初性和本真性很重要，所以“婴儿”这个概念被道家一再提出。“能婴儿乎”[⑤]，婴儿代表着人的原初性和本真性。自然就是最原初的本真状态。儒家也强调人的原初性和本真性。譬如，“今人乍见孺子将入于井，皆有怵惕恻隐之心”[⑥]，“怵惕恻隐之心”就是赤子之心，而赤子之心就是婴儿之心。但是“婴儿”这个概念和儒家“赤子”概念有点

① 《孟子·告子下》。
② 《荀子·性恶》。
③ 《孟子·尽心下》。
④ 《论语·为政》。
⑤ 《道德经·十章》。
⑥ 《孟子·公孙丑上》。

不同。“婴儿”概念是回到天地自然，儒家讲的“赤子”是作为一个起点，这个起点是纯粹之善的意向，这赤子之心是人人有之的。

儒家想要去成就这个世界，而道家是告诉你，你不要一天到晚想成就，成就了半天你反而可能把这个世界毁损了。所以，你不要那么重欲望，你讲的可能是伟大的愿望，但你的权力、性子、喜好等更易附加其上，因此可能造成麻烦。道家不断地提醒你：请回到自然，回到天地，回到天地自然的场域！那个地方有一个自发的、调节的、和谐的能量，它能帮你调节好，这就是道家。

你学道家后，发现很多东西会变得轻松。今天这个课我没讲好，没讲好就没讲好，讲好和没讲好是差不多的。你活到一百岁和活到六十岁其实差不了多少。王阳明才活了五十多岁，梁启超也五十多岁，王国维也五十多岁。有一次，我的老朋友龚鹏程到江西考察，不小心跌进山沟，头破了一个洞，缝了好多针。我刚好人在北京就去看望他，他和我聊天说，王阳明、梁启超、王国维这些人也都五十几岁就去世了。我们的岁数都已经超过了，至于有没有成就，那老早就被设定了。我们现在活着都是多活了。他是一个非常达观的人，也是一个很有趣的人。

你不要以为，你做了多重要、多伟大的事，平平常常而已，这就是道家。其实，消极这个词放在道家某一个意义下也还蛮适当的，因为它真的不积极，它的想法就是人生那么多东西干吗那么积极。积极现代化的结果是什么，积极地填海造地要做什么，填海造地的结果就是破坏生态。人类的文明发展到某个地步，道家就会反思这些问题。

整个周朝的文明发展到一个地步，周文疲敝，道家得以应运生长。礼坏乐崩，儒家认为应该要点化出礼乐背后更根源的东西，而再造一个新的文明。“人而不仁，如礼何？人而不仁，如乐何？”[1]这是儒家的忧心与悲愿。

① 《论语·八佾》。

原来周公制礼作乐的传统，所重视的可能是血缘亲情、自然天地以及父母君师。这个传统可以安顿人伦孝悌，安顿五伦的关系，但是那背后最根源的“仁”却没有被点化出来。孔老夫子点化出了这个仁，仁的点化是一个新的创造。孔老夫子希望能够造就一个新的道德理想王国，这是儒家的理想。

孔老夫子“删诗书，定礼乐，赞周易，修春秋”。“删诗书”，但孔子也在讲《诗经》的温柔敦厚之教和《尚书》的疏通致远，“礼”讲与天地同节，“乐”讲与天地同和，以点化出背后的仁义之教。“赞周易，修春秋”，参赞宇宙造化之源，点出生生之德，点出“天行健，君子以自强不息”[①]，“地势坤，君子以厚德载物”[②]，点出“云雷屯，君子以经纶”[③]，“蒙，山下出泉。君子以果行育德”[④]。“修春秋”，根据公羊家的诠释，《春秋》隐、桓、庄、闵、僖、文、宣、成、襄、昭、定、哀，有据乱世、升平世、太平世，儒家有一个朝向太平盛世的理想。“君子”的概念也发生了变化。君子不再只是居上位者，更是有德行者，不再只是一个社会的阶层概念，更是一个德性的位阶概念。君子处于一个人格自我完善的过程中，而不是社会对你的位置高低的称谓，这种转化很了不起。

道家要告知人的是什么呢？礼坏乐崩，可见这个文明已经“文蔽”了。你要去蔽除遮，回到生命之本然。人立在天地之间，所以人应该学习天地。“人法地，地法天，天法道，道法自然。”[⑤]地是宽广浑厚的，天是普遍高明的，而道是总体根源，这里面隐含了一个自发的、调节的、和谐的秩序，人应该依顺着它。你参赞天地之化育，但最重要的参赞要顺承。儒家说参赞是有自觉的参与，所要成就的是人伦孝悌。道家不反对人伦孝悌，但是道家告诉你，人伦孝悌一旦通过一套话语去建构，它会从家庭人伦关系变

① 《周易·乾卦·大象》。
② 《周易·坤卦·大象》。
③ 《周易·屯卦·大象》。
④ 《周易·蒙卦·大象》。
⑤ 《道德经·二十五章》。

成宗法、封建及方方面面的制度结构。这个制度结构建构得很强大时，其本身就会出现弊病。

对通过话语所建构的世界，道家有很深层的思考，而且能够洞察出此间的弊病。它看出任何话语参与以后，权力、欲望、喜好、兴趣、利害，你的种种东西通通会挂搭在上面，而挂搭的后果就会使得A变成非A，道家很清楚地看出了这一点。

“天下皆知美之为美，斯恶已；皆知善之为善，斯不善已”[①]，这是旷古足音。你说我们的儒学多好，全世界人都来学儒学。道家大概会告诉你，儒学可能会很糟糕。参禅很好，但是所有人都参禅，连影星、歌星都参禅了，那大概也不会好到哪里去。这个世界就是经由人的话语去建构的，人对这个世界产生了命名活动，物才成为物。你进学校不是要填很多表格吗？这表格方方面面也是由人们的话语结构所滋生出来的，这是必然要有的，但是当它量大到某个程度，就会产生严重的质变，道家非常深刻地点出这点。现代正是一个文明过度的时代，文明过度就会产生严重的“文蔽”。我们今天谈的问题可以关联到现代性的社会。现代社会工具合理性的高张，使得人疏离异化，在这种状况之下，道家可以起到很重要的反思作用。

三、从《道德经》文本讲归复本源之道

我讲习《道德经》，多半重视文本，强调要出自老子《道德经》，这是哲学地讲，是顺着文意去梳理。第一章我多半会比较粗略地讲，因为这一章很难讲。凡是很难的部分，你就把它当作简单的来讲，那就很简单了。“先其易者，后其节目。”[②]像砍伐树木一样，你就其根节砍下去，刀都受不了，你要先找平易的地方进去。

① 《道德经·二章》。

② 《礼记·学记》。

“道可道，非常道；名可名，非常名。无名天地之始，有名万物之母。故常无欲，以观其妙；常有欲，以观其徼。此两者同出而异名，同谓之玄，玄之又玄，众妙之门。”[①]“道”，如果是可道之“道”，就不是“常道”了；“名”，如果是可名之“名”，就不是原先的“常名”了。第一章开宗明义，道家要处理“道”和“可道”、“名”和“可名”的问题，要处理天地万物如何安排的问题。

“无名天地之始”，太初之始也，“有名万物之母”，“母”和“始”有什么不同？“大哉乾元！万物资始，乃统天”[②]，“始”是就其原初的创生动源处说。“无名天地之始”讲的是场域，“有名万物之母”是场域中万物的生成和人的命名活动的密切关联。

道家不是研究自然科学、研究天地怎么生万物的，他做的不是科学的研究，而是哲学的诠释，探讨万物如何在天地中经由命名的活动而生成。人的独特性就在于人是会思想的芦苇，帕斯卡尔[③]如是说。人是会使用符号的动物，德国哲学家卡西尔[④]如是说。“有名万物之母”，其实其中就隐含了从无名而可名，可名而名之，名之而成为定名的过程。道家很清楚，“成了”的意思就是毁了，“其成也，毁也”[⑤]。“故常无欲，以观其妙；常有欲，以观其徼。”依其常道之无，依其常而返其无，“以观其妙”，观道体之妙。“常有欲，以观其徼”，依常道而顺其有，以观其徼。“常无”“常有”这两者在原初道体处是相同的，依其常道来讲，有、无在其根源处是相同的。“同谓之玄，玄之又玄，众妙之门”，玄远幽深的最原初的道，是万物妙生

① 《道德经·一章》。

② 《周易·乾卦·彖》。

③ 布莱兹·帕斯卡尔（Blaise Pascal，1623－1662），法国17世纪著名的天才数学家、物理学家、哲学家。他在理论科学和实验科学两方面都做出了巨大贡献。

④ 卡西尔（Ernst Cassirer，1874－1945），德国哲学家、文化哲学创始人。早年受业于新康德主义马堡学派首领柯亨，是马堡学派的集大成者。

⑤ 《庄子·齐物论》。

之门。这里的道之本体，是作为一切之根源。从无分别进到分别，这个过程其实就是一个命名活动的延展过程。

道家一直有一个归复之道。回到源头，听起来接近于婆罗门讲的回到梵天大我，从梵天大我流出世间一切。但是二者不同，不同就在于，中国文化传统肯定流出的万有一切是可以成就的，这里关键在人的参赞化育。但人不能随便掺和。对于人的掺和，道家深具戒慎之意，所以道家不断地告诉你，“天得一以清，地得一以宁……侯王得一以为天下贞”①，“一”讲的就是整体。道家告诉你，要不断地回到整体，回到根源，回到本性。你没有回到那个整体，没有回到根源，没有回到本性，这个世界就会坏，它在不断地提醒你这一点。

四、道家与儒家、佛教、基督神学的差异性和可融通性

我常说，道家是整个中国文明最重要的一部分，它具有非常强的批判性和反思作用。你学儒家而不学道家，那肯定不够。儒家也有回到自身，回到天地，回到场域的思维，因为儒道是同源而互补的。在华人的生命传统里，有儒必有道，有道必有儒。儒多者就是儒家，道多者就是道家。就像在座诸位，所有的男性中都包含着女性，所有女性中都包含着男性，对我们而言，男人女人都是得天地阴阳之气而最为灵秀者。

就我们原初的文化传统来讲，男人和女人是颇平等的。“大哉乾元，万物资始，乃统天。”②“至哉坤元！万物资生，乃顺承天。”③“统天”和“顺承于天”是很必要的。乾元者和坤元者是相辅相成的，儒家重点在乾元，

① 《道德经·三十九章》。
② 《周易·乾卦·象》。
③ 《周易·坤卦·象》。

而道家重点在坤元。乾元代表创造，坤元代表生长；乾元是往前的开辟，坤元是守成的翕合。儒道如同乾坤阴阳一样，人既是乾坤，又是阴阳，其阳气盛者为男，其阴气盛者为女，如此而已。其实，这是很自然的事情。我们的传统不同于基督教。基督教的神话，上帝造人时有点偏心，只造了男人亚当，因为担心亚当太孤独，抽了亚当的一根肋骨，造了女人夏娃。在基督教神话传统中，男女显然是不平等的。

神话本身可以引发很多讨论。我们的神话一定是最先讲“天地混沌如鸡子”，然后如何生发天地万有一切。我们的神话，包括周边很多少数民族的神话都是如此。原初都是天地、人我、万物通而为一的混沌不可分的整体。从不可分的整体进而生出天地万有一切，这是我们神话的原型。我们没有超越的、绝对的、唯一的人格神，存在于世界之上、世界之外。基督教神话传统是通过话语来论定一切，“上帝说，要有光，就有了光。神看光是好的，就把光暗分开了”[①]。“天何言哉？四时行焉，百物生焉，天何言哉？”[②]这才是我们的传统。我们是“默运造化”的传统，西方基督教是“分说万物”的传统。有一次，一位朋友跟我聊到这里，他说这个地方可以把儒道和基督教结合在一起，把基督教放在分说万物里讲，把儒道放在默运造化里讲。如果我们这么安排的话，中国文化和基督教很早就能融通了。问题是基督教神学不同意，这么讲不就变成被儒道包孕的基督宗教了？所以，这是神学一个可能的发展方向——中国式神学。

当人们用话语去称说时，会涉及价值的论断，而这个论断因为人数众多，本身就会造成一种很独特的效应。“天下皆知美之为美，斯恶矣。”道家最强调多元性和尊重少数。如果这个世界大家都朝着同一个方向追逐，朝着同一个方向发展，恐怕就会出问题。而这个问题如何解决，关键在于你要看清楚“有无相生，难易相成，长短相形，高下相倾，音声相和，前

① 《圣经·创世纪》。

② 《论语·阳货》。

后相随”[①]。凡是老子《道德经》中所说到的真正的圣人，多半也是一个能通天地人、能智虑清明的好领导。圣人要“处无为之事，行不言之教”[②]，处事以无为，行教以不言。道家所重视的不是话语，而是在话语之前的“无言”，所重视不是“为”，而是在“为”之前的“无为”。

你展开行动以前，譬如我们今天要讲课，讲课的内容是“为”，在“为”之前的“无为”是什么？“无为”就是整个场域，是所有的东西通通加在一起的场域，但还没进到为的状态，这就叫“无为”。“无为”并不是说你什么都不做，而是给出平台，给出场域，给出天地，为你提供“为”的可能性。

道家是最强调场域和天地的哲学，而儒家强调人要进入场域天地。儒家认为人的参赞化育很重要，道家就说先别那么着急，恐怕天地场域很重要。当然，今天的讲座成不成，和我讲的内容相关，但更重要的是什么？是大家给出了天地，成就了场域。这个地方成为一个道场，道才可以在这里开显。你在白纸上画了一个黑圈圈，一般人都只看到黑圈圈。道家告诉你要留意的是白纸使得黑圈圈得以呈现。大家都看到一将功成，道家看到“一将功成万骨枯”[③]，一般人只看到正面的彰显，道家看到的是背面，是正面彰显所凭依的基底、场域和天地。

道家最强调因任自然。因者，循顺也；任者，依其本性也；自然者，如其本性也。无所挂碍，如如而生，如如而成，听起来道家的志趣和佛教很接近，但是它们最大不同在哪里？道家肯定世界是好的，而佛教认为这个世界是不完满的。但是佛教进入中国以后发生了很大的转化，它认为凡俗之人觉得世界不好是因为凡心不净。人心净，国土就净了。中国化的佛教，可能更能把佛的本怀宣而畅之，畅而达之，达而通之。佛教在印度并

① 《道德经·二章》。
② 《道德经·二章》。
③ 曹松：《己亥岁二首》其一。

不兴盛，印度还是原来的婆罗门教的老传统，现在的印度教渊源于婆罗门教。佛教虽然出自印度，却是反印度传统主流的宗教。它的主要概念承袭自印度文化传统，比如业力、因果，但最重要的众生平等却和印度的种姓概念格格不入。我们读不同家派，要把握不同的分寸节度，慢慢地去理解、掌握，不要马上做区分，而要先就其可相通处而通之，可相融处而融之。

五、儒道无所谓“主流支流之辩”，二者其实同源而互补

就中国文化本源而言，儒道本来就是同源互补的。有人主张儒家是主流，道家是支流，这种观点我不赞成，这多半是儒家人物的观点。有人认为是道家把儒家消解坏乱了，这个说法也不对。我常常说幸亏有道家，所以让儒家有所归复。从周代到秦汉大帝国的建立，君主专制、父权高压、男性中心这三纲传统的确立，使得儒家出了严重的问题。三纲的传统和五伦的传统大不相同，五伦的传统讲的是伦理的恰当配称关系，而三纲的传统则非常强调君为臣纲，父为子纲，夫为妇纲，非常强调权力的控御，上下的尊卑隶属关系。这刚好和君主专制的结构是密切结合的。儒道原来是互为表里的，但这个时候，儒家逐渐变成了主流，道家的作用隐身在后。皇帝特别喜欢道家，而道家的道就转成了术。道家和法家、兵家之间，都是一转而已。法家重势一派、重术一派、重法一派，都和道家有关，兵家也和道家有关。道家变成一个隐形的结构，但是它对中国文化有很深的影响。

自秦汉以后，君主专制式的儒学变成了中国儒学的主导。相形之下，儒学的批判性降低了，其人伦性也开始出现问题。道家原先强调的是“一曰慈，二曰俭，三曰不敢为天下先”[①]，可是一转之后，“慈”可以是忍，

① 《道德经·六十七章》。

“不敢为天下先”是以退为进，“俭”可以是伪装的俭啬之道，道家就变成了权谋之术。中国严重的问题就是两千多年的君主专制、父权高压、男性中心。中国如果要恢复传统，请回到先秦，回到原儒、原道，而不是回到君主专制的礼制，回到权谋之术。道家是自然之道，不是权谋之术，权谋之术是因人运用才成其为权谋之术。道家强调人要归返自然，要回到天地场域，天地场域有自然的恩慈、自然的关怀和自然的爱。

强调儒家是主流，道家是支流的主张并不准确，因为两千多年来的儒家和权力是绑定在一起的。你太强调儒家是主流，道家是支流，当然会引起道家人士的不悦，所以就有人强调与之相对的“道家主干说”。“道家主干说”最重要的提倡者是我台湾大学的老学长陈鼓应教授。这就像跷跷板一样，一端太强，另一端势必会被削弱，但平心而论，儒道是同源互补的。

“志于道，据于德，依于仁，游于艺。”[①]这一句出自儒家经典。“道生之，德畜之，物形之，势成之。”[②]这一句出自道家经典。这两句话显然是互补的。儒家强调人的参赞化育，人进到天地场域，以总体根源之普遍理想，作为心意之所之、心意之所存的定向，所以“志于道”。“志于道”而“道生之”，“道生之”而“德畜之”，其德为可据也，所以“据于德”。这是道家从“道生之，德畜之”，然后落实到天下万物来说的，器物世界经由话语的言说，而形成一个庞大的系统。这个系统会形成非常强的势，而势一旦落实到物事时，就会使得物事失去本性，远离根源，这时道德就被毁弃了。儒家告诉你，你要时时刻刻“志于道，据于德，依于仁，游于艺”。人和人、人和物、人和天地之间的真存实感谓之“仁”，依此真存实感，能够把本性真正培育起来，又能够上溯到根源之道。而“仁”该如何做一个起点呢？就是悠游涵泳于整个生活器物世界间，所以“游于艺”。

道家是从道体根源往下说，落实到本性，讲天下万物。“道生之，德

① 《论语·述而》。

② 《道德经·五十一章》。

畜之，物形之，势成之。”它劝你要“尊道而贵德”[①]。道家发觉在一个人间话语所构成的礼文器物的世界中，会出现一些严重的问题。你需要回到自己的本性，回到天地万物总体的根源。而儒家直接是从“志于道，据于德”往下说，要依仁游艺。儒家主张成就人间的礼乐教化、人伦孝悌、仁义之道。道家告诉你，你要成就礼乐教化、人伦孝悌、仁义之道，就必须回到根源，回到本性。

儒道当然是同源而互补的。你把《论语》读完了，再好好读老子《道德经》，肯定会觉得很有意思。昨天一位朋友问我，儒家、道家、佛教的读书次序应该是怎么样的。我说，你先读儒家、道家，再读佛家，先读儒家的《论语》、道家的《道德经》，再读儒家的《孟子》、道家的《庄子》，然后再读佛经，佛经不妨就从《六祖坛经》开始读。旁边有人问，为什么是儒家、道家，再佛家？因为佛教现在在华人世界中的力量很大，相较之下，大家对儒家和道家的理解还不够。我这个说法其实和钱宾四先生的说法很接近。钱宾四先生认为中国人至少要读七本书，才能成其为一个中国人。《论语》《孟子》《道德经》《庄子》《近思录》《传习录》《六祖坛经》，这些是必读书目。他比我还彻底，他是儒儒、道道、儒儒、佛。儒家要成就人伦孝悌、仁义之道、礼乐教化。道家强调要维系人的原初性、本真性，要尊道而贵德，要回到根源，要顺从本性，要在天地之间，尊重天地自发的、调节的、和谐的秩序，那叫“道法自然”。

六、道家是“付能于所”，把事情交付给天地场域去处理

如果借用佛家“能”“所”这对概念来说，儒家强调“摄所归能”，

---

① 《道德经·五十一章》。

而道家则是“付能于所”。道家非常注重处所场域。道家告诉你，你总是“摄所归能”，负担也未免太重了吧，所以你要懂得“付能于所”。什么叫“付能于所”？我最常举的例子是，现在我的手机需要放在一边充电。因为手机体积很小，我怕会忘记带走。我怎样可以不忘呢？你心里记得就不会忘了。道家说，因为你可能会忘记，所以你要造就一个不可能忘记的可能，不可能忘记的可能是什么？就是你一定会记得带走它。其实，很简单，就是在放手机的地方形成一个所谓的场域，比如，把我的包包和手机放在一起，我就一定会记得了，这样我就不必用心记着要把它带走，这就是道家的办法。

道家主张什么？它主张不必撕破脸的时候一定不要撕破脸。但是道家又主张，如果要撕破脸就彻底一点，也不会怎样。道家主张，你怎么做可以了无挂碍，你就怎么做。

你会发现道家的因任之术其实是很有头脑的。以前，所有在战场上当军师指挥部队的人，一定都读过《道德经》。张良能没有读过《道德经》吗？他一定读过。诸葛亮能没读过《道德经》吗？他肯定也读过。兵法里面就有一大半隐含《道德经》的思想。因为宇宙造化之几微，就隐含在一个可左可右、正反相生的辩证性的结构中，这是中华民族最有智慧的一点。

道家告诉你，你的心灵不要有太大的负担，心灵的负担太大可能是因为身体的负担不够。我们晚上睡不好怎么办？睡不好，你就起来劳动劳动。当身体很累了，你就能睡着了。当然，道家也有另外一个办法，就是觉得睡不着也没什么，睡不着就睡不着，我今天偏偏就不想睡着。你努力想着我要睡着，我要睡着，数羊数了一万只了还是睡不着。当你心念一想偏偏就不想睡着时，你就能睡着了。道家理解问题时，是一步再一步往前推进的。

“知人者智，自知者明。胜人者有力，自胜者强。知足者富，强行者有志，不失其所者久，死而不亡者寿。”[1]今天听了林老师的讲座以后，你

---

① 《道德经·三十三章》。

会很有兴趣读《道德经》。林老师说一天读一章，八十一天就读完了，才五千个字而已。结果经过了两三个月之后，你还是没读完。但是如果你参加一个读书会，一个礼拜读一次，一次读五章，肯定会读完，这就叫“不失其所者久”。你造就了一个天地场域，这个天地场域就会生发出一种力量来帮你处理。人总会死，但“死而不亡者寿”。道家的思想后来变成了道教所谓的要长生久视，这些提法都已经不是原先的道家思想了。原先的道家很强调阴柔，强调母性，后来的道教却强调纯阳，这里隐含着一个思想的异化。这个问题很有趣，大家可以去思考。

道家思考问题的方式是，你想到正面的，我就想到负面的，你想到刚强，我就想到柔软。道家最令人喜欢的一句话叫“上善若水”。关于道家的书，如果让我题字，我最常题的就是“上善若水”，另外一句是“用心若镜”，这两句话你一看就觉得很美。至高的善就像水一样的温柔。水很温柔，但也很厉害，你把水聚集起来，水也可以变成刀甚至把铁锯断。“上善若水。水善利万物而不争。处众人之所恶，故几于道。”[①]道家清楚地告诉你，这个世界不是凡是享大名、成大功的人就有成就，这些人只是这个时代的某些表征而已，真正的成就不一定是属于他们的。

士兵愿意打仗，愿意流血牺牲，才成就了将军。我们应该对这些士兵的死难，怀有一种悲悯的同情和关怀，而不只是歌颂将军。道家一直是这样的心情，战争是不得已的。战胜是什么？战胜是对方伤亡惨重，甚至全军覆没。站在人性的立场，战胜是一件令人悲伤的事。“战胜，以丧礼处之”[②]，这是老子《道德经》的思想，这些话很动人。

水之善是清洗之后，你变干净了而水变污浊了。水变污浊了没关系，久了就澄清了。如果你有道家的思维，你还会急于澄清别人对你的误会吗？你当然不会。误会就误会了，久了就会澄清了。道家眼界是很宽的。

---

① 《道德经·八章》。

② 《道德经·三十一章》。

你以道家的思想对待失眠就不会紧张了，反正一两天不睡也没关系。王阳明的学生王龙溪[1]在军中有八十三天没有睡觉的记录，他还活了八十多岁，所以你不用为此太担心。道家认为你的生命本身就有调节性的机制，不必担心，身体自然会调节过来。你每天忧心忡忡，没病老往医院跑，最后的结果可能是没病反而惹出病来。

我认识的大陆学者中有一些有趣的人。譬如，北京大学哲学系的楼宇烈教授，现在年纪很大了，也常出外讲学。楼先生其实很有道家的修为，他讲东西慢慢讲，也不求深度，但是自然有韵味，有深度出来。

七、道家面对实存的智慧：让事物如其本性地自然生长

道家面对具体的问题说："居善地，心善渊，与善仁，言善信，正善治，事善能，动善时。夫唯不争，故无尤。"[2]道家是要告诉你，面对具体性的问题，面对存在的真实，应该如何去处理。我们所居要如地之宽厚，心要如渊之包容，和人交往要有真存实感，这种真存实感叫作"仁爱"，与人交，言要有所信，有所确立。很重要的事情，你要能够把它很好地完成。动要依时而动。道家的智慧是非常具体实存的。

道家的可贵之处是什么？它以生长取代竞争，以共生、共长、共存、共荣取代无谓的竞争，你成就别人有什么不好？你成就别人也同时成就了自己。你让他当第一名有什么不好，你可以做第二名，你第三名也没关系。道家的重点不在出人头地，而在安身立命。其实，儒家也是这样，只是儒家后来被异化了，变得太过强调出人头地。道家讲安身立命，这就是自然，自然天成。

---

① 王畿（1498—1583），明代思想家，字汝中，号龙溪，学者称"龙溪先生"。浙江山阴（今绍兴）人。师事王守仁。"王门七派"中"浙中派"创始人，著有《龙溪全集》二十卷。

② 《道德经·八章》。

你以为学生是你教出来的？学生是自己读出来的。学生的论文你需要花太多时间改吗？你不需要这样做。我一向这么主张，以前当老师就是这样。我的老师牟先生也是这样，我现在基本上也不怎么改论文。最重要的是学生要多写多做，老师那么认真改，学生不认真做有什么用？这是很清楚的事。

以前的老师怎么教学生，譬如以前练武的先生，他摆一个站桩的姿势，几个大徒弟在前面就这么跟着做，其他的小师弟也跟着做，然后老师就在树下乘凉。接下来，大徒弟看小徒弟有没有做好，站桩没站好的就帮忙纠正一下，该出手时就出手，该出拳时就出拳。现在的教育变了，现在是老师带着几个大徒弟在这里站桩，年轻的徒儿们坐在树下乘凉，看着老师父和师兄们在站桩，站了一个小时，结束以后大家鼓掌说太好了。台湾的教育就有这个倾向。老师的服务太周到了，周到到学生根本不努力。学生要求学，求学老师才教你。现在不是，现在是老师努力要教学生，让学生最不费力地去学，这完全搞错了对象。台湾有一个教育口号叫“快乐学习”，不要给学生压力，你说这是道家吗？不是，这是衰家。道家是什么？道家是，即使学生觉得很有压力这也是很自然的事。学习就是克服压力的过程，这是学习的本性。本性的意思不是说不作为，而是寻求最不费力气的作为。台湾还有另外一个幼教口号叫“不要让你的孩子输在起跑线上”，这也是违反道家理念的。道家认为是不是输在起跑线根本不重要，重要的是不要让孩子那么快就进入起跑线，最重要的是不要输在终点。

你要具体问题具体分体。这条鱼很会游泳，你就让它游得快一点，这条鱼不太会游，你就让它慢慢游。每条鱼都悠游自得，这叫“鱼相忘于江湖，人相忘乎道术”①。一个有道有术的地方是什么样的呢？有能力的人也蛮悠游自得的，没有能力的人也蛮悠游自得的。有能力的人出人头地，他

---

①《庄子·大宗师》。

们就要负担起更多的责任，本来就会辛苦一点。没有能力的人悠游一点，好好过日子，这有什么错呢？文科本来就更要体现出这种悠游自得。

以前我们读书的那个年代，老一辈的学者多半蛮合乎“鱼相忘于江湖，人相忘乎道术”。我们台湾师范大学的老师，有几个特别努力，也很优秀，焚膏继晷，每天都很努力地读书做研究；也有一些老师一辈子就当讲师，他们就好好过日子，该打球打球，该喝酒喝酒，各安其是，他们也教出很多很好的学生。不太会教的老师就少教一点，会教的老师就多教一点，这是很合乎自然的。现在是学校设定一系列指标，把教育当制造，结果就使教育失去了自然生长的可贵，人文也就很难生长了。我开玩笑说什么叫人文，人文就是一群“莫名其妙”的人教着一群“莫名其妙”的学生，不给他们很多“莫名其妙”的要求，结果出了很多“莫名其妙”的人才。

道家很注重场域，不同的场域会产生不同的效果。在乡下，萝卜干是很容易吃到的，而且大家都不想吃了。但是在台北福华饭店，萝卜干弄好装盘，那就不一样了，价格可高了。这就是因为场域不同。道家告诉你场域不同，整个情况也就不同，所以你要把场域铺排好。

“天地所以能长且久者，以其不自生，故能长生。”[①]圣人懂得借助天地生养的力量以成就自己，圣人懂得“后其身而身先，外其身而身存”，你走到幕后去，你的部下才有机会走到前面来，你退到外面去，他们才有机会进到里面。这个道理很简单，但是我们常常忘记。“非以其无私邪？故能成其私”，你能无私，才能够成就众人之私。“私”这个字在道家看来是好的，是多元的个体性。而多元的个体性在自发的、调节的、和谐的秩序中可以从容生长。道家人物做事一定会抓住最重要的东西——场域。场域不是控御。道家会采取最简单的方式，让事物如其本性，可以“云从龙，风从虎”，万物相类而聚地在场域中自如生长，这是道家的法。

---

① 《道德经·七章》：“天长地久。天地所以能长且久者，以其不自生，故能长生。是以圣人后其身而身先，外其身而身存。非以其无私邪？故能成其私。”

道家思考问题的时候不会把人放在制高点。你占有了名，占有了利，占有了位，占有了权，依照道家看来，这都是你做了很多应该要去做的事，所以才会有权利名位。没有权，没有利，你没有名，没有位，相对来讲，你就不必有那么多担负了。人生如过客一样，你该做的就在那里。

八、在圆环式的思考中感受存在的律动，使得生命复归于一

“人法地，地法天，天法道，道法自然。”[①] 世界回到原初状态是不可分的。“有物混成，先天地生，寂兮寥兮，独立不改，周行而不殆，可以为天下母。吾不知其名，字之曰道，强为之名曰大。大曰逝，逝曰远，远曰反。故道大，天大，地大，王亦大。”[②]不是你可以用一个对象化的指称去说它是什么，你只能勉强用一个约定的名称去说，它叫“道”。王弼讲得很好，“名以定形，字以称可”[③]。“字”是一种约定之物，你不能把“字”当真了。道是不断延伸生长的，“强为之名曰大”，“大”一直延伸生长，“大曰逝”，“逝”是一直往前走的，“逝曰远”，由逝而远，但“远曰反”，又回过头来。这是告诉你，道家对这个世界的认知，是周游于太虚的一个循环式思考。道家是一个圆环式的思考（circular thinking），而不是单线式的思考（linear thinking）。

圆环式思考是什么呢？圆环式思考认为世界是一个曲线、一个圆圈。天下之中在哪里呢？它在“燕之北，越之南”[④]。“道”，你能够描述吗？我们没有办法描述，所以“至大无外”“至小无内”[⑤]。中国人很聪明，用

① 《道德经·二十五章》。
② 《道德经·二十五章》。
③ 《老子道德经校释·二十五章》王弼注。
④ 《庄子·天下》。
⑤ 《庄子·天下》。

极限概念来言说“道”。道不是客观规律，而是通包的意思，通包就是整体，这个整体本身就有生生不息的律动。

客观规律是第二义的，道才是第一义的，道使得客观规律成为可能。我们的传统是凡是话语所论定而成的规律，通通是第二义的。在第二义之上一定有一个存在的真实，它是总体的根源——道。理是客观法则，道是总体根源，这叫道理。讲道理，就是顺着总体根源落实而来的客观规律。你不能只讲理而不讲道理，更不能只讲法而不讲道理。若在华人世界中道理最大，那么法律呢？法律是其次又其次。一个不遵守法律却遵守道理的人常常是被歌颂的，这叫“法外施仁”。我不是鼓励你们不遵守交通规则，但是华人世界一定是这样的。

三更半夜，你在红绿灯路口，明知那里没有摄像头，你现在正在赶时间，而且过去是绝对安全的，你一定不会呆呆地站在那儿等红灯变绿灯，你一定会闯过去。如果你没闯过去就表示你受的西方现代化教育很成功，要不然多半不会这样做。但是你也不会说看到绿灯就一直冲过去，因为我们是以存在的真实为主的。虽然你会闯闯红灯，会不太遵守交通规则，但是交通案件不会太多，因为你尊重人，尊重存在。现在中国大陆的问题是，有些人不尊重人，不尊重存在，而非不尊重规律，所以重要的不仅是让他们尊重规律，更重要的是要让他们懂道理。

道的力量在哪里？它就在我们日常生活世界里面。那些看起来最不起眼的东西，可能是最具有生长力的，所以不要把杂草都除掉，因为杂草是护育土地、保持水土的重要功臣。什么是道家？道家就是你的生命偶尔会有一些缺憾，但正是这些缺憾使得你有不断进步的可能，不断调节、继续生长的可能。道家是寻求不准确中的准确，而所有的准确一定要回归到不准确，因为道家懂得事情没有真正的准确。如果这样思考，请问你会觉得人间有那么严重的遗憾吗？你不会这样想。稍有遗憾的是，原来可以成全更多的，这是道家的思想。这个思想我讲得很平易，其实也可以讲得很高深，就是多用一点抽象性、普遍性的语汇就可以了。道家是想平易地表达一些东西，你读道家时不要认为读不懂，你先感其意味，再体其意韵，就能慢慢懂，懂了以后再慢慢转化，以不同的语言形式去说。

“人法地”，地是宽广博厚的，万物在这里生长。人学习地的宽广博厚、具体生长。“地法天”，天在上，天有日月星辰，日月星辰照亮了这个世间。它高明而无所不覆，所以普遍。相对来讲，地是具体落实的，天是理想的，所以把“天”翻译成高明的、普遍的理想。我就是这样转化这些语汇的。人学习地的宽广博厚和具体生长，进一步学习天的高明、普遍，进一步再学习根源的总体，而根源的总体就隐含着一个自发的、调节的、和谐的秩序。道家最注重的是回到场域，回到根源。根源的总体就是场域。那个场域、那个总体根源，就根源讲“道”，就总体讲“义”，就场域讲“天地”，就原初讲“无名”。就此来讲，道家有一个存有学的回归，即存在根源的追溯和重新开启。

道家很强调“一”，“一”就是讲整体。生命不一就会很辛苦。什么叫“不一”？就是现在做这个事，心还想着别的事。你爬楼梯就是眼前一步，你想着有一千阶的楼梯，一千阶的楼梯走起来很辛苦。你只想到眼前一步，一千阶也没多久就到了。你想到要写二十万字的博士论文，天啊！可是唐君毅先生写《哲学概论》这部书，加起来一千多页，八个月就写完了。那个年代是手工业年代，不是用电脑打字而是用手写。其实依道家来讲，化繁为简、化多为寡，微分以后就不费力气了。

时间是不断的绵延，空间是不断的推扩，你只是其中的一点而已。“渺沧海之一粟”[①]所以任造化之无穷，但是“哀吾生之须臾”[②]，这个就不是道家了。苏东坡还是儒家，所以他觉得世间都没人了解我。“根到九泉无曲

① 苏轼：《前赤壁赋》。
② 苏轼：《前赤壁赋》。

处，世间惟有蛰龙知”[①]，这话在清朝是一定要杀头的。他身在宋朝，宋朝有一个优点是皇上不杀士大夫，士大夫可以尽情说，说得严重一点就被贬官，被免费送到边远地区。但是士大夫恰好可以走览山川人物，并且让那个地方的文化兴盛起来。你的生命有一点道家，就能回到存在本身，就可以渡过很多难关。

“昔之得一者，天得一以清，地得一以宁，神得一以灵，谷得一以盈，万物得一以生，侯王得一以为天下贞”[②]，“天清地宁”讲总体回归源头，“一”是讲总体根源，事无大小，你要能够正视事物本身。“治大国若烹小鲜”[③]，你以为治大国很难吗？其实，它和烹小鱼一样，这么小的事原来有那么大的道理。烹小鱼需要什么？锅要够热，油也要够用，而且放下去不能那么快随便翻搅。你治大国也是如此，要勤耕地，立其理念，造其风气，天下就成了，这叫“以道莅天下”。“以道莅天下，其鬼不神”，就是那些鬼鬼怪怪、麻烦的东西都显不出神威来。“非其鬼不神，其神不伤人”，不是这些鬼鬼怪怪发不出神威，而是它们发出的神威不伤人。所以不是你身体没有坏的东西，而是你身体那些坏的因子不起作用。这个国家不是所有的坏人都能变成好人，而是坏人这时候也坏不到哪里去。你不必一天到晚拔杂草，你好好栽种树木，树木长成了，这些杂草就不可能再长高了。“非其神不伤人，圣人亦不伤人。夫两不相伤，故德交归焉。”彼此的本性交归，善人能容得了恶人，恶人也能够尊敬善人，这是道家厉害的地方。道家就是要让物各复物，告诉你我们要有不断的归返活动，生生之源才能够固守好。

“致虚极，守静笃，万物并作，吾以观复。夫物芸芸，各复归其根。归

① 苏轼：《王复秀才所居双桧二首》之二。

② 《道德经·三十九章》。

③ 《道德经·六十章》：“治大国若烹小鲜。以道莅天下，其鬼不神。非其鬼不神，其神不伤人；非其神不伤人，圣人亦不伤人。夫两不相伤，故德交归焉。”

根曰静，是谓复命。复命曰常，知常曰明，不知常，妄作，凶。知常容，容乃公，公乃王，王乃天，天乃道，道乃久。没身不殆。”①这是我最常讲到的一章。儒家强调生，观生，道家强调复，观复，但观复、观生都是生生之德。儒家讲的“道”和道家讲的“道”都是同一个生生之德、生生之道。“天地之大德曰生”②，这和佛教所说的道不同。佛家之理在“观空”，道家之理在“观复”，儒家之理在“观生”。复是一个回返的活动，是一个回到原初再造的活动。只是儒家从“复”看到一个起点，道家是要告诉你，回到这个起点，就是真正回到终点。

《易经》的复卦是什么？一阳来复。一阳来复是作为真正的起点的。复卦之前是剥卦，剥是最后的终点，一转就是复卦，即真正的起点。如果以一年来讲，真正的起点也就是自然运行的终点。复那一天是冬至，冬至就是日照最短的那天。在台湾，冬至是要吃汤圆的，吃了汤圆就表示你长了一岁。儒家也是按照这个自然的理序，冬至要好好地反躬自省。《易经》讲冬至那天，“商旅不行，后不省方”③，那一天全国放假，人们放假干吗？它代表这一年的结束与反思，代表生命的新生起点。就生命的归返、生命的重新再造活动而言，儒家也是道家。

九、感受生命的实存，悠游涵泳于自然之道

“反者，道之动；弱者，道之用。天下万物生于有，有生于无。”④你若能了解“有生于无”，那么天下事还有什么困难的。天下有不散之宴席乎？天下有长生之人乎？没有。白板上的字要不要擦掉？要，白板上的字

① 《道德经·十六章》。
② 《周易·系辞下》。
③ 《周易·复卦·大象》。
④ 《道德经·四十章》。

要是擦不掉，那白板就变成废板了。你听了这个讲座会不会忘记？你一定会忘记的。你忘记了，我会不会难过？我不会难过，你不忘记我才难过。因为生命有一个周期，这是道家的思考。在华人世界中，我们真的觉得有些东西没什么，不必太在乎，那些东西属于天地之间，过去了就过去了。浪花都可以淘尽英雄，很多东西都灰飞烟灭了，但是这并不意味着你的人生过程是无意义的，道家告诉你这就是一个历程而已。

道家和佛教不同，佛教认为生老病死皆苦，道家认为生老病死是很自然的，没有苦怎么会有乐，没有死怎么会有生，这是相依相待的，如此而已。佛教常常批评道家这里不究竟。道家说，何必呢，我现在就很快乐，难道不行吗？道家注重享受过程，在过程里面它就觉得有意义。所以道家说，活着就是意义。不是去追求意义才是意义，人活着本身就是意义。人生能放到最低点，才能重新生长，如此人生就能没有多大缺憾了。

人生的麻烦就是，高而不能下，强而不能弱。你曾经有伟大辉煌的纪录，所以你现在没有办法再做回原先的平民。你做过达官贵人，到最后会发觉自己丧失了太多能力。我有一个朋友，以前初中时，文章写得很好，现在是好几个公司的总裁。有一次聚会，大家聊天，我问他近来写什么文章，他说现在最常写的就是他的名字，因为需要签名。他说自己连电话都不会打了，因为所有电话都是秘书接好他才接的。你说他是不是被废了。所以道家不会以任何方式帮你把事情全都安排好，因为它觉得这样可能会出问题。留意一下你们开车的朋友，现在还会认路吗？全都交给导航了，它叫你左你就左，叫你右你就右。导航不动的时候，你就真的不会走了。文明人登山，只要进入真正的山里就会迷路，为什么会迷路？因为他对情境的感受能力、体会能力、认取能力都很低。他只习惯看路标，若只习惯看路标，你就失去了体会存在情境的能力。

你习惯看别人怎么诠释《道德经》，就会不习惯自己去感知《道德经》的意义了。别人说的也未必高明，他一定没有老子高明，那你为什么不好好读《道德经》？道家告诉你要情符其实，情符其本。“归根曰静，是谓复命”，回到原典好好读熟它，你才能够去研究它。你越读越有滋味，越讲越有滋味，这就是经典，因为经典最接近道。《道德经》是我最熟悉的一部经典，我讲习《道德经》已经超过六十遍。我每次读的时候都觉得很好，因为它讲的是很平常、很根源性的东西。

人文学者的培育当然要回到经典，以经典文本为主。你要体会、玩味，就像品酒一样，譬如，这是茅台，这是五粮液，这是台湾的金门高粱酒，它们的好何在，你通通都知道了。但若你从来没喝过白酒，那现在怎么去论白酒呢？当然要喝过白酒才能论，你要品尝。我们讲要悠游涵泳，悠游就是你“跳进去”，那涵泳就是咀嚼玩味，咀嚼就是把它“吃进来”。中国的读书方式就是你“跳进去”，要不然就把它“吃进来”。这些东西读熟了就自然了解了。

根源、本性、感通、法则、规范，其中有个道德的系谱。“失道而后德，失德而后仁，失仁而后义，失义而后礼。夫礼者，忠信之薄而乱之首。”[①]回溯其源头，正视其本性，放宽胸怀，从“我的”回到“我”，不要一直用“我的”去证明“我”，把“的”去掉才能证明“我”。你认为这个“我”在天地间最重要，老实说，是有一定的重要性，但是你不要把它想得太重要。这就是道家，它就是两个字“平常”。“平常心是道”，道家在禅宗之前早就讲了，只是禅宗的“平常心是道”和道家讲的不一样。道家讲的“平常心是道”，天地间就是如此，它有一个生生不息的发展。禅宗讲的“平常心是道”是要告诉你，你的心一有执着就会出问题。禅宗所谓“平常心”即是心如明镜，道家讲“至人之用心若镜”[②]，二者果真很相像，只是道家讲的是生生，禅宗讲的是无生。佛教会说无生高于生生，其实各有所长，他们有类似但是根本不同。

---

① 《道德经·三十八章》。

② 《庄子·应帝王》。

道家讲了三宝：慈、俭、不敢为天下先。道家不是龟缩，而是认为要让出更多可能性，世界才会更好地生长。“慈，故能勇；俭，故能广；不敢为天下先，故能成器长。今舍慈且勇，舍俭且广，舍后且先，死矣！”[①]勇而无慈就会变得残忍，广而无俭就变会成奢华，先而无后就会变成斗争。

现代性社会就是“舍慈且勇，舍俭且广，舍后且先，死矣！”现代性的严重问题就是往外掠夺，道家认为恰当的处理方式是回到自身，追本溯源。道家讲“道大，似不肖”[②]，学问也要“道大，似不肖”。学问不必讲得如何齐齐整整，因为没那么严重，我们不是通过论文的篇数去看其学问程度如何，也不是通过地位去看那个人如何，而是回到人本身。你能不能这样正视自己呢？你能够这样正视自己，就能以这样的方式去正视别人。如果你不能够的话，就看一看天地万有一切，看一看古往今来，可能你就“得”了。

科举制度有那么不好吗？它肯定会有弊端，因为它让很多有才华的人考不上。其实，科举制度只是一个制度，这个制度本身一定是有限制的。你考不上明年再考，但听说有人考一辈子都考不上，可能这个人际遇不好。际遇很不好那就算了，你可以去写《聊斋志异》，可以去写《西游记》，可以去写《水浒传》，也可以去写《儒林外史》。到最后大家都记得《儒林外史》的作者是谁，而他那一年同榜的进士三甲，到现在为止，可能很少有人知道。

你懂这个道理以后，大概就会觉得不一定要读清华北大了，我看山大就挺好。山大淳朴敦厚，齐鲁大地是圣贤之乡，也是道教的圣地。虽然济南有些雾霾，但是人情的温润、四时的运化，都令人欣悦、欢喜。以道家的角度来看，胸怀一定要放宽，放宽了并不代表不努力。譬如，并不是说

① 《道德经·六十七章》。

② 《道德经·六十七章》。

你读了道家，女人就不化妆了。女人妆化得好，就说好自然。你看，道家的“自然”都可以用在这里了。“自然”的意思是，你参与进去，让本性好好地绽放出来，并且使得那个自发的、调节的、和谐的秩序不被破坏，二者相得益彰。我们今天读道家的韵律。韵律是不是通过训练得来的？“李白斗酒诗百篇”，李白是天才“诗仙”，但他有没有练习过写诗？当然有了。他写诗到最后已经从原先的“技”进入“道”了，就像庖丁解牛。庖丁杀牛，他有没有学过杀牛？他当然学过杀牛。道家告诉你，“自然”就是你顺着你的性子，一步一步去做，寻求一个比较合理的方式，从从容容把它做成，让事物的本性好好地生长。譬如这个麦克风，我们要让麦克风充分发挥它的功能，就要依其道，如其德。恰当地使用，就是有道德地使用。但这个麦克风如果有问题，那就代表我要把它修好，而不是让我来适应它。道家不是要用你的心去忍受，也不是要调节你的心去适应，而是心和境两者合而为一。我调节好麦克风，讲话可以不必费力。道家是用最不费力、最不损伤的方式来生长。在现代社会中，如果大家都能用这个方式去处理的话，情况可能就会好很多。

十、道家在不同时代、不同情境下的关怀与反思

现代化过度强调成长，所谓的成长其实是一种迷失。依道家来讲，有些东西不必成长，有些东西必须有一个循环。这可能是一个新的概念，它在21世纪中叶以后可能会很重要，因为人类不能再一直浪费资源，人类可能有更好的方式去处理这些问题。其实，现在很多类似“生态”的概念都来自道家，譬如生态伦理。

天地从甲子乙丑开始数，有六十甲子，这是合理的。天干地支，甲子是循回的，六十叫“回甲”，这就是天地场域和时空熔铸在一起。我们这个民族一直强调，言一定要隐于无言。我们不可能把话语、认知、思考、

存在等同起来，我们强调“言外有知，知外有思，思外有在”，生命的直接面对，相互感通，那才是最真实的。

“相视而笑，莫逆于心”，“酒逢知己千杯少，话不投机半句多”。知己要能够知其“机”，投其“机”。“机”者，气之微也，之所相交谓之机也。“气”者，是生命的律动。我们这个民族非常注重生命的律动。你去看中医，他要望其气，听其声，问其诊，最后切其脉。望、闻、问、切，这是一步一步来的。儒家、道家很多是相通的，只是儒家注重人参赞化育的主体动能，道家更注重生命整体之调节。道家认为要用最不费力的方式回到天地。

儒家是要让“我的”回到“我”才能够确定那个“我的”，道家是把“我的”这个“的”去掉，回到“我”，再让“我”回到天地，这样才能够“纵浪大化中，不喜亦不惧”。当然，陶渊明这句诗讲的还是道家，他不会“渺沧海之一粟，哀吾生之须臾”。论境界，陶渊明当然比苏东坡高。我非常喜欢陶渊明，也非常喜欢苏东坡，李白、杜甫、屈原我都很喜欢。你们一定会很奇怪：老师，这些人都不一样，你怎么会都喜欢。我们把不一样的放在一起就是道家。我以前最喜欢屈原的《离骚》，每年春天挑一天读《离骚》，读完了很感动。《离骚》就是贵族精神，你要是贵族你就能体会屈原的使命是什么。他是楚国的贵族，平民百姓如果那么思考就很奇怪了。庄子是漆园小吏，他思考问题可能是宽广无碍的。当平民百姓有什么不好吗？道家告诉你没有什么不好。你果真有才华，世人称颂不称颂都无所谓了。读《庄子》真的可以让人的生命有最大的安慰。主体解消了就能够宽广无涯，这叫“逍遥”。人能够悠游无待，这叫“逍遥游”。你体会了这些，进一步深层理解就会发觉所有的东西，通通是人们话语所论定的，话语论定一定“不齐”。“物之不齐，物之情也”[①]，以其不齐而齐

① 《孟子·滕文公上》。

之，这就叫“齐物论”。人就好好过日子，过日子就是你知道你的“生生之主”何在。要知道“生生之主”何在，你就要懂得“以无厚入有间，恢恢乎其于游刃必有余地矣”①，这是很厉害的。所以你能不读《庄子》吗？

你读完会发觉原来比起《道德经》和《庄子》，读《论语》有趣多了。《论语》在人伦孝悌中见人伦之真实、真情之可贵。道家是让你回到自然田野之中，田野有一种任化自然的复育。陶渊明的思想有一半以上是道家。“纵浪大化中，不喜亦不惧”当然是道家，“误落尘网中，一去三十年，羁鸟恋旧林，池鱼思故渊。开荒南野际，守拙归园田”。《归田园居》是道家。道家让人的生命可以放下，得到最好的疗愈。《五柳先生传》就是得到疗愈的证明，最后自己好像羲皇上人一般。《五柳先生传》的开头是什么？“先生不知何许人也，亦不详其姓字”，这是生命进入无分别相，还是处于失落之中呢？我犹有疑问也。你处于心灵意识的危机之中，连自己叫什么名字，是哪里人都不知道了。这个人的身份已经发生动摇了。这和鲁迅的《阿Q正传》不是一样的吗？那阿Q不知道自己的姓，也不知自己的名，也不知自己是什么地方的人，最后也跟着去搞革命，因搞革命最后上了断头台。我年轻时曾经想写一篇有趣的文章叫《鲁迅的〈阿Q正传〉与陶渊明的〈五柳先生传〉》，但已经说了四十年，却迟迟未动笔，一直没写。这两篇做比较，一个是能够回到自然田园中让自己生命获得疗愈，一个是整个国民性已经彻底坏掉了，使一个失魂落魄而不知其所以的人被逼得也跟着去干革命了，最后是彻底的毁灭。这里好像有着寓意一样，幸亏中华大地的母土很厚，大地母土所蕴含的生命力量使得中国从毁灭的边缘恢复过来。用唐君毅先生的话说，中国文化那时花果飘零，要寻求灵根自植，而现在真的又重新复育，这不容易。现在慢慢变化了，时代的变迁给整个中华民族带来了深刻的变化。

---

①《庄子·养生主》。

什么是道家智慧呢？我记得谢晋导演了一部电影叫《芙蓉镇》。“活下去”这三个字就是道家。“活下去，活下去，像牲口一样的活下去！”这是整个生命在不得已、混沌的状况之下，迸发出来的句子。活着就是希望。“像牲口一样的活下去”，你不要小看牲口，牲口是自然天成的，人才坏，禽兽不坏。人为什么会坏？人会因为有伟大的使命感而被异化、扭曲，这是道家的一种警惕。但是不得已的时候，人只是像牲口般地活着，那种活着是见侮不辱的。见侮不辱、宠辱不惊是我们心灵上最深层的安慰，也隐含着最深层的痛楚。你读道家，读《道德经》《庄子》。《庄子》有悠游、从容、潇洒，同时也有血泪，有慈悲，有着深层的关怀。

我的老朋友杨儒宾教授说《庄子》里面隐含着儒家的思，这是有道理的。这些问题可以和现代性社会关联起来思考。现代社会工具合理性太过高张，人追求欲望的满足而发觉欲望之永不满足。人不断地追索，不断地奔赴，一往而不复，并认为一往而不复的累积叫作“进步”。你会发觉很多东西已经慢慢枯竭了，很多东西因为执着而染污了。大自然染污了，人心也染污了。人们所认为的从农业到工业再到商业的发展，好像是一个应有定律，这种看法是错误的。这个世界本来就应该是多元的，而不是划定一个方向，大家都往那里奔赴。执着于追求GDP的增长不一定是对的，因为GDP的数值不一定与你的幸福指数成正比，再说幸福也不是幸福指数调查是多少就真是多少，更何况有些数值是假的。道家勘破了这些，却不认为它们是虚空的，而应该放到自然的运化中去调节。这些东西放到现代性的社会中去理解，就是放到“存在与价值的和合性”这个原理中去重新审视。理解了西方从巴门尼德以来的老传统“思维与存在的一致性”的限制，你就可以跨过它！借用马丁·布伯[①]理解这世界的两个范式的语汇，“我与

---

① 马丁·布伯（Martin Buber，1878—1965），德国犹太人哲学家、翻译家、教育家。出生于奥地利，研究工作集中于宗教有神论、人际关系和团体，主要代表作有《我和你》等，曾十次提名诺贝尔文学奖，七次提名诺贝尔和平奖。

你”的范式重新去理解“我与他”这个范式高张的后果。这时候你就有办法真正克服海德格尔[①]所说的存在的异化，并回到存在本身。话语所论的存在都不是存在本身。回到存在本身就是真正消解所论的存在。

十一、结语：回归经典，好好生活

“天下万物生于有，有生于无”，“无名”才是“天地之始”，道隐于无名，这里就隐含着道家隐喻似的呼吁。“小国寡民，使有什伯之器而不用，使民重死而不远徙。虽有舟舆，无所乘之；虽有甲兵，无所陈之；使人复结绳而用之。甘其食，美其服，安其居，乐其俗。邻国相望，鸡犬之声相闻，民至老死不相往来。”[②]这是一个隐喻，它所描述的愿景是不可能实现的。作为隐喻，它的意义何在？“不相往来”以往来也，往来太多反而没往来。现在往来很多，你每天微信多少次，智慧有增加吗？智慧当然没有增加。信息是堆积，知识是构造，智慧是消融化解而彰显。

读书一定要回到原典，不要读那么多二手、三手、四手的书，不要误信哪一个名教授怎么说，当然也不要误信我所说的内容，我所说的也不能作准。你要回到《道德经》，《道德经》也不能作准，要回到存在本身。言已于无言，话语上面有结构，结构上面有图像，图像上面有意向，意向上面有道，一定是如此的。

我突然想起全真道的道长马炳文，他现在已经飞升成仙了。这是道家的说法，人过世叫“飞升成仙”。《太上老君说常清静经》一开头就是“大道无形”四个字。他说有一次焚香打坐，就看见一物，好像蚂蚁一样，从

① 马丁·海德格尔（Martin Heidegger，1889—1976），德国哲学家、思想家，20世纪存在主义哲学的创始人和主要代表人物之一。主要代表作有《存在与时间》《林中路》《路标》《荷尔德林诗的阐释》等。

② 《道德经·八十章》。

“大道无形”的“形”底下开始往上走，穿过了“形”，穿过了“无”，然后再到“道”，再到“大”，最后飞起来不见了。他于是就此开悟了。这就是要穿破那个“形”，“大道无形”，道要大而化之，这个有意思了。

你读《道德经》时，一定不要僵死地读，要化解地读。这一章你要当成一个隐喻来读，“不相往来”是真往来，因为不是语言的沟通，是气息之感通，所以不是人籁，而是天籁。好好过日子，不必有太多的文明遮蔽，不必斗争，不必急着匆匆往来，人在天地间就生长了。当下每一个生命都受到重视，大国小国都是国，众民小民都是民。“小国寡民”这个隐喻式要把它读出来。

“信言不美，美言不信；善者不辩，辩者不善；知者不博，博者不知。圣人不积，既以为人，己愈有；既以与人，己愈多。天之道，利而不害。圣人之道，为而不争。”[①]圣人之为只是不争，天道是有利的，但是它无害，这就是大道。这么重要的大道，道家讲得这么平常，所以你不一定要把道家讲得那么哲学化，但是哲学专业可以讲得哲学化。哲学专业是不是可以回到你的生命存在、生活世界中？哲学是可以做到的。

其实，我今天就是要告诉你，这些东西和你的生活紧密结合在一起，但是它同时可以用高度抽象化、普遍性的话语去说。你不能把《道德经》错解成禅宗，也不能把《庄子》错解成禅宗。道家是生生之德，是归复之道，禅宗是观空的，佛教它会讲“一切有为法，如梦幻泡影，如露亦如电，应作如是观”[②]。道家不会这么讲，它会讲天下万物可以鸢飞鱼跃，可以春华绿树，只要你不执着、不越分。有天地之美而不要所有人都认为它是美的，因为“天下皆知美之为美，斯恶矣”。其实真的道家是蛮合乎“常道”的。

好好过日子，我们今天其实是在强调这个而已。你是不是突然发觉今天本来就可以不必来听。因为生命中都有这些东西，只是你忘掉了，所以今天我来重新提醒提醒大家。

---

① 《道德经·八十一章》。

② 《金刚经·应化非真分第三十二》。

| 问题与讨论 |

学生： 林老师，您好！您刚才说到鲁迅的《阿Q正传》。我感觉鲁迅是个聪明人，他不会猜不到道家的智慧，但是他不让年轻人去读古书，您怎么看鲁迅对道家的态度？

林安梧： 我对鲁迅没有那么了解，但是据我推断，那个年代像鲁迅这样的人物基本上要懂道家也不太容易。但是他是不是完全不懂道家？不会，鲁迅当然也懂到一定程度。他写《阿Q正传》并不代表他不懂道家，《阿Q正传》正呈现出那个年代的不得已。鲁迅笔下的阿Q是那个年代的中国国民性的象征。像阿Q这样的人，他们的生命得不到复原了。

整个中国经过了两千多年帝王专制，几乎到了无可复原的地步，只能走向革命一途，但好不容易，现在又恢复过来了。这是不容易的事。中国这一百多年来居然能走到今天，这是上苍怜我中华民族。

我们对于前辈，不管是反传统主义者还是传统主义者，都要有一份真正的悲悯关怀、体贴理解。他们是真的爱我们这个民族，爱我们这个国家，虽然他们做出的判断未必对，但是他们都很努力了，我是这样理解的。我并不是说，他没有道家的修养才会写《阿Q正传》。那时鲁迅能写出《阿Q正传》是了不起的，《阿Q正传》就是那个时代的一个反映。

学生： 林老师，您好！我最近在看一段话，林语堂先生曾经说的一段话：古代的中国文人，当他们走入仕途的时候，他们信奉的是儒家，但是当他们失意的时候，他们信奉的是道家。我想知道您是怎么理解这段话的。

林安梧： 林语堂先生是我的同乡，他的家乡在漳州龙岩，离我的家乡漳州平和县并不远。林语堂先生和我同样姓林，我也很喜欢他，但是他有很多不究竟的话。这些话是讲给一般人听的，并不准确，但是听听也无妨。林语堂先生的学问就是这样的。林语堂先生英文最好，中文也不错，对于典籍的理解也到了相当程度，但是你论他对儒家的理解，一定不如宋明理学家，你论他对道家的理解，他就肯定不如我。但是林语堂先生是很了不起的学者，他发明了中文打字机，编写了《汉英大词典》。

林语堂先生生活上其实还是蛮道家的，不过他虽是基督徒，但也不太受这个拘束。我蛮喜欢林语堂先生，不光是因为他是我同乡。不过，我的老师牟先生不喜欢他，他批评林语堂，但是牟先生的批评可能也是魏晋人物似的批评，并没有真正好好了解林语堂。

林语堂讲的那个话不准确，但也不是完全错误的。就像现在民间流行一句话：年轻的时候要读儒家，到了中年的时候要读道家，晚年要读佛教。你年轻时候要奋斗，所以读儒家；中年的话，历经天下事事物物，所以胸襟要放宽；到了晚年，要解决生死问题，所以要读佛教。这个话听起来好像对，其实不对。孔老夫子好像没有读佛教，他就不能处理生死问题吗？他是可以处理的。道家也可以处理。其实人的习惯是，有这个东西就一定会用这个东西。你会不用手机吗？现在谁敢说他不用手机，不用的人也在间接使用，因为他在这个脉络里面。你能够不用现代科技吗？除非你是美国的阿米什人。美国的阿米什人过着欧洲十八世纪的生活，和外面世界几乎处于半隔绝状态。我的老朋友张祥龙先生正在构化儒家的保护区。他前一阵子，写了一篇对比阿米什的文章，意思是儒家已经快被毁损到几乎一无所有了，如果没有一个保护区，以后连标本可能都没了，这是他的忧心之处。

林语堂这个话不究竟，但是没关系，为什么世间每一个人的话都要那么究竟。林语堂故居在台北阳明山，他过世之前一直住在那，过世之后葬在那个地方。那个地方现在成为一个文化场域，我很喜欢去。大陆的朋友到台湾去，我多半先带他到钱穆故居，然后上山就是林语堂故居。这两个故居我最常去，一个新儒家，一个姑且叫新道家吧。他是有点道家气味的人。这个话不究竟但也还可以。

学生：林老师，您好！我有两个问题想请教您。我最近接触了一些信奉佛教和基督教的人，发现一个问题，他们一旦信奉某教就对它特别执着。我有一个矛盾，我们在学习、研究佛教或者道教的经典时，应该怎么拿捏？第二个问题是为什么这些人会那么执着信奉这些东西，甚至糊弄人去信这个。

林安梧：他一定会这么执着，要不然就不信了，信一定是执着的，特别是一神论。一神论的信仰是信靠的宗教，儒道佛三教的信仰是觉性的宗教。觉性的宗教重点在于教养和唤醒，信靠宗教是彻底臣服，这是必然如此的。我有一个哲学界的朋友，他的夫人是基督教徒，他是儒家信徒。有一天，他不小心把眼镜弄破了，割到眼睛，就去台湾大学附属医院治疗，做了一个手术。隔天我们去看他。他夫人是香港人，她说，她和在香港及加拿大的家人在三个地方一起祷告，所以手术非常顺利。我觉得这很好，我也很能够理解她的信仰。

我想讲一点宗教经验。我的第二个妹妹是佛教徒，她很有才华，因为患了红斑性狼疮，生命垂危，但是又被救回来了。她还健在，现在五十多岁了，也很助人为乐。她到处跟人家讲要怎么样面对病痛，这就是信仰的力量。我跟那个朋友的夫人谈佛教信仰对我妹妹的病痛如何的助益，又如何把她从生死边缘挽救回来。谈完，我那位朋友的夫人却冷冷地说，你那个是迷信。你问我有没有生气？我没有生气。她会这么讲，就表示她对她的宗教很真诚。那你说，林老师，你为什么不生气？因为我知道她不是宗教学家，她没有读过比较宗教学，没有读过宗教史，她就这么信着，就这样安身立命，她的全部都交给天主。你理解就好了，你还生气吗？我不生气。你一定和我说，老师，你那时候是不是有一些道家修养了？是的。如果那时候我很儒家的话，我一定会和她说，你这样是不对的，因为儒家要论对错是非。道家却是你不善，我也能够用善对待你，你怨我，我也用德对待你。德是本性，德不是我对你好，是如其本性而已，就是这样。

当你的朋友那么执着的时候，只要他们干的是好事，你就不用担心他。他即使容不下你那也无所谓，因为重点不在他容不下你，重点在你容得下他就好了，这就是道家的襟怀。你和他是很好的朋友，因为意见不同而产生矛盾，结果你开会的场合碰到他，你要和他握手，他不和你握手，那你会不会难过？你不会难过。有什么难过，所有的人都看到了，看到了人家会说你还是会说他，当然是说他。如果人家不说他，那会怎么样，那上苍也会说他。如果连上苍都不说他，那就认了吧。这就是道家。

道家认为这个事本来就不是事，你把这个事当事的话那就太苦了。他今天给你一个脸色你就难过，那是事吗？不是事。它怎么会是事呢？“飘风不终朝，骤雨不终日”，刮一点风有什么事吗？他发一点脾气有什么事吗？他对你不好有什么事吗？瑜亮情结，他原来是哥哥，现在出去发现怎么是你排在前面，他当然对你有意见，他没有杀你就不错了。你就这么想着，天下就好了。人家在那等了三四年都干不上经理，你去了三个月就干了经理，他还做你手下，他说闲言闲语，说了五六句七八句，我告诉你，说五百句六百句都应该！这就是道家，道家就是“世事洞明皆学问”。这个是什么事啊？没事。你把这个事当事那你就痛苦了，就是这个意思。

我最小的妹妹到美国去留学，那时候才22岁，她很少离开家，很不适应美国生活，每天都想回来。我就和她说你坚持一下，我知道过一阵子她就适应了。结果她成了基督徒，我妈妈很担心。我说不用担心，过一阵子就恢复了。她当基督徒，是因为基督徒对她很热情，拉着她上教会，她现在很需要陪伴。先过一阵子，她自然而然就会有一个归返的路程。即使她成为基督徒有什么不好吗？我看很多基督徒也很好。因为我本来就不觉得基督徒不好。她自己会走到哪里，她有她的命在，她有她的意愿。我妈妈担心是因为她脑袋里面想的是儒道佛三教而已，很难接受基督徒，最主要的原因是基督徒不拜祖先，仅此而已。

学生：林老师，您好！您讲课的时候也提到，原初的儒家文化发展到汉朝大帝国的时代，就和原儒发生了背离。原儒肯定不是为了这种封建专制制度服务的，那它有没有一种民主的思想在里面，如果有的话，我该如何了解这些思想？

林安梧：原儒应该没有现代的民主思想，不过有民本思想。今天我还和朋友聊到这个问题，原来我提倡公民儒学，强调君子和公民的差别，最近发觉，君子儒学对于公民儒学应该有更好的作用。这种提法就是，有人伦下的人权应该会更好，有民本下的民主应该会更好，有自觉下的自由应该会更好。原儒强调的是人伦，强调的是民本，强调的是自觉，不是自由，不是民主，也不是人权。但是无所谓，他们应该是可以通而为一的。

至于原儒之原，是不是熊十力所写的原儒的原呢？我认为那不是历史意义的原，那是熊十力先生理想意义的原。“原”本来就是各原其原，它不可能是历史的原原本本，也不可能是唯一的原。只要能溯其源，能够融通就行了。秦汉以来，以帝王专制为核心的儒家不是原儒，连小康之儒都不是，这是君主霸术制度。这是中国民族历史的顿挫，那是儒学的异化。我名之曰“帝制式的儒学”。除此之外，儒学还有生活化的儒学、批判性的儒学等不同向度。

为什么会有鲁迅的《阿Q正传》？鲁迅的《阿Q正传》就呈现着这两千多年的严重的陷溺，历史的业力几乎到了无以复加的地步。我觉得鲁迅作为一个文学家，在这一点所表现出的敏锐度是很了不起的。文学家就是生存在存在情境中，能够觉知、能够感悟到整个生活世界、民族里最深最大的苦痛而发为文字写出来。最伟大的文学家所写出来的东西，你要去研究它、体会它。那不是调查报告，是他的体会。鲁迅所处的年代是一个很不好的年代。我们的民族还能够恢复到今天，就很不错了，所以我们真的要为我们的民族庆幸而继续努力。

学生： 我最近在读徐复观先生的《中国艺术精神》，在阅读中产生了疑问，他有一些论证是值得商榷的，我想问您对中国艺术是怎么看的？

林安梧： 徐复观先生这本书是才气之作，也对道家的艺术精神真正有所发觉。但儒家有没有艺术精神？儒家当然有艺术精神。比如，《孟子》讲“充实之谓美，充实而有光辉之谓大”[①]，这也可以论述，还有很多其他值得论述的地方。徐复观先生主要发挥他之所长，而把一个虚灵的境界彰显出来，至于其他，我在这方面对他的理解不多，不足以发表言论，这就是我的理解。

① 《孟子·尽心下》。

第六讲

如何读《道德经》——经典、生活、实践与诠释的交融

一、人与经典的互动：感其意味，体其意韵，明其意义

这一讲，我们要谈谈如何读老子《道德经》。其实，在我的读书经验中，我不是依从注解或者前人之说，而是主要看老子怎么说。老子已经归天了，他在天上，你不可能去问他。即使真的找到了老子，他大概也忘记当时所说的意思了。诠释学上有一个比较极端的说法，就是文本一旦完成之后，作者就已经“死亡”了。我觉得作者还是存在的，作者既是参与到文本中的一个读者，也是一个新的创作者。很难说文本的原意是什么，但它并不是没有原意，只是这个原意应该作为你去接近的一个可能。

我常说，经典的诠释叫作“有范围，无定点”。而那个范围怎么去理解？其实，它在不同的理解视域之下，会涌现出来一些差异。“六经注我，我注六经”并不是说有六经在那里，我去注解六经，也不是说我在这里，六经来注我。这其实是一个相互诠释的互动过程。“学苟知本，六经皆我

注脚。”[①]当学问上透到道体的时候，六经都是用来诠释道的。道之所以为道，其实是不可能说清楚的，但可以使得一切说法成为可能，作为一切说法的根据。也就是说，道并不是一个被理解的对象，它是使得一切理解成为可能的根据。

这一点在《道德经》中其实讲得很清楚。它是不可说，不可名，但你“强字之曰道”[②]，勉强用一个共同约定的名称，叫作“道”。你很难从文字学上去考察“道”到底是怎么一回事，但是这并不意味着，你不能通过文字学字源的考据去说“道”。

其实“道”这个字是一个首领走在前头，是“首”行之于前，众随之于后，而走出的一条路。“道”很早以前的解释是“道者，路也”，后来又有言说、话语之意。到了春秋战国时期，人们讲“志于道，据于德，依于仁，游于艺”[③]，讲“道生之，德畜之，物形之，势成之”[④]。显然，这里的“道”不再只是一条路，也不再只是言说，而是讲一个宇宙造化整体之源。它具有普遍义、理想义、总体义、根源义。因为你很难去思考什么是总体，所以我们说“至大无外”，“至小无内”[⑤]。天地、人我、万物通通包含于其内，但是它也是很细微的，存在于任何一个地方，这时候我们说它是“道”。

在中国哲学里，当“道”这个字成为一个很重要的哲学范畴时，也代表我们的哲学其实已经达到了相当的高度。往前追溯我们可以发现，从商朝的“帝”和“令”，到了殷周之际的“天”和“命”，再到春秋时期的“道”和“德”。“帝”其实是某一个部族的至上神，而这个至上神上升成为民族所共同祭祀的一个至高无上的对象。“天”的概念比起“帝”这个概念，就不再只是某一个部族造化之源的至上神了，而转换成一个带普遍义、

① 陆九渊著，钟哲点校：《陆九渊集·语录上》，中华书局1980年版，第395页。
② 《道德经·二十五章》。
③ 《论语·述而》。
④ 《道德经·五十一章》。
⑤ 《庄子·天下》。

理想义的概念。所以“天”这个概念其实也代表整个人文精神升扬到相当高的程度。从“帝之令”，到“天之命”，“天”显示它的普遍义、理想义、超越义。但是到了春秋时期，强调“道之德”，“道”更重视总体义和根源义，也带有普遍义、理想义、神圣义，但是更落实在总体义和根源义上。

我认为第一次人文精神的凸显是在周朝初年，以文王为代表的“文王之德之纯”[①]。而春秋时代就到了人文精神高张的第二阶段，它所代表的是天地、人我、万物通而为一的人文精神。天、地、人三才通而为一的人文精神并不是以人为中心，而是以人作为参赞的起点。道表征了整个中国民族思想发展中很重要的阶段性。我们常说，道是根源，德是本性。我们讲“天命之谓性”[②]的“天”，其实是一个几乎无所不包的源头，它的重点在普遍义和理想义，而“帝”所包含的至上神的意味比较重。我们很难确切说天是什么，但是我们可以觉知到其整个意味的变化。

《道德经》第一章很难懂，关于其句读有很多争辩。在我看来，这些争辩并不是没意义，但是多读几回大概就清楚了。一切通过话语之所论定才成其为“物”。经由话语、语言、文字、符号所论定，主体的对象化活动所构成的一个被决定的定向物，这才为“物”。古书并不是那么难解，其实你多读几回，前后看看也就懂了，所以读古书读熟很重要。

其实，我今天是要把经典、生活、实践和诠释交融在一起来理解。我认为，经典是一个生活世界。经典像一口钟。读《道德经》时，你敲一下，无论敲哪个点，这个钟发出的声音都是差不多的。当你敲熟了就慢慢可以分别出来，敲A点、B点、C点的时候，声音各是什么样的，慢慢地你就掌握了这个脉络。现在有一个你从来没敲过的α点，但是你根据其他的脉络去思考，就可以知道这α点大概是什么声音，结果你一敲，果真是这个声音。这表示你对这口钟真的了解了，也就是你懂得了这口钟的性质。

---

① 《诗经·周颂·维天之命》。

② 《礼记·中庸》。

“性”这个字是什么意思？它代表着一种生长的力量。我们中文中“生”这个字其实就是由隐而彰显出来。原先的文字学说法是，一根小草从泥土里头生出来叫“生”，就是从隐到显。你读古典时，一定要感其意味，体其意韵，再明其意义。

中国的文字是图像形文字。你读的时候就像喝茶、喝咖啡一样，起先不必太拘泥。武夷山的大红袍和普洱茶显然不一样，刚开始喝的人不一定分得清楚，但喝多了以后可能就知道了，就像品酒一样。没喝过酒的人一喝白酒感觉都一样，但喝多了以后，就可以用不同的形容词去形容不同的白酒，就是他感其意味，体其意韵，明其意义。最好的方式就是回到经典本身。

二、经典开启一个生活世界，人的参与使得经典自如其如地开显

经典就是生活，生活就是实践，实践中有诠释，诠释也需要实践，而实践是不离生活的。你了解了这个过程就知道，生活和经典是连在一起的。我们读经典的时候要把它放到整个历史文化总体中，放到场景和情境中去读。我以前讲读《论语》是如此，读《道德经》也是如此。

《道德经》里面有一些理论提得很高，不好讲也不好读，那没关系，你就略过。我常说《道德经》第一章不好读，但你要大概知道它在讲什么。原来它讲的是总体的源头和话语的关联，而这个总体的源头是不好说的。“无名，天地之始”[①]，讲宇宙生发的起点，然后讲“有名，万物之母”，讲名言概念的活动，话语概念的活动和存在事物的关联。用话语去论定的事物不是存在事物本身。退返于命谓之“无”，“有”就因此而得以彰显。

① 《道德经·一章》。

“常无”是要回归到形而上的本源，“常有”是从形而上的本源进入人间事。“常无欲，以观其妙；常有欲，以观其徼。此两者同出而异名。”[①] 原先在其源头处是通而为一，因为都是不可说的。而从“不可说”到“可说”到“说”，说出了天下万物，这万物当然就不同了。“此两者同出而异名，同谓之玄”，“玄”是玄远、玄妙、幽深之意。

从开始往下走，发现慢慢读就可以读通。我常跟很多朋友说读不懂就把它抄下来，抄下来的目的是你为什么让我读不懂，我要把它记下来。读到很有意思的、有体会的地方，我也要把它抄下来。

我自己读古典其实多半得力于讲习，我自己也会抄，但最主要的是跟大家讲《道德经》。在讲的过程中，我越讲越精熟，也不敢说完全懂了，但至少会觉得像老朋友见面，就像白酒喝多了你一定可以分得出来，这是茅台，这是五粮液，这是泸州老窖，你分不出来那就是你还没进去。

我自己讲儒道佛三教经典已经超过三十年，深深体会到更多时候不是我去讲，而是顺着听者的“听”，使得经典的“讲”因此而开启。我常常说“听”其实比“讲”还主动，也因此体会到经典之为经典其实是一个生活世界，是一个渐动不息“原泉混混”[②]，“沛然莫之能御”[③]的世界。经典之为经典是经由我们作为读者进到这个生活世界里面，它才能自如其如地开显，无所挂碍，无所修饰，跟你融合，就这样跟你一体流行。我写过一篇文章《经典就是一个生活世界》，后来收录在《佛心流泉》[④]的那本散文集里。我们自然而然有一种存在的真实感去亲近经典，和它相处成为知心朋友，让我们的生命能得到永恒的支柱。所以不要只是把经典当成一个对象，你要把它当成一个亲人、朋友、老师，可以交心、倾听、对谈的一

① 《道德经·一章》。

② 《孟子·离娄下》。

③ 《孟子·尽心上》。

④ 林安梧：《佛心流泉》，当代中国出版社2011年版。

个对象。

经典之为文化教养是不离自然的。我们经由儒道佛经典的讲习，效法地的实在，学习天的真诚，归返于常理、常道，使生命回到自己。物各付物，返璞归真，是自然也。经典是不能离开人的，人更是不能离开经典的。没有了经典，人的精神资源就会枯竭，没有了人，经典也可能因此而挂空。所以中国经典到现在还活着，是因为我们几千年来讲习它。经典没有说教，没有训告，只有讲习。讲习是活泼地进入，进入经典的生活世界，让它如其自如地开显自己，成为我们思考一切问题的思想凭依。它有一个理解的视域，并成为我们面对自我存在的一个凭依。我们深知有了文化凭依之后，才能创造新的文化思考。有了存在的凭依之后，我们才是一个踏实的、顶天立地的文化存在。

经典和民族的文化是密切关联的。所以我常说，如果中国人都不读《道德经》，也不读《论语》，儒道两家都不读了，那你很难说你是中国人。但是现在中国人差不多也不读了。所以，我要呼吁大家去读经典。

三、经典诠释学的五个层次：言、构、象、意、道

我自己做经典的诠释，其实是在二十多岁做有关王夫之研究的时候。我认为，王夫之是中国古代哲学家中最具有经典诠释学方法论意识的一位伟大的思想家。他有关经典的诠释命名都不太一样，譬如《读四书大全说》《四书训义》《周易外传》《周易内传》《周易略例》《周易稗疏》《周易大象解》《春秋家说》《诗广传》《读通鉴论》《宋论》《尚书引义》《老子衍》《庄子通》《庄子解》等，大多不同。你要了解《四书训义》和《读四书大全说》的不同，《读四书大全说》主要是他自己的观点，《四书训义》是用来讲习朱熹学问的，以朱熹的《四书章句集注》为主，所以你就不能用《四书训义》作为王夫之思想的核心。你如果拿它作为王夫之思想

的核心，那么说明你对王夫之不够了解。譬如，《周易外传》和《周易内传》，《周易内传》基本是顺着《周易》一个卦一个卦地讲，但《周易外传》中他的发挥更多。船山学和易学是密切相关的，你读多了就知道怎么去掌握它。王夫之非常强调“因而通之”的创造诠释学，他在《庄子通》中说“因而通之，皆可以造乎君子之道”。后来我对王夫之的经典诠释学下过一点功夫，我一直认为他对人、经典和道这三者的诠释构成了一种循环，也就是诠释学意义上所说的解释循环（hermeneutical circle）。在历史的诠释上也是，他穿透表层历史事件，洞察深层历史意义，并且上通到道，回返到历史事件做一个批判，落实在当下历史展开实践。人、历史和道三者就构成一个诠释的循环，而且这个诠释的循环隐含了一个创造的循环，这三者所构成的循环又是以人作为核心的。我当时在做王夫之研究的时候，发觉他把理解、诠释、批判、创造绾合到一起，而背后隐含着一个思维模式，这个思维模式是两端一致的对比辩证思维模式，两端是对比的两端，一致是辩证的一致。

读经典的时候，你是去理解诠释经典，而经典经由你的诠释，意义得以释放出来，然后上通到道，道因此彰显出来，启发了人。人因道的彰显而得到启发，这又使得人有更强的诠释能力来理解经典，所以这也有一个诠释循环的关系。

我后来在中国经典的诠释学方面慢慢地形成了自己的思考，这个思考比较复杂，就是言、构、象、意、道五层的思考。这五层的思考大概是：谈到中国的人文诠释学，话语是一个层次，你读书的时候把经典背下来、记下来，这是记忆；再上一层是结构，要掌握它的结构；再上一层，经典有可以想象的图像；再上一层，它有个指向（intention），你去体会、玩味它；再上一层是道，你去体证它。这就是我在做有关诠释的时候体会、玩味到的，但是你不能拿这些东西去硬套。

这种有关于经典诠释的思维方式，是我在《王船山人性史哲学》第四章中用到的方法论。后来有一个朋友研究伽达默尔[①]，他跟我说，你这个思考很像伽达默尔。我回想了一下，我在年轻的时候有读过一点他的 *Truth and Method*，那时候现行的翻译本还没出来，读的是英文本的一些片段，没有很多，但是我的习惯是读了就消化它。我不知道我读懂了什么，但是当我在做中国哲学诠释时，说不定它就起了作用。如果以后有机会，我可能会做王夫之的经典诠释学和伽达默尔的诠释学类似性的研究。当然，王夫之没有读过伽达默尔，王夫之是十七世纪的思想家，伽达默尔是当代的人物。但人类的思想本来就是共通的，哲学是不分地域的，哲学家有地域的差异，道理却是相通的。

四、老子其人和《道德经》其书

老一辈人告诉我们“颂其诗，读其书，不知其人，可乎？”[②]你读《道德经》一定要找老子的传记来读，最古老的传记当然是《史记》。你读的时候可以去想一想，譬如，我读“老子者，楚苦县厉乡曲仁里人也”[③]，就很怀疑。楚国大概是真的，“苦县”我就很怀疑是不是一个意象，你看，又是“苦县”又是“厉乡”，又是“曲仁里”，这不是一个坏透的地方吗？又苦又厉，那个地方仁都曲折了。这应该去问问司马迁。你不知道哪

① 汉斯-格奥尔格·伽达默尔（Hans-Georg Gadamer，1900—2003），德国哲学家，对诠释学做出了巨大贡献，其主要代表作有《真理与方法》等。

② 《孟子·万章下》。

③ 《史记·老子韩非列传》：“老子者，楚苦县厉乡曲仁里人也，姓李氏，名耳，字聃，周守藏室之史也。孔子适周，将问礼于老子。老子曰：‘子所言者，其人与骨皆已朽矣，独其言在耳。且君子得其时则驾，不得其时则蓬累而行。吾闻之，良贾深藏若虚，君子盛德容貌若愚。去子之骄气与多欲，态色与淫志，是皆无益于子之身。吾所以告子，若是而已。’孔子去，谓弟子曰：‘鸟，吾知其能飞；鱼，吾知其能游；兽，吾知其能走。走者可以为罔，游者可以为纶，飞者可以为矰。至于龙，吾不能知，其乘风云而上天。吾今日见老子，其犹龙邪！’老子修道德，其学以自隐无名为务。居周久之，见周之衰，乃遂去。至关，关令尹喜曰：‘子将隐矣，强为我著书。’于是老子乃著书上下篇，言道德之意五千余言而去，莫知其所终。”

一年，你就会说吉年吉月吉时。你不知道他生长在什么地方，就给他安一个“苦县厉乡曲仁里”，这也是可能的。率皆寓言，也不只有庄子才会寓言，可能《史记》中也有很多寓言。譬如，鸿门宴的故事写得好像真的一样，我怀疑那是文学还是历史，我看像是小说。如果果真有鸿门宴这件事，鸿门宴的座次怎么安排恐怕不清楚。是不是有项庄舞剑，意在沛公呢？那更难说。但是刘邦的确参加了鸿门宴，最后还脱逃了，这是真实的。所以有些历史你要以存疑的态度去读。

老子“姓李氏，名耳，字聃，周守藏室之史也”[①]，这个一般被认定为真的。当然，他还讲到太史儋和老莱子，根据其他史料，这很有可能是另外两个人。“孔子适周，将问礼于老子。”[②] 老子把孔子教训了一顿说：“子所言者，其人与骨皆已朽矣，独其言在耳。且君子得其时则驾，不得其时则蓬累而行。吾闻之，良贾深藏若虚，君子盛德容貌若愚。去子之骄气与多欲，态色与淫志，是皆无益于子之身。吾所以告子，若是而已。”[③] 就是说我看你焕发出一种傲慢之气，而且理想太多了，“多欲”解释为“理想太多”比较适合，志向太多了。老子显然是不主张人有什么大志的，老子主张人好好地过生活，不要谈那么多伟大的理想，好像神圣得不得了，恐怕最后都惹了祸。

孔子离开以后对弟子说：“鸟，吾知其能飞；鱼，吾知其能游；兽，吾知其能走。走者可以为罔，游者可以为纶，飞者可以为矰。至于龙，吾不能知，其乘风云而上天。吾今日见老子，其犹龙邪！”[④] 司马迁家族对道家其实是很推崇的，司马迁的父亲司马谈在《论六家要旨》中就很推崇道家。

---

① 《史记·老子韩非列传》。
② 《史记·老子韩非列传》。
③ 《史记·老子韩非列传》。
④ 《史记·老子韩非列传》。

“老子修道德，其学以自隐无名为务。居周久之，见周之衰，乃遂去。至关，关令尹喜曰：‘子将隐矣，强为我著书。’于是老子乃著书上下篇，言道德之意五千余言而去，莫知其所终。”[①]请回到古典去理解“道德”这两个字。“道生之，德畜之”，道为根源，德为本性，就是溯其根源，如其本性。上篇为《道经》，下篇为《德经》。从这里，你可以判断出世传的今本《道德经》和司马迁那时所说的《道德经》应该有所不同。现在帛书《道德经》只有三千多字，恐怕是断简残篇，抄写不全。竹简《道德经》有的增加了，有的减少了，所以不要忽略世传本。《道德经》世传本就是我们现在看到的王弼注本、河上公注本。大家都很重视新出土的帛书《道德经》，结果你一看，这根本是比较后期的。因为我们有很多经验，以此可以来判断《道德经》的时期。有人认为竹简的《道德经》一定比现世传本早。显然不是，譬如，竹简本是“绝伪弃诈”，而世传本是“绝圣弃智”。《道德经》很明确地告诉你“正言若反”，它是用负面的方式来表达的。“绝伪弃诈”不是一个负面的表述方式，“绝伪弃诈”的表述方法和儒家很接近。“绝圣弃智”是道家的，而“绝伪弃诈”很可能是稷下道家的。“绝伪弃诈”显然是儒家或者法家之言掺进去的，这个我们很容易分辨出来。我觉得思想就是要用的，你体会、玩味就不会迷信、盲从。

《史记》又讲到老莱子和另外一位太史儋，我这里把他们跳过了。“世之学老子者则绌儒学，儒学亦绌老子。‘道不同不相为谋’，岂谓是邪？李耳无为自化，清静自正。”[②]这是道家和儒家的不同。儒家讲要大有为，道家讲无为；儒家讲人伦孝悌，道家讲回到自然。但是儒道果真是完全相互对反的吗？我认为儒道不是完全相对反的，而是同源而互补的。

① 《史记·老子韩非列传》。
② 《史记·老子韩非列传》。

五、道家回归天地场域，对主体自觉的消解与疗愈

上次我们也提到“志于道，据于德，依于仁，游于艺”和《道德经》讲的“道生之，德畜之，物形之，势成之”，二者形成对比。儒家从人的参赞处说，重视主体的自觉。道家从天地的总体根源说，强调天地场域的自在。道家讲“道生之，德畜之”，落实到人讲“尊道而贵德”①。“尊道而贵德”和“志于道，据于德”不太一样，“尊道而贵德”要联系“道生之，德畜之”来说。“志于道，据于德”，人的主体参赞之意比较强，“尊道而贵德”还是以道德为主，所以不同。儒家强调自觉，道家强调自然，两者各有不同。

道德为主就是重视根源和本性。我们这个民族强调生生，我们的哲学是生生之学，“存在”讲的是生生之存在。“存”和“在”这两个字都是讲“生”。“在”从土才声，植物从泥土里面冒出来叫“在”，人参与到“在”中叫“存”。我们的哲学强调的是，人本来就在世间，能参赞天地之化育。

人不是端起主体来看这个世界，不是把这个世界当对象看。人是在这个世界之中和这个世界互成一个不可分的整体，并在世界之中展开他的理解和诠释。这是我常提的“存在的连续观”和“存在的断裂观”的差异，是主客交融成不可分的整体和主客分而为二的不同。我做过比喻，我们是筷子的传统，不同于西方叉子的传统。筷子传统代表主体和对象是融合一体的，使用筷子是主体通过中介者连接客体构成整体，达到均衡和谐才能举起客体。使用叉子是主体通过中介者强力侵入客体而控制客体。我在很多场合讲过这个比喻，这个比喻其实是蛮传神的，一个是以主摄客的传统，一个是主客交融成一个不可分的整体的传统。回到“道德”这两个字，你

① 《道德经·五十一章》。

一定要记住，不要用现代语汇去理解，要回到古典中去理解。

《道德经》所强调的“无为自化，清静自正”就是我们所讲的重视自然生态链和自然共同体。儒家重视的是人伦共同体，当然，人伦共同体也不违背自然共同体，人伦里面也有自然生态链。整个中华民族思考的问题是，你要怎么样实现可持续发展。

我们不是一种理性的逻辑构造，而是回到事物本身，在一个总体场域里面，使其如其生命地生长。这是我们思考问题的习惯。我们的医疗方式和西方人的医疗方式也不同，他们把人当成机械论理解上的一组机器，我们把身体理解为一个有机的整体。心肝脾肺肾和金木水火土是什么样的对应关系，如何处理相生相克的关系，这是我们的传统。这样想问题是一种生态式的思考，而非理性的逻辑构造。它更重视生命情志的感通。所以你读古典一定要留意，这个过程是一种生命情志的感通，不要一直拿理性构造的逻辑去框它。现代学术习惯用一种理性的逻辑方式去表达，因为你必须合乎现代的学术规矩，这没关系，你读熟了，再把它表述出来就可以了。

我主张一章一章地读《道德经》，读了以后再慢慢消化。譬如，我今天抓几个要点和大家说一说，但不一定能尽其全。上次我们提过道家是“付能于所”，注重场域天地，儒家“摄所归能”注重主体，这是个对比。儒家强调人的自觉，道家就觉得你人要那么多自觉干吗，人好好过日子就好。“可欲之谓善，有诸己之谓信。充实之谓美，充实而有光辉之谓大，大而化之谓圣，圣而不可知之之谓神。”[①]老子的想法里面没这个事，你无诸己不行吗？“纵浪大化中，不喜亦不惧”行不行？可以。你每天浪生浪死地在这世间活着，难道就没意义吗？依照老子的说法，这就叫意义。你以为有多伟大的自觉，有多伟大的意义，我告诉你活着就是意义。你会发觉道家这样思考问题，未免太不着边际，未免太放下了。道家说人生本来就放

① 《孟子·尽心下》。

下好一点，你每天要记那么多东西还了得。你说，老师，如果依照你这个想法的话，我们尼山学堂也不用读了，大学不用读了。其实，道家告诉你，如果你觉得读得有滋味那就读。

道家不是告诉你要怎么样才有滋味，它其实是强调要承认多样性。“鱼相忘乎江湖，人相忘乎道术。”[①]有的人就要像孔老夫子一样要席不暇暖，周游列国。到战国时，有的人就要像孟子一样，带着一群学生去宣讲，到一个地方，把人家骂一顿，骂完了还享受最高的礼遇，因为他行啊。你现在行吗？你有办法带着你的徒众，到哪到哪，下了飞机举行记者招待会，然后梁惠王来问“叟不远千里而来，亦将有以利吾国乎？”[②]先生，你飞那么远到美国来，现在美国经济很需要竞争，你是带着什么伟大的项目来帮我吗？孟子就跟他说：“王何必曰利？亦有仁义而已矣。”[③]他骂得梁惠王连喘息的机会都没有。梁惠王马上说，我们记者招待会到此结束。最后，车队去往最好的饭店吃饭了，梁惠王还给他最高的礼遇。那个年代是一个知识分子可以大显身手的年代。为什么？因为春秋到战国每个国家要强盛，于是知识的力量就很重要。孟子的道德理想也是一种力量。

我记得十多年前在台湾师范大学教书时，教过一年《孟子》课程。有一个学生批评孟子说，老师，这个道德理想主义者都是空言，他们有什么作用？他都没有现实能力。我说，你想想他有没有现实能力，他带着一群学生今天到这明天到那，这群学生要吃要住。他把人家骂了一顿，讲了一番大道理之后，还带着这群学生去各处，你能吗？你有这个能力吗？这不叫能力吗？所以，我们读书要读进去。孔夫子周游列国你以为那么简单，我们都做不到，我们周游列国光机票就有问题，孔老夫子还带着一群学生，

---

① 《庄子·大宗师》。

② 《孟子·梁惠王上》。

③ 《孟子·梁惠王上》。

所以我很佩服他们。老子和他们不一样，老子认为你们这些伟大的理想家太多事了，世间可能会被你们越搅越乱。老子想清静点。

六、正言若反的表达，往复循环的思考

《道德经》中其实有很多带有警示的语句，它们在表达方式上是正言若反。“天下莫柔弱于水，而攻坚强者莫之能胜，其无以易之。弱之胜强，柔之胜刚，天下莫不知，莫能行。是以圣人云，受国之垢，是谓社稷主；受国不祥，是为天下王。正言若反。”[①]这个很有意思，它点化出人类文明在发展过程中一直和权力的麻烦关系，而你怎么样能够把问题消解掉，这里其实隐含着一种疗愈的作用。这是道家，道家喜欢点化出事情真正的核心所在。

我以前在做《道德经》翻译时，往往在后面加上一些“心灵药方”，也就是我的体会。话怎么说不重要，事怎么开展才是重点。请注重“坤原则”，“坤原则”就是具体性原则，道家是最注重具体性原则的。怎么样说是一回事，但是好好过日子才是真的。伟大理想怎样说都可以，但是老百姓的现实生活要过好。语言的最大限制和吊诡就在于它有两面性，解开两面性，直入本源，你才能真明白实理，柔性的颠覆与瓦解势将带来真正的生长，不必太强调刚性的建构。正言若反，但不一定反言若正，正正反反，要息心止虑，我们要想一想。

道家思考问题常为一种负面的思考，“反者，道之动；弱者，道之用。天下万物生于有，有生于无”[②]。其实，我做白话翻译的时候下了很多功夫，因为我觉得古典必须要有好的白话翻译，为什么呢？因为有太多太烂的白话翻译，所以我一直认为必须要有好的白话翻译。翻译和诠释不同，要在

---

① 《道德经·七十八章》。

② 《道德经·四十章》。

语法语式上尽量接近，语意当然更是要接近。譬如，“反者，道之动；弱者，道之用。天下万物生于有，有生于无”。正反往复，自然大道，行动不息；柔弱温顺，自然大道，运用无穷。天下有千万个有形有象的事物，它生起于人们有形有象的执着分别，这有形有象的执着分别则又生起于无形无象的浑沦为一。这个“反”其实是往复循环的思考。道家想这个问题的时候，看似负面，但其实是周环成一个整体。将一条线圈成一个圆，原先的两端就成同一个点。管人家说你、笑你脆弱，你明白自己是在生长就好了，并须知：此时生长最安全。所以道家是“夫唯不争，故天下莫能与之争”①，道家很聪明的地方是不必以竞争刺激生长，而是以生长取代竞争。

现代性社会要求以竞争来刺激生长，这是会有伤害的，而生长取代了竞争，就不会有伤害。你有经验更丰富的可能性，谁说一定要经验老到的好。以前我学生说，老师我们去求职时对方都说要有三年工作经验。我说，从来没有人说征婚一定要有经验，你给那个老板写封信，说我其实蛮喜欢那个工作，但是应征要求要有三年经验，这是什么意思呢？“未有学养子而后嫁者也。”②有没有听说要有经验才能结婚？你能够突破这一点，原来的限制条件就等于是帮助了你，因为它限制了别人。

我跟大家分享一下拜访徐复观先生的故事。徐复观先生和我的老师牟宗三先生同辈，大约比牟先生大了十岁。我们年轻时都喜欢读他的书，他的书让人读来非常有力量。用现代的话来讲，那时候我们都把徐复观先生当成偶像，我是他的追崇者。某日，我在报纸上看到他癌症末期的消息，觉得很难过，我想一定要想办法去见他。我只有一个线索，他和蔡仁厚先生熟悉，蔡先生可以算是我的老师。我就跟蔡先生问了徐先生的病房号，我现在还记得是在台湾大学附属医院901病房。1982年的3月我去了那里，看到901病房贴了两行字：遵医所嘱，谢绝访客。我在长廊绕了两圈，觉

① 《道德经·二十二章》。
② 《礼记·大学》。

得不行，如果我今天不敲门进去，这辈子恐怕就再也看不到他了。于是我鼓起勇气敲了门，门一打开，老夫人徐师母微笑着问，年轻人什么事。我说，我是蔡仁厚老师的学生，想拜访老先生。她二话没说就请我进去了，这超乎想象。结果我们一谈就谈了一个多小时。徐老先生问明我的名字，他听不清，叫徐师母拿纸笔让我写给他看，我很郑重其事地写着。老先生谈得蛮欢喜。“遵医所嘱，谢绝访客”，果真就谢绝了很多的访客，这就使得我去看他有意外的收获。如果每天都有人去看他的话，他可能太累了。大家记住：写的是什么，事实可能是另外一回事。

台海两岸的关系是怎么一回事，实际上是怎么一回事，你也要知道。以前李登辉时代，要台商少来大陆，要戒急用忍，但是台商还是都到大陆来了。台商很聪明，因为他们把“戒急用忍”变成了“借急用人”，中国人的话语很有趣。“下雨天留客，天留我不留”变成了“下雨天，留客天，留我不？留”。我们读古典的时候也可以玩一玩。像道家，读一读可以读出很多味道，但不是乱读，它有它的意思在。读古典你就想成和孔老夫子见面、和老子见面的样子，思之思之，鬼神通之，读之读之，夜以继日。《道德经》非常注重天地、处所、场域，付能于所。一个点你容易忘记，一个大的面你就不会忘记。思考问题时，你要能够恰当地放到整个场域处所去想。

七、回归天地场域，效法自然之道

“知人者智，自知者明。胜人者有力，自胜者强。知足者富，强行者有志，不失其所者久，死而不亡者寿。”[①]老子很清楚地点化出要回到源头看事物。你能识别清楚他人，算是聪智，能回到自身好好了解，算是明白。“智”是指向外的，“明”是回到自己的，“明”讲的是智慧，“智”讲的

① 《道德经·三十三章》。

是聪智，所以我特别用聪智、明白把它们区别开来。胜过别人叫有力，胜过自己才是真正的强者。知足的人算是富有的，而奋力实践的人已经确立了志向。不离大道之所才能长久，身虽死精神长存才叫长寿。“鱼不可脱于渊”[①]，鱼不能够离开湖泊、池塘，而需要一个大的处所让它生长，不然“龙游浅水遭虾戏，虎落平阳被犬欺”。中国哲学非常注重处所场域、情境时宜，你读《周易》就更清楚了，事物处在不同的位、不同的时，所显现出来的是完全不同的。

韩信在项羽那无用武之地，在他的家乡更惨，一个小流氓就可以让他从胯下钻过去。韩信什么时候开始觉醒？就是受胯下之辱的那一刻。每个人生命中的转折点不一样，韩信生命中最关键的时刻就是受胯下之辱的时刻。项羽生命的关键时刻是什么时候？就是他提着宋义的头出来号令天下的时候。传记的精彩之处在于点出一些关键点。书中也有一些精彩的地方，譬如，《道德经》《庄子》最精彩句子的就是“上善若水”“至人之用心若镜”[②]。“用心若镜”“上善若水”“道法自然”“致虚守静”，这就是一些关键字眼。你经典读熟了，最精彩的关键处就跑出来了。

第七讲讲“天长地久”，这是中华民族最强调的地方。我们强调生生不息，永续经营。生态之为生态就是有存有亡，鱼长大了要被吃掉，还没长大当然要继续活着。“数罟不入洿池，鱼鳖不可胜食也；斧斤以时入山林，材木不可胜用也”[③]，就是如此。自然生态自有其伦理，这是华人世界普遍的智慧。以前我们乡下就是如此，养鸡养鸭，过年过节就要杀鸡杀鸭，但一定要称称看有多重，超过某个重量才杀。这就是伦理，这就是生态，生命有一个适度的准则，这是一种生生的哲学。

我们这个民族非常注重生，视死犹生。“生，事之以礼；死，葬之以

① 《道德经·三十六章》。
② 《庄子·应帝王》。
③ 《孟子·梁惠王上》。

礼，祭之以礼。”[①]“天长地久。天地所以能长且久者，以其不自生，故能长生。是以圣人后其身而身先，外其身而身存。非以其无私邪？故能成其私。”[②]天地是长久的，天地何以能既长且久呢？只因为它不偏私地生长着，所以能长久地生长。圣人了然于心，因此把自己放在后面，这样好让人民到前面来，把自己放在外头，好让人民能在里头生存。正因为他没有私心，所以能够让每一个人都成就自己。道家是很有趣的，道家对大公无私这些话语是有所警惕的。大公无私，怎么活？大公无私到最后都变成大私无公。道家很清楚以其无私，故能成其私，是因为他没有私心，所以他能让每一个人成就自己。

人应该学习的对象不是某个人，而是天地，要有天地般的心量，不用忍耐也能长久。道家强调让开，让开是最重要的药方。你要对自己让开，对别人也要让开。记住，别人生长你也就生长了，成就别人就是成就你自己。事情不一定那么不好，但你要放得下。你没读懂道家时没关系，放开就懂了。读文言的办法就是没懂的地方先略过，继续往下读，读多了就懂了。“父为子隐，子为父隐，直在其中矣。”[③]这个“隐”是什么？“隐”是不说出去的意思。你只要在乡下生长过就会知道，民间社会中长幼尊卑的父子关系强调，父亲的权威要被尊重，这是确立人伦。父亲偷了羊，子女怎么可能去告发呢？父亲杀了人，他可能连天子之位都不要了也要背着父亲逃走。这是强调人伦的重要性。

道家想问题是圆环式的思考。“有物混成，先天地生，寂兮寥兮，独立不改，周行而不殆，可以为天下母。吾不知其名，字之曰道，强为之名曰大。”[④]有个东西浑然而成，在天地之前即已存在，无声无息，无边无际，

① 《论语·为政》。
② 《道德经·七章》。
③ 《论语·子路》。
④ 《道德经·二十五章》。

敻然独立，永不迁动，周而复始，运行不已，它可以作一切天地万物的母亲。我们不知何以名状，于是约定称它为“道”，勉强形容它，说它是广大无边。道家讲万物生成之源头是浑沦不分。

“道大，天大，地大，人亦大。域中有四大，而王居其一焉。人法地，地法天，天法道，道法自然。”①广大无边而运行不尽，运行不尽而玄远无际，玄远无际而又返回本源。这么说来道大，天大，地大，人亦大，这么说来总体的本源之道是创生不已的，普遍而高明的天是宽广无涯的，具体而厚实的地是含藏无尽的，虚灵明觉的人也一样具有自强不息创生的可能。因为“道大，天大，地大，人亦大”很难翻译，我做了一个诠释，整个大宇长宙中有这四大而人居其中之一，人学习地的含藏厚实，进而学习天的高明宽广，进而学习道的本源创生，最后只是学习自然、效法生成。这个翻译中我尽量让它和原来的语法语意配称、调和。留意发展的向度，用圆环式思考替代单线式的思考，想想恒久的可能。人之为人，是因为天地万有一切都可以在一刹那间被纳到心中，除非你自己看小了自己。具体的生长，普遍的发展，脉络的安排，自自然然地，如如无碍。人要能放下，就轻松了，人要能放空了，就明朗了。以上就是把我所体会、玩味的用自己的话说出来，你们可以用自己的方式去理解。

道家想问题是具体而实存的。“上善若水。水善利万物而不争，处众人之所恶，故几于道。居善地，心善渊，与善仁，言善信，正善治，事善能，动善时。夫唯不争，故无尤。”②我们怎么理解呢？“上善若水”，最上等的善像水一样，柔弱却包容。同样是水，但道家做的比喻和儒家不同，儒家讲水是“原泉混混”③，“沛然莫之能御”④，水有一个定向，往下走。儒

①《道德经·二十五章》。

②《道德经·八章》。

③《孟子·离娄下》。

④《孟子·尽心上》。

家讲的水显示出刚健，道家讲的水是柔弱和包容。水的善，利益了万物但是不与他们争斗，处在众人所不喜欢的地方，却因为这样而接近于道。处事要好好学习大地的浑厚，用心好好学习深水潭般的包容，与善人交往要好好学习人际的真实感通，说话要好好学习信用的确定，为政要好好学习治事的稳健，行事要好好学习才能的运用，变动要好好学习实际的抉择。正因为你不去争斗，所以不会招来怨尤。

翻译当然很难尽其全，但是一定要想办法让它能够达意，这是我的原则。在这个过程中，你自己再去体会、玩味。道家讲柔弱胜刚强。别人以为是柔弱，其实是包容。包容没什么不好，包容可以免除斗争。在春秋战国时代，道家就是一个反战争的哲学。就整个中国来讲，和平思想是很盛的。战争没什么好，战争是不得已才发动的。老子也谈到战争，要“果而勿强”[①]，要赶快结束，而且获胜时要奏哀乐，代表对生命的悲悯与同情。事情总有个定准，你要抓准它，不要放过，但是也不需要担心，治事稳健，注意时机的抉择，当断则断，不要犹豫。该做的好好做，做你喜欢的，喜你所做，无怨无悔。道家不会对做过的事情感到后悔，因为它都会过去。道家想问题不是回到自己，而是回到天地。这个世间本来就有遗憾，有遗憾没关系，缺憾还诸天地可以是创格完人（郑成功）。你缺憾不还诸天地，将永远是遗憾。

八、古代文学中透出的道家风骨

道家是从“我的”回到“我”，从“我”回到天地。从“我的”回到“我”，“我”才会轻松，你执着于“我的”，就会不轻松。我范围天地，才会逍遥。“逍遥游”这三个字讲得很清楚，“逍”就是把主体消解了，

---

① 《道德经·三十章》。

“遥”就是天地宽阔了，“游”就是悠游无待了。主体消解了，天地宽阔了，你就悠游无待了，就“逍遥游”了。你了解到世间的事物其实都是不齐的，“夫物之不齐，物之情也”[①]。你懂得了这个道理，就不会那么难过了，就会像苏东坡那样半开玩笑地说，“惟愿孩儿愚且鲁，无灾无难到公卿”[②]。虽然诗人有点悲愤，但是写得也很真实。这不是把朝廷那群大官骂了一顿吗？因为苏东坡既不愚也不鲁，所以一直被流放，不管被流放到哪个地方，他都留下了痕迹。苏轼被流放到琼州，“九死南荒吾不恨，兹游奇绝冠平生”[③]。

从道家的角度讲，不只忠臣对这世间有贡献，奸臣的贡献也不小。因为奸臣把这些最优秀的人贬到偏远的地方，从而使那里的文化生态平衡不少。你看，如果没有遇到刘瑾，王阳明会到贵州去吗？不可能。贵州出了一个王阳明那是不得了的事。海南出了一个苏东坡那也了不得。现在想来被贬官也没那么严重。“举杯消愁愁更愁”，这话是骗人的，借酒浇愁多半愁也不愁了，要不然怎么那么多人要喝酒呢？为什么人们会“愁更愁”？就是因为你喝得不够多。

“我醉欲眠，卿可去”[④]，何等逍遥！陶渊明是儒家的成分多还是道家的成分多呢？当然是道家的成分多。“误入尘网中，一去三十年。羁鸟念旧林，池鱼思故渊。开荒南野际，守拙归园田。”[⑤]“采菊东篱下，悠然见南山。”[⑥]你看《桃花源记》，那也是道家。“晋太元中，武陵人捕鱼为业，缘溪行，忘路之远近，忽逢桃花林，夹岸数百步，中无杂树，落英缤纷。渔人甚异之，复前行。林尽水源，便得一山，山有小口，仿佛若有光。

① 《孟子·滕文公上》。
② 苏轼：《洗儿诗》。
③ 苏轼：《六月二十日夜渡海》。
④ 《宋书·陶潜传》。
⑤ 陶渊明：《归园田居》。
⑥ 陶渊明：《饮酒》。

便舍船，从口入。”这是悟道之言，前面是一个修道的过程。每个字都很有趣，你只有从意象上去体会，才能体会出它的味道。渔人从桃花源出来之前，人家告诉他“不足为外人道也”，他就放不下，出来以后“处处志之”，做记号，之后就照原来的出处往前看，然后“遂迷，不复得路”。你通过话语是入不了道的。你们要回去把《桃花源记》找出来好好咀嚼玩味一番，那是悟道之言。

我认为，文学家中对道体会最深的当然是陶渊明。若是“渺沧海之一粟，哀吾生之须臾”[①]，这就不是道家了。“渺沧海之一粟”不该“哀吾生之须臾”，“渺沧海之一粟”应该“纵浪大化中，不喜亦不惧”[②]。你怎么会因此而悲伤呢？悲伤就是因为太想有所作为。我认为，苏东坡其实骨子里是儒家的。

道家很强调回到生命的源头。道是就总体根源说，根源有一个生命的律动。我一直认为把“道”解释成客观规律是不准确的，“道”讲的是存在的律动，这个律动是“一阴一阳之谓道”[③]。华人世界最注重这种律动，形不似但是神似。什么叫“形不似而神似”？漫画就是形不似而神似，把“神”画出来很重要。形似而神不似没用，那是死的，所以写书法时你要先摹帖得其形构，再临帖得其神气，临之既久要忘帖，先要背帖，背帖以后忘帖，忘帖以后就自成一家了。你掌握了书法之道，读书时也可以通用。比如，《道德经》怎么读，你回去读读看，读熟了慢慢切入，没读熟就写《道德经》的哲学，这是要伤身害性的，莫兹为甚。

现在中国哲学界专门戕害年轻学子，大家都是听谁怎么说，需要那么多“谁怎么说”吗？这是没道理的。茅台酒好喝，你喝了体会一下。没喝过，你就告诉我这个茅台酒是哪一个厂的，出产以后哪一个领导说好喝，

---

① 苏轼:《前赤壁赋》。
② 陶渊明:《神释》。
③《周易·系辞上》。

他们的评语是什么，最后这酒太贵了，要喝买不起。这是不对的。你体会、玩味一下，《道德经》五千个字而已，一天读一章，八十一天就读完了，或者花两个小时就能读完，读完了不懂也没关系。你若每天愿意花两个小时读它，没多久就会读懂了，读懂了一辈子受用。

九、道为根源，德为本性，万物莫不“尊道而贵德”

道家强调回到生命的源头，“尊道贵德”，道为根源，德为本性。任何一个存在的事物都有其性质，性质是从根源而来的。比如，这个麦克风有麦克风之道，根据麦克风之道所做成的麦克风就有麦克风之德，这就是它的性能。我现在使用麦克风当然要“尊道而贵德”，这样你才能把麦克风使用到最好。有的人使用麦克风就像麦克风跟他有仇一样，要把它吃掉。其实，我现在使用这个麦克风是适当的，如果我一直贴近着它这样说，说两个小时，你的耳朵受得了吗？有人真的就是这样使用麦克风的，他那天讲的还是《道德经》中的“清静为天下正”，我真的不知道该怎么说。人的觉知能力都已经毁掉了，你还能做中国哲学吗？中国哲学最重要的就是你对存在的事物要有一种觉知，你没觉知的话，怎么读懂它？这是很重要的事情。

“道生之，德畜之，物形之，势成之。是以万物莫不尊道而贵德。道之尊，德之贵，夫莫之命而常自然。故道生之，德畜之：长之、育之、亭之、毒之、养之、覆之。生而不有，为而不恃，长而不宰，是谓玄德。”[①]自然大道，创生天地，内具本性，蓄涵其中，存在事物，形着其体，事物相接，造成时势。如此说来，存在万物没有不遵从自然大道，而以内具德性为贵的。自然大道的创生，内具德性的蓄涵，不经赋予与命令，就只是

① 《道德经·五十一章》。

自然无为而已。正因自然大道，创生天地，内具本性，蓄涵其中，就如此生长，如此发育，如此结籽，如此成熟，就如此养育万物，怀养万物。自然大道生育万物，而不据为己有；自然大道助成万物，而不矜恃其功；自然大道成长万物，而不主宰控制；这就是玄远幽妙之德！读起来还蛮通畅的，但是你有没有读进去呢？若没有读进去，你读完了要怎么办，回去抄一遍，这就是中文古典的麻烦之处，白话翻译不能取代原文。我的翻译已经花了很多工夫去揣摩，但是它不能取代原文。我常说白话翻译就像勾兑的酒，而勾兑的酒永远取代不了酿造的酒。

存在的事物必有其根源，必有其本性。根源叫“道”，本性叫“德”，如其根源本性就叫“道德”。不要在末端的事势上下功夫，而要在根源的本性上好好生长。道家一直是这样，所以道家一直告诉你，生长是最重要的，竞争是不得已的，你生长到一定程度，不用竞争你就赢了。这就叫“夫唯不争，故天下莫能与之争”[①]。道理，因道成理，事势，因事成势，道理优先，事势在后。用认知去定住，用智慧去观照，用德性去成全，用大道去消融。这个是我仔细考量的结果，像认知、德性、大道这些古典的语汇是借用现代的语汇重新去说。道为总体、为根源，所以可以讲消融，德性是具体的存在事物的性质，所以讲成全、讲生长。

我为什么花很多功夫一直在讲汉语的语感如何如何重要？因为我们现在对古典文言的语感是很匮乏的，“读而不知其味”，所以要多思多揣摩，慢慢才能够掌握道。“道常无为而无不为，侯王若能守之，万物将自化。化而欲作，吾将镇之以无名之朴。无名之朴，夫亦将无欲。不欲以静，天下将自定。”[②]自然大道，原本平常，不为什么目的，而自如其如地生长着。当政的侯王若能执守这自然大道，天下万物将回到自身，自然化成。自然化成生出了贪欲渴求，我将凭依不可名状的本源之道去镇伏它。如此一来，

① 《道德经·二十二章》。

② 《道德经·三十七章》。

便可以无贪无求，无贪无求而回到宁静，天下将因之自然安定。道家有观照整体的能力，强调回到存在本身，回到存在本身就是跨过话语之总和。

一个事事计较的人不适合当领导，他顶多当一个中层管理者。领导者要有浑穆之气，浑穆之气就如这里所说，不要老算计功利，不要老想着目的。无目的当下自然便是洒落，便可成就一个自然豪杰，领导者不需去管理，让他们想出一套自己管理自己的方式。一切计议便会生出贪欲渴求，这时需要的不是去压抑它，而是让大道显现。这样的镇伏是自然镇伏，这才会有效。无贪无求，就是至福，真正的德从此处立起，这是通于自然大道的道德。真正的道德是什么？它是一种生长、一种涵养，道德不是压迫，也不是强制。道家非常强调个别、差异和包容。

在中国哲学中，道家是非常可贵的存在。其实，我很喜欢道家。我在学派上常常被归属到儒家或者新儒家，但是我宁可人家说我是新道家。我的性子并不像道家，而是缺乏道家，读了很多道家著作之后，慢慢地受到一些启发。我年轻时对太多事太在乎，现在才发觉耗损了太多心力。如果你不在乎那么多，可能会更好。道家最懂得什么叫“停损点”，什么叫“低耗能而高产值”。现代性的体制中有太多东西是高耗能而低产值，特别是现在有关人文学科的学术体制。现在你看我们一年要填多少表格。以前我们老师那一代人哪里有这么多事情。人文是一种生长，它和理工科、社会科学不同。人文是回到人，“君子以文会友，以友辅仁”①，回到人真实的感通，才能回到人本身。

我常说什么叫“人文”呢？“人文”就是一群“莫名其妙”的人，在一个“莫名其妙”的地方，教了一群“莫名其妙”的人，结果就成了“莫名其妙”的人才。民国初年那种条件下，没有那么多项目，也没有那么多考核，却大师辈出。现在很多项目、很多考核，反而弄得一塌糊涂。大家太

① 《论语·颜渊》。

辛苦了，辛苦了半天，连酒怎么喝都忘了，结果到最后还是什么都没产出。“鱼相忘乎江湖，人相忘乎道术。”①“以道莅天下，其鬼不神。非其鬼不神，其神不伤人。”②一定是如此的，道家强调事物有其本性，要有归复的过程使本性好好生长。你读道家时不必太在乎，你听课也别太在乎。别人问你今天学了什么内容，林老师今天有没有一个概念清楚的架构？没有。我本来就没有，道家就不应该有。道家像水一样，不同的容器盛出不同形状，用这个容器盛了就是这样，用那个容器盛了就是那样。你体会生命的流动就好了。

十、从生活经验进入生命体验，经典阅读重在自家体会

我们用很多日常的话语去体会哲学的语境。哲学话语和生活话语应该是连在一起的。你怎么样把这些日常语汇转化成现代学术话语呢？我以前教过一门课程叫“哲学概论”，目的是教学生哲学地思考问题。我们怎么哲学地思考问题呢？你怎样将中文的话语转成哲学的语境呢？道怎么变成根源，德怎么变成本性，要说出个道理来，要慢慢联系。其实，我今天讲这个课的目的也是希望大家将这些古典的话语转化为现代学术话语，并和生活话语连接在一起。

存在的觉知、概念的反思、理论的建构时时刻刻在生活里出现，你会发现这原来是个哲学问题。譬如，中国的成语故事可以通过一个叙事来彰显很多道理，而其中的道理到底能不能用现代哲学语汇重新去说？大家都知道“刻舟求剑”的故事，刻舟求剑，求之不得，为什么他求之不得？这个问题牵涉到记号的有效性，它和时间的流变、记号所确立的确定点相关。这样一转，它好像变成了一个蛮学术性的问题。中文有趣的地方就是它可

① 《庄子·大宗师》。
② 《道德经·六十章》。

以通过叙事来描述一个非常深刻的道理。

“今人乍见孺子将入于井，皆有怵惕恻隐之心。非所以内交于孺子之父母也，非所以要誉于乡党朋友也，非恶其声而然也。”[①]“乍见”这两个字很重要，附带说明，他去救人，并不是认识这个人的父母亲，不是想要乡党朋友对他的称赞，也不是怕人家说他见死不救，而是发自内在本心的行为。道家谈一个问题时是从具体的经验去说，“天下皆知美之为美，斯恶矣；皆知善之为善，斯不善矣”[②]。这是总设地说，却是从具体的生命经验里得到的。话语加诸事物之上，会使得A变成非A。读古典不能只有生活的经验，也要有生命的体验，从生活的经验到生命的体验是非常重要的。

“致虚极，守静笃，万物并作，吾以观复。夫物芸芸，各复归其根。归根曰静，是谓复命。复命曰常，知常曰明，不知常，妄作，凶。知常容，容乃公，公乃王，王乃天，天乃道，道乃久。没身不殆。”[③]我就不多说了，大家直接看翻译。我们要极力地回到虚灵的本心，要笃实地守着宁静的元神。让万物如其万物各自生长，我只静静地体会生命的回归。一切存在如此错杂纷纭地生长着，它们总是各自回归到自家的生命本源。能够回归到自家的生命本源，这叫作“生命的回归”。回归生命本身就叫“常道”，没体会得常道，而胡作非为，就会产生祸害。体会得常道就会生出包容，体会得包容就会变得豁然大公，豁然大公才得周遍完全，周遍完全才能自然天成。自然天成就能符合于道，符合于道就能悠久无疆，终其一身也就不会有什么危险了。道家认为，你要致虚守静，少一点世俗之习心，对待自己如此，对待家庭如此，对待国家、对待一切都是如此，借用《太上老君说常清静经》表达就是“人心本静，元神本清”。

这样顺着读，读了几回你会发觉可以慢慢进入语境中。体其意味，就

---

①《孟子·公孙丑上》。
②《道德经·二章》。
③《道德经·十六章》。

可以慢慢地契入，契入了你才知道它讲的是什么。生命本身就有一种回归本位的能力。每天睡觉时就是你的生命回归本位时，所以睡眠很重要，睡不好是你的生命没有办法回归原点。晚上最好关掉手机，让手机也回归原点，该充电的充电，明天再打开，不要让手机从买来一直到坏掉全部都“活”着，你要让它每天“死”一次，这样才会“活”得久一点。道家告诉你，没有好好地休息，怎么能好好地用功呢？所以，生命的另外一个部分也很重要，不从容何以中道？

吃，重不重要？当然很重要。中国人最讲究吃，这代表一种智慧。不光是中国重视，受汉文化影响的国家都重视它。美国是把人喂饱就可以了。但是吃东西是要品尝的。你看真正喝过茶的人一定不会去便利店随便买个茶就喝了，喝过咖啡的人一定喝不了三合一的速溶咖啡，这叫“观于海者难为水”[①]。你真正读过《道德经》就不会觉得读读翻译本就可以了。你好好读过《论语》，当然会觉得于丹《论语》讲得实在不怎么样。你好好读过《道德经》，可能会觉得林老师讲得也不怎么样，确实如此。今天我只是做一个没技术的言说而已，希望引发大家读《道德经》的兴味。

十一、物经由话语的论定不再是其存在本身，道家强调要回到未始有言之先

道家不主张必然性，主张可能性；道家不主张竞争，主张生长；道家不主张斗争，主张共生、共长、共存、共荣；道家不主张大国的控制，主张小国更多的生长；道家不主张崇拜伟大人物，主张尊重小人物，这就是道家。你只崇拜大人物，其实是文化不高的表现，你对小人物都能尊重则表明你文化很高。道家讲的就是这个道理，这样我们就很容易理解道家了。

① 《孟子·尽心上》。

“道生一,一生二,二生三,三生万物。万物负阴而抱阳，冲气以为和。人之所恶，唯孤寡不谷，而王公以为称。故物，或损之而益，或益之而损。人之所教，我亦教之。强梁者不得其死，吾将以为教父。”[①]大道之生，混沌为一，不可言说，不可言说，分裂为二，转为可说，既为可说，参合天地，成就为说，说必有指，指向对象，构成万物。“道生一,一生二,二生三,三生万物”，这是我的翻译，其实这是蛮天才的翻译。这一段很难翻译，不信的话，你们可以去查各家的翻译。万物存在载负阴柔而环抱阳刚，养其虚灵之气以为调和。孤、寡、不德这些话是人所厌恶的，而王公偏以此自称，为的是调和其气。如上所说，存在事物虽或减损，反而增益，虽或增益，反而减损。这道理是前人所留下的教示，我也同样地教示于你。道家所谈的其实就是平常，它不认为伟大有多伟大，反而告诉你要正视平常。矜强自恃的人，不得好死，我将以此作为教示世人的纲领。道家一直强调的是一种真正的柔弱胜刚强。人们用语言名号去对既有的存在设定标签，但不要忘了未贴标签前，正是存在事物生长的过程，所以你要懂得把标签去掉。我问过这个问题：是你来说明名片，还是名片来说明你？名片是用来介绍你的，但是名片不足以说明你，是你在说明你自己。

任何存在的事物总有阴阳、刚柔两个对立面，用你的谦卑心灵去活转它吧！“得其环中，以应无穷。”[②]教，是不言之教，是柔弱之教，这是生长的关键处，即使要说话，还是要归于不说。损之可益，益之可损，自然有一种持平原则，人间福分亦是如此，我们且安心！这是道家的一种态度。道家一直是这种低调地回到自身的思考，它对于一切话语所构成的系统基本上是有所警觉的。对于话语所带来的人与人之间的疏离和异化，道家深深理解，并提出一套治疗之方，就是回到道，回到德，回到本性，回到根源。道家有一个要求就是回溯本性，回溯根源，所以它有一个道德系谱的

① 《道德经·四十二章》。

② 《庄子·齐物论》。

构造。其实《道德经》第一章里面就讲出了“有名”“无名”及“道”“可道”的对比，第二章就开始讲人们使用话语去说A，而在这个过程中，量达到某个程度，它会从A变成非A。

“上德不德，是以有德；下德不失德，是以无德。上德无为而无以为，下德为之而有以为。上仁为之而无以为，上义为之而有以为，上礼为之而莫之应，则攘臂而扔之。故失道而后德，失德而后仁，失仁而后义，失义而后礼。夫礼者，忠信之薄而乱之首。前识者，道之华而愚之始。是以大丈夫处其厚，不居其薄；处其实，不居其华。故去彼取此。”[①]大家现在读我的翻译还是蛮通顺的，其实我在做这个翻译时，已经教了二十几次《道德经》了。现在我已经教了六十几次《道德经》了。

至上之德，不执着于此德，正因如此，拥有这德性。俗下之德，执持不失此德，正因如此，丢失了这德性。至上之德，自然无为而且也不为什么目的而为。俗下之德，勉力有为而且是为了目的而为。至上之仁，纯只感通之为，不为什么目的而为。至上之义，勉力为之，这是为了目的而为。至上之礼，勉力为之，却没得到恰当响应，就拉着臂膀而勉强将就它。如此看来，失去了大道之源，而后只好强调内在德性，失去了内在德性，而后只好强调感通之仁，失去了感通之仁，而后只好强调正义法则，失去了正义法则，而后只好强调礼仪规范。到强调礼仪规范时，正可见忠诚、信实已然浇薄，祸乱灾害，已然开始。预先测度未来，只见得大道的表象，这是人们愚昧之始！大丈夫宁可居处忠信之厚，不愿居处礼文之薄，宁可居处纯朴之实，不愿居处浮泛之华，因此，宁可去华薄而取厚实。

这一大段讲了一些很重要的概念——道、德、仁、义、礼。道为根源，德为本性，仁为感通，义为法则，礼为规范。失了道，强调德，失了德，强调仁，失了仁，强调义，失了义，强调礼，失了礼，强调法，失了法，

① 《道德经·三十八章》。

强调刑。刑法必须回到礼，礼必须回到义，义必须回到仁，仁必须回到德，最后的根源是道。道是整个存在的回归之所，德就是存在开显落实生长的地方，而有道、有德才有仁，才有义才有礼，如果没有道、没有德，只强调仁、义、礼，而猛强调礼时已经是“忠信之薄而乱之首”了。如果礼也不强调而只强调法和刑，那就会等而下之。

华人的文化传统中非常强调道和德，德就本性说，道就根源说。事物一定要回到根源和本性，我们的政治也是如此。“为政以德，譬如北辰，居其所而众星共之。”[①]理想的政治是让人的性情能够生长，让人的生命能够恰当地生之、长之、育之、成之。这些你要用意象去体会、玩味，不能把它当真的去理解。在这个过程里面，你会发现什么叫“道、德、仁、义、礼”，你知道重点在什么地方，就可以了解它是什么意思。你慢慢了解了这些，再回过头来看第一章，可能就清楚多了。道家究竟的问题就是道和言的问题，就是讲存在的根源和话语论定的关联。道不只说的是一个话语的源头，道也是存在本身。

“道可道，非常道；名可名，非常名。无名天地之始，有名万物之母。故常无欲，以观其妙；常有欲，以观其徼，此两者同出而异名，同谓之玄，玄之又玄，众妙之门。”[②]我们怎么理解这段话呢？道是可以说的，但说出来了，就不是那恒常的道了。名是可以表白的，但表白出来了，就不是那恒常的名了。之后，所论从有名和无名对比说，用无名来说道，所以老子要说的是存在之源彰显的历程，并且通过话语的论定来说。在还未表白前，那个无分别的状态是天地的本源，既有了表白，这个分别了的状态是万物生长的母亲。人回到恒常而无分别的状态，便可以看到道体的奥妙，经由恒常而现出分别的迹象，便可以看到道体的表现。无分别的状态、有分别的迹象，两者都出于恒常的道体。但在表白上，名称却是不同的。就是这

---

① 《论语·为政》。

② 《道德经·一章》。

样的不同而又同，我们把它叫作“玄同”。“玄同”是说生命的玄远之源是相通的，这便是道，道是万有一切所依归及开启的奥秘之门。

这一章所说的人参赞天地之起点就是化育，“无名天地之始”，所论天地造化，“有名万物之母”，所论人间参赞。《道德经》所论盖由人间参赞上溯于天地造化，夫由此天地造化下及于人间参赞。你解开了一个由存在的事物之所构成的、人们话语所论定的定向物，回到更原初的状态。从“名以定形”，万物回到名之，再回到有名，再回到不可名，这是一个回溯。道家讲很深很难，你要以比较恰当的生活话语先去体会、玩味它，然后慢慢地再进到情境中。

体会、玩味后，我比较简单的理解是：遇到事情，要有沉默而冷静的思考，不必急于表白，只要问心无愧就可以了。人间事物，原只是自然的生长，不必在乎，但也不是不在乎，要懂得自在、自然。“道”的门是为沉默而生长的，喧哗的人们就让他们喧哗！我们不是不去管他，而是要沉静地去管他，管他就要先自在。

十二、结语：以道家的具体化原则对治现代性社会的弊病

“天下皆知美之为美，斯恶已；皆知善之为善，斯不善已。故有无相生，难易相成，长短相较，高下相倾，音声相和，前后相随。是以圣人处无为之事，行不言之教，万物作焉而不辞，生而不有，为而不恃，功成而弗居。夫唯弗居，是以不去。”[①]天下人都执着于什么是美，那就不美。每个人都到韩国去整形，每个美女都一样，那还叫美吗？当然不美。天下都执着于什么是善那就不善。道家非常强调多元性。参差不齐，燕瘦环肥都是美。

① 《道德经·二章》。

有和无两者相伴而生，难和易两者相伴构成，长和短两者相待而现，高和下两者相待依倚，音和声两者互为和合，前和后两者互为随从，贯通天、地、人的圣人了然于心，能用无为来处事，用无言来行教，万物就这样不离开生命之源的道而生长着。道生育了它，但不占有它，道长养了它，但不依恃它。道成了功，却不居功，就因它不居功，所以永远不离。任何事物通过话语去论断，而成为一个大众化、流行化的绝大多数的时候，它就会发生异化。你必须了解到它的相对待相，了解了它的相对待相，就不会执着于一端，会懂得无为处事、无言行教。事是用处的不是用为的，所以“处无为之事”，教是用行的不是用言的，所以“行不言之教”。道家讲得很清楚。

道家坚守着一种具体化、实存化的原则，坚守着一种生命的共生、共长的原则，坚守着生命的多样性、多元性、个别性、差异性原则。道家思想和现代性的社会基本上有很多可以相互融通的地方，因为它重视个体性。如果现代性社会果真能够如道家那样，这个社会一定会是蛮好的。现代性社会果真那么重视多元性、差异性、个别性吗？不是的。现代性社会太注重一致性，并且通过一种大众的、流行的方式不断地制造一致性，叫“天下皆知美之为美”，其实是“斯恶矣”。整形整容的标语是很厉害的，如“上帝欠你的，韩式还给你”。人很厉害，上帝对不起你的，现在我可以还给你，人比上帝还厉害。现代性的社会变成这样，你说它有注重差异性、个别性、多元性吗？没有。

道家老子思想用来对治现代性其实是很管用的。你知道道家，就不会认为你的孩子一定要上清华北大。你真了解了道家的思想，碰到任何一个地位再卑微的人，都会尊重他。因为作为生命本身来讲就值得被尊重，这就是道家。每个人都受到尊重，这时候尊重就会很平常。大家把尊重当成一件很平常的事，这个世界就会好很多，大家注重共生、共长、共存、共荣，这个世界也会好很多。有一种自然生态的平衡在这里生长着，“上善若水”就是如此，“至人之用心若镜”[1] 也是如此，“至人无己，神人无功，圣人无名”[2]也是如此，“处无为之事，行不言之教”[3] 也是如此。

原来消极的思想这么有意思，原来人生不必这么积极。原来你在这里听课听到了九点、十点也不是积极用功，只是有趣而已。其实，你可能觉得也没有多有趣，老师听了会不会难过？不会。因为老师知道听课的人容易打瞌睡，讲课的人不会，这是很正常的事。道家的这种心情听起来有一点可笑，但它就是事实。

我刚到台湾的清华大学任教的时候很不习惯，因为我以前任教的任何一个地方都是有起立敬礼的，但台湾清华大学没有，而且下课后没人擦黑板。台湾清华大学是洋学校，后来想一想我还是要教教他们，台湾清华大学上课要起立敬礼的可能只有我的课，有人帮忙擦黑板的也可能只有我教的课。我问，台湾清华大学校训“自强不息，厚德载物”出自何处，没有人知道。我那时候三十多岁写了一篇《清华校训出自何处》的文章。台湾的清华大学以理工科为主，我对它一直有意见，我教了十三年终于离开了，回到我最初的母校台湾师范大学任教。台湾师范大学就很尊师重道。

我常说自然，但什么叫“自然”？张三你今天化妆很自然。自然有没有人为？当然有。人参与进去，在一个自发的、调节的、和谐的秩序里，生意盎然地继续生长着，那就叫“自然”。今天张三很奇怪，一进办公室就一副很不自然的样子。我讲这个例子的意思是什么呢？你读古典时有一些话语读不懂，那就请回到现代生活话语去理解，凡是读到别人怎么论道家，或是别人论古典时，记得一定要回到古典本身。

我们这几次讲座讲如何读《道德经》，如何读《论语》，如何读佛经，目的是把我以前读书的经验给大家说一说。涉及理论层面还有很多东西可

① 《庄子·应帝王》。
② 《庄子·逍遥游》。
③ 《道德经·二章》。

以讲，因为我认为道家隐含了一套非常深的理论，关于这个部分，大家回去可以自己学习领会。

| 问题与讨论 |

学生：林老师，您好！刚才您提到整形，我是韩语专业的学生，想问您我们在追求世俗所谓的美，与追求个性之间怎么来区分权衡？

林安梧：如果依据道家来讲，即是“人之所畏，不可不畏”[①]。如果大家都觉得这样做不太好，那我就不要这么做，但道家并没有说，如果大家都说那是好的，我就跟着做，道家是从消极一面来想这个问题的。道家大概不会去追逐世俗之美，但是它也不会说不要追逐，如果大家都竞逐的话，就没有什么好追逐的了。道家认为任何存在事物都充满着生长的可能性，如果这个事物失去了生长的可能性，我宁可不要。“天下皆知美之为美，斯恶矣”，这个“斯恶矣”基本上还是说得比较轻的。“吾所以有大患者，为吾有身”[②]，重点不在“身”而在“有身”，是你执着的“身”。我们执着于自己的成见，对自己本身的一种在乎，可能会造成严重的问题。但是你回到存在本身让它彰显，它就可能有一种调节的能力。我大概是这个意思。

学生：林老师，您好！您说中国哲学主要是人的觉知，您能再深入讲讲这句话吗？

林安梧：我的意思是，我们阅读中国古代哲学经典时，要重视存在的觉知。你要有存在的觉知，对于古汉语要有语感，你要因此有所感、有所觉，我重点在说这些，不是说中国哲学重点在人的觉知。当然，人的觉知是很重要的，但是现在觉知这个语汇，常常放在新时代运动里面讲。

---

① 《道德经·二十章》。
② 《道德经·十三章》。

新时代运动（New Age Movement）是一个很独特的运动，它对整个现代性有一种很深的批评，但是新时代运动本身充满着病态。新时代运动的几位大师本身就有很多的问题，他们都号称见道，但其实多半都没见道。譬如奥修[①]、吉杜·克里希那穆提[②]等这些印度的大师，虽然把人在现代性底下的压力解消了，但这里面可能有很多麻醉的成分。像“觉知”这个语汇常常被他们拿来用，可能用的是有问题的。他们可能也讲《道德经》，但是可能讲得不一定那么到位，这是我们要留意的问题。奥修的很多东西是很迷人的，他也讲《道德经》，讲道之门，但这里面恐怕有很多问题，我年轻时也看过他的著作，但是我仔细阅读以后就发现其中是有问题存在的。

学生：林老师，您好！我读的晚清以来的文学，不管是儒家还是道家都是比较正面的，但是在鲁迅的描写之下，很多成了非常反面的，变成非常腐朽的封建卫道士这样的一些面目，这是我的一个困惑。

林安梧：那个是鲁迅的困惑，鲁迅的困惑使得你很困惑。而鲁迅为什么困惑呢？那是一个困惑的年代。你想王国维这样的大师居然还要殉清，这不是两千多年封建的余毒吗？我认为是封建余毒。但是你能从《论语》中看出要这样死吗？《论语》有这样的记载：“子路曰：‘桓公杀公子纠，召忽死之，管仲不死。’曰：‘未仁乎？’子曰：‘桓公九合诸侯，不以兵车，管仲之力也。如其仁！如其仁！’”[③]子路问孔老夫子，管仲辅佐公子纠，公子纠死了，管仲被关起来了，当时和管仲一起辅佐公子纠的召忽等

① 奥修（Osho，1931－1990），曾名为阿恰里亚·拉杰尼希，其家庭有耆那教的背景。1985年曾经被美国基督教政府驱逐出境，也曾遭到欧洲24个国家拒绝入境，1989年改名奥修。

② 吉杜·克里希那穆提（Jiddu Krishnamurti，1895－1986），近代第一位用通俗的语言，向西方全面深入阐述东方哲学智慧的印度哲学家，被公认为是二十世纪最伟大的灵性导师。现今全球，包括美国、欧洲、印度和澳洲都设有克里希那穆提基金会及学校，致力推广克氏慈悲与当世解脱的理念。其代表作有《人生中不可不想的事》《重新认识你自己》等。

③《论语·宪问》。

人都自杀了，管仲没有，管仲是不是不仁、不义、不忠呢？孔老夫子告诉他当然不是。管仲辅佐公子小白齐桓公，九合诸侯不以兵车，能够一匡天下，这就是大仁大义！

那么，问题出在哪里？问题在于鲁迅那个年代是一个很糟糕的年代，很多东西都看不清楚了，所以他呈现出来的是只能是另一面。他爱国心切，希望我们这个民族赶快复兴。那是一个人叫什么名字，生长在什么地方，生命何所安住都不知道的年代。《阿Q正传》不就是这样的一个意思吗？阿Q不知道是什么人，不知道姓什么，也不知道是什么地方的人，他拖着长长的辫子像个Q字所以大家叫他阿Q。阿Q是那个年代国民性的象征。我们应该悲伤的是整个中华大帝国有几千年悠久的文化居然经过两千多年帝王专制、父权高压、男性中心就搞得那个年代人不像人。

鲁迅点出我们不能够再这样下去，而他误认为这些东西都是孔老夫子、老子他们造成的。其实不是，是君主专制、父权高压、男性中心导致三纲的绝对化造成的。而这三纲的绝对化不是儒家、道家本身造成的，是谁造成的？皇帝造成的，君主专制造成的，绝对的权利和绝对的腐化造成的。原来的孝道后来却变成“父要子亡，子不得不亡”。原来忠不是这样无理的忠君，“君之视臣如土芥，则臣视君如寇雠”[①]，“君使臣以礼，臣事君以忠”[②]，君臣合则留，不合则去。鲁迅都读不到这些，这就是那个年代的悲哀，鲁迅笔下之《阿Q正传》正是他心境的彰显。

我常常拿“阿Q”和“五柳先生”做一个对比。《五柳先生传》，“先生不知何许人也，亦不详其姓字”和《阿Q正传》开头很像，但是有田园可居，有上古的理想世界可依归，最后“无怀氏之民欤？葛天氏之民欤？”他生命可得到疗愈。而鲁迅笔下的阿Q是生命已经无可疗愈，只能寻求革命一途，而革命的结果是上了断头台。鲁迅的可贵，是把那个年代，

① 《孟子·离娄下》。

② 《论语·八佾》。

整个民族所面对的最严重的悲哀表现出来了。他的感受力很强，但是你不要错读了。

学生：您提到帝王专制导致了这样一个情况，那么我想请问一下，咱们中国的哲学有没有为帝王专制提供一种话语资源呢？

林安梧：刀，好人可以用，坏人也可以用。坏人拿去用时你要骂刀吗？你应该骂坏人。资源谁都可以用，天主上帝的资源被怎么使用过你们应该知道，那你就会明白了。你不能够怪孔老夫子，怪老子。知识分子不要专挑软柿子吃，古代圣哲都在天上了，你在地下猛骂没用，你应勇于去面对该骂的、该批评的人。

现在人类文明已进入21世纪，应该是人类文明从新展开更多交谈的时代，也是中国文明要努力参与人类文明的世纪。中国文明要努力参与人类文明就必须好好生长，而其生长有赖于对古典的深层阅读与理解。我这一系列演讲最主要的目的就是要唤起我们年轻朋友读古典的兴趣。你提的这些问题我也很欢喜，因为这些问题很重要。

学生：林老师，您好！在讲课的过程中，您提到让生长代替竞争，我们很容易发现在现代性社会中竞争是普遍存在的，而资源是有限的。就好比如果只有一棵树，它可以自由自在地成长，但是如果它在森林里，它必然要和其他的树木来争夺一些养分和阳光。所以有时候在我们人与人形成的社会中，也会产生这种竞争。有的时候这种竞争会影响生长，这种影响有时会让我们的内心产生很多焦虑，这种焦虑又反过来影响我们的生长。就像有时我们有很多的东西想得到，却得不到，想得而不得的东西怎样让自己慢慢放下呢？

林安梧：我年轻时不是这样的。我面对很多不合理会愤怒，而不是得而得不到。我们这点不一样。

学生：您想要使不合理变得合理，这也是一种想得到。

林安梧：这是两回事，它是一个普遍公平的问题，而不是一个资源竞夺的问题。我的习惯是大家都争着说，我就退到旁边去。因为天地很宽阔，为什么一定要去北上广呢？北京也不是完全那么好。你可以到二线三线城市去，这个是一个选择。如果选择不一样，老子说没关系，你就去北京。道家只是说这个方式可能是这样的。你要积极进取，要成为人中豪杰，道家认为那也很好。道家说，我今天晚上消磨你三个小时的时间，你回去有点累睡得很好，这也不错，这是道家。你会觉得道家的态度有点可笑，但它就是这样。

许由碰到尧，他觉得这没什么了不起的。我许由牵着一头牛在这里逛来逛去，你尧全世界的人都说你好，现在居然要把天子之位让给我，你是什么意思？我很清净，你现在让我的耳朵不清净，不只我的耳朵不清净，我牛的耳朵都不清净，许由就带他的牛去河边洗耳朵。你能理解这道理吗？这就是道家。不过，就是道家诗仙李白，也讥讽这些作为，李白《笑歌行》叹道："巢由洗耳有何益，夷齐饿死终无成。"

道家不可能帮你解决现实的伟大宏愿，道家只能帮你消解一些小小的烦恼和痛苦。道家就是告诉我们这个世间很多问题没得解，有很多问题不必解，有很多问题根本不是问题。但是你会觉得哪里不是问题，这问题大得不得了。那个人怎么老是和我作对，我气得不得了。没有什么不得了，谁叫你一去那个地方，舞台就被你占了，他已经处心积虑想了二十年，结果现在舞台是你的，他没把你杀掉已经对你够好了，这就是道家。"观事变莫若道"，道家是"世事洞明皆学问"。你一去公司三个月就做了公司的经理，他在那里想了二十年都得不到，不气人吗？你说这很公平，他能力不足啊。你换成他的角色，你觉得公平吗？不公平。道家就是把人间的事实告诉你。

以前教我道家的老师张起钧先生说，票价是一样的，先坐上公车的都有位置坐，后来就只好站着。再后来赶车的就挤进来了，站着的很生气，坐着的居然也很生气，毫无悲悯之心。没办法，这就是事实，谁叫你上车晚。对不起，你上车晚，这就是现实。所以资源要够，人不要那么多，小国寡民好过日子。资源够了就不会有这些问题了，人的欲望少了资源够了，世间有问题吗？现在就是人的欲望太多了，资源不够，所以要少私寡欲。

学生：林老师，您好！前几天我们国家召开了高校政治思想工作会议，一直以来我们高校都比较重视德育工作，我想问德育和人文教育有没有什么关联？以德化人有没有什么更有效的途径？

林安梧：德育当然很重要。儒家也认为德育很重要，道家也认为德育很重要，他们强调的是回到自身本性的生长。在一个现代性的社会中，在整个中国发展的进程里，这么大的一个国家，这个操作是不容易做到的。国家怎么样去引导，怎么样去生长，存在很多争议。但是以道家来讲的话，就是好好过日子。你自己活着本身就是意义，好好过日子很重要，听起来很消极，但这是很积极的。你吃得饱，睡得好，才有精力好好工作，如此而已。你做那个事，做了放下了，必须往前走，如此而已。至于其他的我了解得不够，不足以回答这个问题。显然，在整个人类文明在发展过程中，现在是一个非常重要的年代，在中国改革开放的进程里，现在也是一个非常关键性的年代。

学生：我问这个问题是因为，相比于德育，人文教育处于一个比较式微的状态，而现在所谓的德育都是采用比较生硬的方式，灌输所谓的主流价值观，尤其是一些非综合性院校、高职院校，偏向于职业性实用性教育的学校，通常都比较忽视人文教育。

林安梧：它是一个发展进程。依照《周易》来讲，它有时有位，是一个慢慢运化的过程，我对这个问题的理解不够，所以不足以回答你这个问题。

学生：林老师，您好！我看你的介绍里也有关于哲学的治疗。您能不能说一下，关于道家这些东西它所蕴含的哲学治疗的意义。

林安梧：我今天本来有考虑过要不要从哲学的治疗切进去谈，但是后来怕谈得太专业了，所以放弃了。我认为基本上话语导生了异化，必须回到存在本身才能获得一种真正的治疗或疗愈。所以，我写过一篇道家的文章叫作《话语的异化与存有的治疗——谈迈向道家型的存有治疗建立的可能》。道家很清楚这个世界是人们必须通过话语去说的世界，而当人们通过话语去说这个世界时，它会导致疏离和异化，乃至价值的反控。那该怎么办？回到存在本身。因此必须有归根复命的活动。

一个最简单的办法就是先放开手，因为你抓紧了它，是没有什么好处的。我们平常有一句话叫“宁为玉碎，不为瓦全”，但不要小看瓦全的能力，瓦全也是必要的。你放松一下，天下事其实是在一个更宽广的场景之下才生长的。我以前和一个朋友聊到，天地很宽广所以你心地要宽广，外在自然天地没有那么宽广所以往往要养一个心地宽广。这就是道家的一种智慧。道家的智慧就是放开，天下事没有那么严重，存在本身就是道理，活着就是希望，活着就是可能。我常举的一个例子就是谢晋导演的一部电影《芙蓉镇》，《芙蓉镇》最后那几句台词真是惊心动魄，“活下去，活下去，像牲口一样的活下去！”像牲口一样还要活下去，这活下去本身就是一种生长的可能。

参与交谈和对话，经典的意义尽量想办法让它释放出来，这是我觉得现在我能做也在做的事，而且我觉得慢慢地经过一代人、两代人、三代人的努力会有成果的。魏晋南北朝，五胡十六国这中间经过了几百年晦暗的日子之后才会有隋唐盛世，何以有隋唐盛世？因为这段晦暗的日子里面经典照样在民间传习生长，中华民族的可贵之处就是民间的传统非常丰厚并且强韧有力。我觉得近现代比较麻烦的就是有时这一层东西被刨掉了，但是要相信它的存在而且要有更多人去做这个事，这就是“夫唯不争，故天下莫能与之争”。

最高深的学问不是在最有名的地方做出来的。王夫之是窜身窑洞后来隐居衡阳，在湘西草堂写了大量的著作，王阳明是在龙场驿悟道，他们都不是在翰林院里面，都不是在国家科学院里面。最伟大的人文学者不一定要在北大。牟宗三先生出自北大，但他一生常常批评北大。他的老师熊十力先生居然给他写推荐信说是北大有哲学系以来，“唯此生可造尔”。这话当时是老师疼惜学生，其实讲得也许有一些道理，但是这个话大概当时很多人会认为是狂人之语。那有什么关系呢？道家认为生命有一个动能，它会一直生长着。知之不知无妨，这是道家的一种心情。如果你有这种心情大概很多事就会坦然一些。

我年轻时碰到不平的事会愤怒，然后发愤，发愤以后总会奋发。现在再想一想为什么要愤怒，要发愤，如果直接奋发不就好了吗？什么叫奋发呢？譬如，我们这个讲座本来讲三个小时，现在已经到三个半小时也还可以，这叫奋发。六十岁的心境和三十岁是不一样的。我讲得不一定好，但经典是好的，所以希望大家回头好好去读《论语》，读《道德经》，这两部书真的很重要。

佛教经典智慧与二十一世纪人类文明
——以《金刚般若波罗蜜经》为核心的诠释

感谢诸位同道的支持，我们的讲座已经进行到第七讲，开始讲佛教，这一系列讲座总体是讲“儒道佛三家思想与二十一世纪人类文明”。我比较概括地来讲，希望这样能对年轻朋友有更多帮助。如果你在这方面有很深入的了解，欢迎一起来讨论，如果你是初学者，那也没关系。

学问像认路一样，虽然我来济南有几个月的时间了，但我对济南的街道还不了解，甚至连中心校区的构成都还不是很清楚。我最熟悉的大概是从我住的地方到我的研究室，再到课堂的这条路线，其他的以后慢慢学习。学问要有总体脉络的理解，就像你必须对山东大学中心校区的校园乃至其他校园有个总体理解，甚至对济南、山东，对整个中国有总体理解。

今天我们的主题是“佛教经典智慧与二十一世纪人类文明”。我想从自己读《金刚般若波罗蜜经》的一些心得以及我对佛教的一些想法来谈。

一、从儒家之“敬”、道家之“静”、佛教之“净”，看儒道佛三教之异同

第二讲时，我曾经做过有关儒道佛三教异同的对比，从义理的向度谈到儒道佛三教的一些基本区别。我们展开儒道佛对比时，其实要抓住一些要点。譬如，相对来讲，儒家强调主体的自觉，道家强调场域的自然，佛教讲我法二空的自在。儒家的修养工夫论重敬，道家是致虚守静，佛教是净而无染。请问儒家不能用“静”字吗？恐怕也可以！你在宋明理学家的语录中常常可以看到“静”字，甚至有些教你静坐。但是如果对比起来，儒家可能用“敬”字是更恰当的，“敬而无妄”“敬贯动静”。佛教讲净而无染，你把净而无染放到道家来说就不是很妥当，放在儒家来讲也不妥当。

进一步讲，儒家重在立志，道家重在宁心，佛教重在澄念。我们把无念为重拿到道家去讲是不妥的，道家讲“致虚极，守静笃”[1]，重点在心的宁静，心如潭水一样宁静，“至人之用心若镜”[2]，“镜”字也是要能够纯净无染，而纯净无染又和佛教的“净”很接近。但是道家会讲“上善若水。水善利万物而不争”[3]，佛教一般很少如此用。你会发现它们用的比喻比较接近，有些用的比喻是一样的，但是比喻所指向的方向不同。譬如，道家用水做比喻，讲“心善渊”，心灵如同湖泊一样平静。儒家讲到水的时候是“原泉混混”[4]，“沛然莫之能御”[5]，“山下出泉，蒙。君子以果行育德”[6]。对比之下，儒家以水为喻强调水的刚健不息，道家强调水的柔弱

---

① 《道德经·十六章》。
② 《庄子·应帝王》。
③ 《道德经·八章》。
④ 《孟子·离娄上》。
⑤ 《孟子·尽心上》。
⑥ 《周易·蒙卦·大象》。

包容。你可以发现水的意义非常宽广。当然，如果你是自然科学家，水就是H_2O，二氢一氧就构成了水。通过二氢一氧去理解水是一种方式，通过“原泉混混”，“沛然莫之能御”去理解水是另一种方式，通过“上善若水。水善利万物而不争”去理解水也是一种方式，可见关于水的理解可以是有多个维度的。

我想告诉大家的是，自然科学其实也是一套理解世界的方式而已，但它并不是唯一的，也不是所谓最好的。自然科学的理解方式是尽量将存在与主体区隔开来，在此情况下，谁来做实验结果都是一样的。当我们讲“山下出泉，蒙。君子以果行育德”时，这个比喻其实是讲人的觉知，强调你的体会、玩味是什么。这里牵涉在我们常常把价值与存在和合为一来思考的问题。价值与存在和合为一是真实的事实，自然科学的真实是把它们区隔开来，价值归价值，存在归存在。存在作为一个认知的客观对象，经由我们话语的论定，在可操作的过程中进行操作。但是你说“原泉混混”，“沛然莫之能御”，“山下出泉，蒙。君子以果行育德”，这种关联着价值与存在和合为一的思考，行不行？当然行，本来就是这样子的。这个世间的各种事物本来就是很多元的。所以我常说，当我们对一个存在事物做所谓的客观描述时，既释放出我们试图传达的意思，又在某一规范之下，经由这种规范方式来说。所以大家不要误认为自然科学真的就是那么自然或者客观，其实它只是在总体中被扒开来说而已。这是我自己对存在的理解中特别强调的部分。

中国哲学其实非常强调对存在事物的理解。从一个浑然不分的整体，扒开来慢慢去分别，然后再去理解，而不是原来就有主客两端，由主体去掌握客体。这种理解的构成方式并没有追本溯源。追本溯源是要回到源头，借用佛教唯识学的话来讲，就是回到一个境识俱泯的状态，也就是存在的情境与你的内在心灵意识完全泯合为一的状态。

在我们的汉字中，用来表达认知活动的最古老的一些汉字，目前还存活在闽南话里面。闽南话讲认知就是讲“八”，“八”就是分开之意。闽南人问“你知道吗”是讲“尔八否”。闽南语是在日常用语中使用古文最多的汉语，它在很大程度上保留了文言文的语法。文言文和白话文是连在一起的。在座的同学如果有对文字学、哲学感兴趣的，你们不妨做一些有趣的诠释。比如，“存在”这两个字，“在”从土才声，“在”是什么意思？就是植物从泥土里面长出来，所以“在”和“生”是连在一起的。“存”是“子”参与到“在”里头，所以“存”是人进到这个世界，并与这个世界融合在一起，再去展开理解。不只是理解，这其中还隐含了实践和参赞的活动。你可以去做很多有趣的诠释。

当我们讲敬而无妄，致虚守静，净而无染时，“敬”“静”“净”这三个字的对比已经清楚了。我自己在研究儒道佛三教思想时，也常用这种方式去做对比。有些人说王阳明的思想充满了禅宗思想，我认为这个说法不准确，因为阳明思想和禅宗思想是两回事。禅宗深层是佛教“缘起性空”的思想，而儒家是“生生不息”的思想。儒家是“生生法”，佛教是“无生法”或者叫“缘生法”。佛教讲“缘起性空”，讲“无生法忍”，你真正能够洞察一切存在皆是空无，你能够持守而忍禁不失，就算一直持守下去，也不会失掉这种基本的理解。我们把阳明的《传习录》和《六祖坛经》的句子做对比，有一些句子的确很像，因此你就说阳明根本上是出自禅宗，这种说法是不对的。他的表达很像，根本却不是。就像猿猴长得很像人，但它不是人！

这个部分你可以做一些对比，佛教有佛教的道理，儒家有儒家的道理，道家有道家的道理。当然，它们有可融通处，但也要说明它们的区别。儒家强调主体自觉的参赞化育，强调承担精神。讲“天行健，君子以自强不息”[①]，这是儒家之言。道家强调回到天地、场域、处所。讲“不失其所者

① 《周易·乾卦·大象》。

久”[①]“飘风不终朝，骤雨不终日。孰为此者？天地。天地尚不能久，而况于人乎？”[②]，这是道家之言。讲真空妙有，万法皆空，这是佛教之言。所以佛教讲“我，当下空无”，道家讲“我，归返天地”，儒家讲“我，就在这里”。

二、从保罗·田立克和久松真一的对话看东西文化脉络之不同：东方之默运造化与西方之分说万有

今天最主要的内容是要关联到佛教的义理思想来谈。我想从两个有趣的宗教学家，基督教神学家保罗·田立克（Paul Tillich）[③]和日本禅学家久松真一[④]的一场对话开始，时间是在二十世纪中叶。这两位宗教学家都很忙碌，但他们一直在思考的一个问题是在忙碌中能不能有一种从容而空闲的心境。久松真一认为这是可能的。保罗·田立克（Paul Tillich）却觉得很困难，所以他不太能够理解如何能回到自身，放下执着，让自己如其自己，让事物如其事物而两不相碍。一神论的宗教学家和禅学家所思考的很多东西是不一样的，东方的思考方式和一神论的思考方式有很大不同。我在刚开始讲东西方文明异同时就提到过这一点。

佛教有观空之智，能够洞察一切存在是空无的。教你怎样放下执着，回到原点，重新开启自己，这是佛教很可贵的地方。这个部分可以开启佛

① 《道德经·三十三章》。

② 《道德经·二十三章》。

③ 保罗·田立克（Paul Tillich，1886—1965），德裔美籍新教神学家、哲学家，致力于使基督教义富于哲学思辨性。他运用存在主义和心理学理论，以新的词汇重新定义基督教概念（如上帝、救赎）。代表作有《系统神学》《清教徒的时代》《动摇了的基要真理》《存在的勇气》《基督教与世界宗教的相遇》《永恒的现在》等。

④ 久松真一（1889—1980），日本哲学家、禅宗学者、茶道专家。岐阜市人，号抱石庵。以《东洋的无》一书获文学博士，并饮誉佛学界，另著有《起信的课题》《维摩七则》《久松真一著作集》等。

教的般若治疗学。我所谈到的治疗学是受弗兰克尔的启发。这是在老学长傅伟勋教授介绍弗兰克尔的意义治疗学（Logotherapy）到台湾后发展出来的。那之后我在1988年写的《迈向儒家型意义治疗学之建立》是以唐君毅先生的《人生之体验续编》作为思考的底本，然后真正开始去思考治疗学的问题。大概在1991年，我依照道家老子思想，再写了一篇《迈向道家型存有治疗学的建立——以老子〈道德经〉为核心的一个展开》。1994年又写了一篇《迈向佛家型般若治疗学的建立》。这些文章后来集结成《中国宗教与意义治疗》一书。这本书已是第二版，最近改由台湾学生书局再版[①]。

保罗·田立克是基督教路德教派的存在主义的哲学家，被视为20世纪非常有影响力的神学家。他的作品有《存在的勇气》《信仰的动力》等。保罗·田立克的可贵之处在于他是一个存在主义神学家，存在主义神学家对上帝的理解会关联到人实存的心灵。他只会谈“God is love”，即上帝是爱，上帝是生之勇气，是生命真实的爱与关怀。就此来讲，它和东方思想其实有一些可交融的地方，但保罗·田立克在正统神学家里面常常是被批评的。

久松真一是日本的佛教学者、禅宗思想家，是日本继铃木大拙之后最重要的佛教思想家。他继承了日本京都学派所强调的“无”，“无”主要是从禅宗的体会得来，后来又受到了德国哲学的影响。

其实，他们所问问题就是“人在埋首工作时也能唤醒宁静的自我吗？”我想东方人对此很容易理解。若讲宁静，你能不能“泰山崩于前而色不变”？这绝对是可能的，在我们的文化传统里，这是很容易理解的。理解这个世界时，人的心灵可以游于太虚之外，“上下与天地同流”[②]，人

① 林安梧：《中国宗教与意义治疗》，1996年首次由台湾明文书局出版，2001年再版。2017年，改由台湾学生书局印行。

② 《孟子·尽心上》。

也可以“离形去知，同于大通”[①]。比如，看一幅画时，它教你要走进画中去看，你一听就明白而且也真的这样做了。你不是在这儿吗？但你是走入画中去看画。因为我们的国画多半是多点透视的，很少是定点透视的，所以你必须随顺着气的脉络韵律而进到画中去看，才能真正看到它的好。一幅真正的好画也是如此。

画要有留白，人生也要有留白。你每天留一点发呆的时间也是好的。当然，同学会问我：“林老师，你很忙碌，你有发呆的时候吗？”“有啊！”譬如，我在食堂吃晚餐，吃着吃着突然进入发呆状态，也可能你在吃东西，但是你的脑袋在发呆，或者游于太虚之外。在我们的传统中，这个问题很容易理解，因为我们有道家，有佛教的资源。即使忙碌时，从容的部分也是有的。其实，我也是想告诉大家：21世纪人类文明现代性高张到目前这个地步，如果有佛教或道家修养是很不错的，因为这样你才懂得怎样游于太虚之外。这是我们从久松真一和保罗·田立克的对话里可以发觉的。久松真一真有修为，保罗·田立克对此深有体会，说：“哦！对！其实应该往这边去想。”这牵涉到东西方信仰的形态的不同，也牵涉到工作形态的不同。

我常说我们是“觉性的宗教”，与西方一神论“信靠的宗教”不同。“觉性的宗教”重点在于人是作为参与者和倾听者存在的。譬如，你一打开佛经“如是我闻：一时，佛在……”[②]是人们在听闻佛陀讲经说法，而不会是从佛的角度直接说。一打开基督教的《圣经》就是从上帝说起，“上帝说，要有光，就有了光。神看光是好的，就把光暗分开了”。我们是倾听，“朝闻道，夕死可矣”[③]，所以我们的宗教是从人的倾听，从人去听闻，而不是从绝对者发话，这是很大的不同。读佛经、道家或者儒家时，你是去倾

① 《庄子·大宗师》。
② 《金刚经·法会因由分第一》。
③ 《论语·里仁》。

听，读基督宗教其实也是倾听，但是上帝发话时你一定要听。在儒道佛看来，听不听是你的事儿，佛陀在讲经说法，你听不听没关系，听得睡着了也没关系。

我常觉得无论多高深伟大的学问，你都要从细节上去好好地体会、玩味。你看，“天何言哉？四时行焉，百物生焉，天何言哉？”①“上帝说，要有光，就有了光。神看光是好的，就把光暗分开了”。二者的对比不是天差地别吗？一个是“天何言哉”，一个是“上帝说”。我们是“默运造化”的传统，基督宗教是“分说天地万有”的传统。“天何言哉？四时行焉，百物生焉”可以和佛教“真空妙有”挂搭在一起，虽然二者不太一样，但是它们有类似性。

我常说我们是弱控制系统的文化脉络，而基督宗教则是强控制系统的文化脉络。语言拼音文字也是强控制系统的表达脉络，他们非常重视逻辑理性严密的构造。然而，我们重视的是回到整个存在场域的一种精神气脉的显豁，我们拥有全世界最简单的语法，但是大概拥有全世界最丰富而且充满各种可能性的章法。我们重视表达脉络的去向，我们读书也应该如此。

我觉得读佛经不太困难，但是它的名词、名相很复杂，而且有时是意译有时是音译。为什么会有音译呢？因为有些很难用汉文真正等同地去表意。整部《金刚般若波罗蜜经》其实就是讲“金刚般若波罗蜜经”，这部经讲了半天其实是在告诉你经题是什么意思。佛教最主要的目的是苦业的解脱，佛教在某一个意义下是反现实人生的，但是中国的佛教不反人生，为什么？因为中国的传统重视生。儒家重视生之成全、人伦的成就，而道家重视生命的归返，归返到自然。“人伦的成就”和“自然的归返”构成了儒道同源而互补的完整结构，这个结构是牢不可破的。

佛教对苦的感受很深，所以它最强调的是“苦业的解脱”，儒家和道

---

①《论语·阳货》。

家在这方面想得没那么深刻。印度人的苦是很严重的，因此他们一直在寻求解脱之道。原来的婆罗门教把人分成四个种姓，即祭司、贵族、平民、奴隶，不同种姓互不通婚，这使得世间不平等的问题很严重。释迦牟尼佛冲破了这种不平等的种姓制度，肯定众生皆有佛性，人人皆可以成佛。

三、经由文字的解读，进一步破除名相而入于佛教性本空无之旨

“金刚般若波罗蜜经”这个经题乍一看，“金刚”显然是意译。“金刚”是什么？“金刚”意指牢固、锐利，面对其他事物，无坚不摧。文献学的先生们从梵文或者巴利文中查“金刚”的语意，它原本的语意重点在摧破而不在于坚固。但是在汉译佛经诠释“金刚”时，既强调它的锐利，又强调它的坚固。

我们的传统不只在破解，也在建立。佛教原本的重点在“苦业的解脱”，但是我们的重点在于“净土的追寻”。这一转，苦业的解脱就变成到达彼岸净土，但你不可能觉知到彼岸。所以，我们就想办法从彼岸又回到此岸。如此一来，彼岸净土就转成了此岸净土。此岸净土是从人的心念知觉去说，刚好佛教有大乘菩萨道的精神，于是我们用它来强化这个概念。“菩萨”就是“菩提萨陀”，梵语为bodhi-sattva，“菩提萨陀”是音译，意为人间的有情觉者。人间的有情觉者是要觉一切众生，助一切众生度脱到彼岸。中国化的佛教所谓的帮助一切众生，就是在此岸帮助一切众生，而菩萨道因此转化成一种以出世的精神做入世的志业的大乘菩萨道的精神。

从《金刚般若波罗蜜经》（*vajra cchedikā prajñā pāramitā*）[①]来看，金

① 《金刚般若波罗蜜经》：大乘佛教的重要经典。全称为《能断金刚般若波罗蜜多经》，简称《金刚经》。后秦鸠摩罗什翻译的《金刚般若波罗蜜经》法本是最早的，也是流传最广的译本。

刚意指坚固、锐利，般若指智慧，观空之智，原来是有知识、判断、智慧之意，强调能够观一切法皆空。佛教所谓的“法”（Dharma）[①]，其实是讲，一切存在的事物，不管是欲界、色界、无色界的，思维还是非思维的，有形还是无形的，通通叫作“法”。佛教讲“万法皆空”，其实是讲，一切存在都是空无的，如此一来，你还会有苦吗？有苦是因为你认为万法存在，你执着于所谓的“法”。爱情一定是苦的，因为爱情一定会有执着。那怎么办？没办法，这就是现实。佛家说这叫“无明”（梵语avidya^，巴利语avijja^），所谓“无明”是一种昏暗的意志，是无明使得你们连接在一起。我把爱情诠释成这样，你可以接受吗？佛教为什么会这么去理解？其实是因为它看到生老病死之苦。儒家讲生，生有其美善处，“人之初，性本善”，生是一个生生不息的永续发展。

佛教怎么样将众生度脱到彼岸？波罗蜜就是到彼岸。“波罗蜜”以汉字来讲，如果不知道它是“到彼岸”的意思，光这三个字感觉也是蛮好的。“波罗蜜”看你怎么诠释，中文的诠释有时真的会让你称绝。就像有一次，我和大家谈到过，“南无阿弥陀佛”，“南无”其实是皈依的意思，“阿弥陀佛”是讲无量寿的智慧，合起来就是皈依无量寿的智慧。但是有人一个字一个字地解。“南”者，南方也，离卦也，象凝而滞也。“无”者，“天下万物生于有，有生于无”[②]，“致虚极，守静笃，万物并作，吾以观复”[③]。“阿”，山阿，聚集也。“弥”，周遍一切。“陀”，圆转无方。“佛”，智慧也。这样好像也可以讲通。

---

① 佛教中的“法”字：梵语是“达摩”（Dharma）。佛教对这个字的解释的是：“任持自性、轨生物解。”这就是说，每一事物必然保持它自己特有的性质和相状，有一定规则，使人看到便可以了解是何物。如水，它保持着它的湿性，有水的一定规则，使人一见便了解水。反之，如果一件东西没有湿性，它的规则不同于水的规则，便不能对水有了解。所以，佛教把一切事物都叫作“法”。

② 《道德经·四十章》。

③ 《道德经·十六章》。

汉字可以诠释出多种含义，彼此好像也可以融通，但前提是它不离开天地、人我、万物通而为一的共生、共长、共存、共荣的传统。只要能够一锅煮，而且煮了味道还不错，我们觉得也是可以的。佛教自有一种消解的智慧，佛教对中国来讲已经是非常重要的存在。但是我们消解不了现代性这种非常严厉的控制和荼毒，这是很严重的问题。我们不能以从前的思维方式想着一切没事，其实是有事的。

《金刚般若波罗蜜经》是在告诉我们怎样能够堪破世间的万有一切。“一切有为法，如梦幻泡影，如露亦如电，应作如是观。”①因缘所生之法都是空，既然一切皆空，那还有什么好烦恼的呢？还有什么好苦的？你从“金刚般若波罗蜜经”的经题里，就能得到这种基本道理。“波罗蜜”是到彼岸之意，是那既坚且利的智慧，是那恒常不变的真理。《金刚般若波罗蜜经》是大乘佛教中非常重要的经典，它有各种不同的翻译，现在我们习惯用“金刚般若波罗蜜经”这个翻译。鸠摩罗什所翻译的《金刚般若波罗蜜经》是后世流传最广的版本，我们现在读的汉译《金刚般若波罗蜜经》多半以鸠摩罗什的翻译为主导。

这部经的纲领是要发起度尽一切众生的大心。在梵文里，佛陀是大觉者，小乘佛教的重点是自觉自度，而大乘菩萨是要自觉觉他，其终极目标是和一切众生成就佛国的广大境界。依据佛教“缘起论”，凡是因条件关系而形成的事物，都不存在绝对不变的实体。佛教强调无自性，这是一种空观的智慧，破除了我相、人相、众生相、寿者相，连佛相也要破除。所以佛陀告诉你，“若以色见我，以音声求我，是人行邪道，不能见如来”②。依照《金刚般若波罗蜜经》的说法，如果你念佛经念到晚上睡觉还梦见佛陀，这也没什么，你不要把这个梦太当真，幻化成形的幻影该过就过，要彻彻底底把“我”解开，这样人才会有一种宽广自在的心境。

---

① 《金刚经·应化非真分第三十二》。

② 《金刚经·法身非相分第二十六》。

如果所有相都是虚妄的，那么世界的真如实性是什么？是空。人在认识中念念不离对象，人以心灵的主体意识去构思，而我们误认为我们意识所构思出来的东西是真实的，其实那不是事物的真实。一切都是刹那生灭的，但这并不意味着一切都不存在，你要懂得以般若之智去观照实相。世间存在的事物都是“假名有”，这些“名有”你应该采取不住、不执、不取的如是态度，“凡所有相皆是虚妄。若见诸相非相，则见如来”[①]。一切法相文字形象，甚至佛相，所有这些都不是实相本身。

“一切有为法，如梦幻泡影，如露亦如电，应作如是观”[②]，是这部经很重要的四句偈。一切存在的事物通通是人心造作所筑起的东西，它如梦似幻，像泡影露水，像电光火石一般，刹那生、刹那灭。你要“应无所住，而生其心”[③]，“无所住”就不会有执着的痛苦。今天听完了讲座就忘掉了，你就想着那也很好，因为“无所住而生其心”。有一些内容没记得也没关系，我们现在不记得等一下它自己就出来了，没出来也没关系，反正一切都是虚妄的。你不住相、不偏执才能把握实相，实相就是如相，你以空明自在的心态来应对一切法，法相是怎么样就是怎么样。

如何能够解开“我执”？最简单的办法就是布施。布施涉及“三轮体空”的问题。布施有能布施的我、受布施的人和所布施的物，一般人心中有这种人为的分别。你布施出去就作有功德，于是施恩图报，算计冥冥中所积的功德。布施应当做到“三轮体空”，即布施的我可以放下，受布施的人可以忘记，所布施的财物也可以忘记。你若能做到“三轮体空”，当下就能得自在。你布施了两万元，而对此事一直念念不忘，那是“我”没有空，“执”也没有空，这样受者会觉得很有压力。佛教是撤销压力最好的药剂，我觉得这是佛教比道家更厉害的地方。儒家在这方面和佛、道是不

① 《金刚经·如理实见分第五》。
② 《金刚经·应化非真分第三十二》。
③ 《金刚经·庄严净土分第十》。

能比的。当然，儒家也告诉你“毋意，毋必，毋固，毋我”[①]，但儒家还是要“范围天地之化而不过，曲成万物而不遗”[②]，还是要有所成就，有所分别的。

六祖慧能听人家诵读《金刚经》而“应无所住，而生其心”，言下大悟。慧能偈讲“菩提本无树，明镜亦非台。本来无一物，何处惹尘埃？”[③]对比神秀所做的偈，“身是菩提树，心如明镜台。时时勤拂拭，勿使惹尘埃”[④]。二者有很大不同。“本来无一物”，所以你能够离相无住。一切存在是空无的，而存在本无自性，所以性空而无所得。这里讲存在本身是空无的，而一切“有”都是暂时性的，若能对刹那生、刹那灭真有所了解，你就不会执着了。

性空幻有是一种辩证的统一，即空、假、中。“空”是破除名相执着所呈现的真实，并不是人们所误解的那种“空无”，而是在讲一切法之实性为“空”，即“空”是真谛。一切“有”是“假名有”，即“有”是俗谛。真谛讲出世间法，俗谛讲世间法。真俗二谛能够达到一种圆融的境地，因为一切幻有是凭借条件关系而暂时存在的一种现象。我们通过这种方式去理解，通过缘起法而说一切存在是空无的，世间的一切“有”是人们通过话语去论定的“有”，是“假名有”，是依他而起之“有”。你能够把“他”撤开，就能够达到圆成实性的状态。所以，你能够从遍计所执性，然后依他起性撤开，而回到圆成实性的状态。

在这种状况之下，你会发觉一切文字、一切话语都是权宜施设，并不是实相般若本身。佛经也只是文字般若，文字般若重点在般若，般若是能够真正堪破一切存在事物的智慧。“诸佛妙理，非关文字”[⑤]，最重要的是能

---

① 《论语·子罕》。

② 《周易·系辞上》。

③ 《坛经·行由品第一》。

④ 《坛经·行由品第一》。

⑤ 《坛经·机缘品第七》。

够知道性本空无。佛法所谓的彻底觉悟是应当舍弃一切名相的。

佛法有最宽广的襟怀，它会告诉你“依法不依人”。人是有时而尽的，但是法是代代相传的。“依义不依语”，所依的是佛经所要彰显出来的意义，而不是佛经的语言文字。你所依之义有俗谛之理、有真谛之理，有了义、有不了义，所依者当依了义、不依不了义。这是一条非常好的诠释学原则：“依法不依人，依义不依语，依了义不依不了义。”

一个不识字的和尚可以是高僧，六祖慧能不识字，台湾承天禅寺的高僧也不识字，人称“水果师”，叫广钦老和尚①。他过世前弟子问他，师父有何遗言？他说：“无来亦无去，没有事”，这其实是讲究竟了义。来而无来，去而未去，所以无来亦无去。既无所来，亦无所去，所以两不相涉，既两不相涉，所以是空无的，既是空无的，所以是自在的。生死一线，来去自如，两不相涉，当体即空，也就没有痛苦可言，佛家用这种究竟的方式帮你解开。但是从儒家的角度来说，世间事如果都以这种方式来理解，世间的文明根本不需要，也建构不起来。你说念头不好，但是人间如果没有念头，怎么会有志向？你讲执着不好，但是人生如果没有执着，世间怎么会有成就？

我常说儒家是饭，道家是空气、水、阳光，是自然而有的，而饭是要种植五谷才有的。佛教是药，有病痛你才吃药，没病痛，你读佛经也读不出滋味来。你有些人生经历之后，再读佛经才能够真正理解。

四、经典之领会重在情境之把握，佛陀之本怀在唤醒自家本具之清净本性

我不懂梵文、巴利文，也不觉得学佛经要回到梵文、巴利文版本。中

① 广钦老和尚（1892—1986），台湾著名苦行僧，不识字，全凭修行实践体悟，被尊为“佛教界的国宝”。1947年至台，弘法四十年，是台湾家喻户晓的高僧。以水果为食，人称“水果师”。

国高僧大德多半只读汉文，还有很多禅宗的高僧大德甚至不识字。你读佛经时，以读汉语的看家本领去读就好了。我们要怎么读呢？感其意味，体其意韵，明其意义。这个讲座讲完了，你们记得这三句就可以了。

你读古文时，一定要进到文字所构成的情境之中，而不是紧抓住里面的意译字不放。譬如，“法会因由分”，我以此为例来说。

“如是我闻：一时，佛在舍卫国祇树给孤独园，与大比丘众千二百五十人俱。尔时，世尊食时着衣持钵，入舍卫大城乞食。于其城中次第乞已，还至本处。饭食讫，收衣钵，洗足已，敷座而坐。”①

“如是我闻”即是“我闻如是”。有人说，我们先不要用汉语去理解，要先回到巴利文、梵文中去理解，其实已经不太需要如此了，因为汉译佛经已经成为人类文化的瑰宝。这是一个很有趣的事实，汉译佛经和用语音符号所记录的巴利文或梵文的佛典最大的不同是什么？我常做比喻，二者之不同就如同纸钞本位和金本位的不同。语言就像你原来存进银行的1万元人民币，10年之后就贬值了。但是1万元当时若去买金子的话，金子10年以后再拿出来卖，可能就超过1万元了。据闻有佛教学家曾做过这样一个有趣的对比实验：将巴利文和梵文佛典翻译成汉语，再和我们现在旧有的汉译本做比较，却发现后者的内涵更为丰富。因为梵文、巴利文这些语汇随着时代的变迁，现在很难去体会其原来的语意，而图像性的文字则是不断孳乳、不断丰富的，这是两者存在的很大不同。

“如是我闻：一时，佛在舍卫国祇树给孤独园”，讲的是当时的环境状况。在梵文的系统中，“如是”是说你能够回到存在的实存情境，意义也因此得以彰显。“尔时，世尊食时着衣持钵，入舍卫大城乞食”，“乞食”是要放下自己的身段，忘弃此身，这是破我执。“还至本处”所隐喻的是回到自身。“饭食讫，收衣钵。洗足已，敷座而坐”，佛陀振作精神令法开显，

① 《金刚经·法会因由分第一》。

这是一种从容自在的状态。之后，由弟子须菩提来问请佛陀，经由对谈的方式而使真理得以彰显。

第一分只是说明法会之因由。在此，我想提醒在座诸位年轻朋友：不要一开始就读注解，经题就能解释十页，你会看得头都昏了。我建议你们凭借自己对汉语的觉知去体会它，读着读着就顺了。

第二分讲道：

"时，长老须菩提在大众中，即从座起，偏袒右肩，右膝着地，合掌恭敬而白佛言：'希有，世尊！如来善护念诸菩萨，善付嘱诸菩萨。世尊，善男子、善女人，发阿耨多罗三藐三菩提心，云何应住？云何降伏其心？"①

这一分的重点就在于点出了佛教最重要的问题。发"阿耨多罗三藐三菩提"心，就是发"无上正等正觉"之心，即无上正等正觉的菩提志心。你如何住，如何降伏其心？你要能够降伏世俗之心，能够住于清静之心。

"佛言：'善哉！善哉！须菩提，如汝所说，如来善护念诸菩萨，善付嘱诸菩萨。汝今谛听，当为汝说。善男子、善女人发阿耨多罗三藐三菩提心，应如是住，如是降伏其心。''唯然，世尊。愿乐欲闻。'"②

佛教"如是"这两个字会一再出现。世间的诸多事常常不如是。如果你心有执念，就不如是了。你能如是，也就能放下了。无上正等正觉的心其实也只是帮助你能"如是"而已。无上正等正觉之心，即菩提心如何住呢？我们又该如何降服具有业习的心呢？"应如是住，如是降伏其心"，这就是实践的如是性。

《金刚经》可以用四句话来概括，即"存在的空无，意识的透明，信仰的确定，实践的如是"。你说一切存在是空无的，是因为你的意识毫无染着，如同透明一般，而这时会升起信仰的确定。信仰的确定就是无缘大慈，同体大悲，正因为你证见一切存在空无，了无挂碍，所以你不执着于世间

---

① 《金刚经·善现启请分第二》。

② 《金刚经·善现启请分第二》。

的各种分别。那种关怀、爱心不是由世间的计较所成的，也不是由世间的人伦脉络所成的，而是众生清净本性中所本身具有的。

“实践的如是”很重要，《金刚般若波罗蜜经》中会经常出现“如是降伏其心”这样的句子，那么“如是”该如何行之？应当是“我皆令入无余涅槃而灭度之”①。一切众生之为众生，其本然是清净无染的。圆满清净能够灭尽一切习气，令其永不再生，这时我们就契入了无余涅槃。这种令入并不是由外而入，而是唤醒自家生命原具的清净本性，既有清净本性就能灭度之。灭度是自灭度，不由他灭度，是众生清净相的显现，并不是有大力者能促使之灭度，即以其清净本性来灭度。

佛教是觉性的宗教。“迷时师度，悟了自度”②，“师父领进门，修行看个人”，老师是帮助你觉醒，而不可能命令你觉醒，老师并不能保证，教你怎么做你就一定能达到什么境界，不是这样的。所以佛教不是强控制的宗教，而是弱控制的、以觉性为主的宗教，不是听命于某一个绝对的威权者的宗教，而是要你回到自身去解开各种执着、各种束缚，使自己回到清静本处而真正理解到清净本心为何的一个宗教。佛教就这一点来讲，其实是很了不起的。所以你如何降伏其心呢？

“‘复次，须菩提，菩萨于法应无所住，行于布施。所谓不住色布施，不住声、香、味、触、法布施。须菩提，菩萨应如是布施，不住于相。何以故？若菩萨不住相布施，其福德不可思量。须菩提。于意云何？东方虚空可思量不？’‘不也，世尊。’‘须菩提，南、西、北方、四维、上下虚空可思量不？’‘不也，世尊。’‘须菩提，菩萨无住相布施福德，亦复如是不可思量。须菩提，菩萨但应如所教住。”③

“妙行无住分”讲布施可贵。“布施”是什么？“布施”就是去执的活

---

① 《金刚经·大乘正宗分第三》。
② 《坛经·行由品第一》。
③ 《金刚经·妙行无住分第四》。

动，套用道家的话来讲，就是“为道日损”的活动。布施是一种隐含着“不住于相”的深层意义的活动，“不住于相”其实是一种般若法门，也就是把原先挂搭在你身上的东西拿掉。布施是把“我的”的“的”布施出去，“我”原先的负担很重，布施之后就轻松了，所以布施有去执之作用。“菩萨不住相布施，其福德不可思量”，这是般若空智的具体实现，是回到事物自身的活动，也是无所争议、无所假借的活动。在无分别、无计较的状况之下，这种布施活动才会获得不可思量的福德。如此之行为妙行是没有执着的，所以这一分为“妙行无住分”。

佛教对台湾的影响非常深刻。譬如，台湾的义工人数，在全世界按人口比例来计算是很高的，台湾的布施，包括财布施、法布施等都是非常多的。布施有某种独特的快乐，这种快乐和你走在路上捡到钱的快乐是不一样的。在路上捡到钱的快乐是一种执着之乐。布施给予之乐胜过掠取的执着之乐。佛教的这种精神，在现代性社会中可以发挥什么作用，你可以去想一想。

“‘须菩提，于意云何？可以身相见如来不？’‘不也，世尊。不可以身相得见如来。何以故？如来所说身相，即非身相。’佛告须菩提：‘凡所有相皆是虚妄。若见诸相非相，即见如来。’”①

这是第五分如理实见分。“凡所有相皆是虚妄。若见诸相非相，即见如来。”般若空智既起，所有相只是空无，所谓“空无”是存在的空无性。正因其空无，所以相是虚妄，所以诸相非相。正因为诸相非相，所以如来佛性就此显现。这里是在强调一切存在现象的虚幻性，当我们能够看到一切存在现象的虚幻性，对世间的种种权力名位也就能淡然处之了。

---

① 《金刚经·如理实见分第五》。

五、持守虚涵之智，归寂显觉，以消归于空，承载差别之有

佛经为什么那么动人？特别是某些世俗中看似很有成就的人会特别喜欢读佛经，他们常常会因为有所成就而痛苦。作为公司的老总，你觉得人家没有依照老总的身份、地位对待你，心里就不高兴了。但如果你读了佛经知道一切存在现象都是虚幻不实的，那你也就没事儿了。你不执着于那些虚妄的东西，很多贪污之类的事情也自然而然可以被消解。

如其理而实践，实践其实是见所有相都是虚妄，所以告诉你“不应取法，不应取非法”[①]。“取法”二字就是执着于事物，佛教所谓的法就是事物。你不要执着于一切存在的事物，也不要执着于没有存在的事物，“法尚应舍，何况非法”[②]，这些存在的事物你都应该舍弃，那些不存在的事物当然更要舍弃。能够全然舍弃才是正信之路。信仰之确定不是执着，而是让真理自如其如地开显。信仰不是崇信某个高僧或某个人，而是要开发你自己内在的智慧。这其实是消归于空的信仰方式，而非执着于有。

《金刚般若波罗蜜经》是佛经中非常基础性、根源性的一部经典，因为它所说的是佛教的共法。般若空智重点在“荡相遣执”，把一切相都荡涤掉，把内在的执着遣除掉。“无上正等正觉”就是心了无执着，了无挂碍，不是果真有无上正等正觉的实体。“无有定法名阿耨多罗三藐三菩提，亦无有定法如来可说。何以故？如来所说法皆不可取，不可说，非法、非非法。”[③]如来所说之佛法，你不可执着于它，不可依其所说而照着说，以为说的就是那么一回事儿。对于法，你要有遣除它的能力，而你所遣除的

① 《金刚经·正信希有分第六》。
② 《金刚经·正信希有分第六》。
③ 《金刚经·无得无说分第七》。

要再进一步地遣除，这是刮垢磨光，让一切通通回到真实的空无。回到真实的空无，你才能够正视不空无的众法之差别为何。你心无所住、无所执，而法如其为法，这就是“心佛众生三无差别”，而“山河大地自有等分”。

修行不是修得喜怒哀乐都没有了，而是修得当喜而喜，当怒而怒，当哀而哀，当乐而乐，修得喜怒哀乐分明。般若智慧重点在融通淘汰，不在于无为法如何生起众法。佛教不是“本体生起论”，而是“缘起性空论”，佛法不处理世间万有一切是如何存在的问题，而是要说明世间万有一切其实没有真实恒常的存在状态，一切都在刹那生灭的过程之中。般若法是消归于空，而承载诸多差别之有。正因为你懂得消归于空，所以你也能够承载诸多差别之有。正是因为你懂得彻底放空，所以你才能读很多书，才能读懂很多书。如果你只懂某一个意识形态的书，其他通通作为敌对的对象，那问题就很严重了。

以《金刚般若波罗蜜经》为例，你能够受持此经甚至仅仅是四句偈，这也是真正的福德。这四句偈就是：“一切有为法，如梦幻泡影，如露亦如电，应作如是观。”① 什么叫“受持”？“受”指承受，承之而不违；“持”，守之而不殆。刹那生、刹那灭皆归本于空无，佛法是彻底解开。佛陀是不是绝对的权威？当然不是。“若以色见我，以音声求我，是人行邪道，不能见如来。”② 佛法无定法，甚至可以说本来没有佛法，佛说非佛说，是之谓佛说。你能够彻底地荡涤一切，这时般若空智就能真正开显，这时你就能够了解“一切诸佛及诸佛阿耨多罗三藐三菩提法皆从此经出”③。“从此经出”并不是果真从这里生出来，般若空智是虚涵于其中，并非实摄于其中。你懂得一切皆为虚而不为实，那么世间种种名相执着所滋生的烦扰也就从此破解。

---

① 《金刚经·应化非真分第三十二》。

② 《金刚经·法身非相分第二十六》。

③ 《金刚经·依法出生分第八》。

佛教有各种修养工夫论，也有与之相对应的不同果位，譬如，须陀含果、斯陀含果、阿那含果到阿罗汉果，一层一层上升。阿罗汉之法为“实无有法”。“实无有法名阿罗汉。世尊，若阿罗汉作是念，我得阿罗汉道，即为著我、人、众生、寿者……我不作是念，我是离欲阿罗汉。”[①]不作是念，实无所行，才能够叫“离欲阿罗汉”。无念无所行才是般若正法。遣除我法，我和存在对象彻底遣除，所以“于法实无所得”[②]。佛法是本具于内而不由外来。“于法实无所得”是实无所得而自得，自得而又无所得，法本无所得，因为本无所得可以以无得而得之。

佛陀之净土本为庄严。“庄严佛土者则非庄严，是名庄严。”[③]庄严其实是一种自在的庄严，能够疏决一切的挚爱而流通畅达，这就是庄严，并不是果真有个庄严相。这种疏决挚爱而流通畅达之如是能生清净心，清净心之为清净心是“应无所住，而生其心”，是透明无碍的心灵意识状态，这就是我所谓的回归意识的透明。存在是空无的，意识是透明的，世间的一切都是消归于空的。

布施要是“三轮体空”的布施，要是无为法的布施。梁武帝问于达摩，他说，我盖了那么多佛寺，供养了那么多僧人，我贡献了那么多，是不是积累了很多功德？达摩答言，实无功德。所谓“功德”是行功立德。你捐了1万元人民币，但并不会因此获得10万元的收益。你捐出了1万元就是打水漂了，捐出去了你要放下，捐出去的行为本身就是一种荡涤遣除、了然无碍的工夫。无为福胜从这里说，正教为正从这里说。你有虔诚敬意，尊重正教，经典所在处即为有佛，万有一切众生有情都含具在般若智慧之中。般若空智是一切智、一切事、一切物之虚涵之所皈依，一切皆缘起而生，回到空无之本性，如此你就不执着于很多东西。

---

① 《金刚经·一相无相分第九》。
② 《金刚经·庄严净土分第十》。
③ 《金刚经·庄严净土分第十》。

对于这样一部既坚且利，能度到智慧彼岸的经典《金刚般若波罗蜜经》，你要信受奉持。奉是尊之而不疑，持是行之而不辍。更值得注意的是，这不是将佛之所说当成恒定不变的真理，而是“如来无所说”[①]。“佛说般若波罗蜜，即非般若波罗蜜……诸微尘，如来说非微尘，是名微尘，如来说世界非世界，是名世界……如来说三十二相即是非相，是名三十二相。”[②]A非A是名为A，这种形式在经文中一再出现，A减A当然归本于零，A能够通过消去法回到原点，A是如其本然之为A，这是归本于极，是真正能够如其空无而回归般若空智。

法本非法，度脱到彼岸的智慧并不是果真让你到彼岸，而是达到一种究竟的“离相寂灭”的状态。你能遣除一切法相，而回归事物本身，你就能了无挂碍，这样你的觉性方能显露出来，而能离一切诸相。离相不是出离割裂，而是离而不离，离就是能够回到寂灭。

如果你参过禅，大概就知道参禅的时候是心神宁静的，和睡觉的状态很接近，但不是睡觉。禅定不是睡着，而是当下般若空智能够示现一切相，而归本于实性。实性即是空无之性，也就是了无挂碍的状态。修习之重点在“寂”，即寂，即觉。觉是因其寂而显之觉，不是对外在事物的觉知，而是回到自己内在的自我觉知。自我觉知最后又把“自我”遣除了，达到无所觉之觉，无有对象之觉，纯粹之觉的状态。若达此境地，你能够持守勿失，行功立德，那么你所立之德就是无得之德，是不可思议、不可分别的功德。

现在的佛教是被世俗化的佛教。世俗化佛教所谓的功德是告诉你，你现在捐了1万元可以赚回10万元，捐了10万元可以赚回100万元。而真正的功德是唤起生命内在原具的菩提心而已，你持守经典的所重在这。你书写、读诵、为人解说，这都是般若空智的显现，般若空智的显现是虚涵而非实摄。“在在处处”只要有经典的地方，我们就应当供养。经书如佛塔庙，我们应

---

① 《金刚经·如法受持分第十三》。

② 《金刚经·如法受持分第十三》。

该“恭敬作礼围绕”[①]。作礼只是虚涵的作礼，并不是你果真作礼。这不是功利性的起心动念，而是如是地能够真正放掉一切执着而让觉性如其本然，从容自在地彰显，这就是持守并开启虚涵之智。你要想真正理解《金刚经》的法要，就必须摆脱世俗功利之志。我们一般所谓的智慧都是世俗功利之智。

六、回归自身，如其自如，不执不取，当下自在

佛说：“善男子、善女人受持读诵此经，若为人轻贱，是人先世罪业应堕恶道，以今世人轻贱故，先世罪业则为消灭，当得阿耨多罗三藐三菩提。”[②]显然，这是将人的存在、业力的因果摆置在过去、现在、未来连续的时间谱中来看待，而不是切割成片段来看待。让自己的生命回归到原始点，这是一种能净业障的方式。业障之为业障是因为你去掀动它，去执着它，去连接它，障碍就越来越严重。但是如果你能认取它，放下它，就能慢慢解开它。放下的当下便是自在。

众生是自度，非由他度。《六祖坛经》讲到，五祖弘忍把慧能送上船后，弘忍摇桨，慧能说“迷时师度，悟了自度”，今后我靠自己了。《金刚经》里面还讲到燃灯佛为佛陀授记，其实受记是无所得法，也是无所受。值得注意的是，授记和基督宗教所讲的预选说其实是不一样的。基督新教认为，哪些人能够得救是上帝早就预选好的，和燃灯古佛授记的意义不同。授记严格来说其实是无记可受，只是要你一切让开。如来说一切法都是佛法，并不是说一切法都是由佛法而生，也不是说一切法都等同佛法，而是说一切法虚涵于佛法之中，之所以谓之虚涵就是如其真实而显现。你通达无我之法，所有世间法统统可以归结到出世间法，因为世间法都不究竟，

---

① 《金刚经·持经功德分第十五》：“在在处处，若有此经，一切世间天、人、阿修罗所应供养，当知此处则为是塔，皆应恭敬作礼围绕，以诸华香而散其处。”

② 《金刚经·能净业障分第十六》。

出世间法方为究竟。

《金刚经》中非常重要的内容就是般若空智，即透明无碍的智慧，这种智慧强调法本平等。所谓“平等”，无突起相谓之“平”，无拘碍相谓之“等”。无突起、无拘碍如如开显，回到事物本身。“等”是讲普遍，“平”是讲均衡，“所言善法者，如来说即非善法，是名善法”[①]。一切善只是回到事物自身，而不是立一个善的准则作为批判的标准，所以佛法的宽容度是很高的。你如果好好地读了《金刚经》，读了庄子的《齐物论》，再读西方批判理论时，这些一定会对你有所裨益。你如何解构，回到没有根据的根据，不依其根据而成的批判就是如其本性的批判，这是荡相遣执的批判，这是了无挂碍的批判，这是还其自身的批判。你行善也必须这样净心行善。法本平等，无有高下，佛法不断地告诉你，怎么样了无挂碍，回到自身。

《金刚般若波罗蜜经》说透了，要行善，尽心行善，这样是无断无念。念是什么？心之所发为意，意之涉着于物为念，一作是念就有常有断，所以你要去此念才能断此常。你归返到事物本身，这就是般若空智的智照之功，有了般若空智的智照之功，你就能够即寂。你不执着断灭相就是“常”，你把抓住断灭相当作“常”，就会失去般若空智的本意，“发阿耨多罗三藐三菩提心者，于法不说断灭相”[②]，所以无断无念，无念则无执，无执看似相续，但并不如此，看似断却又无断。佛法在此所讲的奥妙会让你觉得难解，但是其实不是，它讲的就是你的心灵意识和存在对象物两不相涉时，就能回到无所挂碍的境地。

你要有观法能推开去看自心，去观自心，让它还其自身。痛，看其为痛，痛就是痛，那也就不痛了。你们有没有过这样的经验？比如，你挑着担子，这个担子很重，其实你还承受得了，但是你观看那个痛，痛如其为痛，痛本身就消解掉了。这种做法就是教你怎么样去掉执着，去掉执着也

---

① 《金刚经·净心行善分第二十三》。

② 《金刚经·无断无灭分第二十七》。

就能够去掉病痛。般若空智经由你的努力实践而开启，开启之后能够让事物还其为事物。我们的麦克风不是常常坏掉吗？坏掉就坏掉，这个时候你心不要起执着，慢慢处理。处理不好，那就以后再处理。正因为这个念头，你可能才会想到怎么去处理这个问题。我们起心动念时，常常把不相干的东西带引出来，把我们彻底缠缚住，使得我们失去了真正的洞察能力。因为痛，我会观察其为痛，痛之为痛，如其为痛，也就不痛了。它还是痛，但是它至少帮你消解了，然后你能够了解痛之源何在，接下来你如何治疗它，暂时性可以达到某种消解的地步，却不可能真正解决问题。

空、假、中，世间之“有”都为“假名有”，但是并不因为有是暂时的，人们用话语、概念所构造的有就不是真实的有，世间的实相就是如此。“假”是暂时的。“名”是我们用暂时的称号去说它是什么。名有名的功能，这个功能有它的限制，真正最大的功能是来自于毫无挂碍的最真实的空无。你了无挂碍，所以你能清楚它。你不执着，世间会少去很多烦恼。佛经的优点就是读读它，脾气不太好的人会变好一些，执着的烦恼也会减少很多。原来一件小事就会让你生气，现在也没有什么好让你气的事了。因为这一切都是很平常的。人还是如其为人，事还是如其为事，你还要不要继续做你的事业？当然要做。你还要不要读书？要。你还要不要讲课？当然要讲。这就是如是。你喝茶时喝茶，走路时走路。你走路为什么会跌跤？因为你走路不如是。为什么你喝茶会哽到？因为你不如是。

如果你是第一次来听我讲所谓的佛法，就会觉得这个道理很奇怪，不太听得懂。但是你既然来了，那就熬着，老师都熬那么久了。你这样熬两三个小时，可能对待事物的方式就会改变。其实，读佛法可能会改变你对待世间各种事物的方式，从急切变得从容了，但你并没有少做一点事，反而觉得时间多出来了。原来你匆匆忙忙，结果事都没做好，现在从从容容，事情却做好了。你原来做件小事就觉得自己多么伟大，现在是你做了很多事，人家说你伟大，你觉得很平常。你心火不起，反而将明灯照亮了。

佛经的重点就是让你的觉性能够真正生起，就好像一面镜子，美就是美，丑就是丑。世界是一个整体，但这个整体含具万有一切。含具万有一切是虚涵。万壑千流相互竞争，最后还不是汇入大海。运动员并不是一定肩负着非常伟大的使命。他没夺金牌，只夺了银牌或者铜牌，也会很高兴。因为依据他自己的努力，他觉得只能达到这种程度。他不会把国家强盛与否和运动挂搭得那么紧。在今年的报道中，有个选手只得了第三名，记者采访时，他还是蛮高兴的，并未因为没有得到第一名而难过，这代表着生命很自在如是的一种状态。我很好奇的是，这个人有没有听闻过佛法。世间如果是这样的话，你努力还是要努力，但是没有考上北大清华，那又如何呢？当年我在台湾读本科时，差一点点考上台湾大学，因为我的志愿没有填满，若填满就能考上台湾大学了。我没考上台湾大学哲学系，考上了台湾师范大学的中文系，现在回想一下这也没什么不好。要能如是看待它，你就能够放下，这是佛经里面很基本的道理。

七、荡涤虚无之法相，遣除无明之执着，破相显性，觉性方能开显

世间的一切是虚涵而非实摄，一切皆无自性。“如来所说三千大千世界，即非世界，是名世界”①，就是你能够用般若空智，荡相遣执。世界不是有世界相之世界才果真是世界，不是通过执着性的表象去证成它，而是回到自身去证成它。一对夫妻每天要拿出结婚证来证明他们的婚姻关系，这是如是吗？这不如是。如是能忘，是跨出言说而回到存在本身，存在本身看似非存在，其实就是存在，就是如是。般若空智所照当下空无，虚以含实，它荡涤万有一切，成就真正空无的整体，以其真空故能妙有。你能

① 《金刚经·一合理相分第三十》。

够知见不生，就能够还归如是。所谓“还归”是什么意思？就是般若空智所照。般若空智所照，“发阿耨多罗三藐三菩提心者，于一切法，应如是知，如是见，如是信解，不生法相”①。“如是”是归本于空无透明，是不生法相，所以说“所言法相者，如来说即非法相，是名法相”②。佛教不断地强调A非A是名为A。

一个东西，你不在意它，它才能如其本身地存在，你心不会紧抓着不放。你买了一辆非常贵重的车，若能当成它今天晚上可能就不存在了，你就了无挂碍了。不然怎么办？你就买全险。你觉得全险太贵，你买那么贵重的车又不愿意买全险，然后每天晚上看着车，那不是给自己惹麻烦吗？这是很简单的道理，但我们常常混淆了。你有般若空智才能够开启导生出实践的如是性。实践的如是性就是这个事儿你能从根本上把它处理好。这个问题是什么？现在我能做的是什么？如是地知道。这篇文章为什么写不好？没思想当然写不好。为什么没思想？因为读书不够多。读书不够多该怎么办？那就多读书。这是很简单的道理。

台湾流行小学生补习作文，我觉得这个颇为可笑！小学生根本就不必刻意强化怎样学写作文，你让他们胡写一顿就好了，怎么胡写，就是学着写，写多了就好了，但是真正教小学生作文的人多半不高明。他教你的套路把你套死了。作文是要你多读，有思想了再多练习，写着写着就会了，一定是这样的。你没有思想，可能教你的老师本来就没什么思想，他也不知道怎么样培养有思想的人，不懂得怎么阅读。画画最害怕的就是变成那种概念性的画。画要能写生，能够如是地先把它画出来，把相显现出来，读书是如此，人生之事也是如此。

你能如是吗？其实，般若空智就是告诉你如是。见一切法相皆是空无，你就能如是。现在最严重的现代性问题就是不如是，我们有太多虚的东西，

① 《金刚经·知见不生分第三十一》。
② 《金刚经·知见不生分第三十一》。

而且我们不断去护持那些虚的东西，而虚的东西越加越多，然后虚而变实了，那就很麻烦。你紧抓不放那些虚而变实的东西，就会受它影响。譬如，你有了一定的社会地位，就要买LV包包。现在还有些人，到了某个地步就要去参禅打坐。人家都信某个师父，你就跟着去信，给你加持一下就能让你如何了，有那回事吗？我告诉你，根本没那回事儿，那是世俗法。当然，宗教有些神秘的法门，可能不是佛法，但能在世俗意义上对你有所助益。譬如密宗，我讲一个真实的故事。有个朋友的孩子非常优秀，信了一个密宗的师父以后，这个孩子所有的问题密宗师父都可以帮他解决。过了一两年师父死了，这个年轻人就陷入惶惑不安的情绪中。以前他所有的事都交托给师父，自己可以不思不想不觉，现在不知道该怎么办了。朋友和我谈起来，我说没关系，他现在惶惑不安，就会发起疑情重新思想，有疑就会有觉，这可能是他人生的另一个新阶段。以前生命有困惑，碰到师父以后没有困惑了，这是一个阶段。现在又到一个新阶段，这时候如果他自己再去读佛法，学佛学，可能会有新的体会，因为以前不如是。人生能只靠师父而活下去吗？不行吧。“师父领进门，修行看个人。”如果有师父告诉你，我把你领进门，以后你的一切问题我通通帮你解决，这恐怕不是佛法。

佛法是教你觉醒。你要自己觉醒，别人帮不了你，就好像认路不能够完全交给导航。开车认路如果完全交给导航的话，你可能会出大问题。你完全交给导航，习惯了以后，就真的不会认路了。你把导航设定好，它会告诉你，前面两百米右转，右转之后再三百米左转。我有个朋友在广州，他知道路还是习惯开着导航，前面道路在施工不能走了，他绕道而行。这个导航就告诉他，你偏离了方向，导航还会按原计划的路线，还说你为什么不听我的呢？我觉得这很有趣，导航也很能计划、很幽默，你听它的，就永远到不了。佛法告诉你，很多东西都没有预定的图谱，而是唤起你当下的觉性。如何觉呢？就是把你内心会干扰你觉醒的东西取消掉，人最麻烦的不是你没有觉知能力，而是你的觉知能力被不相干的东西彻底干扰了。

世间本有太阳，但是雾霾很严重。你不要说太阳怎么不见了，是因为雾霾严重遮蔽了太阳，把掩盖你觉知的东西扫掉就是了。《金刚般若波罗蜜经》重在荡相遣执，不是破相显性。破相显性，仍然对于性有所执。

八、般若治疗学之法要：观想可除贪爱，如是方得解脱

第三十二分是应化非真分，讲到即应而化，非有定向，以此来讲诸法非真。以般若智观之，能够不执着于相，不取于相。不执着于相，所以能够如如不动，如如不动其实是不动而动。你能够以般若智观之，那么“一切有为法，如梦幻泡影，如露亦如电，应作如是观”①。这是说，一切存在是空无的，是刹那生灭的，而意识是透明而无有挂碍的。境识俱泯，还归于空，通透圆明。这所显现出的定向是信仰的确定。顺着信仰的确定，开启存在的如是，所以“应作如是观”。

般若空智开启如是观的哲学。“如是观”在认知上是如是的，在实践上也是如是的，这种做法中隐含着疗愈的概念。在21世纪人类文明中，人常常陷入一种困境，就是人的觉性一直被工具理性的高张所遮蔽所束缚。般若空智之能荡涤一切就隐含了一种超越的观照力量。荡涤万有一切成就空无的整体，之后你就能够摆脱无明的缠缚而能够证得菩提。所谓的摆脱无明并不是如何去摆脱，你一念不着，当下即是菩提，一念着，就陷入烦恼。

关于般若治疗学，我曾写过一篇文章叫《迈向佛家型般若治疗学的建立——以〈金刚般若波罗蜜经〉为核心的展开》，当时在写这篇文章时，又通读了《金刚般若波罗蜜经》，而且讲习过两次以后，还用了一本书谈到“简易观想制心法”，即经由观想起对治的作用。譬如不净观、月轮观、

① 《金刚经·应化非真分第三十二》。

白骨观，白骨观来除贪爱，阴阳观来破愚痴，空观来断一切烦恼，假观来破执着，中观应用无碍，慈悲观来除嗔恨，舍身观修无量行，其实它们都是有所对治的。我们通过师承观来传承加持，通过佛菩萨观加持往生，通过父母观而起报恩心，通过死亡观愿意舍弃一切，通过江河观能悟证无常，通过虚空蓝天观能够体会自性清净，通过海洋观包容一切。

台湾有位佛教高僧大德也是位艺术家，在水里乡的莲因寺，叫“忏云法师”。他教人月轮观，就会画一个月亮，再教你们打坐观月，这种观法会让你的心有所止又有所觉，使得你的心如月之朗照，无执无着。修白骨观能够除贪爱。今天，你看到某个美女，心里一直执着于她，贪爱着她，但是百年之后她就只剩一堆白骨，你把她观成白骨就能放下贪爱之心。我有一次和朋友聊天，我说白骨观还不行，有办法就把白骨观成美女才行，只是开个玩笑而已。正反两边观都能舍离、都能放下，你就能当下空无、了无挂碍。你面对存在的空无、意识的透明，而能回到物无自性的自身，空有不二，这时候实践的如是就开启了。

现世严重的问题是什么？就是有而不能无，而且“有”不断虚浮地膨胀，还将其称之为“成长”。我应该算是使用电脑蛮节省的人，但是我也已使用了好多台。学校大概四五年就会给你个单子，说你该换了。我还熬过两次都没换。电脑真的需要换那么多吗？不需要。人类科技是用耗竭损害的方式获得发展，人类是在毁损的过程里获得成长，这是不对的，这是违反佛法，违反道家之理，也是违反儒家理念的。儒家讲正德利用厚生，道家讲道法自然，佛教讲如是。在这种成长过程中，人类在这一百年间所耗损的地球资源居然比人类从以前一直到这一百年之前的所有加起来的总和还多，这是很严重的。现代性社会最不如是，它所追求的是一些最虚假的东西。大学追求排名，这很不如是。大学排名不如是，但这好像变成了一种“时尚”。人是要追求“出人头地”还是“安身立命”呢？安身立命才如是，但是现在追求的是出人头地。什么是“如是”？现代性社会有很多新的沟通方式，很多新的交往方式正在让我们有机缘回到更如是的状态。现在很多实名制本来就应该如是，但是因为它们太不如是了，造成了很多弊病，所以要求如是了。现在必须用“正名以求实”而去要求其实，这已经是落于下胜了。佛法是很究竟地把这些问题抛出来让你看到。

佛教所说的“苦业解脱”在现实之中的确是有用的，虽然不一定究竟，但一时之间也是有用的，至少你心不生嗔恨，心不生不该有的情绪。这样，你会觉得舒适一点、自在一点。我们常常处于一种他在的状态中，想的东西太多了，不如是了，所以一夜难眠。面对难眠的状态，你也不如是。睡不着起来做事不是很好吗？这就是如是。其实睡不着觉最好的诠释就是体力还很好，还没用尽，那就起来做事。劳动劳动，身体很累了就能睡着了，你说不想校稿，那就整理家务，从能做的事情开始，这就是如是。现在烦恼的这个事，你若果真有能力去观烦恼也是可以的，若没有能力的话就跳开来做另外一件事，你投入做事时，烦恼就能解开了。我对治睡不着觉的办法就是，我一步一步地做好多没做的事，做着做着就会想睡觉了。我多半睡得不错，因为我服膺曾国藩“倦极而卧”的原则。你怎么能够躺在床上一直呼喊着睡神，你快来。那太辛苦了！你要等着睡神向你召唤着，你赶快来，赶快来，那你就睡着了。这就是你的心念转换，你成长到一定的地步，成功召唤着你，那你就成功了。结果你还没成长到那个地步，就一直召唤着成功，你肯定不成功。生命什么叫自在？能够如是就自在。什么叫如是？你真正去正视自己就是如是。

九、佛法之修持重在降伏其心，佛法之孳乳在回归当下，展开更多交谈对话

佛法说了半天要讲什么？其实也没有太多内容。你要说也可以说很多，可以转换很多方式去讲。禅宗就是通过《十牛图》来说。中国文明的

可贵之处在于它把很多可能很艰深的道理，化归成图像让你去觉知。第一幅是未牧之图，牛处于一种未牧的状态，也就是最本原初始的状态。《未牧》："狰狞头角恣咆哮，奔走溪山路转遥。一片黑云横谷口，谁知步步犯佳苗。"《初调》："我有芒绳蓦鼻穿，一回奔竞痛加鞭。从来劣性难调制，犹得山童尽力牵。"你看，山童牵这头牛牵得很费力。接下去《受制》："渐调渐伏息奔驰，渡水穿云步步随。手把芒绳无少缓，牧童终日自忘疲。"牛慢慢被驯服了。到第四《回首》："日久功深始转头，癫狂心力渐调柔。山童未肯全相许，犹把芒绳且系留。"第五《驯伏》："绿杨阴下古溪边，放去收来得自然。日暮碧云芳草地，牧童归去不须牵。"第六《无碍》："露地安眠意自如，不劳鞭策永无拘。山童稳坐青松下，一曲升平乐有余。"《任运》："柳岸春波夕照中，淡烟芳草绿茸茸。饥食渴饮随时过，石上山童睡正浓。"《相忘》："白牛常在白云中，人自无心牛亦同。月透白云云影白，白云明月任西东。"《独照》："牛儿无处牧童闲，一片孤云碧嶂间。拍手高歌明月下，归来犹有一重关。"最后《双泯》："人牛不见杳无踪，明月光含万象空。若问其中端的意，野花芳草自丛丛。"从最原初的未牧，然后开始初调，受制，回首，驯伏，无碍，任运，相忘，独照，双泯，一层一层地，人渐能调服其心。

佛法其实就是调心，最重要的是要能够达到一种了无挂碍、我法二空的境地。但这并不是一种不涉及外在事物的消极的自我蒙骗，而是告诉你，我们要想获取真实的能力去解决问题，一定要先能够调服我们的心。我们的心如果不能调服，所获得的解决方法，很可能会受到其他不相干因素的干扰，我们去展开实践行动时，也会不断受到影响。外在因素对内在心境的干扰，可能会使我们做出很多错误的判断、抉择乃至影响行动，可能造成严重后果。现在看来，某些国家的领导人其实是蛮需要佛法的。佛法主张和平主义，它告诉你，你的心能够真正回到平静，你才有办法，使得别人的心也回到平静。你内心的平静才是真正的起点，这样你才能够真正承认自己的缺失，忏其前愆，悔其后过，因而能除旧过，能防新错。

人类有一种无缘大慈同体大悲的心。大家若能共生、共长、共存、共荣，就不必担心现代性所可能造成的严重问题。人们如果能够如是地面对现代化进程，应该会给人类带来很大的福祉而非祸害。如是的话，我们就可以“鱼相忘乎江湖，人相忘乎道术”①。如是的话，我们就知道“知之为知之，不知为不知，是知也”②，我们知道今日之所限，明天继续往前。佛法无它，“如是”二字而已。如何能如是？不要把自己看得那么伟大，不要把自己看得那么重，不要把事也看得那么重，但也不是把事故意看轻，不是把自己故意看轻，而是如是，该怎么做就怎么做。佛说非佛说，是之谓佛说，佛之所说，皆能遣除，这样的佛说才是佛说。佛之所说，你能够退回到原点的“说”才是真正的“说”。如是之为如是，是经由彻底的消除能够回到原处，回到原处你才知道，原来如此。

“还至本处”很重要，“饭食讫，收衣钵，洗足已，敷座而坐”③，平平常常的，没有什么学问。你以为有多大的学问，反复看遍佛经中所有的字句，所有的版本通通考证了，但佛法之真在体悟。人文学最重要的是要于自己身心有益，于政治社会共同体有益，于自然共同体有益，于天下有益，而且有益是如是之有益，就如此而已。

21世纪，人类文明发展到一个新的时代，我们以汉语所记录或翻译的经典，特别是一两千年前以古典语汇所翻译的经典，应该让其重新焕发活力，进入人类文明，使它们与不同文明间有更多交谈和对话的可能。在这种交谈对话的过程中，经典不断地孳乳、丰富。

佛经读了会让人喜欢它，但是你要恰当地去读。不要读了佛经就不问世间事，不行世间事。你本来还经得起一点闹的，现在经不起了，为什

① 《庄子·大宗师》。

② 《论语·为政》。

③ 《金刚经·法会因由分第一》。

么？因为知觉力几乎已经被世俗遮蔽了。你现在读了一些佛教的经典，你的知觉力慢慢开启了，你会感觉到很不舒服。这时候一定要再多用一点功，才能够真正摆脱这个方向，要不然你就会陷入另一种痛苦中。原来是懵然不知，现在是猛然觉知。原来是见山是山，见水是水，现在已经见山非山，见水非水了，要再进一步达到见山是山，见水是水的澄澈境地。原来把表象当本体，现在知道表象不是事物本身，后来你真正看破了表象，使事物如其本身地显示自己。这是修持的过程，能够让生命回归自身，达到一种万境自如的境界。

| 问题与讨论 |

学生：林老师，您好！您读《金刚经》以后，对西方的现代性进行了有力的批判。佛经对于现代性有很强的疗愈和批判作用。您这种观点背后是不是有这样一种假设：虽然佛经具有疗愈和批判作用，但它是试图纠正现代性或者助其成长，助其克服自身弊端，是不是也从反面论证了整个社会的发展和进步都是主体的重演，还是要依靠现代性？

林安梧：我其实没有想那么复杂，你把这个问题更往前推扩了一步，也很好。我并没有预取说一定要有现代性的社会，但这当然很难避免。譬如，我这一生到现在，一直到我离开这个世间为止，大概免不了和现代性有交集。我能够不用手机吗？不可能。我的朋友说他坚决不用手机，我说那也没有用，你坚决不用手机，人家还是在手机里讨论到你，人家用手机还是会说到你，你和手机还是有关系，你是不可能和手机无关的。

世间某个东西发展到某个地步，你是不可能和它无关的。这个世界已经成了这样，我们可以如是地看待它。你能如是地正视这世间的事，世间就不会有那么多问题。世间有那么多问题就是因为不如是。为什么会有恐怖攻击？因为有很强大的不如是的东西压迫着那个群体，让他们觉得难以生存，所以他们非用恐怖攻击不足以来彰显自身。但是恐怖攻击有效吗？它只会造成更严重的敌对关系。为什么？因为一神论的哲学没有回到真实、荡相遣执、回归实相的能力，他们所尊崇的是超越的、绝对的、唯一的真神。其实，那不是真神和真神之间的斗争，而是信仰真神的这些人以真神的名义在斗争。他们如果真懂得这些道理的话，就不会这么干了，但是这很难实现。这时候佛法是有用的，就此来讲是有用的。譬如，国家、政府、社会是要让人真能安身立命的，我们的经济也是要让人能安身立命的。我们学人文，读古典的目的是要懂得其中的意义，对我们的生命有帮助。如果你读古典读到为了写博士论文自己都很压抑，这就不对。因为这不是功利性的东西，而是要教你怎样让自己的生命能够好好生长。

现代性太多虚妄的东西，而我们把这些虚妄的东西当真了。民国初年到三四十年代初期，学校可能没有那么多的考评，没有那么多的检查，没有那么多的项目，没有那么多的奖项，也没有那么多的名头，但是那时候出现了很多大师。现在可能各种名头很多，不只大陆如此，全世界都是如此。你在美国要多久才出一本书，那样的书有多大价值吗？我看一般。但是他真的这么做，一本书做六七年，收了稿子以后不断地改。它果真那么重要吗？其实，我们好好地去把一个经典的意义释放出来更加重要。这就牵涉到现在严密控管下的“产品”为什么不好了。人文不是一种工具生产下的产品，而是人在生活世界中悠然自得而结出的果实。学校对待自然科学的方式和对待人文学问的方式可能不该一样。如果是一样的标准、一样的方式可能就不如是了。当然，现在你也可以质问我，你这样思考问题如是吗？我只能告诉你，我现在真的在考虑现代性所造成的问题，我读《金刚般若波罗蜜经》有这种体会，我是就我的体会而说。至于《金刚经》是不是要担负这个责任，我没有这个意思，因为我们只是受它启发，并不是它一定能如何。

学生：您说儒道都是消解的智慧，那么您能不能讲讲这两种消解智慧的本质区别？

林安梧：道和佛都是消解的智慧，而儒是成全的智慧。儒和道都是生生法，佛教是无生法。佛教的无生法是“苦业解脱”，道家重点在“生生的归复”，儒家重点在“生生的开展”。所以儒道比较接近，佛和儒道原来是比较远的。但是佛教传入中国以后，它和道家有一个慢慢融通的过程。后来儒家的发展受到君主专制、父权人伦系统的影响，儒家的地位被拉高，在这个过程中和佛老的斗争激化，因此把道家推到佛教那边去了。但是，斗争归斗争，它们在民间是水乳交融的。

我常举一个很简单的例子，儒道佛三教已经浸润到我们文化深层的积淀里面，这是一种集体无意识的深层影响。比如，小明明天就要高考了，妈妈早上告诉他，你马上要高考了，要好好用功，到晚上就跟他说放轻松，明天要高考了要放轻松，隔天早晨要出门了就跟他说，都不要在意，不管考好考坏都没关系。这不是有儒、有道、有佛吗？早上跟他讲的是儒，晚上跟他讲的是道，隔天出门之前跟他讲的是佛，不管你考好考坏都没关系，这是“我法二空”。我们都能完全理解，而且已经运用自如了。你不一定读过儒家，读过道家，读过佛家，但是你不假思索就这么说了。我们现在去理解时，会发现原来在我们生命里面就有这些东西。显然，佛和道最大的不同在于道是回到“自然”，佛是回到“自在”。道家的自然是回到天地，靠场域生发的动能来调节，佛法是教你要彻底放下而如是地看待事物的空无实相，两者不太一样。

学生：林老师，您好！我小时候非常优秀，学习成绩名列前茅，老师认为我是读北大清华的料，但是我最终只读了个专科，这种事实让我特别苦恼，现在特别羡慕清华北大的学生，请您帮我解解这个心结吧。

林安梧：这讲得很如是，我觉得你的心态是挺好的。你很羡慕北大清华的学生，而没有很痛恨。一般人会嫉妒而生痛恨，然而你是羡慕，我觉得你的羡慕现在倒是可以放下，因为他可能不见得比你好。你成绩很好，本来可以考上北大清华，最后没有考上，可能是有偶然的状态，也有可能是无始以来有业力干扰。你回过头来能够对他们有羡慕，我觉得这一点很了不起。如果你当时考上了北大清华说不定还养不出这么好的心态。我大概可以预想，可能过一段时间以后你就自在了，不会觉得这有什么好羡慕的。

我也和一些年轻朋友讨论过这些问题，如果中国还是很重视所谓的名牌大学，恐怕我们的教育需要改革改革！教育其实要如是一点，现在的教育太不如是了。从进小学的第一天就开始想着12年后的高考，我觉得这太苦了。世界不应该是这样的。这个问题是我们心中之贼在作乱。心中之贼是怎么造成的？这是共业，我们要一起去处理它，我的理解大概是这样的。

学生：林老师，您好！现在像西方有基督教、伊斯兰教，包括去泰国时，他们对佛教也非常虔诚，对我个人而言，这是非常震撼的。我也想有自己的信仰，我该怎么去信仰？今天听您讲佛教，我觉得也有一些领悟，但是让我去信仰佛教，去烧香拜佛，去用形式膜拜，我觉得现在还做不到，到底怎么样才是对的？包括您说的儒家是饭，道家是自然、空气，佛家是药，但是我不能天天吃药吧！

林安梧：比喻要如是，如是就是你听了以后要放下，你不能抓着比喻继续延伸，它只是一个比喻。这几个放在一起对比时，佛教重点在苦业的解脱，你要如是地看待它，不要紧抓着不放。佛法的可贵之处在于觉醒，世间有太多不必要的执着，你要如是地看待它。世间“凡有所相皆是虚妄”①，世间的各种说法、各种强调，你能够如是看待，就能够放下了。

这个世界在变动之中，我们以前在台湾读书时，有人到美国去之后，就开始批评我们的教育多糟糕，认为美国的教育多好，我从来没有这种感

---

① 《金刚经·如理实见分第五》。

觉。这是一种偏见，我常常认为这是欧美中心主义带来的偏见。我也去过美国，以访问学者的身份去的。我那时在台湾清华大学教书，回来的时候，同事们请我吃饭，说欢迎我学成归国。我矫正说，可我是学成才去而不是学成归国。这是基本的心态、态度问题。我不是民族主义者，而是真的感受到东方有很多很好的东西。我也学西方哲学，也看了很多西方哲学的著作，但是我读了更多道家和禅宗的经典。当我对西方现代性提出批评时，很多人说你可能读过德勒兹，读过海德格尔之类。我可能读过一些，却是不完整的。但是他们认为我有一些完整的想法，我说完整的想法可能是来自教《道德经》、禅宗、佛经的过程。

人类很多东西是共通的，你不要被现实、世俗的东西所局限。但现实、世俗的这些东西需要不需要？当然需要。“迷时师度，悟了自度”[①]，你在任何情境、任何社会环境中都会有其限制，但是如果读了更多佛教和道家的经典，你解开松开的能力会更强，你会更加自在，能够归返自然。人不是找净土才居之，而是要使我在的地方成为净土。因为那个国度很好所以我才过去，但那不是你的国度，你为什么不让自己的国度变好呢？

我到美国去，从来没觉得美国是上邦大国，因为我了解一些信息。美国的中小学教育其实是很不好的。他们的教育是一种缺乏真正觉性的教育。东方人看那里好，是因为原来你被压得比较紧，去美国放开时变得很好，你应该感谢你原来被压紧，所以一下变好了。如果全世界第一流的人才没有去美国，美国是绝对不可能好到哪里去的，因为我认为，他们的中小学教育是很有问题的。我生长在农村，从不觉得我们所接受的教育是如何的封建。我们还是很自由地思考，因为我们有天有地，我们可以躺卧，徜徉在田野之中，望着天上的云彩，呼吸着清新的空气。这也是很不错的。

经典中有很多东西教我们跨过世俗，跨过限制。教育的可贵之处就是

① 《坛经·行由品第一》。

拿“上下与天地同流”更高的东西吸引我们，一方面有地气，一方面接引着我们，使我们能够生长。

学生： 我最近读到庄子的《大宗师》篇，觉得这与禅宗比较相似。它们都是消解的智慧。在庄子看来，它们是可以达到死生存亡一体的。在禅宗和庄子看来，死了跟活着没什么区别，只是脱掉了形骸，变成了另外的东西，我的本真还在。但是我们接受唯物主义学习以后，觉得死了就是死了，什么东西也没有了，死后的空比现在的空可能还要更加的真实。所以现在恐怕很难放下而生起破除死生的执念，我更倾向于要有珍惜现在的这种明易的观念。

林安梧： 有机会的话，你可以去看一下马克思的人道主义胸怀是如何诞生的，你了解以后刚刚那番言论可能就不会有了。我也读过马克思主义，读的是马列主义批判。我读了《1844年经济学哲学手稿》，读完很感动。我那年修了马列主义批判的课，却写了一篇文章叫《迈向“儒家型马克思主义”的一个可能》，这是我二十几岁写的一篇文章。这是当时的作业，老师给了我最高分，却一直到20世纪90年代才发表。我的意思是说，有些东西在变动的过程中，我觉得应该溯其源去看。我不敢说我对马克思主义有精深的研究，但是对马克思的人道主义胸怀是有研究的。这个部分可能可以有多方诠释。在多方诠释下，它和儒道佛放在一起诠释的话，有没有新的可能，这倒是值得思考的。

你不要把马克思主义想成已经被固化的东西，它是活的，就像以前在台湾我们讲“三民主义”时，作为官方最主要的意识形态，很多所谓的自由主义者都反对“三民主义”。我说他们的反对和提倡都是不如是的。民族主义、民权主义、民生主义，这是很好的主张。我个人认为，现在你如是地去了解各方的思想可能好一点。因为我只读了马克思主义，列宁部分我没有去影印。

台湾有一段很有趣的历史，当时台湾大学和台湾师范大学周边最兴隆的就是影印店，夜以继日地在印书。那时只要能够拿到的书就去印，大陆的很多书是一印再印，你说那些书果真那么重要吗？现在看起来也没那么重要，当时就是想看。很多东西都是这样的。

学生：林老师，您好！我所思考的问题是：传统的道德体系在现代化的过程中，遇到三个好像很难克服的问题。第一，道德知识的深层形式。我们古代的道德一般都是地方性的知识体系，而儒学或佛教都有极强的地理性，道德知识是社会存在和社会文化冲突和解的体现。我们现在生活在全球话语之下，我们的经验是全球性的，而过去的是地方性的，这是一个冲突。第二，它们在搭建的过程中的使用语境不一样，传统的话语道德体系使用的是神学语境，它是存在与价值的和解，只能在神学的话语体系之下和解，而我们今天只能在理性之下和解。第三，我们今天也有我们的道德体系，传统的道德也有传统的道德体系，这两种体系给我们的内心体验是不一样的，即使我今天是一个非常有道德的人，我遇到古代有道德的中国人，他的道德感是完全强于我。也就是说，现在道德的体验缺乏一种神性，在这个方面好像很难去弥补。

林安梧：我的体会就是恐怕你应该更如是地去理解这个问题。我并不认为我们以前的道德体系就是地方性的，好像也不是神学语境的，你硬要用很多框框去把它框住，说当时是怎么样的，而现在是怎么样的，所以现在和以前就变成一种两难的状况。其实不是，所有的东西说到底不都是地方性的吗？譬如，我们今天所讲的你会觉得它是地方性的吗？不是。你觉得一定要在理性中讨论，也没有这种说法。你觉得特朗普讲的话是理性的吗？你看希拉里讲的话是理性的吗？我看也未必。很多东西我们不能设一个框去说以前是怎么样现在怎么样，所以应该怎么解决。这可能是我们现代学术本身要面临的困境，以佛法来讲，没有通归于缘起性空法而真正如是地去面对事情本身。

亨廷顿说人类进入一个文明冲突的年代。我想冲突就不文明，文明就不会有冲突，对不对？所以，他所谓的文明冲突可能就是人的权力的冲突。人为什么会有权力的冲突？我们可能要面对的是权力冲突的问题，而非文明冲突的问题。看事情要回到原点去看，它可能本身就错了。我的意思是说，我们要更如是地看待它。佛陀之所说不只是地方性的语境，孔子所说有其普世的道理。在华人世界里，儒道佛三教经典所说的普世，是在有更大意义包容下所说的普世，普世并不是说要依照我的来作准，我所说的其实是有限的，而那背后不可言说的部分却是无限的。我只是沧海之一粟而已，当然我在“渺沧海之一粟”时，也不会“哀吾生之须臾”，知吾生之须臾，然后能“纵浪大化中，不喜亦不惧”，这样会比较从容自在。

在现代性的社会中，我们要培育一种从容自在的襟怀，然后才会有调节的可能性。这也是我从母亲身上学到的。我的母亲是一个农村的妇人，她几乎不识字，但是她很虔诚地信佛，而且她读佛经读到几乎都能识字了。她有一种虔诚、一种敬意，你能体会到就会觉得生命中有一种如是的力量在生长着，这是很真实的东西。真实的东西没有太多理论，但这并不意味着理论都不真实。在讲的过程里面，我们慢慢体会，好好回到存在本身。

第八讲

如何读《金刚般若波罗蜜经》——经典、生活、实践与诠释的交融

今天是这一系列讲座的第八讲，这一系列讲座最主要的目的是把儒道佛三家最基本的三部经典的意义畅达出来。当然，一两次讲座不可能做详细阐发，只能约略说个梗概。另外，我也是想把自己读书的心得和大家交流分享。今天是佛教的第二讲，我要和大家谈谈如何读《金刚般若波罗蜜经》。

经典和生活实践是密切结合在一起的，只有在生活实践中进行诠释，才能真正把经典的意义释放出来。今天我想经由自己阅读《金刚般若波罗蜜经》的一些心得，关联到《金刚般若波罗蜜经》的前三分来进行阐发[1]。

① 昭明太子将《金刚般若波罗蜜经》分作三十二分。

一、讲习《金刚经》之因由

我最早讲授《金刚般若波罗蜜经》是在1986年，应一位友人之托，为一位台湾佛教徒以闽南语口诵《金刚般若波罗蜜经》，并做简单的语意阐释。1989年，我在台北慈惠堂第二次讲习这部佛经，是为一般社会大众以闽南语讲习的，因为台湾社会用闽南话者居多，在道教的宫庙中尤多。1991年，我第三次在华山讲堂用汉语讲习《金刚般若波罗蜜经》，每讲一分都有身心舒泰的感觉。我讲习《金刚般若波罗蜜经》，自己也受益颇多。

我不是宗教式的讲经布道，而是人文性、思想性的讲。东方的儒道佛三教经典的人文性、思想性都很高。佛教之为宗教不是偶像崇拜，不是灵验巫术，而是智慧的开启。现在中国的佛教，可能很多是偶像崇拜和灵验巫术，已经违背了佛教的一些基本原理。这也是我为什么要讲习经典的原因。讲习经典就是要经由经典的人文性、思想性，唤起人们的觉醒。

今天有个朋友，好像是国防大学的将军，跟我分享了一个帖子。这个帖子把儒道佛三教痛骂了一顿，说这些都坏透了，不可能拯救中国。那个朋友问我有没有意见，我说没什么意见，因为他所骂的都是末流，而不是儒道佛本身。但是身为国家的中将居然讲这种话，并且认为西方很好，西方的基督宗教很好，我真不知道他意欲何为。

我自己因讲习《金刚般若波罗蜜经》对佛教哲理慢慢有所契合而身心受益，当然受旧习污染，总觉很难了。后来借由香港中文大学举办佛教现代化挑战的国际学术研讨会的机缘，我写了一篇文章《迈向佛家型般若治疗学的建立——以〈金刚般若波罗密经〉为核心的展开》。这篇文章是通过美国神学家Paul Tillich和日本禅学家久松真一的对话，引出佛教所体现的是缘起性空，而西方所体现的是实有创生，二者根本不同。Paul Tillich是一位非常开明的神学家，他对东方思想有些基本理解，但你从那次对话可以看出，他对佛教的理解并不深入。

在东西方的互动中，我们这一代人对西方的了解，远远大于西方人对东方的了解。为什么？因为我们的话语权是弱势的。但是上苍很有趣，凡是话语权弱一分，上苍给你真理的开显就会多一分。我们学习西方的东西，往往比西方人学习东方的东西来得认真，也来得契入。就像在台湾，从1949年以后，普通话是最强势的，其次是闽南话，再其次是客家话。你会发现闽南人一定会讲普通话，客家人多半既会讲闽南话也会讲普通话。就像现在在座的很多同学，大概都能讲英文，但是让来访的美国学者讲中文大概很困难，包括非常著名的所谓汉学家，有的甚至都没办法开口说中文，但我们还是非常崇敬他，因为他的话语权比较强势。他们会说《论语》是行为主义的伦理学，《孟子》是动机论的伦理学，其实这些都是误解。但是他们就按照这种对中国哲学错误的理解写成文章，这些文章又作为基础衍生出更多的文章。现在写文章要求一定要有文献引用，于是你必须引用这些错误的东西，这盘菜就越炒越糟了。把错的东西放到锅里头炒，无论再怎么添油加醋都很难炒好，所以这些东西不必放下去炒，应该通通清理掉。清理掉并不是完全弃之不用，而是将错误的部分清理掉。

今天我收到的帖子中讲到的那位中将说，正因为对人性的不信任，西方才会有民主政治，而我们对人性太信任了，所以我们只讲性善论而不会有民主。这是一个很奇怪的说法，这些说法是错的，而且错得一塌糊涂，而现在居然还有人一再提起，还问我有什么意见。我说我不会有意见。我对此有意见，就像我去餐馆，明明知道那盘菜非常难吃，但我还是点了那盘菜。这是很严重的问题。我们要正本清源就一定要先读经典，读了以后再说话。你认为儒道佛对中国文化的复兴毫无助益，那么我想请问，你读过《论语》吗？你读过《道德经》吗？你读过《金刚般若波罗蜜经》吗？你读过《六祖坛经》吗？如果没有的话，你就应该三缄其口。

我认为《金刚般若波罗蜜经》的义理可以用四句话去概括：存在的空无，意识的透明，信仰的确定，实践的如是。佛教道理和一般道理有很大不同，一般的哲学是追求实有，从比较哲学的角度来说，我们会说它是struggle for being，它所想要去深入探求的是存在之有，或谓之实有。但佛教不是，佛教是struggle for non-being，它所要探求追寻的是真空之空无。对关联着存在的空无来讲，信仰的确定和意识的透明这两句话连在一起其实就是讲“我法二空”。法空，是存在的空无，我空，是意识的透明，由此生出信仰的确定，落实到实践，叫实践的如是。这些都是借由现代的哲学语汇去说。我一再跟很多年轻朋友说，你们一定要把古典的哲学语汇通过现代的哲学语汇和现代的生活语汇表达出来。你如果只是把古典的语汇重说一遍，那么现代人与古典就相隔甚远。

“我法二空”之“法”在佛教意谓存在，“法空”即是存在的空无，“我”讲的是主体意识，“我空”即是意识的透明。佛教是有大悲心的，大悲心在我法二空下会生起一种信任，在了无挂碍的状况之下，内在会生起一种确定感，而这种确定感就是我所说的信仰的确定。佛教的觉性不是要你去相信一个永恒不变的实体，而是教你把一切撤离了之后，内在的大悲心就会升起。以佛智观空，佛性现起之后，大悲心就能确立起来。然而，依据大悲心去实践，是要达到一种如如不动之境。

我认为《金刚般若波罗蜜经》中隐含着一套般若的治疗学方法，就是放下一切执着，让生命回到原点，使得生命能够如其自如地开显。东方哲学强调回到生命自身。东方宗教不是信靠的宗教，而是一种觉性的宗教。这是我多次提过的。“信”不是信靠唯一的真主，而是回到你生命内在的真实，这样就会涌现出一种关怀和爱。这种关怀和爱是由内在所生发出来的，而不是唯一的、超越的、绝对的人格神告诉你你应当如此。类似这样的说法是一种权变的说法，不能当真。这也就是佛教讲的依法不依人，依义不依语，依了义不依不了义，这是佛教最基本的重要原则。

二、般若治疗：以观空之智归返空无实性

佛经的般若治疗是可以随处运用的。简单来说，般若是一种观空的智慧。一切存在归本到空无，意识回到透明无碍的境地，使得一切事物如其自如地回到事物本身，这就是所谓的治疗。我们平常都处于一种不自在、他在的状态，佛教的治疗就是教我们回到真实自在的状态。般若治疗是经由般若空智的照见，让我们体会到缘起性空之法要，而回到事物本身。般若治疗其实就在挑柴担水间，在伦常日用间，在行住坐卧中，它无处不在，亦不拘泥于任何固定的方法，只要让般若之智开显，一切空无、意识透明、归返自身即是。

佛教和信靠唯一的、绝对的、超越的人格神的宗教的信仰方式有很大不同，这也是东西方宗教的不同。东方儒道佛三教是可以相融的，为什么？因为它们都能回到每一个人内在的自性，而不是信奉超越的、绝对的、唯一的人格神。

我们在做儒道佛对比时，关联着《中国宗教与意义治疗》这本书提到过，儒家型的意义治疗学重在“我，就在这里”，道家型的存有治疗学则重在“我，就在天地间”，佛教型的般若治疗法之所重则在于“我，当下空无”。我的意义治疗（Logotherapy）是受弗兰克尔的影响，弗兰克尔的意义治疗法所重在“我，向前开启”。其实，儒道佛三教在中国人身心里面已经相互关联成一个不可分的整体。对我们来讲，承担更接近儒家，看开更接近道家，放下更接近佛教。但并不是说儒家只有承担，而没有看开和放下，也不是说道家只有看开，而没有承担和放下。因为思想是会生长的，它不是机械的、固定不动的，而是一个有机的生命体。做思想对比时，你一定不要用话语去把思想固化，说它只能是什么，而是它可能想要着重强调的是什么。

中国的儒道佛三教是环绕着人的生命而开启的，而且又念及个人、家庭、社会乃至天下苍生。从个人到家庭到天下到苍生都各有其病痛而需要治疗，治疗就是回复其本性，复性的功夫很重要。三教思想是东方的智慧结晶。我把自己写的关于经典与意义治疗的一些文章集结成《中国宗教与意义治疗》这本书。

我常跟很多朋友说，因缘相续，如香火之不息，这是种奥秘。我从1995年又继续讲习相关经典。经由经典的诠释、疏解和厘清，我将中国传统文化中的佛教传统原所具有的思维，具体落实在生活世界之中。我深切体会到经典是不离生活世界的，生活世界也是不离人的。当你凝神静观世界时，你还是你，世界还是世界，唯有以参与的静观进入这个世界，你才能理解这个世界。譬如，程明道的诗“万物静观皆自得，四时佳兴与人同”。这种静观不是西方意义的静观。简单地说，它不是西方观风景画的静观方式，西方风景画的静观方式是从一个定点来看，把景物依据严格的物理比例画出来。这和中国的国画不同，国画是参与其中，画画的人走入景中作画，而看画的人走入画中观景。这是很有趣的。

“人”这个概念对于中国人而言，其实是连着天地来说的。一个人站着就是“人”，人把手张开了就变成“大”，大到了极点就是“天”，所以“人”“大”“天”这三个字其实是同字源的。人生活在天地之间，是要顶天立地、通天接地的，是得天地阴阳五行之气而最灵秀者，人沟通天地才成其为人。人是作为一个活生生之实存而有，来参与这个世界的。

我尝试着把《金刚经》当成一个待开发、待阐释的生活世界。人作为一个活生生的实存而有，进入这个经典的生活世界去理解、去诠释，开启全面性的阅读，让道理如其自如地开显，而不是一种言说的把捉。所以大家阅读经典要有一个习惯，不是我现在要研究什么题目，就搜罗一些相关的核心概念摆在一起说。这样的研究可能非常合乎现在的规格，但只是包装得很好而已，里面的东西却并不真实。

我们要进入经典的生活世界，熟读经典是非常必要的。做学问绝不只是文字的把捉，你习惯于文字的把捉，最后只能流于文字的经营，其实你并没有进入经典所开启的世界中。我们学习经典，一定要感其意味，体其意韵，才能明其意义。

1991年，我完成了博士论文《存有、意识与实践——熊十力体用哲学之诠释与重建》，这是对熊十力《新唯识论》的重新理解和诠释。我试图讲明“存有”“思考”和“方法”等面向的关联。我认为这里面就隐含了一套“现象学式的本体阐释学”（我姑且称之）。傅伟勋教授有一个诠释学的多层次理解的框架，即所谓“实谓、意谓、蕴谓、当谓、必谓”，“必谓”后来被改成了“创谓”，也就是“创造性的诠释”。我这里所做的诠释比较接近于所谓的创造性的诠释。

我自己在做中国人文诠释学时所厘清的层次是言、构、象、意、道，和傅伟勋先生的五个层次，看起来都刚好是“五”，但意思上有些不同。有学者曾在做中国诠释学当代变迁的研究时，拿我和傅伟勋教授做过对比。“言”是话语，言上有形，“构”是结构，形上有象；“象”是图像，象上有意，“意”是意向、指向，意上有道，“道”是根源，讲究整体。由话语而及乎形构，由形构而到图像，由图像而到意向，由意向而进到道。“言”是语言文字的构成，重在了别作用，“形”是意义的整体结构，重在把握作用，“象”是在意义结构之上的总体意象或者图像，重在想象作用，“意”是在图像之上的“意向”，重在体验心意的指向，“道”是在意向之上的一种无分别相的空无状态，重在体证道的本体。换言之，你阅读经典时，要从话语到结构，再到图像、意向，最后到最高的本体，这样一层一层地来。我们可以说文本的诠释是个人生命之体验，从下往上通到道之本体，再由本体彰显为理想的形象，进而化为语言文字的一个不断交互的过程。

台湾这些年来经济发展了，但人们内在心灵的空虚愈益严重，整个现代性社会都是这样。台湾宗教信仰的人口与日俱增。佛教的发展是日新月异，面貌多端。但是不管怎么面貌多端，佛教离不开“缘起性空”的根本义理，能够得其环中，就能够应其无穷。有年轻朋友问我，书这么多，读不完怎么办。我说回到经典，回到经典你才能够回到原点。读一流的诠释，读最好的指向，你才能回到原点，有结构性的掌握，你才能有真正的发展。

《金刚般若波罗蜜经》是佛陀阐释“缘起性空”根本义理的主要经典。就当前宗教的传播来说，佛教《金刚经》流传非常广，从高阶知识分子到一般的村夫村妇，每天课诵者不可胜数，但真能考量义理，深思其理序者其实很少。所以我跟很多朋友说，不只要背诵经典，还要讲习经典。

我读《金刚般若波罗蜜经》是依据汉译的佛经来读的。在汉语的语言系统中，佛教已经自成系统，而且这个系统非常庞大。这部经所显现的义理思想，如果你能仔细体会、玩味，会发现它其实是非常平易而高妙的，很值得阐扬。如果把它用在自家生命的涵养和省察，就能够贻养人的情性，化执去染，涤除垢秽，令生命回到自家心田，令我们的各方面都能来去自如，无所挂碍。你可以将它用于社会政治的批判与责备，也可以回到批判之源，开启一个治疗的崭新向度。批判之为批判是能够批判自身，这才是究竟的。大乘佛教，特别是人间佛教，强调佛法不离世间觉，《金刚经》其实含有深刻而广远的生活智慧。

我们开始正式讲《金刚般若波罗蜜经》。“金刚”以喻其坚，以喻其利。“般若”是智慧，“波罗蜜”是到彼岸，“经”是恒常不变的理。合而言之，“金刚般若波罗蜜经”指的是“那到彼岸、那既坚且利的智慧、恒常不变的真理”。关于这部经的诠释很多，我现在依照最通行的姚秦三藏法师鸠摩罗什所翻译的本子来进行义理的阐发。梁昭明太子所作的三十二分，是以其自家生命实存的理解来加以诠释和区分的。我想以其中三分作为例示来进行诠释，之后的二十九分，请诸位朋友回去用这个方式继续把它读完。这种细读或者精读是很有必要的。

三、“听”与“讲”共成一圆的生活世界之循环

法会因由分第一

“如是我闻：一时，佛在舍卫国祇树给孤独园，与大比丘众千二百五十人俱。尔时，世尊食时着衣持钵，入舍卫大城乞食。于其城中次第乞已，还至本处。饭食讫，收衣钵，洗足已，敷座而坐。”

文字虽然一样，但是你用广东话或者闽南话读，那种韵味就完全不同了。中国文字最美妙的地方就在于文字是统一的，而话语是多元的。全世界最善于处理一和多的就是中华民族，因为我们的文明一直是以多元而一体的格局呈现的。我们的语言文字是这样，几乎每一件事情的处理方式都是这样。在整个文明的传达上，我们一直保持着多元互动融通的可能，这是非常了不起的。这个方式一直告诉我们，一定要包容差异，而在差异中有一个总体之源头，就不会有什么差失。

如果你没看汉字，却能听得懂闽南话，那才怪。这让我联想到一个有趣的事。民国初年居然有一批号称很进步的知识分子要把汉字废掉，要把汉字彻底地罗马拼音化。你说这些人脑袋是不是有问题！他们被“进步”这两个字拉着走，有时候可能会导致退步。幸亏我们只是简化而没有进行罗马拼音化。你知道经由罗马拼音化后，中国将分裂成多少种文字吗？那样中国就没有文字只有语言了。严格地说，拼音文字不是文字，它只是记录语言的符号。文字有其独立性，如果只是记录语言的符号怎么叫文字呢？有朋友跟我说，汉字应该向联合国教科文组织申遗，我说这个不必，汉字的价值不必联合国来肯定。在人类文明中，真正使用图像性文字的只有我们，而且是非常完整的，所以我们要爱惜它。

你先熟读《金刚经》，然后慢慢进入情境之中去体会、玩味。经典其实不是经由认知，而是经由人的参与来达到理解。认知和参与二者不同。

主体对对象的认识与把握叫作“认知”，而“参与”是生命的浸润，这一点是根本的不同。我们共同参与研读《金刚般若波罗蜜经》的过程中，最重要的不是我说你听，而是你听我说，正是因为你们的“听”，才开启了我的“讲”，所以“听”和“讲”构成了一个圆的生活世界的循环。我们日常生活中不是这么说的吗?“你听我说。”我们日常话语中有很多习惯性的话语其实隐含着很深的意义，譬如我们说“天理良心”，天理是超越的，良心是内在的，内在和超越本来是连在一起的，是个连续体，天和人也是连在一起说的。天人合一这怎么可能呢?天人合一无所不在。天人合一不需要证成，它是一个预设，是实际的存在。

“讲”的活动和“听”的活动是连在一起的。“讲”的活动并不是以讲习者为主，其余为客，讲的活动是主客交融的，主是客，客也是主。“听”不只是被动，“听”本身也是主动。如果现在在座诸位不听，那我怎么讲得出来呢?所以，讲习活动其实是一个彼此互动交融的过程。我强调这样的讲习活动和平常我们做的单篇演讲不太一样。因为我们把经典当作思想、知识去宣讲，和你自己去体会、玩味经典本身是有很大不同的。讲不只是讲，讲一定关联着听，是一个主客交融的“讲—习”活动。“讲”可以说是一种“闻”与“思”的活动，而“习”是一种“修”的实践活动，所以讲习本身就是一个闻、思、修的过程，即听闻→思考→修为。经典本身是这样的一个生活世界，我们的生命参与它、浇灌它，构成一个“原泉混混”①“沛然莫之能御”②的源头活水的世界。对于所有中国人来讲，这个源头活水是非常重要的。

---

①《孟子·离娄下》。

②《孟子·尽心上》。

四、“如是我闻”之觉性的开发，“上帝说”之至上神的天启

我们开始进入第一分，“道”是因为你的听闻而显现，所以是闻道、听道，而不是去把握、去执着、去认识道，这里用“如是我闻”是一个很值得注意的地方。每一部佛经的开头都是“如是我闻”，这已经表明了这个宗教的性格。基督教的《圣经》开头就是“上帝说”，这是另一种不一样的宗教性格，《圣经·创世纪》首章就是：“上帝说，要有光，就有了光。”我常说基督宗教是“说的宗教”，而儒道佛三教都是“听的宗教”。“听”是从人说，“说”是从至高的、绝对的、唯一的人格神往下讲。“说的宗教”必然关联着命令，必然关联着诫命，这里面隐含着一种语言的强制性，语言的强制性再深一层讲就是一种对象化的活动。“听的宗教”却不是如此，听的宗教所重在于开示和显现。所以我们会说请和尚开示，开示是他帮忙打开，而让道理显示，它所着重的不是一种语言的强制性，而是一种生命如其自如的开显，而这样的活动却不是一种所谓的对象化的活动。所谓“对象化的活动”，就是通过我们主体去置定把捉站立在面前的客体，合在一起可以说“主体的对象化活动”。但“听的宗教”所着重的是整个生命之场的显现，我们的重点是你进到场域，真理就在参与交融的过程中彰显，在阴阳和合中彰显，在气的感通中彰显。

中国文化传统的三大教基本上都是“听的宗教”，而不是“说的宗教”，是一个觉性的宗教，而不是一个信靠的宗教。就我所知，现在在华人世界里面，讲宗教学的做这样区别的人并不多。因为我们常常以西方的宗教学做标准来格义自己，认为我们的宗教是像杂菜面的宗教，是像吃火锅一样什么都放在里面的很杂乱的一个宗教，只有西方的宗教才是纯粹单一的宗教。其实，两种宗教只是表现样态的不同而已。我们的宗教是“教

出多元，而道通为一”。西方现在两个一神论的宗教打得最为激烈了，其实这两个宗教是很类似的。

一神论宗教在21世纪如何能够消解冲突，就要靠“觉性的宗教”，靠“听的宗教”来包容差异和多元。“说的宗教”会起严重的纷争，而“听的宗教”有一种倾听多元的包容性，这一点是很重要的。“听的宗教”强调的不是这个东西是什么，而是我体会到了什么，我认为这很重要。从这样的向度来理解“如是我闻”是很重要的，单凭一个字你就可以了解到东西方宗教文化传统的不同。

为什么西方的知识论那么发达？因为西方的学问有一脉相承的传统，而在中国所谈的一定是道统，中国人所着重的是“道”，而不是“学”。在西方人谈宗教时有所谓“神学”，而在中国是讲“道学”，“学”是就“觉”而说的，从学而觉，不是用系统的方式去说，而是一种唤醒。它们对世界的理解方式、人的存在方式和意识状况有典型的差别。你如果没有做类型学的区分，没有把这种差别彰显出来，就把别人的方式当成唯一的标准，那就大错特错了。

如来之所说就是道理之所显，就此我们说其为“如来”。如果所说不只是所显，还要讲整个宇宙的创造，谈世界是如何生成的。这种“说的宗教”是一神论（monotheism）的传统。说的宗教所强调的是至高无上的人格神，而神和人的生活世界（life world）是隔离开来的。它们认为上帝是在这个世界之上，在这个世界之外，是来创造世界的，上帝和世界在最原初处是断裂开来的。依照一神论的正宗大流来说，人的生活所在叫作经验界，另有一个超绝于经验之上的超越界。超越界才能进行创造，如何创造呢？以基督宗教来说，是通过“说”来创造的。

中国人的心灵为什么能够对宗教那么宽容，而西方人往往比较不能采取宗教宽容的态度？因为他们认为唯一的真神创造了世界，而我们不是。我们是“因道而立教”，循着一个道来开启各个不同的教门，所以说“教出多门，而道通为一”。西方的宗教传统是“立教以宣道”。我们华人可以今天礼拜这个神，明天礼拜那个神，而且并不相冲突，因为我们是经由礼拜这个活动来开启自己的心门。我们不以教为体，而以道为体，以教为用，教对于我们来讲是第二义的，道才是第一义的。所以你信了几个教无所谓，只要你懂得道理就可以了，华人世界是这样的。西方的宣道师是依据教义来宣道，我们是根据道理来传教，这有很大的不同。

中国人所谓的“道”是超乎言说的，西方人所谓的“道”是一切言说的根源，意义大不相同。换言之，中国人讲的“道”是就其显现而说，道经过“显现”，经过“运化”来开启这个世界；西方人讲“道”是话语的根源，“道”是通过“说”来开启这个世界。《圣经·创世纪》一开头讲“上帝说，要有光，就有了光。”“说”是对象化的活动，我说这个东西是什么时，是把这个东西摆在那里，作为认知的对象，在这里东西方的对比非常明显。印度传统是从母体中流出一切，而佛教讲缘起性空，不讲宇宙论和本体论，而是讲人生论和实践论。

当然你会说，林老师，你这样会不会过度诠释？不会。前人讲佛经多半是这样的。六祖慧能的旨决讲《金刚般若波罗蜜经》是这样，有关《金刚般若波罗蜜经》的诠释很多也是这样，但是他们所用的语汇可能和我的不同，我采用的是现代哲学语汇和生活语汇。

五、“场”的思考：智慧在场中如其自如地开显

“如是我闻：一时，佛在舍卫国祇树给孤独园，与大比丘众千二百五十人俱。”[①]

“如是我闻。一时，佛在舍卫国祇树给孤独园。”看看这些步骤，这些

① 《金刚经·法会因由分第一》。

步骤显现其自己就是其整个生活世界的显现。“一时”，整部经是要在具体的时空之场中显现，所以这里特别标出了“一时”。前面讲“如是我闻”的“如是”是就其总持而说，总持而无分别的说，“一时”是就具体而存在的当下而说。“佛在”，佛是“觉者”的意思。佛陀就是Buddha，最早翻译成浮屠，“浮屠”两个字用古汉语念和Buddha读音很接近。佛陀是大觉者，真理在当下显现就叫“觉”。一时佛在舍卫国，你可以联想到海德格尔的being and time，“一时/佛/在”（林老师断句），真理显现时，必须有所觉，但“觉”是落实在具体的时间和存在之中，如是显现其自己。你读佛经时要仔细去读，慢慢去体会、玩味。“一时，佛在舍卫国祇树给孤独园。”这句很简单，讲的是时间地点。西方基督教的上帝是在这世界之上，而不在世界之中。佛在世界之中，所以佛和上帝不同，这是两种不同的宗教形态。

“与大比丘众千二百五十人俱。”大比丘是有德行的出家者，比丘是印度的梵文音译过来的。为什么闽南地区佛教特别发达？因为他们读佛经、读咒语时更接近梵文的原音，所以读咒语时效果比较好。时间、地点、人的参与，一千二百五十人在一起。“觉”之能觉，是一个场的思考，人、时、空必须参与进去，所以觉之为觉一定要是具体的存在。“觉”不是挂空的，修行其实就是要把“觉”显现出来。学问也是某种修行，学问不是语言文字的把捉，而是你经由语言文字而参与到生活世界中，让意义彰显出来。这是很重要的。训诂明而后义理明，训诂明是一个前提，要义理明，就必须真正进入语言文字所构造的情境中。修行的过程也是具体而实存的，是你真正进入实际生活世界里面所面临的事和具体的存在事物中，所以修行并不是把自己封闭起来。尽管儒家讲“澄心默坐、体认天理”，或是道家讲“为道日损”，如果你单就“理”上来讲还远远不够，“理”没有真正落实在事上是不行的，所以一定要在事上磨炼。

《阿含经》中佛陀说过的一句话：“我亦僧数。”佛借这句话表示他也是僧团的一员。僧团的成员是通过日常生活来修行，佛陀当然也不例外，所以他说穿衣、持钵、乞食、步行都是修行，离开生活哪有修行？

经典记录了些什么呢？记录了佛在哪儿讲了些什么。佛经是弟子问，佛陀答这种交谈式的经典，不是启示性的经典。这个对答的过程中彰显了其思想，可见这些思想是不离生活的。“如是我闻”，“如是”是不离生活脉络的“如是”，悟也是不离生活脉络的悟，它不只是理上的悟，而是整个心与境完全合而为一的心境不二的悟，这是一种具体存在的体悟，而不是一种理论观想的或者分解的解悟。所以读经不是先解悟清楚再去体悟，而是在体悟中也在解悟，在解悟中也在体悟，而体悟做主。你要先感其意味，体其意韵，才能明其意义。

从体悟说性空离相，不是离开缘起法，是要能从日常生活中去体验，所以穿衣、吃饭、来往、安坐无不是正观性空的道场。佛教不是要你到道场去烧高香，你误认为这样果真就能够得福报，这根本就不是佛教，这是一种比较原初的灵验巫术的宗教。佛将般若真空之智，在这衣食住行的日常生活中表现出来，性空即缘起，缘起即性空。所谓“缘起”，就是一切法皆是因缘而生，一切存在本是空无。

这种“场”的思考很重要，并在现代化之后，受到了一些西方思想家的重视。譬如，荣格受到东方思想的启发，使其有关心理学的思考和老师弗洛伊德有很大不同。我认为西方的很多学者若能读懂中文，这个世界恐怕会更好。在世界各地广开孔子学院教汉语是对的，这绝对是一种文明的促进，而不是文化侵略。中国是一个最不可能进行文化侵略的国家，因为侵略的思考其实是近现代以来民族国家扩张性的思考。中国是一种天下思考，所以“近者说，远者来”[①]，“厚往而薄来”[②]。我们以前常讥笑我们的天下观念松松散散，其实松松散散是对的。国家凝聚起来而一直往外扩张才是错误的。

① 《论语·子路》。

② 《礼记·中庸》。

这是现代化之后必须要重新思考的问题。

“场”的思考并不是去思考一个对象物，而是在场域中使得智慧如其自如地开显。就像喝茶一样，这个茶有什么特性，你全背下来也没用，你细细地去品才能真正体会到喝茶之妙。就像喝酒一样，你没喝根本不能理解，你喝了半天就能理解了，你喝了半天还没能理解是因为你只喝了半天，你喝半年就能理解了。

《金刚般若波罗蜜经》其实是佛陀在一个场域之中，在一个恰当的机缘之下，和众比丘共同参与而显现的思想。用现代写论文的方式研究儒道佛，在某种意义下简直就是一种糟蹋。对学者而言，要求在哪一级期刊上发表文章，看起来好像是学术生命的某种推进，在某种意义下也是对学术生命的一种扼杀。这也是为什么20世纪30年代到40年代初，中国出了很多大师级的人文学者的原因，因为那时候没有严格的学术限制。你现在写一篇文章，可能文章早就写完了，但是为了要找书加注解，做得更完善一点，需要花很长时间才能完成。你慢慢就没时间读经典了，反正看别人怎么说比较容易。但是你并没有真正读懂经典，只是学会了一套话语的经营术，因为你根本没有悠游从容的时间。

六、乞食布施共成无我相之化缘，行住坐卧皆不离如是之道

“尔时，世尊食时着衣持钵，入舍卫大城乞食。于其城中次第乞已，还至本处。饭食讫，收衣钵，洗足已，敷座而坐。”[①]

世尊是佛的尊称，因为普天之下最为尊崇者称世尊。“世尊食时着衣持钵，入舍卫大城乞食。”入舍卫大城，着衣持钵，这是依照当时的礼节。着

① 《金刚经·法会因由分第一》。

衣是显示庄严相，持钵是接受的意思，接受即放下，心放下了没有了自己，你才能接受，才能乞食，乞食化缘其实隐含着这一层重要的意义。乞食和布施构成无我相的化缘。

“次第乞已，还至本处。饭食讫，收衣钵，洗足已，敷座而坐。”以现在写论文的方式而论，这些都是废话。他为什么不直接把道理说出来呢？但是不说这些，道理怎么彰显啊！你没有喝酒，就不知道酒的味道，结果你说酒是什么味道，因为张三怎么说，李四怎么说。你没有喝茶，你说那茶是什么味道，因为张三怎么说，李四怎么说。那些有用吗？你要自己喝了才知道。

“次第乞已”，依照当时的惯例是乞食七家。你去乞食，是放下自己，对方来施舍，是放下他所拥有的，彼此两方皆有所化，这叫“化缘”。因其缘而化，谓之“化缘”。“次第”是不分贫贱，平等之意。什么叫“平等”？无偏是谓“平”，普遍谓之“等”。佛法起源于印度传统却是反印度传统的，印度现在基本上还是以印度教（婆罗门教）为主，佛教是极少数的。佛教是兴于外邦，不兴于本国。佛教北传到中土就发扬光大了，为什么？因为佛教讲众生平等和中国文化所讲的“人皆可以为尧舜”[①]“涂之人可以为禹”[②]一拍即合。

佛法强调平等，众生皆平等，怎么能平等？大家都回到原点而空无，大家只是这个天地之场显现其自己，显现在那个时间、那个地点罢了。那个显现一定会有限制，而这个限制背后最根本的是空无，所以就其空无来讲是空无的，人生不带来、死不带去，这一点是平等的，其他的不平等的地方都有其平等的所在。“次第乞已，还至本处。饭食讫，收衣钵，洗足已，敷座而坐”，这其中自有它的道理，这个道理要彰显出来，就好像喝茶要有一个仪式，才能彰显茶道。

---

① 《孟子·告子下》。
② 《荀子·性恶》。

就表象上看，“还至本处”很简单，吃完饭，把衣钵收好，其实隐含着回到本处道理才能彰显。晚上睡觉时，你有没有让手机回到本处，如果没有的话，从今天起每天让手机休息一下，除非你有特殊任务需要24小时都开机。你说老师我正在谈恋爱算不算，谈恋爱更应该懂得放下，放下才有等待，等待才有美好，没有放下就只有执着，有执着就会有痛苦。道理之为道理是回到场中来显现自己，所以要懂得把场域经营好。场域变好了，文化文明才能有所提升。

对比来看，《道德经》也强调回到天地场域。佛道都很注重“场的思考”。《道德经·十六章》讲“万物并作，吾以观复”，“作”就是站起来的意思。“作”和“坐”现在发音都一样，但古音不同。“作”是入声字，“坐”是去声字。我认为于中华文明而言，现代汉语中入声字的失去是一种缺憾。叶嘉莹女士说，你如果用普通话读《诗经》《唐诗》《楚辞》，那简直是一种糟蹋。

鱼从水里跃出来的声音叫“作”。“复”是回归到本身，既是完成，又是开始，“还至本处”就是这个意思。“饭食讫”，这里隐含了别人的施舍，你不分其高低统统消化。“洗足已”，就表象上来说，你走了一段路后，要把脚洗一洗；就其内涵讲，这时身、心、灵一切皆清理完毕，从上至下、从内到外完全清净。“敷座而坐”，归还本处的活动完成，而完成是“复”，“复”是起点，这个完成是道理显现的开始，“法会因由”就是因为这样而显现。

记得二十多年前，我在台湾台中的莲社听过李炳南居士的一堂课。莲社是他创办的。李炳南居士是山东济南人。虽然他不是出家人，但我认为他对佛经的深层理解是很全面的，印顺法师、星云大师这些法师们都很尊敬他。我为什么会提起李炳南居士呢？因为他讲佛经之前讲很多规矩。这个课是我的老朋友林清炘介绍我一定要去听的。那天我骑着摩托车，结果天下大雨，我穿着雨衣到了台中莲社的图书馆，他在莲社图书馆讲经。他老人家还没来，一群人静默地坐在那里等待着，之后有一个执事人员要求大家起立共同诵读《华严经》的选段，诵完坐下。李炳南居士来了，执事人员喊升座，他走上讲台，大家起立行礼完毕坐下他才开始讲。所以“法会因由”要从场景中去体会，你读佛经没有体会，这几句一下就翻译完了，但是不能显示出它的隐含之意。

我教人读书的方式和别人不太一样。你先不要听别人怎么说，要自己先读一读，能记就记住，记不住也没关系。你慢慢读熟了，道理就会来找你，来召唤你，这就是智慧的彰显。

七、谦卑启问开启智慧之端，菩提志心绝除世俗之染

“时，长老须菩提在大众中，即从座起，偏袒右肩，右膝着地，合掌恭敬而白佛言：‘希有，世尊！如来善护念诸菩萨，善付嘱诸菩萨。世尊，善男子、善女人，发阿耨多罗三藐三菩提心，云何应住？云何降伏其心？’佛言：‘善哉！善哉！须菩提，如汝所说，如来善护念诸菩萨，善付嘱诸菩萨。汝今谛听，当为汝说。善男子、善女人发阿耨多罗三藐三菩提心，应如是住，如是降伏其心。’‘唯然，世尊。愿乐欲闻。’”①

你会发觉其中有些话是重复的。你喝了这杯茶，再喝下一杯茶是不是重复的？喝第三杯茶是不是又重复的？当然重复，不重复你怎么体会、玩味呢？所以你要慢慢地去熟悉这些东西。

“善现启请”，“善现”是须菩提的另一种中文翻译。“法会因由”是就其“场”、就其“时空”说，道理的显现正如同“万物并作，吾以观复”，整个平旦之气显现时，觉要有所落实。道理是要人去开启的，而开

① 《金刚经·善现启请分第二》。

启就是“启请”和“聆听”。

“时长老须菩提”，德尊年高，所以叫长老。须菩提是释迦牟尼佛弟子中解空第一者，对于空的领悟最为深刻。大众聚集，须菩提启请佛陀开示，佛陀就显现这个道理。经典在东方的系统里面一定是通过交谈和对话的方式而显现，所以读时要在交谈的场景之中去体会、玩味，即使有些经典是平铺直叙地写出来的，但它背后仍然预取了一个交谈对话的叙事情境，这是在东方的经典里面非常强调的。尽管《论语》是直接记录日常对话，但是你一定要进到场景中去思考，这一点很重要。

“在大众中，即从座起，偏袒右肩，右膝着地，合掌恭敬。”这是基本礼节的一个写照，而每个礼节有其基本的道理。“偏袒右肩，右膝着地”是为了表示下一句“合掌恭敬”，这是佛教的礼节。“敬”很重要。我刚刚讲的李炳南居士，他佛经讲很慢，讲经时很宁静并且充满了敬意，有一种庄重的仪式感。我们现在的大学变成了知识的课堂，我们讲的就是客观知识。课堂是真理彰显之堂，而不是人们把捉话语，掌握知识之堂。你把捉话语，掌握知识，这是一个层面，一定还有更高的层面。

“偏袒右肩，右膝着地，合掌恭敬。”“合掌”其实是一种能量的聚合。收拾精神，你会发觉，把手一合，心就能安。“敬”是一切道理开显的起点，是一切智慧显现的起点，尽管东西方的真理观不大相同，但敬是一样的，这样的一种心灵活动很接近。“礼敬”很重要，佛教如此，儒家如此，道家亦如此，即使基督宗教也是如此。基督宗教中有一句名言是“敬畏耶和华是智慧的开端”，这一句话我从高中时就记得。

高中时，我们喜欢和基督徒辩论。我们班上有一个同学是基督徒，他带我们去听牧师讲道。我们班上很多人是科学主义者，从根本上反宗教，他们就和基督教的牧师辩论。我这个同学很好，他送给我一本《圣经》，至今我还保存着，上面写着“敬畏耶和华是智慧的开端”，我觉得这是很好的。“合掌恭敬而白佛言。”“白”是禀白，佛经的翻译可以说是字字推敲，表示礼貌，下对上的禀白，“白佛言”是向佛陀禀白。

“希有世尊”，这里赞叹佛是普世之尊，所以说“希有”。佛经讲到这里会讲“时希有、地希有、人希有”，所谓的佛法难闻、人身难得、中土难生，这是一大殊胜希有之因缘，所以时空和人的聚合都是很难得的机缘。我们今天聚合在这儿也是“时希有、地希有、人希有”。今天如果是你第一次接触到《金刚般若波罗蜜经》，你可以用心把它读一遍。

“如来善护念诸菩萨，善付嘱诸菩萨。”“菩萨”是“菩提萨陀”的简称，是由梵语Bodhisattva音译而来的。“菩提”是觉悟的意思，“萨陀”是众生有情，所以“菩提萨陀”就是已经觉悟的众生。不住涅槃而留惑润生的叫作“菩萨”。世尊现在以般若波罗蜜法护念诸菩萨，护念这一群人，因为要修其福慧，所以把他们提到菩萨的地位。不管男子或女子在佛教受戒之后，都要接受众人恭喜，是为“菩萨”，这个“菩萨”的意思不是现在你已经成为菩萨了，而是你现在心向菩萨道。“如来”是一视同仁，如其所来，一视同仁地护念诸菩萨付嘱诸菩萨。

“世尊，善男子、善女人，发阿耨多罗三藐三菩提心，云何应住？云何降伏其心？”“善男子、善女人”，特别加上一个“善”字，无所执着谓之“善”，没有挂碍、没有执着，没有担心，整个心境平平放下。此等男子和女人，能够放下、心气平和，而发无上正等正觉的心。“世尊”“如来”“佛”，这是对佛陀的不同称呼。但分殊地说来，世尊是就无上说，如来是就其正等说，佛是就其正觉说，所以是“无上正等正觉”，合起来就是这里所说的阿耨多罗三藐三菩提，其梵语为anuttara samyak sambodhi，巴利语为anuttara amma sabodhi，你用闽南话读就更接近梵文了。

“阿”是无，“耨多罗”是上，“三”是正，“藐”是等，“菩提”是觉。所以“阿耨多罗三藐三菩提”就是“无上正等正觉”。“无上”讲的是纯粹、不受俗尘干扰，纯粹而绝对的意思，所谓“绝对”就是超出相对，已经跃出了凡尘世俗。“正”是不偏不倚，“等”是普遍无所不在，“觉”是显现其自身。所以这种心不是沾染在某一个凡俗的具体事物之上，而是如其本身显现其自己，感受到那种一尘不染，发出那种至高无上的正等正觉，是普遍的，是善的，是端正的。

每一个人的内在里都有无上正等正觉的心。那为什么佛经翻译时不直接写“无上正等正觉的心”呢？最主要是因为担心人们直接用世俗的思考来理解掌握，所以用梵文的音译。佛教很多音译的主要目的就是提醒你要用佛法去理解，而不要用世俗法去理解，譬如般若是观空之智，和一般世俗所谓的智慧不太一样。一般的智慧是对于世俗有形东西确定的掌握，而佛教所说的般若是对于世俗东西的一种彻底的了悟，能够缘起性空地去透悟它，透悟其为空，而因此了无挂碍，所以以般若说。

到彼岸用“波罗蜜”这个字眼去说，“般若波罗蜜”就是到彼岸的智慧，如何能够到彼岸呢？你要有观空的智慧，观世间万法皆空，你能不受世俗习染的限制，了无挂碍，就能到彼岸。在此岸是烦恼，到彼岸是清净。佛教就是要你图个清净，不受世俗习染、世俗之干扰，如此而已。

八、“降伏其心”：泯除差别，回归原点，尘心能伏，佛心能明

“云何应住？云何降伏其心？”“住”是住于阿耨多罗三藐三菩提心，每一个人都有无上正等正觉的佛心。但是如何住于佛心呢？是佛心住在你身上还是你住在佛心里面呢？应该是你住在佛心里面，不是佛心住进来，这叫“遍体皆觉”。“云何应住”，如何能够住？其实，问题中已经隐示着答案，就是“降伏其心”，这个心是世俗习染之心。明心见性，就是明得阿耨多罗三藐三菩提心，见得佛心之真实，因此你必须降服世俗之心。“降”是放下，“伏”是恳请。全然放下而恳请阿耨多罗三藐三菩提心，恳请无上正等正觉的心显现其自己。我们的心常常被世俗所干扰，你能放下

世俗的干扰和烦恼，佛心能明，佛性能显，就叫“明心见性”。你解开他在，而回到空无真如的自在，就不会因为别人的一个眼神、一个神情而难过，你不因他而在就叫自在。你自在以后，自然就能了无挂碍。

佛教里面常常提到三个字：“心”“意”“识”。总持来说，用“心”这个字；就其指向来说，用“意”这个字；就其了别来说，用“识”这个字。纵观“意”与“识”，用“心”这个字来说，“意”特别指出心灵的意向性（intentionality），“识”讲的是理解（understanding）分别。所以“云何降伏其心”总持地说是包括了“意”和“识”，你怎么样降伏心灵的外驰而着力于一个指向？回到原点。把“了别”泯除掉，回到指向的根源自身，就叫“降伏其心”。

人的世俗之心不能降伏是很苦的。你没有考上北京大学，只考上了山东大学，到现在还耿耿于怀。你要懂得放下，放下并不是从此颓靡下去，而是一个真正的起点。我以前大学本科没有考上台湾大学，考上了台湾师范大学。你问我有没有难过？有，难过了一下。因为我认为一定可以考上台湾大学的，结果考上了台湾师范大学反而更好。好在哪里？第一个好就是不用交学费。更好的是，我念的是中文系，中文系就像山东大学的尼山学堂一样。台湾师范大学给我们的训练是比较难得的。也就是说，你根本不喜欢它，但是不喜欢也要读。譬如文字学、声韵学、训诂学，这些我们都不太喜欢，但是现在都觉得很有用。我如果念台大哲学系就没有这些训练了。你看，上苍早就安排好了，你放下就能知道它的好，这是很重要的。读佛经一定要和生活相互印证，你要多体会、玩味，它的趣味就在这。

“佛言：‘善哉！善哉！须菩提，如汝所说，如来善护念诸菩萨，善付嘱诸菩萨。’”其实，好的问题就已经回答了一半了，这时候由须菩提启请开示。为什么是须菩提不是目犍连呢？因为目犍连是神通第一而不是解空第一，所以讲神通的时候是目犍连，而现在讲空当然是须菩提。可见问者要恰当，问也要恰当地问，如此问题就已经回答一半了，所以佛说“善哉！善哉！”

“汝今谛听，当为汝说。善男子、善女人发阿耨多罗三藐三菩提心，应如是住，如是降伏其心。”须菩提问：“云何应住？云何降伏其心？”佛陀说：“应如是住，如是降伏其心。”这个老师也太好当了吧。他教你喝茶，你问他要怎么喝，他说再喝，就这么喝着。茶之道喝了就知道了。这些话很平常实在。怎么住呢？就是那样住。怎么样降伏其心呢？就是那样降伏其心。众生皆有佛性，佛原不异众生，端在觉而已。一念觉，众生即是佛，一念不觉，佛即是众生。

佛教不是硬性地命定你是什么，佛教没有基督教所讲的预选说（predestination）。人类文明要深入宗教经典去做对比，之后再讲沟通交谈。进入21世纪，人类文明还有很多冲突，世间还有很多地方战乱，还有很多人流离失所。冲突是因为人们不能降伏其心，不能如是。佛教最重要的智慧就是如是的智慧，如是就是随他由他，真正见到意识的透明，而让存有自如其如地开显自己，这就叫如是。

“应如是住，如是降伏其心”就是如此而已。前面特别指出来“汝今谛听，当为汝说”加上这八个字就是要你收摄身心，收拾精神，佛陀这句话旨在让你“收拾精神，令自做主宰”。“自做主宰”和佛教的无我并不矛盾，这是点示弟子，让他们集中注意力。“汝”提了两次，又提“听”和“说”，道理的显现是在平旦之气中，平旦之气中太阳才会显现出来。孟子讲平旦之气，早晨太阳刚出来时很好，我们现在都很难看到太阳出来，所以很难体会到。

真正恰当的教育应该是使道理在“场”中显现。“应如是住，如是降伏其心。”“如是”作为一个修饰语来说是：本来就是那个样子，没什么特别的精神。但是加上“汝今谛听，当为汝说”就不一样了，这里头有一个动态的挺立和警策来收拾精神、归返本来面目，这是很重要的一个当机教法。

“唯然，世尊。愿乐欲闻。”须菩提回答释迦牟尼佛说，唯然，就如世尊所说的那个样子。愿、乐、欲三个字修饰“闻”的活动，闻就是听，和前面的汝当谛“听”相照。自发的企慕就是“愿”，终极关怀谓之“愿”，超乎一切对象的绝对的关怀叫“终极关怀”。乐，乐于道也，因终极关怀而从内心升起的愉悦之感叫“乐”。欲，因企慕乐求而引发的意向，这个意向指向闻的活动。愿、乐、欲这三个字拉在一起说，在汉语中是非常有意思的，由愿而乐，由乐而欲，倒过来就不行了。

汉语本身有很丰厚的意韵，好像一个智慧之海。汉译佛经通过汉字本身语义的彰显，大体上能够贴近原本的佛之所说，并与之相融通，可能因之而有更多的发展，也有可能有误会，这是异文化的交通过程中必然会有的。汉语的佛经已经形成一个庞大的智慧之海，你读汉译佛经也能开悟，甚至在禅宗看来，你不识一字也能见性成佛，这是汉文化传统发展到一定的高度与佛教相结合而发展出来的。

九、发自度度他之悲心宏愿，启大乘正宗之无上法门

“佛告须菩提：‘诸菩萨摩诃萨应如是降伏其心：所有一切众生之类，若卵生，若胎生，若湿生，若化生；若有色，若无色；若有想，若无想；若非有想非无想，我皆令入无余涅槃而灭度之。如是灭度无量无数无边众生，实无众生得灭度者。何以故？须菩提，若菩萨有我相、人相、众生相、寿者相，即非菩萨。’”①

菩萨道的发愿是开启大乘正宗之门，所以这一分叫“大乘正宗分”。“乘”是车乘，大乘就是大车，小乘就是小车。大车坐的人多，小车坐的人少。小乘主要是阿罗汉道，但求自度，而大乘是要度尽一切众生，这是初

① 《金刚经·大乘正宗分第三》。

步的理解。

六祖的《金刚经口诀》对“大乘正宗分”的注解里面提到：“宗正绝邪，乘无大小，随三根而化度。简异说而独尊，故受之以大乘正宗分。”这三根是声闻、缘觉、菩萨，你能够体悟得因缘生者为缘觉，菩萨不只求自了而欲化度众生。“简异说而独尊”，佛经所翻译的“简”是简别之意，把各个不同的说法加以简别论定，“异说”就是各个不同的说法，“简异说”就是简别各个不同的说法而独尊大乘。

佛告须菩提：“菩萨摩诃萨应如是降伏其心。”要真正体悟喝茶之道，别无他法，只能是喝了再喝，喝了再喝。刚开始喝时不如是，喝到如是时你就懂了。画画是如此，写字也是如此，你拿的还是那支毛笔，你蘸的墨还是那个墨，砚台还是那个砚台，水还是那个水，只是临摹得有点不同了。你刚开始临摹时心浮气躁，现在心气慢慢平静了。你刚开始写手会抖动，现在手稳住了，你刚开始写笔画不顺，现在顺了，如此而已。读书的时候，你分析文章的文法结构也可以，但是最重要的是你要能背能写。你能写好古文，也就能更清楚那些章法结构。如果你只做分析，根本不可能写好文章。你读了很多关于佛经的论文，却没有好好读过一部佛经，也没有讲习过，那你肯定没有“入道”，对佛理并没有自己的真知。

“诸位菩萨摩诃萨”，摩诃萨是菩萨的修饰语，“摩诃”是广大之意，“菩萨摩诃萨”也就是伟大的菩萨之意。现在佛讲诸菩萨摩诃萨是对着他的学生们讲，就是期望他的这些弟子都成为大菩萨，释迦牟尼佛为他的弟子们发了一个愿。这样讲“应如是”才有意义。众生如果不是发愿要成为菩萨摩诃萨，怎么能降伏其心呢？所以你如果没有发愿要成为菩萨摩诃萨，那么这时的“如是”降伏其心很可能就正邪难分了。“宗正绝邪”，要怎么“宗正”呢？要发愿。什么叫“发愿”呢？要利益众生，利益更多人，让大家的心念能绝。佛教一定是和平主义的，儒道也是和平主义的，所以东方三教绝对不可能出现圣战士。伊斯兰教其实也是爱好和平的，穆斯林今天会有所谓的恐怖攻击，其实是他们在另外一个一神论宗教的统治之下，而且是在美国的帝国主义威胁之下，造成了一种整个世界的现代化、消费化，人被严重异化而遭到挤压的后果，这个后果是很严重的。

中国能免遭这种文化的统治，是因为我们的文化很宽厚，我们儒道佛的思想资源很丰富，但是我们也舍弃了很多自己的东西。我们舍弃自己的圣诞而拿别人的诞叫圣诞，我们舍弃了自己的圣经而拿别人的经叫圣经。我们用《诗经》《尚书》中所讲的“上帝”来翻译“God”，其实应该正名叫“高特”，即“最高的特务”，这样基督教和伊斯兰教才真正平等。我们将伊斯兰教唯一的、绝对的、至高的人格神叫作“安拉”，这是音译。那为什么不把God音译呢？我们应该把“God”翻译成“高特”。这个翻译版本不是出自我，而是出自台湾的翻译家孟祥森先生。他在年轻时就发出此语，是很有见地的，现在都已作古仙逝了。这个世界之所以会乱就是因为不如是，如是就能不乱。佛经告诉你，你能如是就能好好过日子，这个是很重要的。所以《金刚般若波罗蜜经》就是告诉你如是地好好过日子。

“诸菩萨摩诃萨应如是降伏其心。”这是佛陀发的一个愿，希望众弟子能证得菩萨果位，由这个愿力进一步讲“如是”，这样才能够降伏其心。在这短短的一句话中，我们可以看到三个脉络：“发愿”“如是”和“降伏”。这里是说，单有菩萨心之发愿，无空慧的如是性的了悟和降伏的工夫，很容易流为世俗层次的败坏菩萨；若只停留在保持其空慧而缺乏悲心愿力的层次，也可能退缩为声闻乘，而无法上通大乘正宗的菩萨行；又若仅有降伏工夫不悟如是的空理，则工夫容易落为对治的相对相，而仍落于二元性的张力中，并且容易将方法和目的二分，成为目的论式的追逐。所以，学佛不是教你发财。如果有一种佛法告诉你，信了我以后你就会发财，如果它还叫佛法的话，就只是接引你进入佛教的一种方便法，而这种方便法是危险的。佛法不是教你发财的，而是令你开悟的。

一个朋友的孩子非常优秀。他二十多岁时碰到一位上师，他人生碰到任何问题，只要问上师，上师都可以帮他解决。结果不幸这个上师出车祸去世了，他一时之间不知如何是好。面对人生的问题，他已经习惯于依赖上师，就好像现在开车习惯有导航，没导航你就不会开车了。这是一个很严重的问题。所以你要怎么用导航？你要对导航的整个地图了若指掌，没有导航时，你也可以应付。佛教是要让你心开悟解，能够如是地去面对自己的人生。

十、“灭度众生”的菩萨悲愿与“实无众生得灭度”的如来知见

“我皆令入无余涅槃而灭度之。”我们注意一下这个“令入无余涅槃”。什么叫“涅槃”（nirvana）？圆满寂静的境界叫作“涅槃”。佛教里面有所谓“有余涅槃”（upadhisesa-nirvana）和“无余涅槃”（anupadhisesa-nirvana），有余涅槃就是人身尚余在的意思，无余涅槃就是人身已经不在的一种寂灭境界。另外，还有多方面的解释，这里的无余涅槃大概可以把它解释成非常彻底的圆满寂静的境界。所有一切众生之类，我都发愿要度它入无余涅槃。佛教里面度和济都是过河的意思，从此岸到彼岸，所以迷时师度，悟时自度，自度度他，其实另外一个意思就是在度他的过程里你能够真正自度。大乘佛教的重点就在这里。

让一切众生入无余涅槃而灭度之。什么叫“灭度”？灭其烦恼，度至极乐。佛教是一个去苦得乐的宗教，是解脱教。佛教重点在于要得大自在大解脱，它和儒家不同。儒家是要传承，要生生不息，而佛教是要无生；儒家重点在生生，在传习，而佛教是刹那生刹那灭，你识得刹那生刹那灭之理，然后灭其烦恼，度至极乐。如何灭其烦恼，度至极乐呢？其实，就是“降伏”。这又回到我们刚刚讲过的，你的发愿是指向度他的过程里头去自度，而所谓的度他也不是说我把持一个“念头”，我要去度他。

你要了解“念”和“愿”是不同的，念头是时起时灭，偶然不定的，任其因缘而有对象的；愿力不同，愿力是恒久不衰，必然而肯定的，超乎一切相对而进至绝对。所以你常想念着对方，想念很辛苦，可是发了愿力就不止停留在想念而能相忘，人的交往若能相忘便是更高的境界。所以这里说的灭度众生强调的是发愿。如何灭其烦恼，度至极乐？如是降伏其心。降伏了念头，才有真正的愿力，有了真正的愿力就能降伏念头。换言之，你真正发了愿，才可能降伏念头。愿力和念头其实在本体上是同一的，只是念要化念归意，转意回心，一心往上提，提到智上。我们讲回心转意，这个话是很有意思的，你如何回心转意呢？就是要化念归意。念是执着的，往下，意是纯粹的指向，回到了心，心往上提就是智，有了心智，就能长出心量，就能够用其心力。所以心智要高尚，心量要宽广，心力要落实，心气要通达。如何达此境地？立志发愿。立志发愿的力量很大，这个其实是这样的。

“如是灭度无量无数无边众生，实无众生得灭度者。”前面讲要“灭度众生”，现在讲“实无众生得灭度者”，这是《金刚般若波罗蜜经》最根本的表达方式，一定先说A再说非A，佛说非佛说，是之谓佛说。A，非A，是之谓“A”，即“般若非般若是之谓般若”。这是佛经最根本的表达方式。所以当我在说一个东西是什么时，我排除了刚刚所说的一切东西，令一切归返到了所谓言说之前的空无自身。你能够把念头去掉，归返到原初的本性，愿力也就能成，就是如此。你愿力一成这些东西也就消解掉了，这是一个回返的循环。

度了无量无数无边的众生，其实无有众生得灭度者，这是很不容易的。有的人做了点善事骄态毕露，一直强调善事是“我”做的。你觉得你做了它，佛现在要告诉你，真正所谓的灭度，是因为它的本性本来就是空无，不因为你做了什么而有所谓的功德，而是“实无功德”。

梁武帝问达摩说，我造了那么多佛寺，供养了那么多高僧大德，我是不是做了很多功德。达摩说实无功德。以其无功德是为功德，这功德就是你懂得无功德，你能真正懂得无功德，那就是最大的功德。所以不要做了一点好事儿你就以为已经立功了，就已经有德了。你捐了1万元给佛寺，你想着能够因此而赚到10万元。你心有驰想是不对的。施舍本身的功德在于让我们能舍，让我们能放下。我们原来都是想着掠夺，而现在把握着一些资源却能放下，这就是最大的收获。这里达摩讲得很彻底，彻底破除世俗中一般利益交换的心态。求神拜佛不是利益交换，拜佛是回到你自身内在的一种真正觉性的开发，而求神不是求菩萨保佑，而是应该求菩萨让你能够智慧开悟。我们求菩萨其实是把佛教和巫术的宗教结合在一起了，又和儒教结合在一起，佛就成了“佛祖”。

“若菩萨有我相、人相、众生相、寿者相，即非菩萨。”菩萨如果着相就不是菩萨。“我相”是执着于“我”，如果修行者一开口就是我我我，这个修行者其实还停留在分别中。“人相”就是一直在人我相之间，人家会怎么想，人家会怎么讲。“众生相”就是为了众生。“寿者相”指的是长寿。这四个相的理解有很多种方式，我们且先做这样的理解，因为它的重点是在“去执着”。“若菩萨有我相、人相、众生相、寿者相，即非菩萨。”换言之，菩萨之为菩萨其实是归返自身而得自在，因为空无而自在，了不相涉就空无。

正如印顺法师《金刚经讲记》所说：“菩萨愿灭度无限量、无计算、无边际的众生，但在菩萨的菩提心行中，不见有一个众生得灭度的。《般若经》也说：‘我当以三乘法拔济一切有情，皆令于无余涅槃界而般涅槃；我当虽以三乘灭度一切有情，而实不见有情得灭度者。’何以不见有情？因菩萨观缘起相依相成，无自性可得，通达自身众生身为同一空寂性，无二无别，不见实有众生为所度者。必如此，才是菩萨的大菩提心，才能度一切众生。否则，即执有我相、人相、众生相、寿者相，离空无我慧——般若的悲愿，即不能降伏其心而安住菩提心了，即不成其为菩萨了！”[①]

① 印顺：《印顺法师佛学著作全集》（第1卷），中华书局2009年版，第26—27页。

菩萨能够破解我相、人相、众生相、寿者相，所以才能度一切人间有情。读佛经一定要慢慢读懂读透，然后再重新品读回味一遍。就像品茗到最后，仔细想想上一盏茶是什么滋味，慢慢品味。你现在再把“大乘正宗分”重读时，有没有觉得和刚刚读的感觉不太一样？如果没有，可能是因为这个茶才喝了两盏而已，可能再喝三盏四盏，就能有所体会了。今天我主要是想跟大家讲讲读佛经的方法，读佛经的方法其实就是要一遍遍地诵读，到情境中去体会、玩味。

十一、结语：止于至善，归本空无

如上所述可知，“般若空智”是虚涵而不是实摄，因此它所具有的不是一种“摧破性的力量”，而是一种“超越的观照力量”。“金刚般若波罗蜜”这个金刚所具的摧破之力，其实不是摧破，而是一种超越的观照，经由这样的力量就能够自我消融、自我化解，能够回到真实的纯粹意识状态，这就是一种真实的生命状态，是一个无有执着、无有干扰、如如无碍的状态。这个超越的观照力量是由自家身心所长养出来的，当下便可显现，因为超越的观照力量只是般若空智自身，也就是纯粹意识自身，它并不是外来的东西。这就是明心的“心”，见性的“性”，性所显现，佛性也就显现了。明心见性之“性”就是如来之性，是事物之原初的本性，而所谓原初的本性就是了无挂碍的空性，就佛经来说是这样的。“明心见性”这四个字放在儒道佛来分别解说，可以说出三套道理来，但是都可以说得通。汉字很有趣吧。

王阳明《传习录》的语句和很多禅宗语录的语句很像，但它们不一样。儒是观生生之法，佛是观无生之法，观无生之法是要度脱到彼岸，儒是在此岸里生生不息的传衍。儒家很强调时间意识，佛教是刹那生灭，破解时间意识，回到超越的空无，而有当下的契入，如如自在。儒佛语句类似而说法根本不同。《金刚般若波罗蜜经》这样一部生活化、交谈式、场所性的经典，和一神论的宗教经典大不相同。一神论的宗教经典是启示性的经典。启示性的经典所强调的是唯一的、超越的绝对者对人类的启示，它的重点在于通过语言命令来向人间颁布律法，是自上而下，是无限者对有限者的指示，因此带有制约的律定性和主体对象化活动下的主客二元性。

一神论的宗教是强控制的宗教，而儒道佛三教都是弱控制的宗教，弱控制到什么地步？弱控制到你彼此相互交涉都是可以的。你可以既是佛教徒，又是道教徒，也是儒教教徒。很多问题在东土就不会是问题了，譬如以中国国家的构造来讲，它原先是天下的概念，不是民族国家的概念。民族国家的概念是现代性产物，民族国家的错误概念是很多冲突的根源。但是错误已经造成了，现在只有一个可能的办法，就是东方文化慢慢强大起来，我们天下的概念能够开启世界融通的可能。中国现在还在通往强盛的过程中，中华文明的建设还有待大家的继续努力，所以尼山学堂的同学们，你们责任重大。你们要熟读经典，使东方文明能够与其他文明有更多沟通对话的可能。

《金刚经》这部“交谈性的经典”强调的是经由“荡相遣执”的工夫，能够证得我法二空，见得“存在的空无”，归返“意识的透明”，因之升起“信仰的确定”，实践也就因之自如无碍地开启了。

《金刚般若波罗蜜经》其实隐含着生命疗愈的机能。“生”是根源创造，“命”是具体限制，根源的创造是有具体限制的，在具体的限制中展开根源创造，这就比较接近中国儒道之理了。“疗”是心开悟解，“愈”是和合生长，心开悟解所以能够和合生长，和合生长更可以心开悟解。

我一直在倡导大家用汉语思考。请经由汉语文字本身回到思想智慧之海中去思考吧！我们现在以白话文为载体的思维模式，其实是在西方的现代性语汇下去思考的，很难让汉语真正彰显其意义。所以我希望大家能够真正在阅读中慢慢学习。

般若治疗其实是可以随处运用的。你回到存在本身，意识回到透明无碍的境地，一切事物就能够回到自身。人若能回到事物本身，其实很多事都不成问题。我们的麻烦就在于常常以一个不究竟的东西作为终身追求的目标，而不是以一个究竟的东西作为你的愿力之所往。如果你一直追逐着一个世俗的标的物，那么你会永远深陷于烦恼之中。

我们借用《大学》的话，人要有止于至善的永恒向往，就能够“定而后能静，静而后能安，安而后能虑，虑而后能得”。当然，儒家的道理和佛教不一样，儒家毕竟是观天地生物之气象，肯定生生不息之美好，而佛是破解这一切，回到无缘大慈同体大悲，彻底摧破世俗的种种烦恼、种种执着，回到一种来自内在的最深沉的悲心，悲心之中就隐含着法喜。

这几天慢慢开春了，在山东大学的校园里，你可以看到生命的气象。今天早上又下了一点雨雪，但是下午阳光很明媚。你走在校园里面若没有观察到天地生物之气象那就表示你受世俗习染太深了，对这些视而不见。明天早上醒来看看，这些其实都是很美好的事物。每天要让自己的生命有真正回到自己的时候，喝盏茶，听音乐，写写字，抄抄《金刚般若波罗蜜经》，抄抄《道德经》，这些都可以。

我不是真正学佛出身的人，我是以哲学的方式去重读佛经，而我在读的过程里面也充满了喜悦，对佛经的名相，我也觉得不是那么困难的。我今天向大家呈现的读经方式，是一种非佛教徒的读经方式，但是这种方式并不意味着佛陀的智慧就不向我彰显。佛陀智慧的彰显是不分你是或者不是佛教徒，他认为众生皆有佛性。佛教其实是一个普世的宗教，而这个普世的意义是很柔性的，不是说普世之人都要信，而是普世之人都可以信。读佛经应该推广出去，让更多人读它，而且读的时候要平实一点、自在一点。

如果你觉得《金刚般若波罗蜜经》很难读，你可以先读《六祖坛经》，因为它充满了故事性，有很多很有趣的东西，大家都可以读懂，回头再读《金刚般若波罗蜜经》。以前我们曾经说过，钱穆先生给他的孙女推荐了七部书，儒家有《论语》《孟子》《近思录》《传习录》，道家有《道德经》《庄子》，佛经他推荐的是《六祖坛经》，我想可以再加一部《金刚般若波罗蜜经》，这样儒道佛三教比较均衡一点，我觉得这些都是很值得读的经典之作。我把自己的一些读书心得拿出来和大家分享。如果有因缘的话，以后我们还会有机会继续谈谈佛经或者其他的经典。

问题与讨论

学生：林老师，您好！某些人认为宗教是一种心理暗示，比如我个人的一个经历，我们家买新房子时，爸爸买了一个貔貅，说是可以安宅镇宅。我问他你真的信这个东西吗，他说不信，只是求心安而已，您怎么看待这类事情？

林安梧：你听听就好了，这个不重要。

学生：您怎么看社会上的这种说法？

林安梧：我就听听，听听就好了。现在有太多加在宗教上的各种说法，他怎么说，你听听就好了。重要的是，譬如，你有因缘，你就读读跟你比较切近的正教经典，儒道佛耶回这五大宗教都是正教。印度教我认为虽然有些问题，但是读读也无妨，印度教当然也有很高深的东西。我们的文化传统当然就是儒道，佛教也已经本土化了。你读读经典，读了能有所契入，这就很好。至于说到很多宗教带有保佑之类功能的说法，我的习惯是听听就好了。你问我，老师，你会不会用这些功能呢？会。譬如，我出门，我母亲一定要让我戴护身符。护身符我当然也会戴着，可是现在放在哪里我也忘记了，你若接受，它就会很真实的存在。我出门在外是不是要带着它？我也没带。我们今天讲《金刚般若波罗蜜经》，就是讲这些东西要如是，也就是如是降服其心。父母亲觉得这样很好就好了，也不会有什么不好的影响，所以不必太在乎这些事。至于它有没有功能，我是不相信家里摆东西就能如何如何，但是很多商人在他们公司摆放这些东西，你也没必要去跟他们说什么。世间不是因为把道理辩论清楚，而是因为参与而平和、而理性、而清楚、而多元、而包容，道理才得以彰显，就是这样而已。

学生：林老师，您好！我最近有个概念理解不了，就是无穷的概念。在我从小到大接受的教育中或者在我的感受当中，时间和空间都是无穷的。在这种无穷当中，我对自身的认识就会有种不确定感，有时候就会有一种虚无感，我想问问您怎么来理解这个概念。

林安梧：看来，有些教育把学生教坏了，有办法受人教育，也要有办法把这些东西消解掉，这叫“为学日益，为道日损。损之又损，以至于无为，无为而无不为”[①]。我的母亲没读过什么书，但是每天早晚课读佛经，她每天实实在在地过日子，也没有去问什么有穷无穷的问题呀。你觉得她就不如你吗？没有。生命有很多事是这么真实的。我们现在教育的目的是知识的追求，这是一个线性的往外掠夺的过程，生命其实是要回到内在的契入。庄子讲得很好，“吾生也有涯，而知也无涯。以有涯随无涯，殆已”[②]。一定如此。

学生：这有点像逃避而不去探索。

林安梧：请问你觉得我逃避吗？没有，我也没有逃避，我每天也在过日子。你以为每天这样追逐就是不逃避吗？现在单线式知识的追逐教育，已经充斥于我们的脑中，但生命本身其实是一种很真实的过日子的状态。内外是通的，不是向外的追逐才有意义，也不是说向外的追逐就没意义，内外是通达的。

学生：老师，刚刚听到您说很多人都是以世俗的标的物作为自己一生所追求的目标，其实我相信生活中大部分人是这样的。

林安梧：大部分人都是这样并不代表每一个人都要这样。大部分人都

① 《道德经·四十八章》。

② 《庄子·养生主》。

这样也没关系，因为真正有因缘的话，他就不一定会这样了。

学生：您的意思是说不赞成这样。

林安梧：我没有不赞同，我只是说这是一种方式。我今天经由《金刚般若波罗蜜经》旨在彰显还有另外一种方式，它和一般世俗的方式不同，你可以通过经典的阅读，在生活中体会实践，由此获得某种安定感。所以要养成一个习惯，不要觉得我今天懂得了一些道理，别人的道理就都错了。

学生：那您觉得怎样的一种追求是好的？

林安梧：有机会喝红茶就喝红茶，有机会喝普洱就喝普洱，有的人不喝茶，喜欢喝咖啡，那也可以。我们要养成一种多元的思维习惯。社会一直告诉你，如何才是对的，如何才是好的，但是到了某一个阶段你就知道不是这样的。那时候没考上北京大学的同学可能后来更有成就。台湾的郭台铭是考上中国海专，中国海专是什么概念你回头去查一查，说不定查不到这个学校。很多事情其实并没有那么重要。这种态度不是逃避，而是放宽，放宽是让你有更多生长的可能，这是一种思维方式的培养。

学生：林老师，您好！您刚刚也谈到了多元性的问题。我自己的感受是，当人有多种信仰时，这种多元性会在内心中产生一种焦灼感，会有一种斗争，不知该如何取舍，这时候真正放下好像是很困难的事情。具体来说，比如在基督信仰中，对于复仇这样的观念通常采取的是以德报怨的方式。在儒家当中，孔子的观点不是以德报怨，而是主张以直报怨。如果当这样的事情发生在自己身上，该如何处理，不同的文化给了我们不同的答案，这个时候我自己会非常的困惑，所以请教一下林老师。

林安梧：儒家讲“以直报怨”是就社会正义的观点来说。道家讲“以德报怨”是告诉你要用本性做事，你回到本性，本性才能够教养他，让他变得更好。凡是话语之所说，一定有所针对，但是话语所说的东西不能够代表真正的自性，只有回到自性才能厘清话语之所说，而不是将话语之所说辨析清楚才能够回到自性。在这一点上，我觉得儒道佛三教都给我们很大的启发，就是要回到自身的原初本性，特别是佛教和道家。

回到原初性、本真性，你会发现话语本身的论辩都是无效的，但辩论也是不得已而为之。“予岂好辩哉？予不得已也。”[①]那是一个处士横议，诸侯放恣，邪说暴行有作的年代，但是我还是要知言养气。我是要知道偏颇的言论从何而来，才能够“正人心，息邪说”。如果只作话语本身的论辩，那一定是无效的。

儒道佛三教的传统是非常平和的，告诉你要息心止虑，道家强调回归天地，儒家强调天地人三才相贯通，佛教强调我法二空。三教经典都在强调，不要把话语所论定的东西当成存在的真实，世俗所说的更是等而下之的东西。等而下之并不意味它不重要，如果大家都这么说，说明它是很具体实在的。如果你能去感知它的具体实存，就不会被世俗的话语论定所限制。

不被世俗所限制，那请问我还要不要考北大？如果能考上就考。不受世俗限制是说，考上了我也觉得没有什么特别，考不上我也觉得没什么大不了。况且王阳明说过，人生读书求学是为了要做圣贤不是为了考功名。对此你能慢慢去理解，对于真俗两谛就能够慢慢融通了，就不会认为我现在要追求神圣的，就要放弃世俗的，而要能认清俗谛的同时，也能继续寻求真谛。

学生：林老师，您好！佛教在中国发展的过程中，王阳明应该吸收了很多佛家思想，王阳明对佛教思想的吸收使得他的儒家思想有什么变化？

林安梧：这个应该是讲阳明哲学时，你来问这个问题，问这个问题已经和我们今天的主题岔开很远。我要讲也可以，我对阳明学也很熟悉。阳明《传习录》里有些语句和《六祖坛经》的一些语句很接近，但它们的意

---

① 《孟子·滕文公下》。

含却完全不同，因为它们所处的语境完全不同。这就像你到一个素食馆里去吃佛跳墙，和你在一个一般的地方吃佛跳墙很像，但是一个是荤的一个是素的。

阳明在整个人生论宇宙观上都是儒家的，修养工夫论受到道家和禅宗的影响，这是一种进步融通的发展，但是你不能够把《传习录》当成禅宗来讲。禅宗最后是观空，明心见性所谓的性是佛性，儒家讲的是生生不息的本性。儒家看这世间充满了盎然生意，这就是实有生动处，而佛教看世间一切都如镜中花水中月，这就是真空而妙有，二者有很大的不同。儒家是你去参与去承担，而佛教是粉碎虚空之后，你也可以参与，可以承担，但那种体会、玩味大不一样，这是两套系统。

今天主要是以《金刚般若波罗蜜经》的前三分做一个示例，把我自己学习的一些心得与大家分享，希望大家以后有机会好好读佛经。

第九讲

论儒道佛三家思想之融通及其对现代化之后的可能贡献

一、儒道佛三家思想融通的可能性

时间过得很快，我们的讲座居然进行到了第九讲。这一讲的论题有一点大而无当，不太容易讲好。我们首先要问，儒道佛三教的融通何以成为可能？我认为，真理是通达的，最后回到整体才可能融通，这就牵扯到话语和话语之前或者话语之上的层次。如果执着于从话语上说，儒道佛一定可以做很多区别，而且区别是需要的，但是在区别之后，往上升一层，怎样融通呢？今天，我们大概会从区别谈到融通，因为区别是所谓“分别说”的层次，而融通是上升到“非分别说”的层次。上升到更高的层次，在彼此的交谈对话中，我们寻找它们的共通性，寻找新的转化与创造的可能。

佛教讲“出世间法”，讲大解脱、大自在，而咱们的文化传统是以“世间法”为主，也讲自在，但是不重解脱，那么二者怎样融通？我想是彼此“各进一步，各退一步”。“各退一步”是说，我们把思想稍微松开来；“各进一步”是说，当我们把思想松开以后，主动倾听对方，主动寻找与对方建立联系的更大可能性。例如，“世间法”重在此岸，而“出世间法”重在彼岸。彼岸是净土，而此岸所谓“娑婆世界”[①]是染污的，那怎么把它们联结在一起？我想到“净土”这个概念。人毕竟是在此岸世界，那么是否可以有一个“此岸净土”的概念呢？如果“此岸净土”这个概念被接受了，那么融通就成为可能。如果说“净土”一定在彼岸，“此岸净土”这个概念是不通的，那就很难融通了。所以，融通需要“各退一步，各进一步”。

譬如，基督教讲God，退一步，我们用《诗经》《尚书》中的“上帝”字眼来翻译“God”，那么基督教中的“上帝”，就相当于我们讲的“天道”，但是二者不能等同。“帝”这个字，就其源头讲是“象花萼之形”，引申为“万物始生之源”，可能带有人格神的意味。万物始生之源是生命的律动之所出。《周易·说卦》讲：“帝出乎震，齐乎巽。”万物始生于何处呢？万物从宇宙造化的源头震生长出来。震，即震动的震，也是震卦的震，震在东方。关联着来看，现在讲宇宙的起源是从大爆炸开始讲，这有点像震。关于宇宙的起源，基督宗教有上帝创世的说法。退一步，在存在主义的神学中，上帝是爱，上帝作为一个超越的绝对者，就像是内在于每个人心中的爱。那么超越的和内在的是不是可以联结在一起？如果可行，上帝和我们的天理、本心、良知似乎有可融通处。所以，融通需要双方“各退一步，各进一步”。“各退一步”，把自己松开；“各进一步”，递出一个橄榄枝，拥有一个倾听的可能。

我想儒道佛的融通是可能的。儒道本身同源互补，不存在能否融通的问题。当然，如果你把它们拉开来分家分派，也可能出现敌对。儒道两家是融通的，儒家的“道”和道家的“道”，儒家的“德”和道家的“德”，

① 娑婆世界：“娑婆”，梵文Sahā的音译，亦译“索诃”“娑诃”等；意译“堪忍”，故娑婆世界亦作“堪忍世界”。指释迦牟尼进行教化的大千世界。有两义：1.认为此世界充满不堪忍受的苦难，众生罪孽深重。2.认为佛、菩萨在这个世界“堪忍”劳累，进行教化，表明其“无畏”和“慈悲”。参见任继愈主编：《佛教大辞典》，江苏古籍出版社2002年版，第1044页。

其意含是一样的，只是人与道、德的关系不同。“道生之，德畜之，物形之，势成之。”①“志于道，据于德，依于仁，游于艺。”②“志于道，据于德”是儒家，道家是“道生之，德畜之”。显然，道是根源，德是本性。所以人要依其根源，顺其本性，只是道家的重点在于顺承，而儒家的重点在于参赞化育。

佛教传入中国，亦与儒道有可融通处。佛教讲众生平等，而儒道认为，人从根本上来讲是平等的。儒家讲“人皆可以为尧舜”③“涂之人可以为禹”④。道家讲人可以回到本真的状态，“至人无已，神人无功，圣人无名。”⑤儒家之平等性、道家之回到原初性和本真性，与佛教比较接近。我常说，佛教出自印度传统而反印度主流传统。印度的种姓制度是不平等的。从我们现在的角度来看，人之为人，当然应该是平等的，怎么可以不平等呢？但在印度的种姓传统中，从梵天大我流出四个不同阶层，于是人有高低贵贱之分。文化有没有高低的区分？当然有，文化不仅有差异，还有高低的区分。如果你说现代社会是不平等的，它将人分为不同层级，其实这是后天造成的。在我们骨子里面是一定要回到平等的，因为两千多年前我们就肯定“人皆可以为尧舜”“涂之人可以为禹”。融通当然是可能的，融通是你首先有一个意愿去倾听对方，然后达到更高的综合。

二、儒道佛三家思想在现代化之后的可能贡献

我们都处于现代化的过程中。我们思考现代化有什么意义，思考现代性的合理性是什么，而今天，我们其实已经进到现代化和现代化之后，所

① 《道德经·五十一章》。

② 《论语·述而》。

③ 《孟子·告子下》。

④ 《荀子·性恶》。

⑤ 《庄子·逍遥游》。

以我们不再思考如何迈向现代化，不再怀疑中国的文化传统是否能够开出现代化。它一定可以实现现代化，而且处于往前迈进的过程中。现在，在现代化之后，人类面临着种种严重的危机，我们要思考如何克服现代化带来的工具理性的高张、人的异化等问题。这样思考，我们今天的题目才有意义。

我们思考儒道佛三家思想如何融通以及在现代化之后会有哪些可能的贡献。在一百年前，我们可能认为这三家思想都会妨碍现代化，但是经过了一百年，我们发现现代化显然和儒道佛思想密切关联。拥有汉文化传统的韩国、日本、新加坡等国以及中国台湾、香港等地区，在现代化过程中发展迅猛。二战之后，菲律宾的现代化发展原本是位于前列的，后来为什么又迟滞不前呢？这和他们文化的调节性力量不够有关系，菲律宾没有汉文化传统。我们今天有机会重新反思现代性、工具理性以及人的异化、疏离等问题。因为有机会重新反思，我们才能够谈到儒道佛三家的可能贡献。

今天我们用比较哲学的方式谈这个问题。通过对比，我们可以概括地看到儒道佛三家怎样看待世界、怎样参与世界、怎样看待人自己。我们讲佛教时曾提到过Paul Tillich和久松真一的对话。久松真一是日本禅学家，禅学是佛学的一支。佛教很强调“无我”的概念。Paul Tillich是一位神学家，他很难理解“无我”这个概念。“无我”和“有我”差别很大，“有”和“无”差别很大。我想起三四十年前，牟先生讲西方现代性的问题时，讲到西方的主流传统是“有之不能无”，而中国的文化传统是虽然“无之”，却可以“有”。他当时这样讲，我们都听不太懂。如果从西方传统思维的角度来思考“天下万物生于有，有生于无”[①]，你会觉得很难理解。西方哲学探索存在（being），探索最高的存在。所谓“有”，“在”之为“有”。“在”（being）明明是存在的，你怎么理解为“无”呢？“自我”的概念明明是“有我”，

① 《道德经·四十章》。

怎么理解为“无我”呢？这就是我们要去想、要去思考的问题。

这就牵涉到很多内容。例如，拼音文字遇到汉字会不明所以，因为图像性的文字不是语音中心，而是图像表意。图像表意和语音中心不同，但是也可以讨论、融通。我们再想想，民国初年有那么多先进的知识分子提倡要把汉字废掉，用罗马拼音取代汉字，而且这种主张甚嚣尘上，居然被认为是进步的主张，虽因引起了很多争议，后来不了了之，但是我们显然可以发现其中的片面之处。

现在进入21世纪，我们有机会重新思考，不会堕入片面的境地。我们谈到融通，谈到怎样对现代性、现代化之后进行反思，这就牵涉到东西文明互动融通的问题。儒道佛文明如何看出现代性的弊病并起到疗愈作用，东西文明应该怎样平等的对话，话语权如何处理，这是这个时代要去探讨的问题。今天的问题，拉开来讲很大，但是它还是可谈的。

三、从误解到融通：儒道佛的区别与和会

我们说儒道同源互补，那么以前宋明理学家辟佛老不是很奇怪吗？如果儒道同源，是不是儒应该拉近道家、排斥佛教呢？显然，在这里佛教和道家被拉到一边去了。或许，这其中有时代的因素。

唐朝中叶之后，寺院和道观在整个制度结构上造成严重的问题。韩愈曾写《原道》批评，士农工商之中，士为劳心者，农、工、商是劳力者，所以四分之一是劳心者，四分之三是劳力者，以四分之三来养四分之一，很容易。现在因为僧道不事生产，社会变成“三养三”，就非常困难。[①]其实文章背后隐含的意义是，佛道二教形成了对于经济税收乃至社会其他方面的种种压力。另外，当时佛道二教对于人们的人生观、世界观有一些负面影响。

① 《原道》：“古之为民者四，今之为民者六；古之教者处其一，今之教者处其三。农之家一，而食粟之家六；工之家一，而用器之家六；贾之家一，而资焉之家六。奈之何民不穷且盗也！”

道逐渐走向消极避世，而佛讲解脱，一样消极避世。如果佛道是积极入世，结果就会不一样。或者，语汇不应该只是“消极避世”或“积极入世”那么简单，因为思想本来就是很复杂、丰富的。譬如，你看台湾的佛教，你怎么看都不会认为它是消极避世的，因为它讲人间佛教，讲以出世的精神做人间的志业，讲度一切众生，在人间来成就净土。所以宋代辟佛老，其实未必对佛老的精神有深入理解，只是为了应对那个时代的问题。

所以，我们今天要回到源头去看，譬如，你读道家经典，道家思想非常丰富，其中当然有消极避世的部分，但是你要学习道家处事的方式。牟先生常讲：“察业识莫若佛，观事变莫若道。”[①]佛教在对人的心灵意识的深层理解以及心灵意识所涵藏的业力的深层理解等方面的洞察力是很深的。佛教有般若智可以观空，能让你的身心得以安顿，这也是一件好事，不能够用“消极避世”四个字来概括它。

我们在区别中慢慢理解，就生出融通的可能，这就是所谓“从误解到融通”。现在让我们把误解慢慢解开，回到经典本身。譬如，在逐次的讲解中，我们希望儒回到“四书”之源《论语》，道回到《道德经》，佛回到《金刚般若波罗蜜经》。这三部经典是儒道佛最重要、最基本的经典。我们回到那里，看看它们是否有可融通处？我们会发现它们确实有融通处。

儒道是“生生法”，佛是“无生法”。儒道同源而互补，“观天地生物气象”[②]，是生生不息的；佛谈“缘起性空”，讲大解脱、大自在。“无生法”是生生唤起无生，是刹那生、刹那灭，如此生生灭灭，最后归于寂灭，证得涅槃。无余涅槃，连肉体都消解掉，这是原始佛教强调的内容。但是佛教在传入中国后不断发展变化。譬如“此岸净土”，指身心清净而不受其他的习染，生命回到了无挂碍、我法二空的自在的状态，这样自在

① “察业识莫若佛，观事变莫若道，而知性尽性，开价值之源，树立价值之主体，莫若儒。”参见牟宗三：《生命的学问》，广西师范大学出版社2005年版，第27页。

② 《河南程氏遗书》卷六。

的状态能不能关联到儒道的“生生法”来理解呢？可以。所以这里可以谈生生唤起无生，无生启现生生，但是你不能说儒道只是作为佛法的准备而已，你不能认为儒道是“世间法”，太低了，而佛是“出世间法”，比较高。这个说法是只站在一方的立场说的。很多说法可以讨论，但是讨论归讨论，分际要划清楚。你慢慢会了解到，儒道虽重“世间法”，但是仍然尊重“出世间法”。佛虽为“出世间法”，但是它也安顿“世间法”。它们有区别，才会有和会，才会有更多的交谈对话。

四、从宋明到当代：“排斥佛老”“儒佛论争”到“儒佛融通”

儒道佛的融通有一个历史发展的过程，从宋明排斥佛老到当代儒佛论争，再到今天强调儒佛融通。宋明排斥佛老，其实是为了重建人伦共同体以及政治社会共同体，使之能够真正巍然确立而不被佛老撼动。因为当时的佛老的确对人伦共同体、政治社会共同体的建构有妨碍，所以才会遭到严重的排斥。但是当我们现在重新去理解时，佛教和道家不但对人伦共同体、自然共同体、政治社会共同体的建立没有妨碍，还可能有帮助，如果我们从实用的角度来理解，就会有更多接受和发展的可能。在道理上，我们要厘清以前之论争何在，以前何以排斥，现在要谈融通何以可能。当然，这工程浩大，说来话长，但是我们可以借助前人的成果，譬如以当代儒佛论争的启动点来说。熊十力先生的《新唯识论》，出入佛老而归返儒家，甚至援佛入儒，建构了自己的一套理论。大家可以读读《新唯识论》。

熊十力“新唯识论”[①]的建构成书是20世纪上半叶非常重大的事。他

---

① 《新唯识论》：以发挥《周易》为本旨，综合宋明陆王心学和佛教大乘空宗法相唯识学，自成体系。为别于佛家唯识旧义，故以《新唯识论》名书。参见张岱年主编：《中国哲学大辞典》，上海辞书出版社2014年版，第865页。

起先在支那内学院跟随欧阳竟无先生学习唯识学，后来到北京大学教授唯识学，撰写《唯识学概论》。在这个过程中，他对哲学中的存在、意识、实践这几个向度的建构始终不够满意，觉得没有切其就近处，不能够建立起一个哲学体系，所以他走出来，建构了一套“新唯识论”。

新唯识论的重点在安排存在、意识和实践的问题。他吸收了佛教的空有两宗，即空宗的般若学和有宗的法相唯识。空宗讲缘起性空，讲我法二空，讲万法真如实性，翻译成现代哲学语句是讲，一切存在都是空无的，而这个空无就是真如实性。事物如其本身的实性，就是空无。宇宙万有一切，其实是如此平铺，平铺是真如的存在。真如的存在就是在我法二空的状况下，你了无挂碍，所以不陷溺于烦恼，证成存在的空无，而意识是透明的，因此由内在升起一个信仰的确定，这时候有一个如如毫无挂碍的实践的如是。在这套思想中，问题在于怎样立得住人本身。熊十力从一个平铺的真如，往《中庸》《易传》所谈的宇宙造化之源去说，再到一个“纵贯的创生”上去说，用我的说法就是：“由平铺的真如到纵贯的创生。”他汲取有宗法相唯识的思想处理存在。依照熊十力的理解，唯识学处理的是横摄的执取如何解开的问题。他先处理了整个知识如何构成的问题，最后上通于道。他不是就此处理完之后又解开，并回到空无的境地，而是“转识成智”，从一个所谓的“横摄的执取”，往上升到“纵贯的创生”[①]，这是他的用心。但是，他显然对于佛教的般若系统或者唯识学并没有那么如其理分的理解，从佛教学者的角度来看，他所理解的佛教是不被接受的，所以就引发了支那内学院和他的论争。《新唯识论》一出，马上引起轰动，支那内学院欧阳竟无先生的一群弟子跟他打笔仗，比如刘定权写《破新唯识论》，然后熊十力又写了《破破新唯识论》。如果我们不了解这场论争，就会奇怪怎么会有一本书叫《破破新唯识论》？在这个过程里，理论获得

① 林安梧：《存有、意识与实践：熊十力体用哲学之诠释与重建》，东大图书股份有限公司1993年版。

生长。现在，我们可以心平气和地、如理地去看这场论争，看它究竟有哪些成果，又有怎样的限制。因为各有胜场、各有限制，我们看到了融通的可能。

就此来讲，牟宗三先生的《现象与物自身》能够真正比较恰当地安立整个系统并且没有排斥佛老。牟先生建构的理论，可以用“两层存有论”来概括。他通过康德学“现象与物自身”的超越区分，建构了一套以儒道佛为底的整个中国哲学的融通，也就是现象界与睿智界的存有论。牟先生借用了《大乘起信论》“一心开二门”[①]的结构，上开“真如门”，下开“生灭门”。所谓“生灭门”，是指万有一切的现象；所谓“真如门”，是指万有一切现象之上的事物之载体自己，也就是物自身。“真如门”相当于康德所谓的“睿智界”，而“生灭门”相当于“现象界”。牟先生在这个建构里面安顿了儒道佛三家，肯定了三家修养工夫论中非常重要的人的“智的直觉”（Intellectual Intuition），在大陆翻译为“智性直观”。就儒家来讲，那是一个“性智”的状态，“性”是本性的性，而道家用“玄智”这个词，佛教用“空智”这个词。通过这样的区别，系属于人的主体的修养工夫论得以确立，并且整个哲学系统得以确立。这样的哲学系统带有一点主体主义倾向，但是以整个中国哲学的发展来讲，牟先生的《现象与物自身》跨过了排斥佛老的阶段，能够以相对平等的态度来看待儒道佛，在系统中恰当地安立了儒道佛三家并予以高度肯定。

就其构造来讲，《新唯识论》隐含着一套体用合一的哲学，圆融周浃，通而统之，融贯于道。《现象与物自身》犹有分则，分为现象与物自身，牟先生是通过人之一心之机转将其通贯融合。当然，你可能觉得犹有未足，那么接下来可以继续思考。如果你回到我们原先的传统去看，会发现熊十

---

① 一心开二门：教义名数。谓“一心”可以从“真如”和“生灭”两个方面考察。原出《大乘起信论》：“依一心法有二种门。云何为二？一者心真如门，二者心生灭门。是二种门皆各总摄一切法。”参见任继愈主编：《佛教大辞典》，江苏古籍出版社2002年版，第4页。

力的体用哲学还是比较妥帖、恰当的，尽管他的立论可能并没有牟先生那么细致。

五、“存有三态论”的构造：由“存在的根源”到“存在的彰显”，再到“存在的执定”

受到熊十力、牟宗三两位先生的启发，我继续思考，提出了“存有三态论”的构造。所谓“存有三态论”，是由“存在的根源”到“存在的彰显”，再落实到存在的对象物，即“存在的执定”。“存在”就是存有。所谓“存在的根源”，就是道，就是总体的根源。这个理论是继熊、牟二位先生之后的一个发展，思考怎样安顿宇宙造化之源以及知识论、实践论的问题，思考怎样安顿儒道佛三家思想以及如何面对这个时代等问题。关于这个部分，今天我们不一定有时间谈很多，值得注意的是，我们谈儒道佛的区别与和会，一方面要回到原典去理解，一方面要考虑到前人的连续性。

人类的文明和思想也是这样流传发展的。我不赞成这样的研究。譬如，台湾有一些主要研究康德哲学的朋友，完全忽略了中国近代一百多年来康德学的引入和发展，忽略了前辈先生所做的康德学的诠释与建构，只是关注国际上的所谓“康德学”。其实，前辈所做的研究是值得借鉴的，这是我们应该去正视的。你研究康德，不能把他只放在西方的脉络中去研究，也应该看看我们的前辈是怎样去理解的，他们的思想有怎样的发展。这是我一直要强调的部分。我们要有本土的意识，因为真正的哲学思想与我们的生活世界、历史社会总体密切相关，你不能只做纯学究的研究，而忘记了前辈的贡献。

六、儒家之人伦孝悌，道家之自然无为，佛家之缘起性空

我们现在根据这个表格，概括地来理解儒道佛三家思想。

教别	主旨	目标	身心状态	观法	修养工夫	存在论式	实践方式	人格圆成
儒家（生生）	人伦孝悌	生生的成全	自觉	观生	敬而无妄	“我，就在这里”	自强不息	圣人、君子
道家（生生）	自然无为	自然的归复	自然	观复	致虚守静	“我，归返天地”	自然无为	真人
佛家（无生）	缘起性空	苦业的解脱	自在	观空	净而无染	“我，当下空无”	同体大悲	佛、菩萨

我们可以看到，儒家、道家强调“生生”，佛家强调“无生”，佛教后来以“无生法”包蕴“生生法”。我认为儒道思想可以安顿在大乘菩萨道的精神里面。大乘佛学的思想很高深，但是落实来谈，要承认儒道的“生生”不是只是染污的生生，因为佛教认为“无生”是纯净的，“生生”是染污的。然而，儒道肯定生生，认为生生有纯净处，也有可能是染污的。“原泉混混”①，“沛然莫之能御”②。最原初的泉水是干净的，但源清流浊，这有另一套诠释。源清，清澈的“清”，这里是不是可以联系到“无”的概念？可以。道家就谈到“无”的概念。道家讲“无”是回到无分别的总体的根源。“无名天地之始，有名万物之母。”③话语没有启现之前的原初状态，是天地自然的原生态，是生之动能的跃动状态。“孰能浊以静之徐清”④，浊，但是慢慢清静了，回到最原初，这时“动之徐生”，慢慢重新

① 《孟子·离娄下》。
② 《孟子·尽心上》。
③ 《道德经·一章》。
④ 《道德经·十五章》。

启动。当佛家把儒道包蕴进去时，要肯定儒道就其生生之源，就其原初性、本真性来讲不是染污的。佛教接受了这个思考，而且它本身也可以开发出这个思考，所以佛教一方面讲有漏皆苦，讲诸行无常、诸法无我，但是另一方面也讲常乐我净。诸行无常，无常而可常；有漏皆苦，苦而可以乐；诸法无我，无我而有真实之我；染污，往上一层讲就是真实的纯净。就这一点来讲，华严宗、天台宗、禅宗都有这个倾向。即使讨论的过程中存在很多争议，但是你可以看到儒道佛三家彼此之间愿意倾听，愿意有发展的可能。独特之处在于，儒道佛思想都重视存在，强调回到存在本身。道家回到自然，儒家是在自然中建立人伦，但人伦有原初性，佛教是回到了无挂碍的本真，即自在。

进一步讲，儒家谈人伦孝悌，道家谈自然无为，佛教讲缘起性空。因为重点不同，儒家讲生生的成全，道家讲自然的归复，佛教重点讲苦业的解脱。在进行对比时，我们要回到当代，思考在现代性的过程中“生生法”和“无生法”能够起到怎样的疗愈作用，人伦如何重新确立，人面对自身的苦业如何解脱等问题。那么，我们要如何克服现代性造成的人的疏离和异化呢？儒家提出自觉，由“生生”而来的“自觉”；道家提出自然，由“生生”而来的“自然”；佛家提出自在，由“无生”而来的“自在”。解脱即自在，归复即自然，自觉即能成全。

就其观法来讲，儒家是“观生”，道家是“观复”，佛家是“观空”。“观生”是观宇宙生化之源，“天地之大德曰生”①。“观复”重点在回复，在“致虚极，守静笃，万物并作，吾以观复”②。你经由致虚守静的工夫回归到生命之本真，回到原初的常态。“夫物芸芸，各复归其根。归根曰静，是谓复命，复命曰常，知常曰明。”③“归根复命”其实和儒家的“观生”

① 《周易·系辞下》。

② 《道德经·十六章》。

③ 《道德经·十六章》。

联结在一起。道家强调“损之又损，以至于无为”[①]，这是一个解构的工夫；儒家强调“开物成务”[②]“范围天地之化而不过，曲成万物而不遗”[③]，这是一个建构的工夫。儒道有解构、有建构，有消融、有生长，二者是一个整体。“为学日益，为道日损”[④]，前者是儒家，后者是道家。道家强调回到源头，儒家强调如何建构。从儒道的同源互补中去看待佛教，佛可以通过道来联结儒，所以“色即是空”，在中国容易理解为“本体生起论”式的思考，其实它是“缘起性空论”。也就是说，它不是从“空”生发出来的，而是从“空”映照出来的，佛教认为世间的一切如镜中花、水中月，是所谓“映照”。

就修养工夫来讲，儒家强调“敬而无妄”，敬贯彻终始，无妄是澄净的真实。道家讲“致虚守静”，是回到虚静。道家的重点在虚静心，儒家重点在诚敬心。佛教讲“净而无染”，般若能观空，能度脱到彼岸，所谓“般若波罗蜜”就是“到彼岸的智慧”。

从存在论式看，儒家是你去撑起它，“我，就在这里”；道家是回到天地，“我，归返天地”；佛教是我法二空，“我，当下空无”。儒是两相摄而融通一致，又确立两端，两端通而为一，道重点在两相摄而融通为一。佛是两不相摄，两端同时消解。佛教讲我法二空，“我”这一端是“主”，“法”那一端是“客”。“我”是“能”这一端，“法”是“所”那一端。“我”是“识”这一端，“法”是“境”那一端。所谓“境识俱泯”，“我法二空”，能所不二，能所俱泯，在这种状况下，是当下空无。就此来讲，“无缘大慈”，“同体大悲”，佛教大乘菩萨道的精神非常宽广而高明。道家告诉你，回到人的原初性、本真性，不要造作。造作造成了一切麻烦和

① 《道德经·四十八章》。
② 《周易·系辞上》。
③ 《周易·系辞上》。
④ 《道德经·四十八章》。

痛苦，你不造作，就可以好好生长。道家最重要的智慧，转成现代语汇来说，就是“付能于所”。你处理好能与所的关系，建立一套制度结构、组织方式，形成处所场域乃至氛围，才能心无挂碍，才能观其事变之为何，即所谓“静为躁君”[①]。就此来讲，自然无为真能大有为。

儒家强调生生之德的参与和成全。有一副对联可以充分显示儒家的精神：天与大文山深川广，人能内省日就月将。“天行健，君子以自强不息”[②]，“地势坤，君子以厚德载物”[③]。“夫大人者，与天地合其德，与日月合其明，与四时合其序，与鬼神合其吉凶。”[④]这是“天人合德”的思想，是儒家的精神。《易经》中儒家的精神很重，但一样包蕴道家的智慧。但是如果你只把《易经》讲成是道家的，就是不如理。台湾的陈鼓应教授一直认为《易经》只是道家的经典，当然我知道他的心境，他一直认为儒家和国民党捆绑在一起，而他不喜欢国民党，所以他会运动式地看待很多东西。比如，他认为儒家只是伦常日用而已，而形而上学是道家的发明。现在哲学界还有一些人持有这种观点，这是不对的。儒家怎么没有形而上学呢？《尚书》讲“皇天无亲，惟德是辅”[⑤]，有天道论的传统。《论语》中也涉及形而上学，孔老夫子也谈性命天道。“夫子之文章，可得而闻也；夫子之言性与天道，不可得而闻也。”[⑥]夫子有言性与天道，只是子贡没听懂。《周易》是天人性命之书，而孔老夫子“赞周易”。思孟学派的子思讲“天命之谓性，率性之谓道，修道之谓教”[⑦]，这里天命的传统当然涉及形而上学。你怎么可以说没有呢？中华民族有共通的形而上学。譬如，儒家的重点在

① 《道德经·二十六章》。
② 《周易·乾卦·大象》。
③ 《周易·坤卦·大象》。
④ 《周易·乾卦·文言》。
⑤ 《尚书·蔡仲之命》。
⑥ 《论语·公冶长》。
⑦ 《礼记·中庸》。

于参赞化育。参是参与，赞是助成，人进到天地中去参与它、助成它。“一阴一阳之谓道”[①]是存在的律动。“继之者善”，是实践的参赞。在存在的律动中，你能够继志述事。“成之者性”，是文化的教养和习成。存在的问题和实践的问题是同一个问题，存在与价值和合为一。

七、东方文明的传统：“言已于无言”，回归存在本身

东方文明有一个“言已于无言”的传统，从“可说”回到“不可说”，而他又有一个“言起于无言”的传统，由“不可说”开启了“说”。起先，存在与价值是和合为一的，我们强调存在与价值的和合性，而不主张存在与思维的一致性，我们知道“无名天地之始，有名万物之母”[②]。从“不可说”而“说”，从“说”定世间到“言已于无言”，又应当回到存在本身。所以，它并不是你客观地去认知宇宙的法则，之后再学习那宇宙的法则落实到人间该当如何，而是在参赞化育的过程中，你有所感、有所觉、有所知、有所省。当然，区隔是必要的，所以主体经由对象化活动去论定对象物，而我们很清楚对象物不是存在物本身，这就是东方哲学的可贵之处。

然而，因为我们现在深受西方影响，所以无法准确地掌握很多东西，我们容易把逻辑所成的话语的构造当成存在本身，而使得真实的存在受到压迫，甚至被遗忘。庄子和惠施游于濠梁之上。庄子说，鱼游来游去很快乐。惠施说，你怎么知道鱼快乐呢？他继续追问下去，结果谁都不知道谁。现代人很容易被话语的建构所拘泥而不能回到存在本身，这是严重的问题。

核心点出现了。儒道佛三家文化的可贵之处就是回到存在本身，能够

① 《周易·系辞上》：“一阴一阳之谓道，继之者善也，承之者性也。”
② 《道德经·一章》。

“言已于无言”，从“分别相”回到“无分别相”。我们重新审视一下，我们的汉字是图像性的表意文字，是以存在为本位的，而不是以语音为中心。存在本位和语音中心差别很大，图像表意和逻辑定性差别很大。我们不重视语法，而重视章法。我们的语法很简单，但表达方式很多样。我们的宗教，儒道佛三教是觉性的宗教，而不是信靠的宗教。现代性之后，如果我们都能够正视存在本位，回到自性的修行，能够用艺术的、美学的思考去面对存在，并与存在建立一种意象的联结，而不是只是用逻辑去定性存在，那么世界可能会不一样。所以，很多量化的、分析性的东西可能需要重新调理，比如，我们评职称时不应该只看你在某一个级刊上发表了多少篇论文。如果我们只重视这些的话，岂不是很可笑吗？我们回想下20世纪30年代，那个年代中国各方面还不是很进步，而人文大师辈出。但现在，我们人文学问的生长受到现代性工具理性的严重牵制。这就是问题所在。

八、西方近现代的精神起源：理智主义

从现代化到现代化之后，这一过程中出现了工具性的合理性的高张、人的疏离和异化以及生命有机总体的失落等问题。我们该怎样正视生命这一有机总体？怎样回到生命的有机总体？西方现代化遍及全世界，那么全世界的思考方式是从什么时候起开始走偏的？如果我们深入地去理解儒道佛三家的思想，会发现它们对思想、存在、知识、实践的一些看法和西方的主流传统很不同。这是否会产生新的可能？

近代哲学基础性的坐标是笛卡尔的“我思故我在”。它通过“思维的我”确立“我”的存在，并进一步确立世界的存在。这种确立方式代表现代性的精神，人从思维主体的确立来确立存在。这样的方式其实是继承了古希腊巴门尼德“存在与思维的一致性”传统。在这以前，因为中世纪神学的控制，“我”出现得很晚。到近现代时期，启蒙运动点燃了人的理性之

光，人们相信能够通过理性来掌握世界的法则，而世界的法则是上帝给出的法则，这其中有一个同一性。人们相信自己能够理解、控制世界，于是人类展开实践，开发利用世界的种种资源。知识变成非常重要的力量。这时人不再是上帝的奴仆，学问不再是神学的附庸。人走出了上帝的殿堂，开启了人的世界。人从压抑中解放出来，用理智的能力控御这个世界，但人们误认为人是世界的中心。这是一个严重的问题。人们认为这个世界是以人类的理智为中心的。所谓“人定胜天”，人能够控御、主宰这个世界，所以人不断地追求更大的力量以控制更广领域。这样的思考不断延伸，越来越严重。

于是，一些带有进取性、积极性、侵略性的思考越来越多，比如达尔文提出的“物竞天择，适者生存”。上帝的叮嘱被人类抛于脑后。原先上帝的叮嘱所隐含的强控制力，就像佛教所谓“业力”，入于整个现代性之中，形成一股庞大的力量往前迈进、往前掠夺。人类的欲望不断扩张。我们必须回到源头去看清楚。东方的主流传统，以中国或者印度为例，基本上都是弱控制系统。也就是说，人与世界是参赞化育、和合不二的关系。在宗教上，我们不会只认同超越的、绝对的、唯一的人格神，而认为其他的信仰都是异端。我们也不会误认为存在的对象物本身就是存在。我们会说，存在的对象物是经由主体的对象化活动而成的一个逻辑决定的定象物。王弼讲“名以定形”①，文以成物，是继承了老子所说的“有名万物之母”②，万物始自“有名”。也就是说，人们通过主体的对象化活动去确立一个对象。而那个对象，我们称其为“物”，并不是事物本身。现代化之为现代化，这个总名底下的各个不同区域、族群，有不同的传统，有不同的现代化方式，本来就是多元的，应该“物各付物”，“万物并作”。致虚守静，回到生命源头，万物并作。不是我告诉你这应该这样，这应该怎样，

① 《道德经·二十五章》。

② 《道德经·一章》。

而是我成全你，你应该如何。这是我们讲的“道”，有道、有理、有法则，但你不能让法则超过并吞没理和存在。“道”是存在，从存在衍生出来的理叫“道理”。“理”落实了，有一套规约叫作“法”。这个法更落实了，落实为具体的仪则叫作“则”，所以道、理、法、则不同，我们要回到道理本身。

慢慢思考，你发现“我”“思”“在”恐怕必须重新调整，或许不是“我思故我在”，“在”才是最原初的。在“在”之下，“我”和“在”联结在一起，这样才能够启动“思”。启动“思”是不离“我”、不离“在”本身的。人不是物，物竞天择。自然物，是就物质世界（physical world）的范畴去讲。但是，人与自然物不同，人要有悲心、有愿力，要有仁心、有仁爱。人要有慈心：“一曰慈，二曰俭，三曰不敢为天下先。”①“慈，故能勇”，因慈而有的勇，和你想要侵略人家、斗争人家的勇会一样吗？“俭，故能广”，俭是一个回到自身的、向内的活动，广是宽广、包容，或者说推拓出去。“不敢为天下先，故能成器长”，因为你不在前头占尽锋芒，所以你能“后其身而身先，外其身而身存”②。道家有反核心、反主流、反一元的倾向，强调回到总体的源头。儒家讲“大道之行也，天下为公”③。天下者，人人之天下也。从哪里开始能够把“人人之天下”治理好呢？“人人亲其亲、长其长而天下平。”④为什么《为政》篇一开始就要讲“德”？“为政以德，譬如北辰，居其所而众星共之。”⑤为什么诗教在中国那么重要？“《诗》，可以兴，可以观，可以群，可以怨。迩之事父，远之事君。多识

① 《道德经·六十七章》：“一曰慈，二曰俭，三曰不敢为天下先。慈，故能勇；俭故能广；不敢为天下先，故能成器长。”

② 《道德经·七章》。

③ 《礼记·礼运》。

④ 《孟子·离娄上》。

⑤ 《论语·为政》。

于鸟兽草木之名。”[1]这些很值得我们去反思，今天我们面对现代性该怎么办。西方有很多思想家对于现代性问题也有深入的理解。

九、现代性精神之后：一往而不复的强控制力量

韦伯的《新教伦理与资本主义精神》是相当了不起的经典之作。这本书中谈到了基督宗教的伦理，谈到了路德教派的“天职说”所隐含的意义，也谈到了加尔文教派的“预选说”所隐含的决定论。韦伯深入地探讨了这其中隐含着什么样的理性脉络思维以及基督宗教伦理在现代化发展历程中扮演了什么样的角色。

韦伯说，基督新教伦理与资本主义的现代化精神有一种选择性的亲近关联，用我的说法是有一种“历史的因果性”，不是“科学的因果性”。从这部书中，我们可以读到现代性精神之后的强控制力量，一种像古希腊悲剧般的必然性力量，其内在与欲望之力的理性法则的力量相结合，往前奔赴，不能回头。在工具理性的高张下，人成为工具人而没有办法回到人本身。这部书描绘了很多现代性的精神样貌。你在阅读时，当然可以细致地读，但是也可以体会、玩味其中隐含的精神。

十、怀特海“具体性的误置”：以话语之所建构为存在本身

怀特海（A. N. Whitehead）在其《科学与现代世界》和其他书中，提到过“具体性的误置”。什么是“具体性的误置”？我们把人们经由话语的构造、逻辑的定性所构成的东西当作具体性的东西，而忽略了真正具体而

① 《论语·阳货》。

实存的、活生生的东西，逐渐地丧失对于具体实存的体会能力。为什么常在都市生活的人去登山容易迷路？因为我们看路标走路，而大山之中没有路标。现在的卫星定位系统非常方便，开车的人只要安装好导航，接下来跟着导航走就可以了。但是，人对于存在的情境的觉知力在逐渐丧失。我们怎样免除科技发展带来的异化？这不是简单的事。你要明白“言已于无言”“言起于无言”，要时时刻刻保有对于存在本身的真实向往。你不能误认为人们通过话语所建构的东西就是存在本身。

西方很多思想家认识到这些问题，但是思考得不透彻。尽管他们很努力地思考，但是最后所能做的就是解开语言本身的限制。当语言的限制被解开，诸多多元的方式变成了相对主义，人们反而失去了由逻辑定位带来的安全感而陷入虚无缥缈中。可惜的是，他们对东方的了解太少。如果怀特海、海德格尔好好读读我们的《易经》《道德经》，大概思考问题会更进一步、更深一层。

我这么说，其实是想告诉在座的诸位朋友，当你在读西方现代化之后的思想家的作品而产生惊奇之感时，请回到自己的传统看看吧。你们处于一个很好的年代。人们已经明确地知道了“通过知识定位所构成的存在不是存在本身”，现在“回到存在本身”的呼吁已经强化了很多。东方哲学的重点就是存在。我们有机会重新思考，可以在东西对比中知道什么是“存在的断裂观”和“存在的连续观”。

十一、“存在的连续观”：天人、物我、人己连续为一

我在讲东西文化对比时也提到过，依儒道佛来讲，存在和价值是和合同一的，而存在与价值之和合同一是在未始有言之先，也就是在话语的论定之前。言起于无言，言又已于无言。天人、物我、人己是连续一体的。当然，儒道佛三家思想的具体形态有不同，但都是正视存在本身。

“存在的断裂观”讲神人、物我、人己分而为二。分而为二，是指有一个客观的第三者来作为联结。所以神人之间有耶稣基督及后来的教会作为联结，物我之间有话语概念系统及后来的科学系统作为联结，人己之间有契约、法律作为联结。

那我们要想，这之后有没有更重要的东西？当然有。我们谈到过，人权之后应该有更深层的人伦、更高超的人性。民主的确立要回到民权，回到民本，否则民主容易变成民粹。法治之后要有礼治，礼治之后要有德治。德，不是外在的规约，而是内在的、本性的生长。

十二、“在”与“思”的关系：言外有知，知外有思，思外有在

我们思考现代性合理性、工具性合理性高张下人的疏离和异化。“仁，人之安宅也。”[①]仁爱、仁心是人们安居的宅邸，而我们现在失去安居的宅邸了。我们变成了在都市中游动的人，我们可以在哪里找到一个存在的安居之所呢？语言吗？语言才要找一个真正的存在的安居之所。海德格尔说：“语言是存在的家。”[②]如果语言没有一个真正归乡的话，那么尽管它可以装扮得非常精致，存在也无法落实在人间的话语之中。所以你一定要回到存在本身去想问题，而不是用话语取代认知，用认知取代思考，用思考取代存在，不是这种取代性的思考。回到存在本身，这就是东方最重要的传统。

① 《孟子·离娄上》。

② 海德格尔：《海德格尔文集·路标》，孙周兴译，商务印书馆2014年版，第369页。

十三、“存在与价值的和合性”优先于“存在与思维的一致性”

那如何回到存在呢？因为存在与价值具有和合性，所以人的参赞化育是不离存在本身的，存在是你本身就参与其中的。你观看这个世间是你参与这个世间，这个“观看”的活动，就是一个实践参赞的活动。我们通过认知、思考，通过主体的对象化活动，使对象物成为对象，但是我们清楚地知道那个定名所成的对象物，不是存在本身。“言已于无言”，“言起于无言”。无言者，存在本身也。最高的境界是“相视而笑，莫逆于心”[①]，什么都不必说，回到源头，这是我们东方的传统。

所以，“存在与价值的和合性”，其实是优先于“存在与思维的一致性”而存在的。“存在与思维的一致性”是人们开启了一种思维的定位系统。思维之所成的存在，其实不是存在本身。存在之为存在，是天人、物我、人己通而为一的那样一个混沌不分的存在。这个存在本身是生生不息的。这个生生不息的律动本身就隐含着德，“天地之大德曰生”，所以叫“生生之德”。佛教讲“无生”，其实是去其染污，回到清净。无生是清净的，清净本身不是死亡，而是一切生之源头。在毫无挂碍、境识俱泯、我法二空状态下，无缘大慈，同体大悲。这不是由绝对的、唯一的、人格神所确立的，而是回到存在本身所彰显的。弱控制系统是一个开放的、生长的系统，强控制系统是控御的、闭锁性的系统。宇宙宽广无涯，放开生长，人就在天地之间。

① 《庄子·大宗师》。

十四、从“决定性原理”到“调节性原理”

知识不离存在，存在不离人的参赞化育，人的参赞化育包含人的修行工夫和日常实践以及人参与政治社会共同体的种种活动。这个过程中有一个决定性的控御。这个决定性的控御原理之前有一个更为根本的、融通的、调节性的原理。世间“是怎么样”“应该怎么样”是重要的，但是“是怎么样”之前的“可能怎么样”是更为根本的。所以，教育是重视可能，重视生长。如果我们一直告诉孩子“你是什么”“你该怎样”，而且是在工具性合理性的控制下，在欲望之力的理性法则的驱迫下，那么这个问题就很严重了。人将因为这样的教育越来越离其自己，而不断往前奔赴。往前奔赴究竟所为者何？我不清楚。全世界有那么多国度，每一个政治社会共同体也都是一直往前奔赴的，这里隐含着一个成长的迷失，它要奔赴何处？这是我们必须面临、必须解决的问题。现代性的方式给人类生活带来了很多便利，但是也带来了很多灾难。这个灾难已经慢慢累积成业力，而业力尚未发作，一旦发作，世界就会陷入很危险的境地。

十五、知识论、存在论、工夫论、实践论的融通

现在，我们深入地看待这个问题，看到存在的问题、知识的问题、实践工夫的问题。在现代性的强烈的屏蔽下，你只看到此生此世、此时此刻，你只看到这个有限的连续所构成的世界，只看到天地夹层之间的人间世，看不到真正的天也看不到真正的地，看不到真正的过去，看不到真正的未来，你误认为此生此世就是一切，那么问题就很严重了。由于现代性工具性合理性的高张，人的疏离异化越来越严重。人离其自己，人努力地掌握自我而失去了自我。怎么办？我们可以从传统中寻找出哪些应对问题的可能？

中国哲学传统不是没知识论，而是与西方有别的。它重视的是心灵意识不同层阶的升进，并与修养工夫论密切关联。“执”是陷溺于欲，“识”是了别于物，“知”是定止于心，“明”是通达于道。我们对世间的理解，是在一个从混沌到分别的过程里，而不是有一个对象清楚地放在那里，由主体去掌握它、认知它。主体和外在的客体本来是混而为一的，经由主体的对象化活动，二者才区别开来，所以认识是分别。这个分别已于无分别，起于无分别，言已于无言，言起于无言。从无分别到分别，这个动能展开的过程是非常丰富、复杂的。我们要去恰当地了解，回归到源头。

我们讲儒道佛三家的融通，其实儒道原本是同源而互补的，后来因为“道术为天下裂”而各有所重。佛教进入中国，原先是“出世间法”，后来也与儒道融通，长育成新的中国化的佛教，这代表着中华民族原先有着非常丰厚的文化土壤，拥有消融的力量。中国的大乘佛教足以畅佛之本怀，但是我想它和原始佛教的教义虽然不相背离，但其实已经差之远矣。为什么差之远矣？因为它包容了儒道的思想，朝着更高明的路走。儒道佛，为什么异文化、异宗教可以发生融通，可以共生、共长、共存、共荣？这很值得我们思考。

伊斯兰教和儒教的融通也很值得我们思考。这方面我下的功夫不多，先不去讨论。以前中国社科院的戴康生先生做回儒研究，现在戴先生已经过世了，非常可惜。这方面，也很值得在座的各位同学思考，以后去做研究。在人类文明中，中国的儒道佛三教具有非常宽广的底蕴，这土壤足以消融其他。消融并不是“吃掉了”，穆斯林还是穆斯林，基督宗教还是基督宗教，它会在大地上继续存在。我希望这可以给现代化、现代化之后的种种问题以启发。

十六、结语：《道言论》的意义

最后，我想起1996年在南华大学创办哲学研究所，那是学校的第一个研究所，我在开学仪式上谈到了《道与言》。我认为，儒道佛可以通过它来概括地理解。我用八句话总结：道显为象，象以为形，言以定形，言业相随，言本无言，业乃非业，同归于道，一本空明。

象是总体根源的道之所显，所以象在形先。象以为形，经由言再定形，也就是由话语建构一个对象物。话语一旦建构为一个对象物，这个过程就已经伴随着各种力量，借用佛教的话说，有业力、善恶业、言业相随。言本起于无言，言又已于无言。业本存于虚空之中，感之即有，息之即无。业并不是一个定性的实体性东西，而是一种功能性的、在交感之下所彰显的东西，它是存在的，但是并不是实际的，它是不可以把捉的。最后通归于道，回到境识俱泯的空无性和透明性，即是一本空明的完成。这里说的道不只是道家的道，还是儒道佛三教的道，是宇宙造化之源的道。道是总体，是源头。这总体、源头，了无挂碍，是无分别的。无分别的、境识俱泯的根源，就隐含着明觉之动能，这是我们东方哲学所肯定的。我们回到明觉的根源里重新去思考，重新去安立世间的、知识性的、各方面的存在，并且知道知识性的构造本身有怎样的限制。面对现代性，我们必须进行深沉的反思。在深沉的反思之下，我们才有机会想更多的问题。

今天谈的问题，谈得很大，有的部分谈得很高，有的部分谈得很深。对于人类所面临的存在的问题、思考的问题、实践的问题，儒道佛会给我们深刻的启示。这不是泛泛地说，因为我们思考到了更深一层，我们用什么样的方式进到这个世界，怎样理解这个世界，怎么参赞这个世界，我们怎么扭转整个现代性造成的种种问题。就目前来讲，在人类的几大文明中，印度文明、中国文明本身拥有着悠久而丰厚的调节性力量，但是印度本身有很严重的问题，不能寄望它太多，而中国文明已经融合了印度佛教，是有别于西方基督教主流的重要力量。所以，能够与西方展开沟通对话而开启新的可能的就是我们中华文明。我们的中华文明，经过了一百多年的坎坷顿挫，现在好不容易走在复兴之路上。我们要回到原初的原点，回到那个原始的、理想的典范，回到经典，寻找新的可能。

｜问题与讨论｜

学生： 南怀瑾先生曾对儒道佛做过一个这样的比喻：儒家像粮食店，道家像药店，佛家像杂货店。请问您对此怎么理解？

林安梧： 这个问题我在别的地方也遇到过。我想既然是比喻，你尽量朝着比喻的方向去思考、接近，才不会失真，但是如果你太执着了，就把它想成是那样的话，容易因此而偏离比喻。我想，南怀瑾先生做这个比喻是说，儒家是很平常的，道家要与民休息，佛教因为非常多元丰富，所以像杂货店。我也做过另外一个比喻，我说儒家像饭，道家就像空气、阳光、水，佛教像药。饭是让人在大自然中生长，空气、阳光、水是大自然都有的，药是解脱之药。所以，我的比喻强调的是儒道是可以和合为一的。我并不主张，治世时用哪家学说，乱世时用哪家学说。有人说，以儒治世，以道养生，以佛养心。我认为这些话不算错，但是不准确。请问孔老夫子所处的年代，当时中国还没有佛教，那人们用什么养心，不用儒吗？那时候其实无所谓儒道，儒道还没有区别，只是后来人们把孔老夫子和他弟子这一派拉成是儒，而对比来看另一家就是道。但是在“道术未为天下裂”以前，各家统通于道，这个“道”是一个共通的存在之源头。那么儒能不能治世？可以。儒能不能治心？可以。儒能不能安家理国？统统可以。请问道能不能齐家治国？可以。人们除了以道养生，做事一定要学道。真正大的领导者、管理者，都需要道家修养。道家修养就是付能于所。你把所思所想的东西统统构成一套制度结构、组织方式或者形成一个场域，那就能够“运筹帷幄之中，决胜千里之外”。佛法也一样可以治心、治世，一样可以养生。只是现代人听来听去听到了某些段落，然后把这些段落强化了。我讲佛是修心的学问，那佛陀可能不赞成；讲儒只是治世的学问，那孔老夫子可能也不赞成；讲道只是养生的学问，那老子更不赞成。我想南怀瑾先生是有见识的，他不会只想那么窄，而重点可能在这些地方，你该留意留意。但是听的人可能就把它“抓”着了，然后越传播越窄，误认为是那样的。我们东方哲学的核心是有意深入地去看待存在的问题、知识的问题、实践的问题。儒道佛怎么处理知识、存在、实践的问题？它有一整套东西，对比整个西方现代化，能够让我们重新思索。这是今天讲座的主要目的，也是我正在研究思考的东西。

学生：林教授，您好！在经济全球化的时代中，我们面临着很多国际交流与合作，现在国家也在大力弘扬传统文化。请问在这样的时代背景下，我们该如何讲好中国故事，让西方主流国家能够理解我们的文化和思想？

林安梧：你这个问题问得非常切实。这个问题我思考过，也跟很多朋友讨论过。我们怎么讲好中国故事？我今天就在讲东方故事和西方故事的对比。中国故事可以用各种方式去说，我首先想到的是，要讲好我们的语言和文字的故事。语言和文字是每个民族中的每个人都会用到的。我们不仅要自己了解自己的语言、文字是怎么一回事，也要让西方了解汉语、汉字是怎么一回事。光把这个故事讲好，就足以动人。我们的汉字是图像性的文字，图像本身彰显意义，图像是从存在中长养出来的。如果你让洋人听懂这个故事，他一定会喜欢得不得了。他会觉得这怎么可能呢？他会惊叹。我觉得这个部分，先从教育开始吧。现在情况在慢慢好转，社会上已经有人在教《说文解字》，小学生已经慢慢知道汉字的起源。这是很好的现象。

另外，我们可能要重新了解尧舜禅让是怎么一回事，中国人为什么一定要把政治和诗联结在一起，把政治和道德联结在一起？道德是怎么一回事？道德恐怕不是一种强迫、压制，而是如其根源、顺其本性的生长。“天地之大德曰生。”以前民国初年，大家骂“差不多先生”。我们总说差不多就好，差不多就好。其实，真的差不多就好。但是有些地方不能差不多，所以必须重新厘清什么必须精确，什么可以差不多。现在我们有机会重新调整、对比融通。

我觉得，中国有太多故事可以讲。我们也必须讲讲宗教的故事。中国的宗教是怎么回事？我们动不动说我们没有宗教，这个说法是有问题的。儒当然是教了，教化之教。即使你用西方宗教学的标准去看儒，那也是教。我之前讲过很多次，再重宣一次好了。儒有没有崇拜的对象？有，敬天法祖。有没有教义？孝悌忠信仁义。有没有教典？“四书五经”。有没有教仪？有，婚丧喜庆，各种仪式都有。有没有教团？以士君子自任的都是教团的成员，他们不必登记，也不必受洗。有没有教祖？周公、孔子。有没有教士？父母、兄长、老师都是传教士。它是一个觉性的宗教，而不是一个信靠的宗教。你说，好像对啊。这样想，我们就不会误认为我们的宗教比较低等，因为以前在西方的宗教标准下，我们容易产生一些误解，其实是我们比较宽容的。

这些故事慢慢讲，听众就会懂了。“一带一路”有什么意义？一些西方人总认为中国要侵略扩张。“一带一路”不是现在才有的，以前就有，代表中国古代的经济交流、文化交流。我们厚往而薄来，并没有去扩张、殖民人家。我们可以谈谈这个故事。中国为什么没有“殖民”这个概念？“伟大的”西方一直在谈所谓“民主”“人权”这些概念，那请问“殖民”是什么，“黑奴”是什么？现在好像谈起西方多好时都忽略了这些事。这些事还是要算一算的。不是说要清算，而是说要反省。基督徒容许黑奴存在吗？为什么会有黑奴的存在呢？我们要问这个问题。这是一个历史的发展过程，不是一个本质的定性，把这个故事说清楚也很重要。我们有什么理由一定要把1492年说成“哥伦布发现新大陆”，没有理由。约定如此，可以，但不是定性非如此不可。“哥伦布发现新大陆”，这是依照西方白人的角度思考。换个角度，我认为哥伦布是因为航海技术不太好，被飓风吹到一个不知名的大陆，误以为那里是印度，所以称那个岛为“印度群岛”，称那个地方的人为“印第安人”，后来人们发现搞错了，于是改称“西印度群岛”。这个故事可以说给洋人听吗？可以。你看印第安人，不明不白就可以被叫作“印第安人”。没道理。你为什么不问问他们原来叫什么？他们也不知道他们叫什么。你看看现在的美国印第安文化保留区，不是跟高级的动物园差不多吗？我看了都很难过，难过得不得了。幸亏我们中国文明够大。我现在慢慢发现玛雅文明和中国文明有密切关系。这也是非常有趣的问题。这些故事一定要说。我们说了，并不意味着我们讲得都对，而是要唤起更多的对比思考。

学生：林老师，我想问一个可能比较外行的问题。佛教有很强的多元性和综合性，有“大乘”和“小乘”之别，老师刚才的讲座中主要提到的是大乘佛教。那么，我们在探讨佛教时，是否需要进行细致区分？对于佛教的不同宗派、流派，其分类是否有什么标准内核以及在这种分类中，是否有一个决定性的、共通性的可以理解为佛教统一的思想的东西？在多元和综合之中是否有一种绝对性？

林安梧：你的问题问得很好。佛法的标准，所谓“法印”，有“三法印”“四法印”之说。这些就是佛教基本的核心的思想了。“三法印”是“诸行无常”“诸法无我”“涅槃寂静”。我加上前面一句“有漏皆苦”。所谓“有漏”，就是一切不圆满的存在。“有漏皆苦”，任何一切存在生命都有苦。我刚刚谈得比较偏重大乘，其实小乘也不离这四句。所以，如果现在有一种佛教理念讲，因为你拜了哪一尊佛，你就会因此而得到怎样的福报。从某个意义上讲，这也是外道了。佛最重要的是启动你内在的觉性，而不是神的庇佑。现在我们经常是佛教和神教结合起来。佛教在地化的过程中会和当地的宗教相结合，譬如，藏传佛教和西藏的本教结合形成的独特的西藏密教。佛教中有一部分和咱们的神道教相结合，讲鬼神崇拜等。所谓“神教”，就是道教，不是日本的神道。但是中国本土仍然有很纯净的佛学的发展。

中国的佛教宗派很清楚。佛典的翻译、诠释也都很清楚。玄奘、鸠摩罗什，很多翻译家都很了不起。玄奘去印度，语文能力和思维能力都非常强，能够在印度佛学的最高殿堂和大师们辩论，而且他发现有些印度的梵文本子没了而中国有翻译本，他就再把这些佛经从中文翻译回去。这是非常了不起的。从这里你可以看到中国文明的独特性，中国文明是知止的文明，“文明以止”。西方现代性的文明是不知止的文明。“止”很重要，“知止而后有定”。《易经》“贲”卦，上山下火，强调“文明以止”。“观乎天文以察时变，观乎人文以化成天下。”我们讲文化、文明，天地人就联系在一起。

佛教中有很丰富的资源，譬如，讲自我的解脱，讲怎样安顿自己，讲怎样能够让自己真正清净。所以，如果从小乘佛教来讲现代性的安顿，也是可以的。这些方面其实是很值得我们去正视的。中国文明有如此丰富的资源，但比较可惜的是因为中间顿挫太久了，经典的意义没能够释放出来。不过，我们要有信心，现在还来得及。所以，我每次见到尼山学堂的同学们，还有山东大学年轻的硕士生、博士生，我都觉得很有希望。山大的学风是比较朴实的，大家好好生长，回到经典，回到理论，回到实践。经典、理论和实践是密不可分的。经典是一个生活世界，在这个生活世界里，你当然要实践、参与，从存在的觉知到概念的反思再到理论的建构。

第十讲

迎接新文明轴心时代之来临
——从“文明的冲突”到“文明的对话”

一、前言：二十一世纪的崭新时代意义
——从“现代”到“后现代”

我们今天讲最后一讲，也是整个讲座的结论，标题叫作“迎接新文明轴心时代之来临”。我特别在前面加上“迎接”两个字，“迎接”的意思是快来了，但是还没来。对于人类文明，尤其是对于中国而言，21世纪是一个崭新的年代。中国20世纪几乎一直困陷在如何追求现代化的困境中。进入21世纪，中国已经参与现代化进程，并可能成为现代化的重要反思者。我们民族的文化传统有别于西方，而且我们的文化历数千年而不衰，所以我们最有机会、权利，也最应当去做，去好好反思整个人类文明的发展。现在所谓“文明冲突”真的就是文明冲突吗，还是权力的冲突？显然，这是我们必须要好好反思的。

在各个领域中，我们一直在西方所给予的概念范畴、理论框架和发展向度之下来思考问题。我们能不能给出新的理论框架、概念范畴和发展向度来思考问题？如果我们没办法，世界可能会陷入一种比较麻烦的境地。

就目前来讲，从希腊罗马基督宗教到西方近现代文明的发展，现在能够对整个人类文明起到较大反思作用的恐怕只有中华文明。

我认为文明冲突只是表象，表象之下是文明的衰颓。在20世纪初年，非洲医生史怀哲就已经提过，文明正在衰颓之中，而战争只是表征。文明的衰颓没落是有周期性的，也会涉及诸多文明。因此，我们今天所谈论的问题比较宽泛，我们抓几个要点来谈。

二、归返“轴心时代”，寻求人类文明发展的新可能

文明的“轴心时代”是1949年德国哲学家雅斯贝尔斯在《历史的起源与目标》（*The Origin and Goal of History*）一书中提出的。这本书将人类的历史划分为史前、古代文明、轴心时代和科技时代四个基本阶段。其中，第三阶段是以公元前500年为中心，东西方同时独立地产生了中国、印度、巴勒斯坦和希腊四个轴心文明。

公元前800年至公元前200年这段时间，雅斯贝尔斯把它称作人类文明的“轴心时代”。这期间人类文明取得重大突破，各文明相继出现伟大的精神导师，如古希腊的苏格拉底、柏拉图，印度的释迦牟尼，中国的孔子、老子，他们都可谓德智双彰，参赞天地。人类的精神基础同时或独立地在中国、印度、波斯、巴勒斯坦和古希腊开始奠定，而且直到现在，人类仍然附着在这种基础之上。“在这数世纪内，这些名字所包含的一切，几乎同时在中国、印度和西方这三个互不知晓的地区发展起来。”[①]“直至今日，人类一直靠轴心期所产生、思考和创造的一切而生存。每一次新的飞跃都回顾这一时期，并被它重燃火焰。自那以后，情况就是这样。轴心期

① 雅斯贝尔斯：《历史的起源与目标》，魏楚雄、俞新天译，华夏出版社1989年版，第8页。

潜力的苏醒和对轴心期潜力的回忆，或曰复兴，总是提供了精神动力。”[①]当然，科技时代显然是以古希腊以来的西方文明作为主流的。

我们现在所谓“新文明轴心时代”，其实是经由文艺复兴、启蒙运动、宗教改革这一连串现代化发展之后，也就是雅斯贝尔斯所说的科技时代之后，21世纪人们所要求的一种新的文明方式。新的文明方式应该是什么样的文明方式？对于这个问题，目前还在探索之中。我认为我们应该回到古文明，重新去寻求新的可能。

整个西方现代的主流文明已经不是原先轴心时代的文明方式了。轴心时代几个不同地域的彼此互动来往不多，而科技时代是以科技挂帅，工具理性的合理性已经被高张，资本主义化、消费化的趋向已经向全球蔓延。在全球化之下，人们把需求和欲望混淆了，把权力和理性也混淆了。在这种状况之下，人们循着欲望之力的理性法则向前奔赴，已是一往而不复。这是非常严重的问题。我认为，这正是中华文明对人类文明应该有所贡献的时候了，但是中华文明本身还面临着非常严重的问题。如果不能克服自身的问题，中华文明不可能对人类文明产生正面的示范作用。回到古文明经典的范式中去，我深深地觉得这是我们中华文明对人类所必须要担负起的责任。我们必须好好了解古文明的范式，对比它和西方文明之间有什么差异，又能够对人类文明起到什么样的作用。我今天主要是谈这些问题。

三、以东方文明的视域，超越文明冲突论和历史终结论，反思西方文明

从文明的轴心时代发展到西方的现代化，现代性目前面临诸多困境，

① 雅斯贝尔斯：《历史的起源与目标》，魏楚雄、俞新天译，华夏出版社1989年版，第14页。

譬如，亨廷顿[①]所提到的“文明的冲突”、福山[②]所提到的“历史的终结”，世界目前正陷入恐怖袭击的不安状况中。现在有所谓“大国崛起”的说法，我们中国作为全世界的大国之一，如何能免于霸权，而是采用“王道”的概念，要做到这样是很不容易的。西方近现代文明没有“王道”的概念，我们怎样让“王道”概念在中华母土之上很好地生长，从而为人类文明的发展提供参照和新的可能，这无疑是非常艰难的事业。

20世纪90年代，美国著名政治学者亨廷顿在其专著《文明的冲突与世界秩序的重建》一书中提出了文明冲突理论，而且在很多国家的政界和学术界引发热烈讨论。他最早是在1993年提出，之后继续扩大其理论。亨廷顿是位非常有思想的政治家，但他是从西方资本主义的发展路向来思考问题的。

亨廷顿的文明冲突理论与现实有诸多相应之处。2001年“9·11”事件，我当时是在台湾看到的电视实况播出，受到非常大的触动，很难想象那些场景居然是真的。当时，我的第一感觉是：这不就是《圣经》中所提到的“巴别塔的崩落”吗？2001年的10月，我当时在台湾师范大学任教，几个朋友组织了一次沙龙讨论这个问题，围绕“9·11”事件与“巴别塔的崩落”而展开。我们今天也要讨论下这个非常麻烦而严重的问题。2005年伦敦地铁爆炸事件，2016年巴黎恐怖袭击事件，这一系列事件都与文明冲突理论相应和。有人说，因为有文明冲突的预言，所以这些事件才得以发生，预言带有某种暗示的意味。

人类处于话语系统的规约之下，当这个话语系统庞大到某个地步，其

---

①　塞缪尔·菲利普斯·亨廷顿（Samuel Phillips Huntington，1927—2008），美国当代极负盛名却又颇有争议的保守派政治学家。以“文明冲突论”闻名于世，认为21世纪国际政治角力的核心单位不再是国家，而是文明。其代表作有《文明的冲突与世界秩序的重建》等。

②　弗朗西斯·福山（Francis Fukuyama，1952—），日裔美籍学者、政治学家、政治经济学家。哈佛大学政治学博士，曾师从塞缪尔·亨廷顿。以其第一本著作《历史之终结与最后一人》而一举成名。另著有《政治秩序的起源：从前人类时代到法国大革命》等。

背后必然有一种往前驱策的动力，这种动力又有法则包含其中，顺着这个脉络，人类的命运是可以被掌握的。这是一个很有意思的问题，我们必须好好地去了解这样的一种可能性。今天，我们可以一起来探讨这些问题。

在1996年出版的《文明的冲突与世界秩序的重建》一书中，作者认为冷战之后，世界格局的决定因素表现为七大或八大文明，即中华文明、日本文明、印度文明、伊斯兰文明、西方文明、东正教文明、拉美文明，还有可能存在的非洲文明。冷战后世界冲突的基本根源不再是意识形态的不同，而是文化方面的差异，主宰全球的将是“文明的冲突”。这个提法就是我们所谓的文明的冲突理论，当然很多不同的理解也随之而来。文明冲突理论引发了很多思考，包括政治、经济、社会等各个不同层面的思考，我们也可以把它扩大到整个文化心灵意识层面去思考。如果人们文化心灵意识通通是在某一个向度上，那么这个向度之下所呈现出的冲突和文化心灵意识是密切关联的，但是可能被我们忽略了。我们的古圣先哲，包括印度佛教，东方儒道两家对这些问题有很多思考，甚至于回到西方中世纪，乃至回到古希腊，先哲对这些问题也有很多思考。只是近现代以来，我们把很多东西都固化了，而缺乏对文化心灵意识的深层体察。

福山是日裔的美籍学者，他在《历史的终结与最后的人》（*The End of History and the Last Man*）一书中提出，有两大力量共同推动人类历史的前进：一是现代自然科学的逻辑，一是黑格尔所谓“寻求承认的斗争”。前者驱使人类通过合理的经济过程满足无限扩张的欲望，后者则驱使人类寻求平等的承认。随着时间的推移，这两股力量最终导致各种专制暴政倒台，进一步推动文化各不相同的社会建立起奉行开放市场的自由民主国家。紧随而来的问题是，在“历史的终结处”，政治经济的自由平等，是否能够产生一个稳定的社会，让生活在其中的人得到“完全的满足”，抑或“最后的人”被剥夺了征服欲的出口，不可避免地导致他们冒险一试，让历史重返混乱与流血状态？

我认为福山对这个问题已经有非常深入的思考，但他一直是在西方的主流线索及主流线索所面临的问题之下来进行思考，这也是西方在现代化之后很多思想家思考问题的方式。他发现西方主流脉络所面临的问题非常严重，但在寻求解决方法时，也是在这个脉络中思考的。这些思想家最大的特点就是他们不懂东方传统，对儒道佛的理解非常有限，所以他们的思考也是有限的。他们一直深陷于从古希腊巴门尼德以来的“存在与思维一致性”的传统中。

有一次，我在路上碰到一个博士生，他在和我聊天时一直谈到这个问题。我们一直强调存在和价值是分开的，存在是实然，价值是应然。在东方传统中，存在和价值就其源头来说，特别在儒道的传统乃至于在印度教的传统中，二者是和合为一的。至于存在与价值的分离，是人们经由思维去控御而切割出一个存在，把所谓的存在和主体区隔开来。用我的说法就是，经由主体的对象化活动之后形成对象物，对象物和价值由此被区隔开来。二者最原初并不是处于这种分离状态，而是一种天人、物我、人己合而为一的状态。

认识活动其实不是主体对客体的掌握活动，主客体原本就是合而为一的。人的参赞化育开启了主体的对象化活动，使得对象成为被决定的定象，由此产生对对象物的认识，而我们所认识的其实是被规定的对象物，并不是存在本身。

闽南语系统中仍然保留着最古老的认识论话语，就是“八”这个字。“八”是分别之意，“尔八否”就是“你知道吗”。认识活动其实是将总体“八”开成两个部分，是一个不断区分、不断精细化、不断定位化的过程。“一气流行”“一体之仁”的传统在人类文明中是非常可贵的，而且是最合乎“常道”的传统。如果一开始就将问题放到主客二元对立的架构之下，放到线性的思维方式中去思考，而把通过主体的对象化活动所规约的对象物当成存在本身，那么这本身就是一个错误。这个错误其实是现代性所面临的最大问题。西方很多当代思想家也正在处理这个问题，但他们缺少对东方思想的真正了解，处理这个问题对他们而言格外辛苦。在这个问题上，东西方文化传统应该有更多的互动往来。

像福山和亨廷顿所提及的问题，我们可以以不同的视野去重新思考。福山虽是日裔的美籍学者，但他对于日本文明的理解有限。很明显，当今世界所面临的冲突问题其根源并不是文明的冲突，而是霸权的冲突。如何免除霸权思考才是当务之急。这个世界已经被霸权所笼罩，这里涉及现代化发展的问题，也是欧洲中心主义的严重问题。

如何免于欧洲中心主义，是以亚洲中心主义取代吗？当然不是，而是以多元化来取代中心主义。在文明的轴心时期，不同文明是相互隔绝的，人们不可能通过一套话语去建构。在现代性的社会中，人们是通过一套欲望之力的理性法则去建构，而这个法则又挂搭在很多很美妙的口号之上，包括自由、民主、人权、法治等。我当然赞成这些美好的概念，但当诸多权力挂搭在这些话语之上时，这些话语就不能够依其名而如其实，反而常常是有其名而无其实，甚至因为对“名”的追求而导致更严重的“实”的毁损。

历史是不可能终结的，福山所提到的历史终结的概念，其实是他的困惑，他也不能肯定。人类不可能用分别相、用话语去处置这个世界。人们以为自己掌握了话语就掌握了一切。这根本上是对天道的僭越，这是以话语论定为先的西方主流传统所造成的遮蔽。东方的传统则不然，一神论的思考才会出现这种严重的问题。一神论是人类文明中一种独特的发展样态，它不能够包容其他的非主流传统，因此导致了很严重的问题。我们的道论传统是很宽广包容的，我们的宗教形态是“教出多元”而“道通为一”。西方基督宗教所宣之道限制在对唯一真神的信仰之中，这本身就隐含着一种霸权思想。所以，唯有摆脱这种话语的权力控制，人们才有可能回归到生命之源，回归到存在本身，我们才有机会免除这些争端。

我们要把我们的思想传达出去，让大家一起来思考这个问题。现在比较严重的问题是什么呢？东方的话语系统和西方的话语系统是相互隔绝的。一个学西哲的人，谈黑格尔、康德、海德格尔等，他所谈论的东西如何能让一般人听懂，这是一个问题。我们学习儒道佛的人，如何能让一般人听懂这些理论且不浅俗，如何让这些东西在我们心中生根，在我们的中华大地生根，这都是很重要的问题。

四、东西方的两个神话故事的对比：“绝地天通”与“巴别塔”

今天我和大家谈的这个问题，首先要回到两个最古老的神话故事，通过二者的对比来看东西方文明的差异。我认为它们既是宗教的原型，又是文化的原型。这两个神话都是在讲述人和神的关系，讲述作为有限者的人和作为超越的无限者的神之间是什么样的关系。

“巴别塔”神话象征着所有的话语原本是一样的，因为上帝变乱人的口音，人于是分散在世界各处。西方的传统认为，话语最原初时是一样的。但在我们华人的传统中，话语本就不同，我们不需要建造话语之塔以通天，也不需要同样的语音，我们不是语音中心主义，而是回到存在本身。你作为一个中国人是很幸福的，因为这个世界上只有中华文明是这么完整美好的，连文字和表意的方式都与西方主流不同。这样的对比可以引发很多思考。

人们的口音本来就不同，为什么会“变乱”？这难道真的是上帝搞的鬼吗？人分散在世上，是族群不断繁衍而慢慢分支出去的结果，显然与权力无关。由此可以看出，我们与西方的思维方式有很大不同。权力的关系越复杂就越需要有超强力的法则性和逻辑性来控制，这就是强控制系统。

人类文明一直处于非常严格的强控制系统之下，学术界也是如此。我非常敬佩台湾大学的台静农老先生和台湾师范大学的汪中老先生。据我了解，他们悠游涵泳，学养深厚，平常喝喝酒，写写字，聊聊天，吟吟诗，上一上课，论文爱写不写，最终都成为非常著名的杰出学者。但是现在用这种方式还能活下去吗？不可能。因为现在大学的人文学被引进强控制系统，大陆如此，台湾如此，全世界都是如此。

《圣经·创世纪》第十一章讲道："那时，天下人的口音言语，都是一样。他们往东边迁移的时候，在示拿地遇见一片平原，就住在那里。他们彼此商量说：'来吧！我们要作砖，把砖烧透了。'他们就拿砖当石头，又拿石漆当灰泥。他们说：'来吧！我们要建造一座城和一座塔，塔顶通天，为要传扬我们的名，免得我们分散在全地上。'耶和华降临，要看看世人所建造的城和塔。耶和华说：'看哪！他们成为一样的人民，都是一样的言语，如今既作起这事来，以后他们所要作的事就没有不成就的了。我们下去，在那里变乱他们的口音，使他们的言语彼此不通。'于是，耶和华使他们从那里分散在全地上，他们就停工不造那城了。因为耶和华在那里变乱天下人的言语，使众人分散在全地上，所以那城名叫'巴别'（就是'变乱'的意思）。"

这段话很有意思，牵涉到如何统于一尊的思考。话语的统于一尊和回到存在本身的统于一尊是有很大不同的。我们顺应上帝去思考这个问题。上帝为了人类稳定统一的秩序，而使人类不能够统于一尊，只能顺从于上帝的统于一尊，这是西方意义上的"上帝"。但是在什么情况之下，上帝会同意人类也统于一尊呢？如果是多元的一尊就有可能，包括"上帝"也是多元的。在中国，"上帝"其实只是一个趋向，是万物始生之处，很多东西从这个根源发展而来，化作万有一切，这思考深入我们的心灵意识。面对万有一切思考问题，对我们华人来讲是比较平易的，这种平易的思考会有很多好处。你考上地方学院，或者考上北大清华，都觉得是蛮平易的，这就和感觉不平易有很大不同。但是现在大家的感觉都是很不平易的，当然，我们的教育体制要为此负很多责任，这也跟整个人类文明的趋力密切相关。

《圣经·创世记》第三章中提到，人类的始祖被诱惑，违背了主命，上帝一怒，就想要把他逐出伊甸园，经书记载：“耶和华神说：‘那人已经与我们相似，能知道善恶。现在恐怕他伸手又摘生命树的果子吃，就永远活着。’耶和华神便打发他出伊甸园去，耕种他所自出之土，于是把他赶出去了。又在伊甸园的东边安设基路伯和四面转动发火焰的剑，要把守生命树的道路。”

这是亚当夏娃被逐出伊甸园的一段记载。这一段其实就是讲人如何成为一个人的。人只有离开伊甸园才成其为人，只有在土地上耕作才成其为人。但在中国的神话中，人神关系或人天的关系不是这样一种切断的关系，而是一种限制的关系。人和天地有区别，但也有一种恰当的关联，这种关联超乎于神人之上，内在的隐含于人之中。

在宗教学上，我们几乎没有掌握话语权，往往认为自己的宗教层阶不如人，这是毫无道理的。二十多年前，我刚到台湾清华大学任教时，在社会人类学所的办公室看到过一个残存的有关心理学的讲义，里面讲到东西方的异同，其中有关宗教的部分讲到，东方是功利性的，西方是神圣性的。我当时就很惊讶，这个论点为什么可以成立，而且可以教给我们的学生？这是一种资本主义化的功利性消费，把它推而扩充之，这不是文化侵略是什么？现在讲文化侵略很多人不高兴，我只是站在人道主义的立场上重新思考这个问题。你读《正气歌》时，请问这里面是不是包含宗教意识？“天地有正气，杂然赋流形。下则为河岳，上则为日星。”经由对比的阅读，很多东西会明朗起来。比较可惜的是，现在对比的参考架构正在毁损中，这些必须要重新恢复过来。

关于文明的冲突、交谈与对话的讨论容易流于宽泛，而没有什么实质内容。那么，我们怎么样谈论这个问题呢？这不太容易。我最终选择以东西方神话的原型作为切入点，进行对比，并由此展开讨论。凡是语音中心的文明，基本上都是以逻辑理性的构造为主。他们听从于超越的、绝对的、唯一的人格神的绝对旨意，其中所涉及的绝对权力的问题是很严重的，并且他们不太有能力来处理这个问题。

西方哲学没有所谓“工夫论”，而东方的儒道佛三教，包括印度传统，都有关于修养工夫论的思考。我们思考问题时，是人作为存在的实感进到场域之中，由此心领神会获得感通。在西方文化的影响下，我们现在觉得，人类如果有合理的逻辑理性，任何事情都可以辩论清楚，而东方的传统从来不这么认为，而是要“以仁心说，以学心听，以公心辨”[①]。孟子说过我们要“知言养气”。朱熹也讲要“格物致知”，“涵养主敬”。如果没有涵养主敬的工夫，格物致知也是不可能的。“涵养主敬”与“格物致知”如一车之双轮，一鸟之双翼。如果我们一直局限在西方主流传统“存在与思维一致性”的原则之下，这个问题讨论到深处就会出现一种存在的悖谬。对我们而言，谈论任何一个问题，一定要回到存在本身。

读完《圣经·创世纪》第十一章和第三章，你会发现，西方文明是话语中心的强控制系统，有一个神圣的话语是不可逾越的。你想逾越神圣的话语就可能出现很多问题。我们认为没有绝对唯一的神圣，一旦权利、欲望等诸多东西挂搭到这个所谓的神圣之上，神圣就会变成恶，这是很严重的问题。无论你用逻辑理性怎么装点，恶就是恶，而且越是装点越是辩论，它就越恶。人们不可能经由理性论辩去把问题论辩清楚，除非他有一定的修养工夫，能够由“戒”生“定”，由“定”生“慧”。现在我们谈这些，有些人会觉得很可笑，修养工夫属于私人领域，而我们现在谈的是公共性。请问如果没有思考到关于“戒、定、慧”、关于“正德”的问题，“公共性”可能吗？如果人伦都毁损了，人权可能吗？如果民本都被丢弃了，民主可能吗？如果人们的觉性的自觉都毁损了，请问自由可能吗？

---

① 《荀子·正名》。

20世纪，很多启蒙的知识分子误认为人伦是妨碍人权的，我们的民本不是民主，儒道佛三教所说的自觉，这种精神上的自由与人权上的自由无涉。而且精神上的自由是积极的自由，如果你一直强调积极的自由，可能连消极的自由都得不到。他们强调政治社会共同体所谈论的是消极的自由。到现在，很多学社会科学、西方哲学的人还持这种观点，但是果真如此吗？就像到目前为止，很多人认为儒家不是宗教。儒家当然是宗教，是更强调教化之意的宗教。

为何一神论的宗教才叫宗教？这就是问题。一直都是我们去适应西方的话语体系，我们已经习惯于被文化殖民，甚至失去了反思的能力。我在年轻时就感受到这个问题的严重性。我在台湾大学读硕士、博士时，要学很多西方哲学的课程。我还记得在西哲的课上，大家讨论到韦伯的理想类型（idea type）要怎么理解。我揣摩着试图通过中国哲学的概念去理解，花了很多时间慢慢解读、诠释、说明，解释完了大家先是默然无声，然后哗然失笑。大家都认为这是西方哲学的问题，为什么要用中国哲学的方式去思考呢？我心里想着为什么不行？我们拥有汉字文明的中国可是上邦大国啊！

我在台湾清华大学教书时，学生问我说，老师，您脑袋里装的都是很新的东西，为什么一定要打扮成很传统的样子？我说果真如此吗？其实我身上有很多新的东西，帽子是新的，我穿的是皮鞋、西装裤，只是我穿了唐装，你觉得有不搭的感觉吗？不会，很有创意。我说，既然如此你们也可以试试看，他说，老师，我不太敢穿。为什么？这就是受世俗风潮的影响的结果，更深层的理解就是，资本主义化、消费化的欲望之力的理性法则所形成的强力的逻辑构造已经渗入我们的骨血，把我们彻底控制了。

1998年，香港中文大学举办了一个关于“中国文化与二十一世纪”的国际学术研讨会。那天我兴冲冲地穿着一袭长袍去参会。我想会碰到很多老前辈，包括钱穆先生、饶宗颐教授等，他们也可能会穿长袍，结果没有，那天只有我穿长袍。很多人跟我说长袍很好看，一时触动，那天我当下改了发言的题目，就从长袍说起。我说，衣服不只是好看，而且代表身份的认证，长袍代表着中国，而且这个衣服很好看，大家为什么都不穿呢？可能有人会说买不到。因为很少人穿所以买不到，因为买不到所以更少人穿，久而久之就没人穿了。我们买不到就要想办法，你穿了，很多人觉得不错，就会有更多人穿，更多人穿就会有更多人做，更多人做就有更多人穿，如此形成一个良性循环。所以，让古文进入你的生活世界，你会发现古文其实并不难，这样你才能更好地学习古文。我主张尼山学堂的学生应该古文习作，也要古诗习作，古文古诗在现代生活世界中能生长出来，它就不会那么困难了，这就是一种学习。

我们现在来看另一个神话象征的意义，"绝地天通"在《尚书·吕刑》《国语·楚语下》中都有记载。大概有几个基本要点：第一，天地相通，巫觋当道，起先是意义未明；第二，遍地皆巫，意义渐明，冲突紊乱；第三，绝地天通，政教和合，意义确定；第四，天人合德，多元一统，教化大行。这当然是我所体会的意义，不同的人体会不同，理解不同，诠释也就不同。

《尚书·吕刑》记载："民兴胥渐，泯泯棼棼，罔中于信，以覆诅盟。虐威庶戮，方告无辜于上。上帝监民，罔有馨香德，刑发闻惟腥。皇帝哀矜庶戮之不辜，报虐以威，遏绝苗民，无世在下。乃命重、黎，绝地天通，罔有降格。群后之逮在下，明明棐常，鳏寡无盖。皇帝清问下民，鳏寡有辞于苗。德威惟畏，德明惟明。"

简单来说，这个神话就是颛顼命重、黎，绝地天通，把天托高，把地摁住，使地中的鬼出不来，天上的神降不下来，于是真正的人文世界得以开启。但人和天地是有关系的，二者并未因此而隔绝，天地虽已绝，但这个绝，不是断绝的绝，而是绝限之绝，这说的是一种限制而非断绝。

《国语·楚语下》记载："昭王问于观射父，曰：'《周书》所谓重、黎实使天地不通者，何也？若无然，民将能登天乎？'对曰：'非此之谓也。古者民神不杂，民之精爽不携贰者，而又能齐肃衷正，其智能上下比义，其圣能光远宣朗，其明能光照之，其聪能听彻之，如是则明神降之，在男曰觋，在女曰巫。……于是乎有天、地、神、民，类物之官，谓之五官，各司其序，不相乱也。民是以能有忠信，神是以能有明德，民神异业，敬而不渎，故神降之嘉生，民以物享，祸灾不至，求用不匮。及少皞之衰也，九黎乱德，民神杂糅，不可方物，夫人作享，家为巫史，无有要质。民匮于祀而不知其福。烝享无度，民神同位。民渎齐盟，无有严威。神狎民则，不蠲其为。嘉生不降，无物以享。祸灾荐臻，莫尽其气。颛顼受之，乃命南正重司天以属神，命火正黎司地以属民。使复旧常，无相侵渎。是谓绝地天通。’”

天人合德的意味在这里出现了。“民是以能有忠信，神是以能有明德”，神之明德和民之忠信是一体的。“绝地天通”是“使复旧常，无相侵渎”，这是一种和合的关系，是我参与天地而达到一种和谐且能够协同一致的状态。从这里再进一步，“夫大人者，与天地合其德，与日月合其明，与四时合其序，与鬼神合其吉凶”①。这就是天人合德。天人异形而同质，所同之质就是德。我们可以读出这里是一种存在本位的反思。生命之气感通的背后隐含着一个一统而多元的天道系统，这个系统强调保和太和乃利贞，强调天人合德，强调正德利用厚生惟和，强调存在与价值的和合性，强调归返存在之源的反思。

存在与价值是和合为一的。相对来讲，西方是理性逻辑的结构，是一神论的信靠的宗教，更强调的是存在与思维的一致性，而不是存在与价值的和合性。他们是要回到以逻辑理性为主导的强控制系统中，认为那样才能秩序分明，而我们是回到价值之源去反思。这个对比的本质还是“绝地天通”和“巴别塔”的区别。

我们再一次进行简单的规约。“绝地天通”是在《尚书·吕刑》中所提到的，巴别塔的故事出现在《圣经·创世纪》中。巴别塔的故事中谈到，

① 《周易·乾卦·文言》。

人类一旦走向理性就必然要走出原始混沌，与超越的绝对者疏隔开来，天人分离为二。我们则强调，虽然天地鬼神的通道被封住了，人类才真正迈进人的世界，但是人与天地合德，天人是合而为一的。我们是连续性的关系，他们是断裂性的关系，我们强调人与天有一种直接契入的互动感通，西方强调必须有中介者进行连接。我们的社会结构比较接近于费孝通所说的波纹型结构，而西方是捆材型结构；我们是差序格局，西方是团体格局。我们强调理，经由具体的感通去体证。西方强调法，戒律是来自绝对权威的命令。我们的道德实践强调的是仁，即人和人之间存在的道德真实感、等差之爱。西方讲的是普遍之爱，爱作为你主的绝对权威者，并以同样的方式爱你的邻人。我们的宗教是一种自然宗教，是一种泛神论的信仰，而西方的宗教是体制内的宗教，是一神论的信仰。

五、文明交谈的向度及其所涉内容之可能

我们现在进一步来谈谈文明交谈的向度及其所涉内容。我们刚刚在讲的过程中，也在不断地进行对比和交谈。请大家务必记得，不要断送对比项，因为断送对比项就失去了交谈的可能，你自己的主体性挺立不起来就不可能进行交谈对比。想到圣诞节，你不是想到12月25号，而是想到9月28日（孔子诞生日），这就表示你有主体性了。想到《圣经》，你会想到“四书五经”，而不是想到*Bible*。想到上帝，你不会只想到God，你会想到《尚书》《诗经》之谓“上帝”，“维此文王，小心翼翼。昭事上帝，聿怀多福”[①]。这讲的是对源头本身的尊敬。上帝是至高无上的宇宙造化之源，他不一定是唯一的人格神。这里牵涉到话语的翻译。翻译一定要有对比项，你不要失去对比项，但也不能自我封闭。我很反对那些对中国文化，包括对经典

① 《诗经·大雅·大明》。

采取固守态度的原教旨主义者。这显然是不对的，东西方文化当然要沟通。有些人甚至认为大学无法传播古代学问，我对这个说法不以为然，我们现在不是在传播中国古代学问吗？不只如此，我们还在与西方现代的学问进行对比。我看过一位台湾朋友在大陆发表的一篇文章，认为现代的大学，甚至是当代新儒家，都是拿着西方的语汇来格义中国的思想，他们的这些理解都不到位。这种思考是不对的。话语是要沟通的，但我们的对比项要立稳。

你如何解释“道”？把“道”解释为客观规律，我说可以，但是不准确。“一阴一阳之谓道”[①]，这讲的是存在的律动，而不是客观法则或者规律，是存在的律动导生所谓的客观法则和客观规律。对我们来说，所谓的客观法则和客观规律是第二义的，存在的律动才是第一义的。你把字写得非常整齐，结构非常完整，你一定还不是一流的书法家，一流的书法家是以神为胜，而不是以形为胜。真正的法是“无法之法，方为上上法”，我们是这样看待问题的，所以你不能够把“道”解释成客观规律。现在很多研究道家的老先生，还是把道解释为客观规律，这是不准确的。道讲的是存在总体的根源，而这个根源隐含着超越于分别之上的存在的律动。我们是不是也用了很多西方的话语来说？是。但我是不是现在通过哪个西方哲学家的理论去说？不。我是通过我的大脑去思考、去体会，我现在是尽可能去描述，去接近存在本身。

在话语的翻译中，我们面临格义和逆格义的问题。“格义”是通过我们的去格别人的，现在是通过别人的来格我们的。“逆格义”是我很早就提出来的概念，也就是刘笑敢先生所提到的反向格义。在中国来讲，“逆”这个字所表达的意义比反向更为正面。譬如，“逆于郊”就是到郊外迎接，“逆”有迎接之义。

① 《周易·系辞上》。

以前的格义是通过老庄的概念范畴去理解佛教，以道家“无”的概念去理解“空”，这就是所谓“格义佛教”。格义佛教出现了般若学的六家七宗，佛教进入中国约一百年时，中国就已经出现了有很高理论高度的般若学思想，带有庄子和老子之学的色彩。我们通过自己的话语去理解佛教可不可以？当然可以。但是有没有限制？当然有。接下来就要厘清道家所说的“无”和佛教所说的“空”有什么不同。佛教讲的“空”是真空，道家讲的“无”是虚无，但虚无不是真无，而是充满一切可能性的无。佛教的空是真空，真空可以妙有，而无可以生有，“天下万物生于有，有生于无”[①]。道家的本体生起论系统和佛教的缘起性空论是刚好相反的，但二者的交谈也是必要的。

如果我们没有对老庄和佛教的深层理解，能交谈吗？不可能。如果我们没有对儒家人伦和西方人权的深层理解，人伦和人权能够交谈吗？不能。你对君子、公民这两个概念没有深层理解，能够交谈吗？不能。我们这个民族是最有办法进行文明交谈的。对我们而言，语言的翻译是很重要的，但是我们觉得也无所谓。为什么？因为我们以存在为本位。相对于语言，我们的文字更接近存在本身。

世间的常经之道需要我们重新去好好思考。我觉得亨廷顿和福山都没有思考到最根源性的常道上。在西方以话语为中心的思考中，他们没有办法展开根源性的思考。在东方传统中，尤其是在中国文化传统中，这种思考并不是杂而无统的开放，也不会陷入虚无主义。我们是从“分别相”进入“无分别相”，而“无分别相”就是存在与价值和合为一的源头。从儒家来讲，这个源头既是你的本心良知，也是宇宙天道。从道家来讲，它是真正虚静明觉的心，也是宇宙造化之源的彰显。从佛教来讲，唯有回到如来藏自性清净心的本原状态，才能够妙生如来法界，才不会有执着相、染

① 《道德经·四十章》。

污相，才不会陷入烦恼的境遇中。

20世纪时，这些思考好像被熟视无睹。我们认为政治和道德就应该区隔开，没有所谓“道德化的政治”，我们会忽略“为政以德，譬如北辰，居其所而众星共之”[①]。什么是“德”？“德”不只是西方人所说的道德，我们的道德讲的是根源和本性，是“道生之，德畜之”[②]的“道德”，是“志于道，据于德”[③]的“道德”。在中国哲学界中，谈到“道德”会回到“志于道，据于德”“道生之，德畜之”去理解的学者恐怕不多，更多人一定是从西方的话语系统展开，这是我们目前的现况。“德”是什么？“德”讲的是本性。我们的政治希望每一个国家、每一个社群、每一个家庭的本性都能好好生长，是要共生、共长、共存、共荣。如果我们以这样的方式去思考问题，这个世界可能会大不一样。以这种方式去理解“大道之行也，天下为公”[④]，可能会比较准确。以西方的全球化（Globalization）思维去理解“大道之行，天下为公”显然是错误的。这不是西方的全球化思考，而接近于“在地全球化”或“全球在地化”（Glocalisation）的新概念，但也不尽相同。

当我们把传统话语的意含释放出来时，它本身就会发生变化。譬如，我们把传统服饰长袍马褂的元素释放出来，并与西装融合，也许会出现新的可能。我们把中国古代的哲学话语释放出来，参与到与现代西方哲学话语的沟通对话之中，当然也会出现新的可能。在座的朋友们，这预示着未来最重要的哲学家将是你们。但是如果你们不读西方的著作，只是固守传统的话语，当然不行；如果你们只读西方的著作，而受到西方传统的彻底宰制，当然也不行。思想的融通，我们最后会碰到“存在与价值的和合

① 《论语·为政》。
② 《道德经·五十一章》。
③ 《论语·述而》。
④ 《礼记·礼运》。

性”“存在与思维的一致性”的根本问题。

宗教的包容会思考到一神论（monotheism）与非一神论的问题，会思考到信靠的宗教与觉性的宗教的问题。你不能够说觉性的宗教不是宗教，儒道佛三教都是觉性的宗教。觉性的宗教不是信靠某一个超越的、唯一的、绝对的、人格神的宗教。不同的宗教之间如何实现包容？何以在中国境内的伊斯兰教能够和儒教有某种融通而形成所谓的回儒？你到云南、贵州、青海可能会发现一个很有趣的现象，当地清真寺的对联有宋明理学“天命性道”的思想和“一体之仁”的思想包含其中。伊斯兰教中有苏菲一派可以和儒学相融通，这就是所谓的宗教的交谈和对话。其实，儒道佛三教早就有很多交谈和融合。

我们有56个民族，我们汉语的语种一定超过100种，如果你用拼音把这些汉语的语种统统记录下来，那么将会形成一百种以上的文字。我们用符号去记录事物，去准确地掌握它，重要的根本不在于符号，而是回到存在本身。图像性的文字的表意方式和以语音为中心的逻辑表意方式有非常大的不同。我以前读到顾炎武，听说他读书是十行具下。我和朋友研究十行具下如何可能。第一,十行具下一定是竖排不是横排；第二，字不能太小，因为字很多的话，那就很困难；第三，他对这些东西熟悉到了一定程度。这真的是可能的，因为我们的文字是意象的串集，不是逻辑分析的构造。

读书要懂得品味，这盘菜好不好吃一看就知道，一看不知道，一尝就知道了。没有理由说，我要把这盘菜全部吃完了，才能判定这盘菜好不好吃。现在的学术就是这样来教学生的，把学生都教呆了。现在医术也是这样的方式，小小的病到医院去要做彻底检查，检查完了才能判定你是什么问题，应该如何处理。其实，人的生命不是这样的。你现在出现这个病灶可能有多方原因，要从源头上进行处理才能根本解决问题。我们是功能论，不是实体论，功能论是循顺着事物本身的脉络去思考。

我们不是一个单线式的思考，我们是一个圆环式的思考，而这个圆环式本身又有一种内在的辩证性。我们很早就发现了五行的生克原理。五行的相生相克是生命的一种逻辑，也是最重要的交谈的逻辑，是一种避免斗争的方式。所以，我们是不是可以在联合国的会议上，谈中国的阴阳五行和国际纷争如何消解的问题？这是很可行的！什么是“阴阳”？彰显于外的叫作“阳”，涵藏于内叫作“阴”。《道德经》中有阴阳，“万物负阴而抱阳，冲气以为和”①，《易经》中有阴阳，“一阴一阳之谓道”②。

《道德经》讲“知其雄，守其雌……知其白，守其黑”③，男女如何平权，最重要的是怎样可以构成和合整体的平权，而不是斗争意义上的平权，这个问题很值得我们思考。女权运动是必要的，但是女权运动之后需要真正的女性主义运动，因为女权运动不能取代女性主义运动。新一波的女性主义运动，有别于女权运动，他强调应该回到真正生命本身去重视，这不仅仅是权利的问题，还有更深层的问题。

我们现在要讨论文化的问题。文化为什么会有权力的斗争？文明为什么出现严重的冲突？我们的文明是不断的成长吗？文明可能不断成长吗？文明能不能“大曰逝，逝曰远，远曰反”④？文明能不能“穷则变，变则通，通则久”⑤？文明有没有往复循环的可能？文明有没有剥极而复，否极泰来的可能？文明是不是一阴一阳的律动？把这些因素放到人类的文明中共同思考，可能是很重要的，而这些问题很有趣，但是一直被认为是不值得思考的。我们参加国际会议常常被要求着正式服装，我穿着唐装就去了。他们说要穿正式服装，我说这不正式吗？他说你在餐厅吃饭也是这样，你在哪里穿得都一样。我说对，因为我什么时候都很正式。他们也就允许我进会场了。

---

① 《道德经·四十二章》。
② 《周易·系辞上》。
③ 《道德经·二十八章》。
④ 《道德经·二十五章》。
⑤ 《周易·系辞下》。

你能不能再思考很多更有趣的问题。我们是否可以有一种学术会议是以南宋时期朱陆鹅湖之会的方式来开展。时代在变化的过程中会出现一些新的可能性，可以把我们传统的元素放进去思考。就像现在流行普通话，大文学家叶嘉莹女士却认为地方方言，其实就是中原汉语古音，若用于朗诵唐诗、宋词，吟诵《诗经》，诗词中的调性和韵味都出来了。你用普通话吟诵五言诗可不可以？当然可以。但是这样就乏味了，所以要开始求变。现在人类文明到了必须多元化的年代，我们自己要先多元起来。多元不是杂而无统，而是“百虑而一致，同归而殊途”。两千多年前，我们就是这样思考问题的。我们思考这些问题的时候可以慢慢进行对比，对比的目的不是隔绝，而是交谈。

我们在第一讲“关于东西文明对比”时就讲过，西方是“分说万物”的传统，一切已于唯一的神圣之言。我们注重“气的感通”，强调“默运造化”，言已于无言，无言就是回到存在本身。《周易》的山火为贲的贲卦，下为离卦，上为艮卦，火离为文明，艮山为止，文明以止，我们是一个知止的文明。“文明以止，人文也。观乎天文以察时变，观乎人文以化成天下。”[①]我们的人文不是西方近现代意义上的humanism，不是人类中心的人文，不是理智中心的人文，不是从“我思故我在”立定一个思维之我当成存在之我的人文，而是通天地人三才的人文。“道通天地有形外，思入风云变态中”[②]，是程明道的诗。“有形外”不是在太空之外、分别之外，而是有形背后之无形。我们的“思”也不只是西方意义上的思考（thinking）。

我不断地提醒在座的年轻朋友，我们要有不同的思维方式，这些不同的思维方式是我们原本具有的，现在却被教导到对这些东西失去了理解能力。我们现在被西方汉学家教导对这些东西应当如何理解，这是很奇怪的。西方汉学家也有很不错的，但多数没有真正进到中国文明的深层。我们常

① 《周易·贲卦·彖》。
② 程颢：《偶成》。

认为世界学术屋脊是哈佛大学，哈佛大学所讲的中国哲学绝对不可能比我的老师牟宗三先生讲得还好，我看比我好也不容易。只有我们对自己的文化有深层的理解，我们才能立住对比项。从“存有的连续观”和“存有的断裂观”的向度进行对比，从天人、物我、人己三个向度进行对比。这些对比的出现并不意味着我们要去较量，而是要去融通。我们要把对象凸显出来才有交谈融通的可能性。

六、关于文明对话的践行：以现代性话语解读中国传统经典

从“全球化”（Globalization）发展到“在地全球化”（Glocalisation），我们要怎样去理解在地全球化。费孝通先生的话现在常被引用。费孝通先生是一位非常好的人类学家、社会学家，我青年时期读过他的书。那时在台湾，费孝通作费通，冯友兰作冯兰，为什么呢？因为这些是深陷在大陆的著名学者，把中间的字隐掉，他们的书在台湾才能够流通，这不是很荒谬吗。华人独特的思维方式是，荒谬的东西总是要过去的。确实过去了，过去了现在是不是马上就顺畅了？不用急，它要慢慢发展，都是这样。例如，昨天你才和夫人吵了一架，今天你就要理清昨天的争端，那你就完了，当然是慢慢忘掉，这是我们这个民族很独特的地方。

费孝通的话讲得很好：“各美其美，美人之美，美美与共，天下大同。”①其实，这个话讲得很平常，也不够文雅。我们不只要讲“各美其美，美人之美，美美与共，天下大同”，我们也要讲“致虚极，守静笃，万物并作，吾以观复”②，二者虽然表达不同，但是表意接近。每一个人都能正视自己的美，并且正视别人的美，别人和你的美是共通的，是共生、共长、共

① 费孝通先生在八十寿辰聚会上所说的话。

② 《道德经·十六章》。

存、共荣的，这不是“致虚极，守静笃，万物并作”吗？一直追溯到生命之美的源头。这不是“夫物芸芸，各复归其根”吗？美都有其源头。单单“归根曰静”四个字就可以处理国际问题了。美国若是懂得“归根曰静”，世界就会少了很多争端。这个世界那么多纷争、那么多战争都是美国人挑起来的，美国可以当世界警察，能够替代上帝吗？不能。因为上帝不可能替代我们的佛祖，我们的天道。我们应该主张上帝、安拉与佛祖天道共质。

在南洋很早就有德教，德教是儒道佛耶回五教圣人兼弘。有一次，我和朋友到马来西亚参加一个会议，他是做宗教研究的。会后我们一起去参访德教，进去焚香后，马上有神灵来了，当即以我的名字写了一首藏头诗。我再写了一首藏头诗，以为唱和，你以为神有那么神秘吗？神并不神秘，就是灵感。在他们来讲是通灵了，依我看那就是灵感而已。德教的一位道友说，林教授原来您也会扶鸾啊！什么是“扶鸾”？“扶鸾”是神灵通过一种独特的能量场，使得人们能够写出诗句来。我说这不是扶鸾，而是灵感。灵感这个词翻译得很好，其实就是获得与神灵的感通。儒道佛耶回五教兼弘有什么不好吗？没什么不好。教出多元而道通为一，最终通于道就行了。

现在宗教形态最丰富的地方不是台湾，而是南洋。在现代化的发展之下，很多宗教正慢慢走向消亡。譬如，道家讲“归根复命”，有一个教派就叫“归根道”，作为道门中的一派。如果我们把这些宗教都铲除了，结果可能会很麻烦。这是很有趣而且值得去思考的问题。大的宗教的宗教理性和道德理性应该真正发展起来，而这些小的宗教也不能铲除。它们像小草一样，发挥着非常重要的功能，护育土壤。中国文化的土性根性和民间宗教信仰密切相关。只要教化大行，这些东西会回到恰当的位置，回到“道法自然”的恰当状态。如果教化不行，这些东西就会乱窜，而且很多别的东西会夹杂其中，因此造成混乱，甚至发生不幸。

《道德经》第十六章是我最喜欢的一章，“夫物芸芸，各复归其根，归根曰静，是谓复命”，能够回到生命之源叫作“常”。现在国际的状况就是“不知常，妄作，凶”。目前最有势力的还是美国，美国的名声已经面临很大的问题了。美国的负债已经很严重，它试图以不断发行美金的方式来扩张国力，维系它的霸权。这种一往而不复、竭泽而渔的方式是很可怕的，这就是“不知常，妄作，凶”。“知常容，容乃公，公乃全，全乃天，天乃道，道乃久，没身不殆。”由容而能公，这里有一种真正的包容，有其公共性、全体性、普遍性、总体性和恒久性，这是我从中体悟到的。天是普遍性，道是整体性，久是恒常性。我们要尝试着把这些古典话语与西方现代的学术话语结合起来，这就是中国哲学界和西方哲学界的对话。中国哲学界一定要从对古典话语的深层理解来展开对话，这很重要，你真正去做了就会发现并没有那么困难。

“有物混成，先天地生，寂兮寥兮，独立不改，周行而不殆，可以为天下母。吾不知其名，字之曰道，强为之名曰大。大曰逝，逝曰远，远曰反。故道大，天大，地大，王亦大。域中有四大，而王居其一焉。人法地，地法天，天法道，道法自然。”[①]人要效法学习地，地要效法学习天，天要效法学习道，道要效法学习自然，“地”是什么？“地”是宽广博厚，是具体的生长。“天”是什么？“天”是高明而普遍的理想归依。“道”是什么？“道”是总体的根源。“自然”是什么？“自然”是自发的、调节的、和谐的秩序。人要学习地的宽广博厚和具体的生长。中国民族的思想是接地气的，而地气一定可以上通天道，这叫“地法天”。“天法道”，“天”一定要回到“道”，普遍性、理想性一定要回到总体性、根源性，“道”就是总体性、根源性，解释成客观律则是不准确的。“道法自然”，道要效法自然，因为自然是一个自发的、调节的、和谐的秩序，内在包含一种调节的能量。

“道法自然”不是你不去处理，而是处理了之后使得他回归一种悠游的

① 《道德经·二十五章》。

状态。譬如，今天麦克风一直出问题，出现问题当然要处理，处理得好不好最终也只能顺其自然了。不能因为麦克风不好就影响我的心情，结果课也讲不下去了。我想着如果它真的一直发不出声音，我们就把它撤了。这样的场域让我想起三十多年前我讲学教书时，那时候麦克风还不多。像这样一个教室，我必须要站起来用腹部发声，单用喉咙发声肯定不够。其实我比较喜欢站着开讲座，也不太喜欢看着PPT讲。现在因为大众的习惯，我常常被要求拿PPT出来，大家要看，受制约已经习惯了。以前我的老师那一辈人讲课张嘴就来，背了一段我们没听懂，没听懂也要装懂，装懂了回去再查，查完把它背下来就慢慢懂了。我们现在都是看着PPT，本来熟悉的以后可能都变得不熟悉了，为什么？因为你会依赖它，有所依赖必定会有所限制。你依靠导航开车，到最后没有导航就不会开车了。

如果都是依照上帝命令行事，这个世界就会和平吗？不可能。中国没有很强的必然性和预定论（predestination）的概念。佛教有受记于燃灯古佛的说法，但这里“受记”的概念不同于“预定”，受记之后还得靠自身修习。受记是一种柔性的概念，并不具有必然性。必然性是整个西方很重要、很可贵的概念，同时也是很可怕、很可议的概念。大家一定要记住，最为可贵的东西被异化之后，往往也是最为可怕的。有能力的人当坏人才可怕，没有能力的人当坏人也不可怕，因为他能力小，坏也坏不到哪里去。最有能力的上帝坏起来才最为可怕。中世纪的宗教法庭多可怕，但那不是上帝坏，而是打着上帝旗号的人坏。

真正的文明当然要强调交谈，强调共生、共长、共存、共荣。文明怎么会有冲突？是人发生了冲突，是权力、利益发生了冲突。为什么人们一直陷溺在权力和利益中？因为近现代的文明并没有习惯于多元，而且也从来没有真正去容纳多元。白人有好好接纳印第安人吗？没有。你到美洲，会发现印第安人现在已经很少了。你会问，我们汉人有好好接纳其他少数民族吗？我们中国境内现在有五十六个民族。清朝灭了明朝之后，起先是满族统治汉族，结果康熙皇帝并没有推行满语，而且还出了一部汉语的康熙字典，这就是彼此交融互动，最后满族被汉族同化了！

《周易·系辞上》中讲到“一阴一阳之谓道，继之者善也，成之者性也”。我常说这三句话很重要，第一句代表了存在的律动，第二句代表了实践的参赞，第三句代表了文化的教养和习成。“仁者见之谓之仁，知者见之谓之知”，这是见仁见智，这个说法常常被现代人引用。“百姓日用而不知，故君子之道鲜矣。显诸仁，藏诸用，鼓万物而不与圣人同忧，盛德大业至矣哉！富有之谓大业，日新之谓盛德。生生之谓易，成象之谓乾，效法之谓坤，极数知来之谓占，通变之谓事，阴阳不测之谓神。”什么叫“坤”？就是具体落实的原则。“成象之谓乾”，就是讲生命本身的一种生生不息的动能。这是儒道所共同拥有的整个中华文明中最重要的源头。回到存在的律动，包容多元，让它好好生长。这些话语要通通翻译成外文，才能与世界上的其他文明有更多的互动融通的可能性。

《周易·系辞下》第五章记载：“子曰：‘天下何思何虑？天下同归而殊涂，一致而百虑，天下何思何虑？日往则月来，月往则日来，日月相推而明生焉。寒往则暑来，暑往则寒来，寒暑相推而岁成焉。往者屈也，来者信也，屈信相感而利生焉。尺蠖之屈，以求信也。龙蛇之蛰，以存身也。精义入神，以致用也。利用安身，以崇德也。过此以往，未之或知也。穷神知化，德之盛也。’”

其中有一个往复循环的概念。你们有没有发现，最近这十天，校园一派春天的气象，草木都在焕发生机。你有没有体会到“帝出乎震”的那种生长的动能。所谓“帝”就是万物始生，“震”是太阳从东边升起。“帝出乎震，齐乎巽，相见乎离，致役乎坤，说言乎兑，战乎乾，劳乎坎，成言乎艮。”[①]春夏秋冬绕了一圈。读《易经》时你要体会、玩味，你要能“观天地生物之

① 《周易·说卦·文言》。

气象”，你要看草木之生发，而不是脑袋中装着洋汉学家怎么说的。

“寒往则暑来，暑往则寒来，寒暑相推而岁成焉。”如何成岁？有寒有暑。如何成明？有日有月。我们这个民族能够从“尺蠖之屈”看到它的伸，从“龙蛇之蛰”看它如何存身，而且居然可以从这里体会到“精义入神，以致用也。利用安身，以崇德也”。这是什么样的哲学？就是这样的哲学。

从生生可以看到德，“天地之大德曰生”[①]，从“天行健”想到“君子以自强不息”[②]。从“地势坤”想到“君子以厚德载物”[③]。“过此以往，未之或知也。穷神知化，德之胜也。”从“穷神知化”去谈德，“德”是本性，也是西方所说的伦理，它如何与伦理连接在一起，如何去进行对话？这个对话是很艰难的。你不必担心没有西方的现代元素，因为现在整个世界都是以此为主，你应该担心的是有没有不同于此的另外的对比元素，可能别人没有，而你居然有，所以读懂古文很重要。读懂古文绝对比读懂英文更重要。因为英文其实只是世界通行的工作性语言，文化含量不高。你去读莎士比亚，读十四行诗，读他们的哲学著作，文化含量会高很多，但现在日常用语，包括学术上所说的都是所谓的工作语言（working language）。

彼此要知言，知言是你要了解对方，也要了解自己。了解自己要先倾听别人，当然也要倾听我们自己，但不是固守着自己，要“毋意，毋必，毋固，毋我”[④]，回到常道之我，回到无分别相之我。这时，你就能够了解到，“诐辞知其所蔽，淫辞知其所陷，邪辞知其所离，遁辞知其所穷。生于其心，害于其政；发于其政，害于其事。圣人复起，必从吾言矣。”[⑤]这讲得很清楚，你要知言，而言生于其心。“‘不得于言，勿求于心；不得于心，勿求于气。’不得于心，勿求于气，可；不得于言，勿求于心，不

---

① 《周易·系辞下》。
② 《周易·乾卦·大象》。
③ 《周易·坤卦·大象》。
④ 《论语·子罕》。
⑤ 《孟子·公孙丑上》。

可。”[①]

要知言养气。“其为气也，至大至刚，以直养而无害，则塞于天地之间。”[②]“至大”是讲气的宽广无涯，“至刚”是讲气能透入宇宙造化之源的一种刚正，所以要“直养而无害”。“直”讲的就是德。能够契于道妙，就是所谓的“直”，正直之道。这样才能真正养气而知言。能养气者，能知言。如何养气？要“志以帅气”，要“持其志，无暴其气”。关于养气，孟子有一套工夫论，而知言讲的是认识论。持志知言养气，这里就可以写一篇文章为《从孟子知言养气谈中国哲学知识论和工夫论的问题》。怎么个写法呢？你就把它一章一字一句地讲清楚，文章自然就出来了。

“生于其心，害于其政”[③]，心性工夫修养论和政治论、社会论有没有关系？当然有，二者密切相关。“发于其政，害于其事”[④]，心性儒学和政治儒学可以进行区分吗？不一定。孟子既有内圣学，又有外王学，内圣外王本为一体，儒学内部也需要交谈。“圣人复起，必从吾言矣。”孟子强调要回到心，心性之学很重要。

七、东西方哲学在儒道佛三教经典中的碰撞与交融

我们现在谈文明。我今天刻意引用很多中国儒道佛三教的经典，其目的是希望在座年轻朋友能回到经典。这些古典话语可以翻译成现代的白话，翻译成现代的西方学术语汇，翻译成西方现代哲学概念，这其中有个系统脉络，若能在诠释中使其彰显出来，在对比之中就可以有更多的交谈和对话。我想和在座诸位说，这里需要我们的努力，这个努力是很值得的。

① 《孟子·公孙丑上》。
② 《孟子·公孙丑上》。
③ 《孟子·公孙丑上》。
④ 《孟子·公孙丑上》。

《荀子·正名》篇里说道："辞让之节得矣，长少之理顺矣，忌讳不称，祆辞不出，以仁心说，以学心听，以公心辨。不动乎众人之非誉，不治观者之耳目，不赂贵者之权势，不利传辟者之辞。故能处道而不贰，吐而不夺，利而不流，贵公正而贱鄙争，是士君子之辨说也。"

孟子是回到心去说，荀子是回到人伦的辞让、长少去说。人伦有位序的问题，那么现在世界上有没有大国和小国的位序问题？有。大国和小国有没有一些恰当的位置？有。本来是小国不能对大国胡来，大国也不能对小国胡来。现在世界上并没有一种良善的文化可以处理大国和小国的关系。大国欺压小国，小国有点能力就蛮横到底，因为它觉得没有安全感，也不管老百姓的死活，我再说下去你们就知道我在说谁了。大国小国恰当的道德位序关系是什么样的，好像国际上从来不讨论这个问题，只是考虑怎么制衡，这样可以吗？儒家告诉你不能这样，这样天下无法太平，所以要修身、齐家、治国、平天下。

人人"亲其亲、长其长"，这个话很迂，但是很真实。"老者安之，朋友信之，少者怀之。"[①]这句话多真实，这是孔老夫子和弟子喝茶时顺便说到的。《荀子》讲"辞让之节得矣，长少之理顺矣"，人伦的位序确定了，要"以仁心说，以学心听，以公心辨"。你要有柔软的心肠去说，要以学习的心好好去听，要以公心才能明辨。如果你以私心去辨，以习心去听，以世俗的功利之心去说，那不就完了吗？

你看完有没有想到果真要回去读读《荀子》。你说我们读了《孟子》就不读《荀子》了吗？不可能。以前我最喜欢荀子，但是关于荀子的文章只写过一篇。我写的关于先秦诸子的文章并不多，因为后来都做其他研究了。你做中国哲学，对先秦诸子一定要熟悉。你懂阳明，懂朱熹，能够不懂《论语》《孟子》《荀子》吗？能够不懂道佛吗？不能。你要懂牟宗三先

---

① 《论语·公冶长》。

生的学问，能不懂西方哲学吗？不能。

我现在最希望的是大家能回到中国哲学的原典。中国哲学常常被认为和西方哲学不同，甚至有一种错误的说法甚嚣尘上，认为我们不能够用西方的概念方式来解读中国哲学。这个话不错，但不准确，而且非常不准确。我是很客气地说，如果说别人错了，别人就不想听了。有人说西方哲学重视知识，中国哲学重视道德，好像知识和道德是分裂开的，根本不是。中国哲学不重视知识吗？西方哲学和道德无关吗？它们是密切相关的，只是它们的脉络和构造方式不同而已。

《六祖坛经》当然是经过后人润饰的。现在通行的经本像是元朝至正年间的至正本，经过了文人的修改和美化，相较于敦煌本，内容多了很多，文字也美化了很多。

《六祖坛经·疑问品》中讲道：“公曰：‘弟子闻达摩初化梁武帝，帝问云：“朕一生造寺度僧，布施设斋，有何功德？’达摩言：“实无功德。”弟子未达此理，愿和尚为说。’师曰：‘实无功德，勿疑先圣之言。武帝心邪，不知正法。造寺度僧，布施设斋，名为求福，不可将福便为功德。功德在法身中，不在修福。’师又曰：‘见性是功，平等是德。念念无滞，常见本性，真实妙用，名为功德。内心谦下是功，外行于礼是德。自性建立万法是功，心体离念是德。不离自性是功，应用无染是德。若觅功德法身，但依此作，是真功德。若修功德之人，心即不轻，常行普敬。心常轻人，吾我不断，即自无功。自性虚妄不实，即自无德。为吾我自大，常轻一切故。善知识！念念无间是功，心行平直是德。自修性是功，自修身是德。善知识！功德须自性内见，不是布施供养之所求也，是以福德与功德别。武帝不识真理，非我祖师有过。’”

六祖说“武帝心邪”，曲而不正谓之“邪”，邪就是“曲折”之意。“不可将福便为功德”，“福”与“功德”不可混同。那么世界在文明对谈中，有把求福和求德放进去思考吗？我们好像都在为人类的福祉而奋斗，但是我们没有考虑福祉如何可能，有没有为人类的德行而奋斗呢？我希望大家把这些概念放进去思考，不可将“福”变为“功德”。世界文明的交谈应该如同“功德在法身中”，不在于外在GDP的增长多少，而在于内在文化脉络的良善发展。

“见性是功，平等是德”，这是一个不识字的悟道者之言。什么是“公”？真实本性之朗现叫“功”。什么叫“平等是德”？“平”是公平，“等”是普遍。有公共性、有普遍性的就叫“德”。“平等”这两个字可以和现代社会科学结合在一起，理解成公共性和普遍性。刹那相续毫无阻碍，依其常道见得本性，能够真实妙用，这叫“功德”。“内心谦下是功，外行于礼是德。”德要外形，功要回到内心谦下。经由内心谦下去成就功才能见性，经由外形力行实践于理有一个恰当的规范，这样的本性就是德。

我们要依常道而行，对众生都怀有虔诚敬意。如果你内心轻慢他人，一直执着于我，就没有什么“功德”可言。你经由布施供养去求外在的东西只是积累“福德”而非“功德”，真正的“功德”是你“自性内见”，所以“福德与功德别”。佛教徒要好好读《六祖坛经》，好好读任何一部经典，好好读熟、读透就不会那么相信所谓的“福德”了。

《论语·尧曰》篇：“尧曰：‘咨！尔舜！天之历数在尔躬，允执其中。四海困穷，天禄永终。’舜亦以命禹。曰：‘予小子履，敢用玄牡，敢昭告于皇皇后帝：有罪不敢赦。帝臣不蔽，简在帝心。朕躬有罪，无以万方；万方有罪，罪在朕躬。’周有大赉，善人是富。‘虽有周亲，不如仁人。百姓有过，在予一人。’谨权量，审法度，修废官，四方之政行焉。兴灭国，继绝世，举逸民，天下之民归心焉。所重：民、食、丧、祭。宽则得众，信则民任焉，敏则有功，公则说。”

如果美国在联合国对世界说，这几十年来，我们花了很多气力来维护世界的和平稳定，但是我们没有做好，套用中国《论语》中的一句话就是“朕躬有罪，无以万方；万方有罪，罪在朕躬”，问题就出在我们这儿。我告诉你，如果美国真能如此，世界马上就会变好。世界之所以会有冲突就是因为这些话语从来没有进入国际，而且中国学者也从来没想过这些话语应该进入国际。我们一直都是把西方的话语引进来，而没有让中国的话语走出去，文化就应该要相互交谈，互动往来。西方人学习书法也是很好玩的事情。听说奥巴马的弟弟在深圳跟我的一个朋友学习书法，这很有趣。我认为这些都是很好的起点。

“百姓有过，在予一人”，这是什么思想？舜，你要允执其中，如果四海困穷，上苍给你的天禄就永远终止了。上苍的历数就在你自己，你们就应该允执其中，如果四海困穷，你们的天禄就永终了。不只美国如此，我们也是如此。这一点很重要，国际上、文化上乃至于其他各方面，如果能有这种思考，世界就会有很大不同。

“谨权量，审法度，修废官，四方之政行焉”是讲本国，“兴灭国，继绝世，举逸民，天下之民归心焉”是讲天下。你能够宽容就能够“得众”，你能够信实就能够“民任焉”。你的真正内在有一种确定性，有一种对神圣之源头的信仰，老百姓就信服你。勤勉努力，就能有功于民，而你能够以公心处事，民众就能心悦诚服。这是两千多年前，孔夫子接续“尧曰”所阐发的道理。

道理很简单，但是这个道理并没有被放置到我们的存在之中去思考，而只是作为古文被了解而已。记得，我们不只要去思考它，更要把它传扬出去，与西方文化有更多的互动交流。

“大国者下流。天下之交，天下之牝。牝常以静胜牡，以静为下。故大国以下小国，则取小国；小国以下大国，则取大国。故或下以取，或下而取。大国不过欲兼畜人，小国不过欲入事人，夫两者各得其所欲，大者宜为下。”[①]大国要能够居于众流之下，要谦卑。天下为何能够如此和合在一

① 《道德经·六十一章》。

起？是因为天下能守牝，牝是母，是雌，是柔，是包容，是宁静。牡是公，是雄性，而牝能“以静胜牡”，宁静本性才能胜过往外的掠夺。大国要尊重小国，倾听小国，以谦卑获得小国的信服。小国要真正信服大国，才能够取得大国的信任。大国和小国的恰当关系是什么？大国认为我各方面都更好，所以我有义务帮助小国，使你变得更好，而不是弱肉强食，适者生存。大国小国之间应该彼此相互合作，实现共生、共长、共存、共荣，大国有能力就要担负起济弱扶倾的责任，文化高就要倾听其他弱势文明所发出的声音，小国愿意入事于大国而能因此获得保障，这才是大国小国的恰当关系。大国要先做，这样的世界大国理论、大小国恰当的分位理论，应该成为处理国际关系的重要理论。

《礼记·礼运》：“大道之行也，天下为公。选贤与能，讲信修睦。故人不独亲其亲，不独子其子，使老有所终，壮有所用，幼有所长，矜寡孤独废疾者皆有所养，男有分，女有归。货恶其弃于地也，不必藏于己；力恶其不出于身也，不必为己。是故谋闭而不兴，盗窃乱贼而不作，故外户而不闭，是谓大同。今大道既隐，天下为家。各亲其亲，各子其子，货力为己；大人世及以为礼，城郭沟池以为固，礼义以为纪，以正君臣，以笃父子，以睦兄弟，以和夫妇，以设制度，以立田里，以贤勇知，以功为己。故谋用是作，而兵由此起。禹汤文武成王周公，由此其选也。此六君子者，未有不谨于礼者也。以著其义，以考其信，著有过，刑仁讲让，示民有常。如有不由此者，在势者去，众以为殃。是谓小康。”

这是孔老夫子的理想。“大道之行也，天下为公”，你能够选贤举能，讲信修睦，人就能“不独亲其亲，不独子其子”。“亲其亲”“子其子”是人伦的起点，能够“老有所终，壮有所用，幼有所长”。进一步讲，构建健全的社会福利政策，“鳏寡孤独废疾者皆有所养”。男女的恰当关系是“男有分，女有归”。物尽其用，人尽其力，盗贼不兴，人民安居乐业就是所谓“大同”。

“大同”是孔子真正的理想世界，孔子讲完“大同”之后又讲到“小康”。人们都想要为自己谋求利益，而兵祸战乱因此而起，不过即使这样也还是一个不错的世界，为什么？幸亏如此，所以人们要有恰当的规范，要有恰当的法则，要有真正的确定性。所有不好的东西都彰显出来了，就要“刑仁讲让，示民有常”，以伦理规范约束人们的行为。

中国希望能在2020全面进入小康社会，这个小康之义是要达到这里所说的“谨于礼”“著其义”“考其信”“刑仁讲让，示民有常”，而不只是经济上的发展。我们进入小康社会之后才有机会推动世界进入大同，真正的大同是“大道之行也，天下为公”。你说这是中国称霸吗？不是，这不是霸权思想，而是中国最重要的王道思想。

我今天花了很多时间把古文呈现出来，目的就是要让大家知道古文也不是那么难读，跟着林老师读古文，居然在一个小时之内把本来需要读一个月的古文都读完了。古文也可以解释为与现代社会科学相关的概念语汇，这些都是人类共通的东西，我们要把这些意义释放出来。中国文化不复兴，文明交谈何以可能？只有我们的文化复兴起来，与其他文明之间的对比才具有张力。这有待在座诸位年轻朋友共同努力。时间是有奥秘的，时间不只是物理的长度，也是心灵的深度。当你们之间有一种信诺关系，你们就会一起找出时间。

| 问题与讨论 |

学生：林老师，您好！我有点担心这个问题不是那么简单就能讲完，但这确实是我认为非常核心的问题。比如，中国儒道佛三教的核心是牟先生所提到的实然和应然的统一，也是存在与价值的统一，有与无的统一。我刚刚一直在思考的问题就是，为什么“道”可以从“无”之中生“有”？佛教的“空”为什么够能映照现象？牟宗三先生所提到的“心”

为什么可以是兼同无限心和有限心？我觉得解释清楚为什么，是这种哲学能够真正传说出去的根本核心。正常人很难超越经验而理解超验或者先验，我觉得这个问题没有解决的话，这些哲学思想、宗教思想是无法真正为人们所接受的。逻辑意义上、实体意义上的“无”，为什么能够成为非经验上的或是价值上的有？一颗心到底为什么可以既是无限心又是有限心，可以包含两种可能？这就是我的问题。

林安梧： 你这个问题其实问得很好，想得也很深入。整个中国哲学在近现代的发展过程中，像我的老师牟宗三先生已经达到相当的高度，这是很不容易的。他是通过价值论、实践论的方式来确立存在，其实中国原先不是这样的。“一阴一阳之谓道，继之者善也，成之者性也。”① “天命之谓性，率性之谓道，修道之谓教。”②这样是否会被解释成从天道论来说心性论？很多人就是这么说的，其实不是。天命性道通而为一，天人合德，价值和存在原本就是和合为一的，而不是通过心性修养论去确立存在的主体，去确立存在。虽然我是牟宗三先生的学生，但是我的思考和他的并不一样。

你能够想到这个问题很好，但是我希望你能够再深入一点，回到文献本身，和原典之间的交谈对话足够多时，意义的彰显就不一样了。我只能说这么多了，因为如果要继续讨论，这个问题可能需要蛮久。

学生： 林老师，您好！一方面，经过您的讲解，我们能够感觉到中国先哲留给我们的东西确实是足够多的，足够精彩，但是另一方面，可能国人很久没有像先秦的先哲那样，贴近天地四时，那时候人是直接去感悟的，而且有一种学术勃发的轴心时代的氛围。您在开头提到，我们要在二十一世纪去寻求新的轴心时代。那么在新的轴心时代，我们要推给世界的应该是经过改造的心性之学，还是像先贤那样有勃发生机的更富有新意的学问呢？如果是后者的话，我们今天治学还应该注意什么？

---

① 《周易·系辞上》。

② 《礼记·中庸》。

林安梧：我在不断地在强调一个问题，就是怎么样能让原典的智慧通过我们虔诚的阅读而更具有对比、沟通、交流的可能，让其意义彰显出来。不管能做多少，每个人都努力去做，到一定程度，它就能慢慢地生长出来。我们不必太贪心，但也不是说，你只执取某一家的思想。回到原典并不是说不读其他的书。我是牟宗三先生的学生，我也读了很多人的书，甚至对钱穆先生也很钦佩。牟门和钱门一向是往来不多，我虽然不认识钱穆先生，但是我读了很多钱先生的书。很多人问我，他的书和牟先生的书有什么不同。我说牟先生的书是招式繁复，功力深厚，钱先生的书是招式简单，但功力深厚。你如果不能体会他的深厚，就误认为他好像很简单，其实真不简单，因此我们要不断去读，在读的过程中体会、玩味。

当然，时代在变迁，我们不可能再回到先秦，但是你还是可以对古典有所领会，而且现在有新的沟通的可能。我大概只能这么说。我今天其实是想通过我的方式来告诉大家对于原典的理解是可能的，至于怎么样才能准确理解，并不是我说的就一定是对的，但是我真心地把所体会到的与大家分享。

学生：我是政治学专业的学生，今天想问您一个关于政治学的问题。近代以来，毛泽东主义对经济政治革命和经济政治理念展开了深刻的反思，特别认为这种经济政治革命和经济政治思考的根源是对人类理性的过分强调，产生了一种理性主义的政治，也可以成为意识形态的政治，就是您刚才提到的话语中心主义的理念。他们认为，这僭越了人和神的边界。因为人类过分强调要在人间建立天国，建立这种乌托邦的政治，所以带来了很严重的，甚至是很沉重的人间灾难。作为新儒家的一员，您认为要归返原典的思想资源，援引中国的传统文化来救治现代化的弊端。但是您刚才指出中国的文化传统是一种性命天道相贯通的传统，是一种通天地人三才的文化传统。那么这样一种性命天道相贯通的文化传统和我们现在的政治运作如果相结合的话，会不会也存在僭越人神政治边界的这样一种危险，会

不会也导致另外一种理性主义泛滥的政治?

林安梧: 如果发生异化就有可能。但是，我们怎么样免于异化，这需要不断讨论。中国的文化传统发生异化就会导致我所谓的“道的错置”。中国两千年的帝王专制、父权高压、男性中心，这种错置是很严重的。我们现在是要回归原典，解开错置，把原典之中可贵的东西彰显出来。那么现在有可能出现新的错置，绝对可能，但绝对不会是朝向西方的那个方向。因为我们不是话语中心，不会是顶出一个超越的、绝对的、唯一的人格神，认为一切秩序的源头来自那里，也从来不认为秩序的源头来自绝对的权威。话语中心一直认为要找到一个恰当的、唯一的源头，并且对那个源头保持尊敬，而且将人与神区隔开并把人看小。人有能力就不会把自己看小，把自己看高、看大都没关系。什么叫“高”？什么叫“大”？你有操守叫“高”，有胸襟叫“大”，而不是有权力才叫“大”。

话语的思考不是以逻辑权力为核心的，而是要回到存在本位。这是要跨过权力，是东方儒道佛三教非常优越的传统。我们必须要把这个意义在整个人类文明中释放出来，才有其他交谈的可能。如果把这个传统放到不同的人文学科之下，学术研究的视域就会发生很大的变化，但是学术研究的方向必须做调整，这个调整很多人不愿意，为什么？因为调整之后，整个学术的势力通通会发生变化。就好像这个世界是以美元为主导的，欧元已经让美国很讨厌了，你还要搞个亚投行，美国当然很讨厌它。现在你想要把中国的这些学问引进入西方的话语系统，一大批学者会很讨厌你。但是他们一定会慢慢接受的，因为这个世界在变化。就像中国要作为国际社会的治理者，几个大国都很讨厌，但你们需要我。我们不只在政治经济上为人所需要，在文化上更为人所需要。文化上的需要要求我们必须自己充实饱满地生长起来。

最后我想和大家分享孟子的一段话：“可欲之谓善，有诸己之谓信。充实之谓美，充实而有光辉之谓大，大而化之之谓圣，圣而不可知之之谓神。”[①]“可欲之谓善”，这是我们很重要的一个原则。生命内在的动能，只要经由一种普遍性、理想性的确认，这些东西就可以称之为“善”。中国民族文化传统要是果真能跟其他文明有更多有用的交谈和对话，这就是人类文明很大的幸运，但是前提是要能够起作用，为此中国必须先在境内起作用。中国民族文化传统在中国境内如何起作用，还有待努力，我们现在正在努力中。

如何“致中和，天地位焉，万物育焉”[②]？怎么样把这些话放到现代的社会、科学、经济等各方面去思考？整个学问必须要有所变动，整个概念范畴也必须重新调整，就像中国参与整个人类的文明，世界的国际秩序非改动不可。但是要想进行文明的对话交融，我们要“人法地，地法天，天法道，道法自然”[③]，“天行健，君子以自强不息”[④]“地势坤，君子以厚德载物”[⑤]才可能。“乾道成男，坤道成女。乾知大始，坤作成物。乾以易知，坤以简能”[⑥]，乾坤并健的原则不能没有。我觉得我引了那么多古文大家也还蛮适应的，毕竟是尼山学堂的学生，也可能古文和白话文原本就是很接近的，从此大家也不会排拒古文了。

① 《孟子·尽心下》。
② 《礼记·中庸》。
③ 《道德经·二十五章》
④ 《周易·乾卦·大象》。
⑤ 《周易·坤卦·大象》。
⑥ 《周易·系辞上》。

附录

我的学思历程：中国哲学研究方法的一些反省与思考

一、我是如何走向中国哲学研究之途的

我之走向哲学研究，当然是因为我有兴趣，1972年我进入台中一中求学，当时的语文老师杨德英女士（蔡仁厚先生的夫人）教授我们语文与“中国文化基本教材”。高一的语文课，杨老师教《论语》，令我格外感动。她散发出文化的气息，那传统的深韵总在课堂上流动。她解《论语》，格外地明白。明白并不只是生活化而已，而是通过合适的概念性用语，后来，我才知道这合适的用语是她与蔡仁厚老师一起学习的，而这些用语最主要是来自牟宗三先生。就在这样的因缘下，牟宗三先生的新儒学开启了我对中国文化学习的向度。

当代新儒学是遥契宋明理学，直追先秦儒学的。大体来讲，当代新儒家认为，先秦儒学是第一期的儒学，宋明理学是第二期，而当代新儒学是第三期。当时我才高一，虽不是很了解什么，但一直很喜欢《论语》，又

配合着研读蔡仁厚先生的儒家哲学相关著作，以及杨老师在课堂上也介绍了牟宗三先生、唐君毅先生、徐复观先生、熊十力先生、马一浮先生等，这些让我对中国哲学有了进一步的认识，并逐渐生发出浓厚的兴趣。起先，我还没决定要走向哲学，因为台中一中的学生多半会选择理工，我自己比较擅长的科目是数学与物理，我那时也想要读理工，做个像陈之藩那样的人物，既通理工，又兼文哲。不过，我越来越喜欢中国古典的东西，《千家诗》《唐诗三百首》背了许多，我还记得我十分喜欢《孙子兵法》《淮南子》，也看了很多书，包括牟先生的《生命的学问》，这里面有许多牟先生深切体认的东西。

到了高二，我很喜欢《史记》《淮南子》《两汉书精华》《老子》《孟子》，我对哲学越来越有兴趣，到了高二下学期我下决心转到社会组。如何转组，其实是有点传奇性的，起先我一直犹豫不定。到现在似乎还有很多人认为男生要读理工而女生才应该念文科，但我认为这样的理解是不对的。那时我去问我父亲，我父亲是个农夫，他知识不广，却有其智慧。知识与智慧是不同的，知识是结构性的，智慧是根源性的东西，而资讯是很表面的东西。农夫不一定有知识，资讯来源也不足，但有智慧。我问父亲转组的问题，父亲认为人生靠自己，要我自己决定，我也考虑了许多问题，包括社会的风气、未来的发展，仍无法做决定。于是我又去问舅父，我舅父的建议是选择念理工，因为我的数理很好，但我依然无法做决定。后来我就想交给上天安排吧！我还记得第二天是最关键的，因为是申请转组的最后一天，前一天晚上我向天祈求，跪在家前的晒谷场向上苍祈求，它给了我三个圣茭，我就这样选择了走向文史哲这条路。

大学联考，我考上了师大中文系。师大中文系的最大特色是它具有广义的“国学”传统，不只是语文，还包括义理、辞章、考据等。师大的熏陶过程真正开启了我的哲学思考活动。过去，我的哲学思考一直是较零散的。高中时期，我也尝试用论文的方式在校刊上发表文章。记得最早是高二上学期写的《从心性及中国文化谈起》，高三上学期又写了《今日谈儒家哲学》，并在台中女中的校刊上以笔名发表了《论恒与变》《谈玄学》，高三下学期我又在一中校刊写了两篇，一篇是游记，一篇是论文《从“天道”及中国文化谈起》。这样的历程所累积的一些东西，既具研究性质也带有创造性质，也是我走向哲学研究这条路的一个很重要的起点。

二、在学术与实践、创作与研究之间

我一直觉得文学创作应包括论说式的散文。我很喜欢读西方的散文，例如培根（Francis Bacon）、蒙田（Michelde Montaigne）的论文集。我的高中语文老师胡楚卿老师特别喜欢蒙田，经由他的引介，我们知道了许多文学与西方思想。高三时，我们组织了一个文学性的社团叫作“缪思社”（Muse），与许多大学有些来往互动，像东海、中兴、静宜等大学都留下了足迹。上了师大中文系后，我在这广阔的“国学”氛围中有了更进一步的成长。我觉得师大最重要的成长，与其说来自于老师的教导，毋宁说是来自于它的学术传统，它使你在那里悠游、涵泳。另外，我与学长、学姐及同学之间的学习与交流也是一个很重要的过程。高中以来，我一直都有许多想法，写了一些文章投稿，也因此促成了与学长、学弟的交流。当时，我也加入了师大的古典诗社（南芦吟社）与现代诗社（喷泉诗社），还有佛学社团中的道社，并在《师大校刊》《师铎》《昆仑》上写文章，也因此认识了许多志同道合的伙伴，我觉得这是一个很好的学习经验。

因为我认识李正治学长，因缘际会使得我认识了史作柽先生，他给了我莫大的启发。我认为哲学最重要的是溯其本源，是一种生成创造的活动，是一种生命的根源之学。这样的看法事实上是受到史先生的影响。我就在这样的过程中，走上了“研究”与“创作”之间的路子。我的哲学研究比较是随顺着对自己生命的思考而来，我的哲学基础训练来自真存实感以及学院训练的基础，同时我也慢慢进入新儒学的氛围中，但我老觉得新儒学的思考有些不畅。大一时，我忙得很是快活，拉杂地写了一篇《论文化架构及其觉醒》在《文风》上发表，当时我对文化哲学与历史哲学的兴味是很浓的。大一下学期，我写了《王阳明四句教臆解》。大二时，我读了牟宗三先生的《荀学大略》、梁启雄的《荀子柬释》、韦政通的《荀子与古代哲学》等有关荀子的著作，开始对整个儒学有更深入的理解，也有了些评议。就在那时，我写成了《从“天生人成”到“化性起伪”》一文。另外，柯林乌（R. G. Collingwood）、斯宾格勒（O. Spengler）也引发了我对历史哲学的兴趣，在这个过程中，我写了几篇探讨历史的文章，特别是《历史与人性的疏通》一文，曾受到史作柽老师和陆达诚先生的鼓励与赞誉。

基本上，我的哲学研究是由于自我的追求与书本阅读的相互激荡，而慢慢生发出哲学的问题，并寻求解答。我的求学与新儒学有着密切的关系，但始终不甚契合，因为我的兴趣一直在历史哲学、文化哲学方面，大四上学期写了一篇《危机时代的生命哲学：熊十力体用哲学与柏格森生之哲学之比较》，大四下学期则写了《中国政治传统中主智、超智与反智的纠结：先秦儒道二家政治思想的根本困结》一文，这似乎可以看出一些端倪。大四这篇文章后来被我收在《道的错置：中国政治思想的根本困结》一书作为附录。

我还记得和学长李正治先生一起去台湾文化大学旁听史作柽先生的课，史先生所讲的是形而上学，用的教材是他自己写的《存在的绝对与真实》这本书，他的书看似是西式的哲学论辩，但绝不只是西方而已，他并没有区分什么东方、西方的东西。他写的《三月的哲思》，还有早年写的《中国哲学在哪里》《忧郁是中国人的宗教》。从史先生身上，我似乎见证到哲学可以像创作一样来表达。这与我一直以来的观点颇为契合。熊十力的书让我觉得哲学原来是和生命结合在一起的，而老一辈像马一浮等，他们散发出一种通透的、完整的国学的深厚基础。我一直鼓励同学多读一些老一辈学者的书，去体会与学习丰富的学问基础。

在这样的过程中，我慢慢发酵、激荡、生长，而我的写作风格受到了史先生、熊先生与牟先生的很大影响。又因我认识王邦雄先生与曾昭旭先生，我加入了《鹅湖》月刊，并作为执行编辑的一员。那时，《鹅湖》月刊每周举办读书会，读书会对我的帮助很大。我们一起念书，一起讨论许多问题，大三的时候，我认识了另一批人，这之中有些是我的老同学钟乔的朋友，有些是翁志宗的朋友，还有我的学弟杨渡等人。这些人所接触的和我过去一直浸淫的中国哲学的东西很不同，这也触发我去思考我所学习的中国哲学与当代的许多议题如何联结起来，所以也促使后来我们组了一个“新少年中国学会”，但很快就因为某些意形态（政治的）散掉了。到大四时，我原来进入中国哲学是从宋明理学开始的，尤其是王阳明，再通过熊先生、牟先生，对自己的生命有更进一步的思考。而那时所写的东西，操作的语言已经是很哲学性的语言，这多少受到史先生的影响。

三、关于格义、翻译与融通、创造的一些断想

我之所以强调格义、翻译与融通、创造，是因为我一直觉得写作是要练习的，不要太急，不能要求马上完美，因为人是一个成长的历程，完美是不断累积、不断精确化的过程。我认为方法是“法无定法”，不能要求方法与别人一样，因为方法不可以一概而论，但要懂方法、要磨炼它，因为方法不可能永远是完美的。我曾参加过许多读书会，读书会是一个很好的学习方式，不过我并不赞成采用辩论的方式，因为不成熟的辩论往往浪费很多时间，而且无谓的争论，意气激荡容易伤感情。我们应学习真实地倾听与交谈，只有“倾听”，真理才会彰显出来。

我当预备军官时，在中坜的那段时间，可称为我人生的黄金九个月，那时我读了文德尔班（Wilhelm Windelband）的西洋哲学史，并边做摘抄与

翻译，这使得我对西方的话语脉络逐渐由陌生而变得熟悉。有关西方的哲学理解就在这样的过程中慢慢转为深入，过去我所读的内容逐渐更为通透的、更为宽广地串联起来。对于我来说，这是很重要的一步。1982年，我考上台大哲研所，修了更多西洋哲学的课，也接触更丰富的西方哲学的东西，例如历史哲学、社会哲学、马克思主义、批判理论等，这些东西同时让我对后来在思考新儒学的问题时，有更全面性的观察与更开阔的看法。

四、新儒学的思想史意义及其限制

1972年年初，我发表了《旧内圣的确开不出新外王》《当代新儒家述评》等文章，后来考入台大哲研所，引发我更深入去思考新儒学的意义与限制。我的硕士论文选择了王夫之研究，一方面因为王夫之在新儒家学派受到的青睐是较少的，一方面是我受到曾昭旭先生对于王夫之的研究影响。我对船山的易学深感兴趣，如“乾坤并建”这样的思考也对我影响相当大，因为王船山的人性论思想，基本上与宋明理学，程朱、陆王，乃至与当代新儒学都是有所差别，有所不同的。研究船山哲学的过程，确实让我学习到许多东西；如果要回溯我什么时候开始去反省整个中国哲学所要研究的方向，我很清楚我的思考是朝向历史哲学、文化哲学、政治哲学、知识社会学式的，我希望自己能带有批判地、继承地研究中国哲学。

学生：老师在学习中国哲学的过程中，是否在学习上遇到过挫折？

林安梧：我回想起来，学习的挫折好像没有，但生命的挫折是有的。这可以说没有什么外在的挫折，而内在的挫折是有的。但我觉得人有生命的挫折是好的，这可以让我们多去思考。当自己体会到一种痛切之感，才能真正地对痛切之感进行思考，学习了理论性的契入能力。我并没有什么考试的挫折，从某个角度来说，我其实很感恩，因为回想起来，我的学习历程都还算顺利。我们学人文的人，如果让自己献身于某个理想，这是一件非常美好的事。

学生：有些人认为中国哲学缺乏西洋哲学的逻辑严密性，这是中国哲学的缺点，这样的看法是对的吗?

林安梧：我并不认为中国哲学没有逻辑的严密性，中国哲学没有像西洋哲学建构出一整套的逻辑系统，并发展成一门专门的学问。但这并不表示说中国哲学没有逻辑。我们应该说西洋哲学的逻辑思考及其思辨的形式所形成的一大套话语论述系统，是与中国哲学在类型上与方法上不同的。我认为作为一个中国哲学的研究者、参与者，哲学就是哲学，不必过于区分中国哲学或西洋哲学，哲学是一个思想的、智慧照明的、修行的、持续的活动，是一个经由思想照明而落实在人间世里修行实践而上通于道的路。只是在不同的文化传统、不同的思维样态中，有不同的实践方式，我们不必拘泥在这样的殊别上，应该要回到生命的真存实感中，进到整个学问的脉络里，用我们最适合的表达方式将它表达出来。以哲学作为一个根源性的探索而言，中国哲学与西洋哲学并没有根本上的不同，中国哲学也有其知识论的，不是只是像老一辈的区分，认为中国哲学是心性哲学而已，相对的，西洋哲学也有谈心性问题。返回最根源的地方，哲学就是哲学，中国哲学与西洋哲学只是以不同的视点去返回这个根源，不能说因为中国哲学不像西方哲学有那样一套逻辑的结构论述就比较差，或说它就缺少什么。

五、后新儒学的哲学向度：船山学两端而一致的启发，“本体发生学”的体认

从高中起，我就和新儒学结下了不解之缘。我多次提到了我对儒学的一些反省，其实是从大学时，我就开始有所疑，这个疑就是“多闻阙疑”的“疑”。我一直觉得，儒学其实必须放到一个宽广的生活世界里、放到

整个历史社会总体里来理解。我想跟大家推荐一些历史古装剧，大家必须要看一下，如《乾隆王朝》，看完后给我很大的启发与震撼，这对我思考原来儒学与整个中国传统社会总体的关系很有帮助。你可以看到知识分子是怎么被扭曲的一个人格；君权、父权跟圣人之教，居然完全结合在一起，造成了一种很严重的异化状态，而在这种状态里面，儒学被搅和进整个帝王专制与宗法封建的结构里。那当代新儒家在这里也有反省，譬如，牟先生在《政道与治道》就做了一些反省，而徐复观在这方面的反省也很多，像他写的《儒家思想与自由民主人权》就很深刻，《学术与政治之间》《徐复观杂文集》都可见出他在这方面的功力。我一直不满意中国文化传统的专制性与保守顽固，我总觉得有一些根深蒂固的东西，要进一步地去破除。

我在想这些问题时愈想愈多，而感触比较大的是，在1982年我写《当代新儒家述评》时，就已经知道了当代新儒家非常重视意义的生发，而往往比较缺乏整个结构性的理解，比较注重形而上理由的追溯，而缺乏历史发生原因的考察。我后来写王夫之时，觉得王夫之所谓“两端而一致”的哲学思考，可以开启一个浑沦不分，体用一如的“本体的发生学”。他一方面既注重形而上理由的追溯，另一方面又注重历史发生原因的考察。特别是在王夫之的易学里面，把这个本体发生学发挥得很好，他通过“两端而一致”“乾坤并建”的方式，彰显了他的哲学系统。

六、“理、心、气”的侧重取向，生活社会与历史社会总体的体现

如上所述，在这样的一个解释中，我自然而然地会去重新检讨宋明理学，谈理、谈心、谈气的不同侧重取向。“理”所注重的是一个客观的形式性原则，“心”所强调的是一个内在的主体能动性，并进一步说这里有一普遍性原则，“气”所强调的是实存的历程性原则。王夫之所注重的便是一个

实存的历程性原则，也就是注重实存性跟历史性这样的一个哲学思想。换言之，他注重的是生活世界，注重历史社会的总体。经由对此二者的深入理解，他再重新去安定人的“理”与“欲”的问题，也就是“天理”与“人欲”的问题。像这个“道”与“器”的问题、“理”与“气”的问题、“理”与“势”的问题，在王夫之的哲学中，充分的显现出来所谓的“两端而一致”的理论。

一方面，他从历史发生的原因考察，注重“器”的优先性，所谓“无其器则无其道，无弓矢则无射之道”；另一方面，又从形而上理由的追溯，强调在还没有落实成为一个具体存在的事物以前，就有一个形而上、隐然未现之则，那就是“道”。所以“器”与“道”是两端而一致的，“理”与“气”是两端而一致的，“理”与“欲”是两端而一致的。这么说来，人性与历史、社会是个互动循环的关系。也就是说，我们要理解，人性不能离开历史性与社会性，历史性与社会性也不能离开人性。人性之作为“贞一之理”，而历史性与社会性则是这个“贞一之理”落实在人间的所谓“相乘之几”。在这样的发展过程中，两端而一致，既回归形而上，又展启崭新的未来，一步一步地开启。

我认为儒学发展到王夫之时，已经相当丰厚而高明。他对整个宋明理学，不管是程朱或者陆王，都提出了相当多的批评，对太强调客观的形式性原则，如程朱学派，提出了批判，指出他们忽略了落实在人间世中的历史发展。王夫之强调落实在人间世这个总体的向度来理解，他对陆王学派也提出批评，认为他们太强调内在主体性。王夫之是从理学、心学走向所谓的实学，这个实学其实指的是一个道器不二、理气不二、理欲不二，而以“气”为核心性概念而展开的学问。王夫之说“六经责我开生面”，这样一个新的生面，更能彰显真正的儒学内涵。

七、从“圣王”到“王圣”，这里隐含着严重的“道的错置”问题

我写完硕士论文《王船山人性史哲学之研究》之后，本来有意想从这里去思考有关“道之错置”（Misplaced Tao）的问题。我对这个问题一直都很关心，近来也常提及，我已经把这二十年来的文字做成结集，书名就叫《道的错置：中国政治思想的根本困结》。这书是伴随着《儒学与中国传统社会之哲学省察》而产生的另一部作品集。在这里，我讨论了帝王专制、父权高压，以及圣人之教之间的复杂关系。我认为它导致“道的错置”的问题，以致原来儒学理想希望的“内圣—外王”，“圣者当为王”，结果却变成在现实上握有权力的王，自称为圣，从“圣王”变成“王圣”，这是一件非常荒谬的事。

这影响了中国两千多年，截至目前，这种传统“君父观念”仍存在。我们谈任何一种文化现象时，不可轻易说它完全是坏的，它是一种状态，这种状态需要我们去正视它，因为它的影响实在太大了。在这样的一个思考中，我本来是想从“道的错置”问题发展为一个博士论文，当时的论文计划是希望从先秦的儒家、道家、法家来检讨整个“道的错置”问题。可是后来我并没有完成，因为我最感兴趣的还是当代新儒学如何发展的问题。

八、从王夫之的研究转向熊十力哲学的探索

我完成对王夫之的研究后，就更加关心熊十力了，因为熊十力的哲学思想跟王夫之基本上可以说有一种承继的关系。熊十力先生是牟宗三先生的老师，对我而言，去好好地理解这几位先生的思想，与自己的学问发展性有密切的关系。我在大四时所编的《当代儒佛论争》这本书，又是一个

难得的因缘。这书其实是围绕着熊十力《新唯识论》展开的一些相关辩论的纂辑。当时，我对这个问题很感兴趣，整个当代儒家和佛教的这个争论，会牵涉些什么基本问题呢？追根究底是儒、佛人生论、世界观与形而上学的异同。其实，佛教彻底地说并没有西方意义所谓的形而上学，但是它可以成就一套自己的形而上学，或者是存有论，所谓“佛教的存有论（Buddhist Ontology）”。

大体来讲，当代的佛教发展中，支那内学院所代表的是唯识学，熊先生在那里学习过，后来到北京大学讲“唯识概论”，之后没多久就对这套唯识学提出质疑，因为他以一个思想者、创造者的态度，去重新审视这样的一套唯识学本身，落到他去理解、去诠释这个世界时所产生的问题。当然，熊先生去理解唯识论时，并不是很平心静气的恰当地理解。他问的是究极性的哲学问题，而不是唯识学讲了些什么。唯识论原本讲的是一套“解构”之学，虽然它讲“三界唯心、万法唯识”，但这话的目的是要说明，一切的存在是空无的，它仍是缘起性空的脉络，不能违离这个基本立场。

九、“缘起性空论”是解构的，而“道德创生论”则是建构的

熊十力处理这些问题时，并不是作为一学究的客观研究，而是要去问“见体不见体”的问题。他一想就想到唯识论相关的“转识成智”问题，还有他要问的是：到底唯识学对整个宇宙之间的阐释，是否有些什么样的限制呢？毕竟，熊十力所持的还是《中庸》与《易传》的传统，他通过《中庸》与《易传》的思考，进到整个唯识学里面，透过唯识学的一些基本概念，作了一种“转化”跟“创造”。这个“转化”跟“创造”，老实说对佛教的唯识学是不公允的，熊十力对唯识学的理解，其实是有问题的。他在理解唯识学时，并没有很恰当而准确的理解，他急着将它“转化”“创

造”成自己哲学发展可能的系统。换言之，熊十力是一个哲学家，却不是一个很好的哲学史家，或是哲学学问的学究。在《新唯识论》中，熊十力对有宗唯识学或空宗般若学的批判，基本上是不中肯的。譬如，他说空宗般若学是“破相显性”，这个说法是不中肯的，恰当地说应是“荡相显执”。他认为唯识学是构造论，有神我论的倾向，也不中肯。对熊十力而言，重要的问题不是他们到底讲了什么，而是空有二宗都没看到宇宙生生之德，都没有真切地见到造化之大源。

总的来讲，在《新唯识论》中，基本上是通过了他对有宗唯识学、空宗般若学这“空、有”二宗的批判，建构了他自己一套崭新的体用哲学。这套哲学与中国传统《中庸》《易传》有深切的血缘关系。像他常提的“即用显体，承体达用”“即用而言，体在用；即体而言，用在体”，其实在王夫之哲学中已经说过了。他的体用概念，多少也继承了华严宗的一些词语，但其基本思考与华严宗是不同的，华严宗在整个佛教系统里属于不真常唯心系统。这样的一个佛学思考，并不适合把它理解成像《易经》那样的一个传统，因为《易经》接近“道德创生论”“本体生起论”的立场，而佛教基本上是“缘起性空论”。“道德创生论”与“缘起性空论”的最大不同是，缘起性空论是“解构”的思考，为的是为struggle for non-being，而道德创生论则是“建构”的思考，为的是struggle for being，熊十力重的是如何“从一个存在的根源，去生化这个世界”，当然我们要说这是一道德价值的创生，并不是宇宙论中心的思考。

十、“存有三态论”：从“存有的根源”到“存有的开显”到“存有的执定”

据实而言，我对熊十力的理解与诠释是带有转化与创造的，从他这套体用哲学上，慢慢地摸索出了一个新的发展可能，也就是这里我所说的

"存有三态论"的构造。"存有三态论"不同于"两层存有论"之以"现象"与"物自身"来区分，而是强调由"存有的根源"到"存有的彰显"，进而到"存有的执定"这样的发展。所谓"存有的根源"指的就是"道"，"道"指的就是那个"总体无分别的根源"。当我们用"根源"这个语词时，其实带有理想的意义和价值的意味。"道"，我们说它是"存有的根源"，这具有应然的价值义涵，"道"这个存有的根源，它之在其自己原是"境识俱泯"的，是"寂然不动"的，是"不可说"的；但它不能只停留"在其自己"的状态，它必然得要彰显。"道"是可道的，但凡是可道之道，就已经不是常道了，所以"道"它起先是隐于无名，在一个无分别相、总体的密藏状态，相当于《易经》所说的"寂然不动"的状态。

"道"归本于"无"，这"无"并不是说没有，"无"只是一个没有分别的浑沦总体，这个总体是一个具有发生、创造可能性的总体，这样的一个总体是要有人参与其中的，如果没有人参与到其中的话，就不能构成这样的一个总体。所以，我常解释"道为天地、人我、万物通而为一的不可分的总体"，或者再强调一下，"道是人参赞于天地、万物、人我所构成的一个不可分的总体"，这是"存有的根源"。"存有的根源"必然经由一个彰显的活动，而不断地开启自己，叫作"存有的开启"。

真理其实就是一个存有的开启，海德格尔也这么说，这个说法基本上跟《易经》所说的"见乃谓之象，形乃谓之器"[①]的说法是相通的。存有的彰显本身是智慧、是真理，是alethia，alethia在海德格尔中的说法就是"把那个遮蔽去除掉"，也可以借用"揭谛"这个词来说它，可以说它是"揭开存有的奥秘"。"存有的彰显"就是道必然显为象，道之显为象其实就是透过人的一个纯粹的意向性（intention）参与，这个"意"是很重要的，所以"道"必经由意而显为"象"之后，再经由人们运用"名以定

① 《周易·系辞上》。

形”或“言以定形”的工夫，使得那个“象”真正落实转化成一个具体的存在对象物。“道显为象”是一个“本体宇宙论”的说法，但是“名以定形”就是一个“知识论”的说法。我认为存在事物的一个定象的过程，它先经“纵向的开展”，再到“横面的执定”。“横面的执定”就是从存有的根源到存有的彰显，再转而为存有的执定。我认为，这样的一个转折，可以取代牟先生在《现象与物自身》这本书中所说“两层存有论”的思考。它的主要的不同跟特点在于就是存有三态论并不是以主体为中心的，并不是以本心来开出两个门。

十一、“两层存有论”的基本构造：一心开二门

牟先生是一个“一心开二门”的结构：心真如门，心生灭门。这是牟先生从佛教《大乘起信论》借过来的架构，有其胜义，但也有其限制。如牟先生说，心真如门纯只是“智的直觉”（Intellectual Intuition），而心生灭门则是“感触的直觉”（Sensible Intuition），这是借用康德学而来的“两层存有论”思考。这个架构很容易落为以心性主体为核心的倾向——“上开”跟“下开”。而最后就在于这“一心”，到底是一个向上的一念警惻还是一个落实的曲折的表现？因为牟先生以道德本心为核心，这样一来，那也才会有所谓“良知的自我坎陷以开出知性主体，来涵摄民主跟科学”的思考。

牟先生在此肯定了人作为一个道德的存在或者道德的存有（moral being），而这个道德存有（moral being）会用所谓的“直觉”去观照这个世界，这个“直觉”所观照的世界，这时的对象物是“无对象相”，这时是纯智光之所照的一个对象。这对象无对象相，它不是你的感触直觉之所能知的，当你用你的感触直觉之所能知，那是经过了一个主体的对象化活动，也就是经过了一个良知的自我坎陷活动，才有这样的可能。所以，牟先生的整个诠释系统，把整个儒学提到一个最高的高度，就是宇宙造化之源，

并且把它跟我们内在的心性之源等同起来。

这基本上是陆王的传统，把你的“道体”跟“心体”等同起来、把宇宙造化的源头跟心性内在的根源等同起来，也就是“此心即是天”“心即理”。你的本心就是一个智的直觉活动，它所开启的是一个道德的世界、道德的形而上理性。牟先生所诠释的人（human being），是在一个道德的形而上学向度里，所谓的道德的形而上学所开启的是一个没有任何纷扰、没有杂多的纯净世界，但是人毕竟不在这个世界，于是牟先生再用另一方面的一个词，来开启一个分别相的世界。这就是他所谓的“执相与无执相的对照”——“执的存有论”跟“无执的存有论”这样的对照，通过“良知的自我坎陷”以开出“知性主体”并以此来涵摄民主跟科学。

十二、由“旧内圣”开“新外王”的结构及其限制

牟先生这样的系统结构，正好配合了“内圣”开向“新外王”。内圣指的是宋明理学、心性学的传统，这是依“智的直觉”“道德的创造”为主导所开启的，而落到整个人间世则经由一番新的转折。这样，两层存有论的基本诠释的结构，既是主体主义的，也是本质主义的。这里所谓的转出，是强调你整个心灵、态度跟方向机制之转化，经由这个内在的、方向的机制之转化，才能开出一个知识之学来。这个由内圣开向新外王，其实跟宋明理学不同，但它又取于宋明理学。宋明理学也区别所谓的“见闻之知”与“德性之知”，但是，如何从“德性之知”开出“见闻之知”这个问题，宋明理学家是不太说的。

宋明理学家说的“见闻之知”，与牟先生所了解的现代话语所谓的“民主”跟“科学”，是不太一样的。“见闻之知”是一般世俗人都可以有的“分别之知”，而“德性之知”是道德实践的一个动力，它是否果真如牟先生所谓的是一个无分别相的“智的直觉”的这种方式？在这里，我们

当然可以往这边去治。但是，原来张载或其他的宋明理学家并没有那么清楚地作这样一个区隔，也就是说，它是一个大略的区隔。所以，我们可以看到从宋明理学的“见闻之知”“德性之知”到牟先生“智的直觉”以及“感触直觉”这样的一个对比过程里，开启了他自己的“两层存有论”。这其实也是一个进步，而这样的一个进步在牟先生的传统思想里面的安排，如何去开启一个具有新的结构的外王学。

如上所说，这样的一种开出说，其实是在理论上、诠释上所开出的，它并不是一个实践的、学习的次序，因为在牟先生那个解释系统中，最后的关键点在于良知本心，在良知本心所隐含的辩证开展性可上通于道，下及于物。如何下及于物？就是良知的自我坎陷开出知性主体转下的。如何上通于道？就是以“智的直觉”直接上通于道，所谓的智光之所照，不论外照、内照，通通一样。这样的思考，其实中形而上的意味很重，但是基本上他强调的形而上已经由一个转折过程落到人间，它仍然放在原来内圣外王的结构里。

十三、从“道德的形而上学”到“道德的人间学”的发展可能

再者，我想强调的是儒学的理解不能外于整个历史社会总体，不能外于政治经济结构。内圣学有两个不同的理解方式，当你理解孔老夫子所说的“仁”及孟子所说的“义”时，“仁”是一个彼此的、生命真实的互动与感通，“义”则是“人”跟人之间的恰当的规范原则。这样的一个“仁义”，其实是放在整个家庭人伦的孝悌中去理解的，其实它必须放到整个帝王专制、君父的传统中去恰当理解。内圣学必须放到它的生活世界、它的历史社会总体中去理解。

如此一来，我们会发现儒学有几个不同的向度：一个是帝王专制化的

儒学，一个是批判性的儒学，一个是人伦教化、生活化的儒学。这几个不同的向度你去理解以后，才能够进一步去讲，内圣学之属于纯理的部分，就是工夫修养和如何落实。我的意思是说，并不太适合直接把内圣学以一种道德的形而上学的建构方式，把它建构成作为整套儒学发展的本质基础，再从这里如何开出民主跟科学，这基本上都是一个理论的转化的意义。这样的一种开出，我认为并不太具有一个实践的、学习的、次序的意义。所以，我曾经提出很多这样的质疑，即当代新儒学在整个发展过程中，为何实践力变弱了，它的问题出在哪里，这值得我们深思。

在牟先生的理论系统中，良知本心是坐在一个形而上的中枢来指挥天下，而不是落在人间，真正参与到整个实践的场域里。牟先生的这种思考，是通过一个形而上的保存来稳立道德主体，从这里开出新的可能。其实，在当代新儒学中，唐君毅先生与徐复观先生对此持有不同看法，徐先生更是说要去成就另一套“形而中学”。只是牟先生的影响力太大，相对来说，其他新儒家的声音反而小了，这确实有点可惜。牟先生这样的提法，保住了种子，但是我觉得，接下去就要把这个种子接引到人间，扎实的生根，把泥土松动了，把水灌溉了，所有养分……开始在这里栽育新的苗圃而发展新的儒学，这就是我所谓的“后新儒学”，儒学要好好发展出它的“人间性”来。当代新儒学应该由“道德的形而上学”转而成为一套“道德的人间学”。

十四、从“外王”到“内圣”的双向互动与调和

“后新儒学”是“道德的人间学”，这样的一种思考，“内圣”跟“外王”这样的结构就变化了，它不再是“如何从‘内圣’开出‘外王’”，不再是如何从所谓“传统开出现代化”，而是在现代化的发展、现代化的学习历程中，把传统的智慧、经典的意义释放出来，参与到整个现代化这

个大流里，彼此间有一种互动。在这过程里，因为互动的调节而有一个新的生息、新的发展。所以，我这几年有一个提法："不是从内圣开出外王，而是在一个新外王的发展过程里，如何调节内圣。"当然，这样彼此互动的过程调节的"内圣"，又返照回来开出"新外王"，"外王"与"内圣"是一个互动循环的发展。我刻意的指出应该正视"外王"的重要性，从这里导出来了，也就是因为我认为随着整个社会结构的变化，人跟人之间的关系也变化了。所以，我的一个新提法是："我们应该更正视社会的正义，不必太注意人的脾气与修养。"

我要呼吁："道德是在公共领域面的，道德不是在你私下的、内在心灵的脾气如何修养的问题。"我这几年曾写过一篇文章，强调"社会正义"与"心性修养"的异同。我认为，心性修养未必能够走出恰当的出路，而社会正义所建立的一种伦理的基点，是一个最低点的伦理基点，心性修养往往会被导上伦理最高点的思维。如果你把一个人内在修养的最高点拉到整个社会来，让有权力的人来要求，所有的老百姓都要往那边走，它就很可能会形成专制甚至暴力。也就是说，握有权力的人要求老百姓要达到最高的伦理，而他本身却躲掉了，把自己放在更超越的层次，用一种空洞而更抽象，让你以为那是一种普遍的理想的层次，来管控你。我认为这非常不道义的。社会正义就不同于这里所说的"心性修养"，它强调的是"现实的优先性"。如果用王夫之"两端而一致"的话来讲，像"心者，物之心也；物者，心之物也"。当我们要做心性的内在体悟，就要对它有深层的体验工夫，其实必须从一个外在的、客观的"心之物"去理解，当你要了解外在的、客观的"心之物"时，你必须先要从内在的、主体的"能动性"去理解。这样一来，在这个时代中，你要谈儒学的道德实践，其实应该要从整个生活世界、整个历史社会总体的、最根本的而且是最低点的社会正义这里开始做起，回头去才能够谈心性修养、谈更高层次的道德实践。

十五、从“本质主义的思考方式”到“唯名论式的方法论”的对比抉择

我这个说法，是反对本质主义（essentialism）式的思考方式，我在上节也提到过波普尔（Karl Popper）“唯名论式的方法论”，或者说是方法论上的唯名论（Methodological Nominalism），这也可以说是一种“约定主义”（Conventionalism）式的方法论。这种反实在论的思考，不认为有一个客观恒在的本质作为我们认识的基础，也不认为有一个恒定不变的道德规条作为我们实践的标准，而认为道德实践该当如何，其实是在一个历史发展过程中，不断地调节、不断地在这个调节过程中生化出来的。当然，最后它是要上通于道的。但是，这个道，只作为一个最原初的开启点与作为最后的归依点，并不是某个人或某一群人，通过一套特定的话语系统把它彰显出来，一旦有了话语系统就不是“道”。老子《道德经》里说“道可道，非常道”，因为“道”，凡是“可道”，就已经不是常道了：“道”虽“不可道”，但是“道”又必通过“可道”来彰显。

这样的一个“反本质主义”式的思考，其实对我的影响是很大的，也使我在对儒学的研究中，重新看到很多东西。我以为，不要对儒学的话语系统，动辄认为是天经地义的。我常说：“因为有性善论的传统，所以才让我能够了解叫性善。”也就是说，“性善”既然是种论点，它当然放在一个氛围里，放在一个生活世界，放在一个历史总体里，如果我们没有这样一套小农经济、家庭人伦、宗法封建的思考，所形成的那个总体，那可能性善论，孟子的人性论，就不是用这种方式来彰显，它们将会以不同的方式来彰显。我这样说的用意是：研究儒学，不能外于对它的整个历史发生原因的考察，不能外于对整个历史社会总体的深入理解，不能外于对整个生活世界的实存觉知，不能只是你依据着圣贤的教言，把它当作教条般的，

而且你误认你已经做了心性的体验了，其实未必，那只是你的一些向往、一些想象而已。在这样的思考中，我既反对了“本质主义的方法论”，也反对了“主体主义”式的思考。

十六、“实然”“应然”就“存有的根源”处是通而为一的

其实，认为“理”“心”“气”这三个概念，“气”是优先的，也就是说，我特别注重到整个实存性、历史性的原则，而最后是上通于道的。但我认为那个“道”，不是你的道德主体，作为主客对立下的这个道德的主体，所要去开启的。“道”是天地、人我、万物通而为一的，是就人参赞天地万物通而为一的那个总体、根源而说的。自然而然地，我就不再是以牟先生的“两层存有论”作为我的思考结构，转而以“存有三态论”作为我的结构。这个“存有三态论”的理解，受到了很多前人的启发，这里头有一些现象学的思考，有一些解释学的思考，有一些获益于熊十力先生体用哲学的思考。

这样的一个发展，最后是通到那个存有的根源，所以我认为存有的根源跟价值的根源是通的。我并不认为，从休谟（David Hume）以后要去区别“实然”与“应然”是必要的，我不认为可以截然区隔所谓“实然”是知识论者所要去讨论的问题，而“应然”是伦理学或道德哲学者所要讨论的问题。我以为，在某个向度上，可以做这样的区分，但是究其极、论其根源，那个“实然”跟“应然”是通的。这一点我有点柏拉图主义的倾向，认为最后的那个“观念的观念”（idea of idea）是纯粹善的。

我们去理解这些问题的时候，最好要深入地去理解，当我们说一个存在的对象物的时候，我们可不要误认为，完全可以纯只是客观的，完全不涉及价值。其实，我们的价值指向是无法离开那个对象物的；尽管我们用的是

一个描述性的语句，用的是一种描述性知识的表达方式，但任何描述性知识性的表达方式，其实都隐含了一个价值意涵与道德实践的指向。在华人文化传统里，任何一个“名以定形”的对象物，任何一个对象物如何成为对象物，这是经由主体的对象化活动、经由名言概念的介入，使得那个对象成为一个被决定的定象。一旦成为一个定象，用符号、用语言、用象征……去表述它，而在这表述的过程中，人们的心灵所隐含的、所伴随而生的利益、趋向、爱好以及权力、占有、贪取……都已经附加在上面，因为这样的附加方式，将会使得人间很多麻烦的问题，自然而然地全部都生起。

十七、从传统的经典智慧所开启的“治疗学”与实践批判

这也是我这几年来一直在处理的一个工作，就是我们哲学的研究，其实有一个很重要的工作，把它当成一个治疗学。我这个治疗学的一些启发，来自傅伟勋介绍弗兰克（Viktor E. Frankl），但是我自己在读《道德经》《庄子》《金刚般若波罗蜜经》《六祖坛经》等也受到了很多的启发。在我的“存有三态论”的构造里，其实如何回归形而上、回归“道”与“存有的根源”，如何“尊道而贵德”，基本上还是道家的传统，就是以那个总体的根源，作为你尊崇的最后皈依；以你那内在的本性，而认为它是最重要的，你能够依据着它恰当地去实践。哲学的实践活动，与其说是一种话语的批判，毋宁说是一种存在的真实回归；与其强调教条的遵守，毋宁强调着回归到本有、自身，在那个总体根源里，能够生化出一个恰当的向度，而给我们一个恰当的调节方式。

大体来讲，整个后新儒学的一个哲学向度，它是反本质主义、反主体主义，而它是以“存有三态论”来取代“两层存有论”的。它在整个结构上，不再是以“内圣”开出“外王”的问题，不再是以一个“理论的逻辑

次序”去决定一个“历史发展次序”，而是强调必须经由一个“实践的学习次序”，去重新调节。所以说，不是如何从传统开出现代，而是在现代化的学习过程中，重新让传统的意义释放出来。以这样的一种方向在思考的时候，我觉得哲学可以是一门治疗学，哲学当然是一个实践的哲学。我也很欣赏马克思主义讲过的一句话，他说以前的哲学是要理解、诠释这个世界，而他的哲学是要改变这个世界。就整个中国哲学来讲的话，就是如同《易经》所说的，“参赞天地之化育”，“范围天地之化而不过，曲成万物而不遗”。整个造化之如此，而人参赞天地之造化，而成就了一个人伦的世界，一个器物的世界，一个知识的世界，一个“充实之谓美”“日新之谓盛德，富有之谓大业”的世界。在这样的一个世界里，哲学其实有着重要的使命要去完成他。那这样的思考就涉及底下我们要谈的“存在”“思维”“话语”的一些不同理解的问题。

十八、“存在与思维的一致性原则”与“生命与价值的和合性原则”之对比

基本上，我一直认为，“存在”的定性，是经由“思维”与“话语”做成的。人们经由一主体的对象化活动，由于话语、名言概念的介入，才能使其真正地成为一存在的决定了的定象这样的对象物，这也就是王弼所说的“名以定形”。在西方的哲学传统里，从巴曼尼德（Parmanides）到柏拉图（Plato）以来一个很重要的传统，叫作“思维与存在的一致性原则”，这标示了西方人一个很重要的哲学向度。它强调的是一对于存在的客观认知，对象化思考下的认知，以这样的一种方式，来作为理解世界、把握真理的最重要向度。顺这理路来说，客观地去把握真理作为实践的基础，最早把这个问题谈得很清楚而且做成一个论式的，就是苏格拉底（Socrates）所说的“知即德”。这可以说是一主知主义的道德学。

中国哲学传统不同于这种“思维与存在的一致性原则”，它强调的是一个“生命与价值的和合性原则”。就中国形而上学的传统来说，他问的问题是从“生”“命”这样的角度去理解，谈“实存”“生命”。不同于西方哲学传统之从“是”来讲“在”，从“to be”来讲“being”，中国哲学传统是从“生”来讲“存”。显然，前者指向对象化的思考，而后者则是回到生命总体自身的体会。借用马丁·布伯（Martin Buber）的论点，我们可以说前者偏在“我与它”（I and It）的思考方式，而后者则偏在“我与你”（I and You）的思考方式。

在“存在与思维的一致性原则”下，我们很容易可以理解亚里士多德（Aristotle）的“思想三律”：“同一律”“矛盾律”“排中律”，这是将主体的对象化所成之执着的定象当成存在自身来理解的传统。相对而言，在“生命与价值的和合性原则”下，我们可以理解《易传》中所谓“一阴一阳之谓道”的思考。我们将那矛盾对立的两端，化为对比、辩证的两端，再将这对比辩证的两端，通而为一，成为一个不可分割的全体。我以为西方的主流是将“思考”“话语”“认知”执定通同而代替了“存在”，这是一个“以言代知，以知代思，以思代在”的传统。中国哲学的主流则是认为“话语”之外有“认知”，认知之外有“思考”，“思考”之外有“存在”，这是一个“言外有知，知外有思，思外有在”的传统。

十九、文化类型学、哲学类型学的对比是需要的

如上所说，显然，亚里士多德说的“德”和儒道所说的“德”有所不同，我们当该展开一对比的理解与诠释。这里就牵涉到方法论的根本问题，我个人以为应当将哲学放到整个文化、历史的传统里去看。我们理解一个存在事物，都必须理解它整个存在的情境，这样才能有一个宏观的对比。西方也有使用到类似“德”和“中庸”的概念，但彼此异同甚大。当然，

彼此仍有其可共量性，可以对比的展开理解。

在“存有的连续观”与“存有的断裂观”的对比下，中国哲学重在“气的感通”，而西方则重在“话语的论定”。就亚里士多德哲学来说，“中庸”并不是在“两端的中间”，而是往上提，而作为两端的顶点。就中国哲学来说，“中庸”所强调的不是两端的顶点，而是要回到“脉络性的圆融”。我认为这些都必须经由哲学形态学、文化形态学，做一宏观的对比，才能豁显清楚。我们前面也说到，中西印形而上学追求的也各有不同，大体说来，西方是struggle for being，印度是struggle for non-being，中国则是struggle for becoming。我一直以为比较哲学的方法论意识是必要的，否则很多问题会搅和在一起。

亚式：至高无权。（提到最高点。）

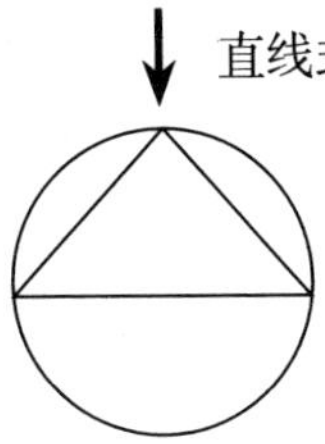

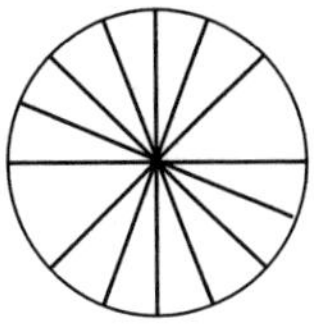

中庸：喜怒哀乐未发谓之中，多元而一统。圆环式。

同样是“空无”，佛、道两家的思考就不同，佛教的“缘起性空”，是彻底解构；中国传统的道论，是：“道生之，德畜之，物形之，势成之”的本体生起论传统。

“解构”对道家来说，为的是要解构语言。而回到道之自身，道之作为一本然之体的存在是被肯定的；相对来说，佛家于此则是要回到一“我法二空”的境地。就哲学的理境来说，语言上即使类似甚至同一，也不能说就是本质的相同。一般人都说孔子说“仁”和孟子论“义”，其实孔子也有讲义，孟子也有讲仁。但他们的方法不同，而人们的粗略印象，孔子是说“仁”，孟子论“义”，而荀子则重“礼”。这样粗略地说，乍看虽然可以，却是没有细究。因为如此看来，“仁”到“义”到“礼”甚至到“法”，好像就一步步往下跌，这样简单地看，实在是太粗略了！做文学史、哲学史的研究，不能如此粗略。

比喻来说，儒家好像人必须吃饭一样；有点小病痛时，就由道家来安抚；病痛多一点，就需要佛教来慰藉；真到了无药可救，就由上帝来救赎你。这种说法看似有道理，实际上很有问题，因为它只从表象来看！好像台湾人管不好台湾问题，所以让外省人来管，外省人也管不好，就由外国人来管，好像也很有道理。这是街谈巷议、捕风捉影，像电视脱口秀。好像人说，西方是霸道，中国是王道。西方没有王法，因为他们要经过大家决议来做事。要对付这类以偏概全的偏见，就要有一个结构性的类型学对比。要有一种结构性的类比、诠释，才不会流入一种印象式的“是怎样就怎样”。街谈巷议，只能在闲嗑牙的时候说说可以，但其基本上不能成为学问。

二十、话语系统的接枝与融通，要看它是否能调适而上遂于道

当然，学问性的层次仍是可以清谈的。如我们用“筷子传统”和“叉子传统”来做中西的对比。“筷子传统”是主体经由一个中介者，而连接到一客体，构成一个总体，并因之而取得均衡点，才能举起客体；“叉子传统”则是主体经由一个中介者，强力侵入客体，因之而去控制客体。这拿来做对比，的确还能看出中西对“主客关系”的不同看法。这是从方法论上的结构层面做成的阐释。再说，讨论任何东西，须将其语词回归到类似这样的本体来看。如此回归，能不能继续讨论下去呢？可以的，只要话语的“接枝”能够成功即可。如生物学上苹果和芒果的接枝，能产生新的品种，即可。所以，我们要看其能不能回到哲学智慧的彰显和探讨。

哲学为的是要彰显真理，我以为诸多话语表达系统应多元而开放。这就好像各类人种在一处，不论基因有多少差异，但就人之为人来说，便可以交配而生养出下一代。且下一代混血儿，还有能力再产下一代。但要是不同种，那就有困难，如驴子和马生出的骡子，就没有生殖能力。哲学话

语系统也是一样。因此，我以为不同的哲学有不同的做法，但只要它能够借一种话语能力，能通到智慧之“源”并“延伸”出去，则对该学问都应予以尊重。比如，现代很多大哲学家，常被人拿来和古人相比。如熊十力，除了拿来跟今人比，也被拿来跟现代道家比。熊十力也不算任何一类，他的哲学观念也没有全对，但他搞出了一套系统，一套武功。虽然他的哲学看来有不少错误，但他已经构成了新的系统！如围棋、象棋、西洋棋，每种有每种不同的下法。熊十力今天发明一种棋，将前三种合一，看得你眼花缭乱。这时，你看看他的棋，首先，能不能构成一个棋局，就是有没一种可以玩的方式，如果有，就可以说是新的棋类了。而从此棋类再延伸出去的，又是一种方式，一种新的生命体。但如果它是不能玩的，是一塌糊涂的，就不算成棋。哲学亦是如此，看一个哲学能否成立，要看它能不能融贯，有没有上通下达，能够，就表示它有延伸能力，它就是被允许了。

举例说，马克思主义，它一开始只是学说，后来被人学习、利用，也产生了些恶果。但是，人们又发现马克思在1844年青年时代对人的异化的批判的文件后，又以这个东西来检讨、批判资本主义，则此再形成了“新马克思主义”，又称“青年马克思主义”。这样一套马克思思想与正统的中年马克思有些不同，但他也有一种延续的思想在里头。另外，美国学者运用马克思主义里重要概念、范畴去分析资本主义社会的种种问题，而发展出另一类型的“分析型的马克思主义”，这又和新马克思与原马克思都不同。老实说，我觉得它已与马克思本人的理念不合了，但它居然能形成一套自己的系统，这就是“话语的接枝法”。这是话语的系统脉络之上，有更强大的社会资源、精神资源（美国实用基本主义）撑起，而发展出它的新生命。以是之故，我们应该包容多元的、具生命力的哲学系统，只要它能包含一个话语系统，并辗转而上，调适于道，则通通是可以作为一套哲学来被理解的。但这不是意味其中没有高下长短的分别。你还是可以判断它的立论基础、论证程序够不够，有没有问题，它本身的效用如何，这是可以比较的。我个人较少用此类“接枝法”，而是主张用宏观的角度去理解、接受原本哲学的内涵。

二十一、释放传统的经典话语到现代话语、学术话语中交谈、验证

这些年来，我一直致力一个工作，就是将传统经典的话语系统，经由现代的生活话语，以及现代的学术话语将它转译出来，进到我们的生活世界中，成为我们公共的论述。唯有如此，我们才可能经由经典意义的释放，参与交谈，进一步而有新的融通、转化与创造。举个例子来说，像《道德经》第三十八章里提到“失道而后德，失德而后仁，失仁而后义，失义而后礼，礼者，忠信之薄而乱之首也”。大体说来，“道”就是总体的根源，“德”就是内在的本性，“仁”就是彼此的感通，“义”就是客观的法则，“礼”就是具体的规范。这是我经过二十年左右的琢磨过程，慢慢地确立的。我们将这些理解连着上述的《道德经》中的经典，我们可以这么说，“当那总体的根源失掉了，我们就要强调内在的本性；当内在的本性有所缺失了，我们就强调彼此的感通；当彼此的感通失去了，我们就强调客观的法则；当客观的法则失去了，我们就强调具体的规范；当人们努力强调具体的规范的时候，就是人们的忠诚信实已经薄弱，而乱世已经开始了”。我认为这么解是通的。不敢说是老媪能解，但是一般人似乎也能依稀地了解。所以，中国哲学，如何回到一个真正的生活，让他能继续长下去，这一点是我非常关心的。

古典话语，是要好好活用的。如孔子六艺之教“礼乐射御书数”，中学生就会背了，但背到现在还不知它代表什么，其实它将人间最重要的通才教育都包括了。大体来说，可做这样的诠释。“礼”是分寸节度，“乐”

是和合统一，“射”是对象的准确，“御”乃主体的掌握，“书”乃文化的教养传统，“数”指的是“逻辑的思辨”。我想这样来理解六艺之教，比起原先所说的会生动些活化些。我以为，这些话语文字，必须通过上述所谓的转化过程，才能够深入到内涵。

又如《道德经》有“人法地，地法天，天法道，道法自然”的句子，这里的“地”象征博厚，指的是“具体的生长”，“天”象征高明，指的是“普遍的理想”，“道”象征着“整全”，指的是“总体的根源”，而“自然”则强调“自发的、和谐的调节性力量”。如前所说，我们不同于西洋哲学强调“存在与思维的一致性原则”，我们强调的是“生命与价值的和合性原则”；这样的一段话指的就是“人学习地的深厚、具体而生长，并从这具体的成长达到普遍高明的理想，而理想必须回到总体的根源，总体的根源，就是一种自发的和谐”。这样读，可以将原先的“人法地，地法天，天法道，道法自然”掌握得准确一点。我们去理解一个语汇时，会关联到我们平常最熟悉的言辞。像中文我们读得很熟，写起中文来也就会方便得多。中文有很多语种，广东话、四川话、客家话、闽南话各有特色，它们彼此有其界面，也有感通。如我虽是台湾人，但求学的环境都是用普通话，因此习惯用普通话来表达个人的意念，用台湾话就不那么顺当了。怎么叫顺当？就是不断地使用，让它“生者使熟”了，普通话和台湾话之间的界面就融开了，水就会通过去。这像长江三峡上的水闸一般，经由上下的转换，而让船能够行得顺畅。

二十二、“言、构、象、意、道”的诠释层次问题

我个人很在意如何将古典话语和现代话语两相融入，而学术话语也必须将生活的觉知结合在一块。我总认为学哲学不能离开文学艺术，须知：关于人的生命总体的表现往往通过戏剧来表现，所以没事可以多看一些历

史剧。目前大陆有不少影剧考据讲究，演得很不错，值得一看。历史剧虽然有时会不符史实，但人物塑型、剧情描写却很深入。如《薛仁贵征东》，写的虽是唐太宗，但正史上却是唐高宗，主要是想借此去烘托唐太宗。我们要看的，就是年代、气氛、君臣关系等，及其中所包含的伦理学、道德学在儒家里怎么的存在，扭曲的不怕死哲学又为何。像谏官的“悲愤”，就是在我所说宰制性的政治联结独大下的背景所产生的。再者，我们中文系要看戏剧，也要看文本，看清里头戏剧所在，人性表达如何。语言的活用，以今天来说，就是要如何培养出新的学问性系统，我们不只是要开发新学问，而且要懂得怎么应用、活用。其实，中文系、哲学系的研究生，研究像“八点档连续剧中‘人伦’的诠释”这样的题目，也是个不错的。

文化传统和自我同一性（self-identity），要“因而通之，调适而上遂于道”，这样才不会成为流俗。必须认同自己，了解自我一代和上一代的问题并好好沟通，这应作为哲学研究的重心所在。像“八点档”成了一种话语霸权，因为太过长久，便成了抹黑，使得观众陷入存在的困境。面对这种情况，我们必须回到存在的根源，重新厘清它的存在。在这个过程中，我们必须通过了解、转译与创造的过程，以前融摄佛学如此，现在融摄西方哲学更应如此。

以我们所能觉知到的生活世界来说，我们的古典话语一直在流失中，我们的学术话语又没能好好地生根，生活话语又一直在俗化中。像现在写点文章有深度，编辑就会说你的文章太深，其实不是你的文章太深，而是一般人浅了。不过，正因他拥有权力可以决定用不用这篇文章，久而久之，他也形成一种话语霸权，人们的胃口也就变了。如以前有“避讳”的传统，现在却是太强调“公平”，所以就有些东西垮了、紊乱了。这种新的方法是错的，可是它越来越多，到后来不做的人反而错了。原来这是约定俗成，却也因此逐渐滑转、异化，成了“鄙俗”“流俗”，最糟的是他们还不知自己俗了。从“话语”到“结构”，到“象征”，进而上契于“意向”，最后则归本还原于“道”。这在我那本《人文学方法论：诠释的存有学探源》一书的第五章有较详细的述说。其他阐析，或者可从像王夫之《老子衍》《庄子通》《庄子解》里引出。这类诠释方法，我个人觉得，可以和王弼的“得意忘象、得象忘言”连续起来理解，关联密切。

二十三、“多元而一统”的文明对话与交谈

我认为，中国哲学的研究，要在省察中延续、在批判中瓦解、在承继中创造。理想，就是要多元而一统，对话而交谈。交谈便须得容纳各种声音。中国哲学和西方哲学应该互通，中国文化要是全球多元文化中的其中一员。身为其中一员，不要认为自己就可以统领这个世界，所以我不爱说什么“21世纪是中国人的世纪”，这类话其实没什么意义。应该说，“21世纪是中国文化努力地参与到世界文化的世纪”。这些年来，我认为该由低调式的伦理来思考，而不是整体论式的思考，不是本质主义式的思考，而是点滴的工程思考方式。

学生：在您自己所学得的各类中国哲学中，有没有因其涵养，而在人生大事上有能够加以决断的力量？

林安梧：个人认为，康德所言“穷知见德”，转化来说，就是能通过我们理智、能力清楚认知的部分，我们要清楚认知；除此之外，还有一大片天地无法透过理智去认知，这片天地，对我们的人生会很有影响力。所以，人对“存在的奥秘”，都要有“敬畏”之心。什么是存在的奥秘，个人认为，一切事物在还没彰显出来时，都是奥秘的。在个人的生命经验、习惯里，必有此敬畏之心。像考试，即使考得好，也要一直保持着敬畏之心，必到放榜才能轻松。我们华人的生命力是强韧的，正如同父权、父道、父亲是连在一起的，那天命、天道、天心也是关连为一体的。对我来说，

从高中起，就已决定中国文化的阐释与发扬就注定会是我一辈子的活动、实践性的活动。我很喜欢“素其位而行”这句古典话语。遇到该做的事，就去做，像师大的老树保护活动就是这样。这里牵涉到传统的问题，也有老一辈和年轻一辈的争执。我参与的事情，是一定要能够有点改善的。我希望在能改变时，努力改变；不能分辨时，祈求智慧来照亮我们；如果真不行，只有“尽人事听天命”了，我总以为未来的历史是可以见证的。

（这是2003年6月间林安梧在“台湾中央大学”中文所与哲学所的讲稿，由沈宝潆、许嘉村、赖悦珊、金英子等记录，并经删修完成）

林安梧教授著作简目

学术专著

[1] 林安梧:《现代儒学论衡》，业强出版社1987年版。

[2] 林安梧:《王船山人性史哲学之研究》，东大图书股份有限公司1987年版。

[3] 林安梧:《存有·意识与实践：熊十力体用哲学之诠释与重建》，东大图书股份有限公司1993年版。

[4] 林安梧:《中国近现代思想观念史论》，台湾学生书局1995年版。

[5] 林安梧:《当代新儒家哲学史论》，明文书局1996年版。

[6] 林安梧:《契约、自由与历史性思惟》，幼狮出版公司1996年版。

[7] 林安梧:《中国宗教与意义治疗》，明文书局1996年版。

[8] 林安梧:《儒学与中国传统社会之哲学省察：以“血缘性纵贯轴”为核心的理解与诠释》，幼狮出版公司1996年版。

[9] 林安梧:《儒学革命论：后新儒家哲学的问题向度》，台湾学生书局1997年版。

[10] 林安梧:《教育哲学讲论》，读册文化事业公司2000年版。

[11] 林安梧:《人文学方法论：诠释的存有学探源》，读册文化事业公司2003年版。

[12] 林安梧:《道的错置——中国政治哲学的根本困结》，台湾学生

书局2003年版。
[13] 林安梧:《两岸哲学对话：廿一世纪的中国哲学》，台湾学生书局2003年版。
[14] 林安梧:《儒家伦理与社会正义》，言实出版社2005年版。
[15] 林安梧:《儒学转向：从“新儒学”到“后新儒学”的过渡》，台湾学生书局2006年版。
[16] 林安梧:《新道家与治疗学：老子的智慧》，台湾商务印书馆2006年版。
[17] 林安梧:《中国人文诠释学》，台湾学生书局2009年版。
[18] 林安梧:《儒学革命：从“新儒学”到“后新儒学”》，商务印书馆2011年版。
[19] 林安梧:《牟宗三前后：当代新儒家哲学思想史论》，台湾学生书局2011年版。
[20] 林安梧:《血缘性纵贯轴：解开帝制·重建儒学》，台湾学生书局2016年版。

通识著作

[21] 林安梧:《问心——我读孟子》，汉艺色研文化事业公司1991年版。
[22] 林安梧:《论语——走向生活世界的儒学》，明文书局1995年版。
[23] 林安梧:《台湾文化治疗：通识教育现象学引论》，黎明文化事业公司1999年版。
[24] 林安梧:《老子道德经新译》，读册文化事业公司2000年版。
[25] 林安梧:《台湾·解咒：克服“主奴意识”建立“公民社会”》，黎明文化事业公司2004年版。
[26] 林安梧:《佛心流泉》，当代中国出版社2011年版。
[27] 林安梧:《道可道:〈老子〉译评》，商务印书馆2013年版。

[28] 林安梧:《金刚般若与生命疗愈:〈金刚经〉华山九一讲记》，台北万卷楼2014年版。

[29] 林安梧:《老子道德经新译暨心灵药方》，台北万卷楼2014年版。

[30] 林安梧:《问心：我读孟子》，商务印书馆2016年版。

主编著作

[31] 林安梧主编:《现代儒佛之争》(论文集)，明文书局1990年版。

[32] 林安梧主编:《海峡两岸中国文化之未来展望》(演讲论文集)，明文书局1992年版。

[33] 林安梧主编:《一九九九海峡两岸“通识教育”与“公民养成”学术研讨会论文集》，台湾清华大学通识教育中心2000年版。

参考文献

[1][汉]司马迁:《史记》,中华书局1982年版。

[2][东汉]许慎:《说文解字》,中华书局1963年版。

[3][魏]王弼:《王弼集校释》,中华书局1980年版。

[4][魏]王弼注,楼宇烈校释:《老子道德经注校释》,中华书局2008年版。

[5][晋]陶渊明:《陶渊明集》,三晋出版社2008年版。

[6][梁]沈约:《宋书》,中华书局1974年版。

[7][唐]慧能:《坛经校释》,中华书局1983年版。

[8][唐]陆德明:《经典释文》,上海古籍出版社2012年版。

[9][宋]朱熹编:《河南程氏遗书》,商务印书馆1935年版。

[10][宋]张载:《张载集》,中华书局1978年版。

[11][宋]陆九渊:《陆九渊集》,中华书局1980年版。

[12][宋]黎靖德编:《朱子语类》,中华书局1986年版。

[13][宋]程颐、程颢:《二程集》,中华书局2004年版。

[14][宋]朱熹、吕祖谦:《近思录》,中华书局2011年版。

[15][宋]朱熹:《四书章句集注》,中华书局2012年版。

[16][明]黄宗羲:《明夷待访录》,中华书局2011年版。

[17][明]王守仁:《王文成公全书》,中华书局2015年版。

[18][清]王夫之：《周易外传》，中华书局1962年版。
[19][清]朱谦之：《老子校释》，中华书局1984年版。
[20][清]黄宗羲：《明儒学案》，中华书局1985年版。
[21][清]黄宗羲原著，全祖望补修：《宋元学案》，中华书局1986年版。
[22][清]王夫之：《船山全书》，岳麓书社1988年版。
[23][清]王夫之：《庄子通》，中华书局2009年版。
[24][清]郭庆藩：《庄子集释》，中华书局2012年版。
[25][清]王先谦：《荀子集解》，中华书局2013年版。
[26][清]王夫之：《尚书引义》，中华书局2013年版。
[27]蒋锡昌：《老子校诂》，商务印书馆1937年版。
[28]唐君毅：《中国人文之精神发展》，人生出版社1958年版。
[29]香港中文大学新亚书院中国文化学会编：《望到便觉天地宽》，新亚研究所1975年版。
[30]蔡仁厚：《王阳明哲学》，三民书局1975年版。
[31]牟宗三：《佛性与般若》，台湾学生书局1982版。
[32]牟宗三：《康德的道德哲学》，台湾学生书局1983年版。
[33]牟宗三：《中国哲学十九讲：中国哲学之简述及其所涵蕴之问题》，台湾学生书局1983年版。
[34]《大正藏》，新文丰出版社1983年版。
[35]余英时：《从价值系统看中国文化的现代意义》，时报出版事业公司1984年版。
[36]费孝通：《乡土中国》，三联出版社1985年版。
[37]熊十力：《新唯识论》，中华书局1985年版。
[38]任继愈：《中国佛教史》，中国社会科学出版社1985年版。
[39]成中英：《中国哲学的现代化与世界化》，联经出版事业公司

1985年版。

［40］梁漱溟：《东西文化及其哲学》，商务印书馆1987年版。

［41］梁漱溟：《中国文化要义》，学林出版社1987年版。

［42］林安梧：《王船山人性史哲学之研究》，东大图书股份有限公司1987年版。

［43］高亨：《老子正诂》，中国书店1988年版。

［44］张光直：《美术、神话与祭祀》，辽宁教育出版社1988年版。

［45］申小龙：《中国句型文化》，东北师范大学出版社1988年版。

［46］王玉波：《中国家长制家庭制度史》，天津社会科学出版社1989年版。

［47］杜维明：《儒家自我意识的反思》，联经出版事业公司1990年版。

［48］吕理政：《天、人、社会：试论中国传统的宇宙认知模型》，中央研究院民族学研究所1990年版。

［49］汤用彤：《汉魏两晋南北朝佛教史》，台湾商务印书馆1991年版。

［50］杨适：《人伦与自由——中西人论的冲突和前途》，商务印书馆（香港）印行1991年版。

［51］黄勤堂选析：《哲理诗选析》，安徽文艺出版社1991年版。

［52］邓启耀：《中国神话的思维结构》，重庆出版社1992年版。

［53］吴汝钧：《游戏三昧：禅的实践与终极关怀》，台湾学生书局1993年版。

［54］陈沛然：《佛家哲理通析》，东大图书股份有限公司1993年版。

［55］林安梧：《存有、意识与实践：熊十力体用哲学之诠释与重建》，东大图书股份有限公司1993年版。

［56］钱穆：《中国文化史导论》，生活·读书·新知三联书店1994年版。

［57］蒋世弟：《林则徐诗文选》，华东师范大学出版社1994年版。

［58］林安梧：《中国宗教与意义治疗》，明文书局股份有限公司1996

年版。
[59] 熊十力等撰，林安梧辑：《现代儒佛之争》，文海学术思想研究发展文教基金会1997年版。
[60] 林安梧：《儒学与中国传统社会之哲学省察——以“血缘性纵贯轴”为核心的理解与诠释》，学林出版社1998年版。
[61] 牟宗三：《心体与性体》，上海古籍出版社1999年版。
[62] 李学勤主编：《十三经注疏》，北京大学出版社2000年。
[63] 张光直：《青铜挥麈》，上海文艺出版社2000年版。
[64] 萧萐父主编：《熊十力全集》，湖北教育出版社2001年版。
[65] 钱穆：《国史新论》，生活·读书·新知三联书店2001年版。
[66] 任继愈主编：《佛教大辞典》，江苏古籍出版社2002年版。
[67] 徐元诰：《国语集解》，中华书局2002年版。
[68] 牟宗三：《牟宗三先生全集》，联经出版事业股份有限公司2003年版。
[69] 瞿同祖：《中国法律与中国社会》，中华书局2003年版。
[70] 林安梧：《道的错置：中国政治思想的根本困结》，台湾学生书局2003年版。
[71] 李炳南讲述：《论语讲要》，台中莲社2003年版。
[72] 裘锡圭：《中国出土古文献十讲》，复旦大学出版社2004年版。
[73] 牟宗三：《生命的学问》，广西师范大学出版社2005年版。
[74] 唐君毅：《中国文化之精神价值》，广西师范大学出版社2005年版。
[75] 文庸、乐峰、王继武主编：《基督教辞典》，商务印书馆2005年版。
[76]《新约圣经》，环球圣经分会2006年版。
[77] 林安梧：《新道家与治疗学：老子的智慧》，台湾商务印书馆2006年版。
[78] 刘笑敢：《老子古今：五种对勘与析评引论》，中国社会科学出

版社2006年版。
[79] 牟宗三:《政道与治道》，广西师范大学出版社2006年版。
[80] 冯契主编:《哲学大辞典》，上海辞书出版社2007年版。
[81] 牟宗三:《中国哲学的特质》，上海古籍出版社2008年版。
[82] 殷海光:《中国文化的展望》，上海三联书店2009年版。
[83] 印顺:《印顺法师佛学著作全集》，中华书局2009年版。
[84] 牟宗三:《现象与物自身》，吉林出版集团有限责任公司2010年版。
[85] 钱穆:《国史大纲》，商务印书馆2010年版。
[86] 张志烈、马德富、周裕锴主编:《苏轼全集校注》，河北人民出版社2010年版。
[87] 金观涛、刘青峰:《兴盛与危机：论中国社会超稳定结构》，法律出版社2011年版。
[88] 钱穆:《民族与文化》，九州出版社2011年版。
[89] 林安梧:《儒学革命：从“新儒学”到“后新儒学”》，商务印书馆2011年版。
[90] 林安梧:《佛心流泉》，当代中国出版社2011年版。
[91] 赖永海主编:《佛教十三经》，中华书局2012年版。
[92] 徐复观:《儒家政治思想与民主自由人权》，台湾学生书局2013年版。
[93] 张光直:《考古学专题六讲》，生活·读书·新知三联书店2013年版。
[94] 林安梧:《道可道:〈老子〉译评》，商务印书馆2013年版。
[95] 蔡义江编:《绝句三百首》，浙江文艺出版社2013年版。
[96] 刘文典:《淮南鸿烈集解》，中华书局2013年版。
[97] 高岚主编:《荣格文集》，长春出版社2014年版。
[98] 林安梧:《金刚般若与生命疗愈:〈金刚经〉华山九一讲记》，台北万卷楼2014年版。

[99] 孙周兴、王庆杰主编:《海德格尔文集从本有而来哲学论稿》,商务印书馆2014年版。
[100] 张岱年主编:《中国哲学大辞典》,上海辞书出版社2014年版。
[101] 杜正胜:《编户齐民:传统政治社会结构之形成》,联经出版事业公司2014年版。
[102] 陈鼓应:《管子四篇诠释》,中华书局2015年版。
[103] 刘建龙编:《古文类鉴》,中国文史出版社2015年版。
[104] 唐君毅:《唐君毅全集》,台湾学生书局2015年版。
[105] 钱穆:《从中国历史来看中国民族性及中国文化》,中华书局2016年版。
[106] [德] 韦伯:《新教伦理与资本主义精神》,于晓、陈维纲译,生活·读书·新知三联书店1987年版。
[107] [德] 卡尔·雅斯贝尔斯:《历史的起源与目标》,魏楚雄、俞新天译,华夏出版社1989年版。
[108] [美] 马尔库塞:《单向度的人——发达工业社会意识形态研究》,刘继译,上海译文出版社1989年版。
[109] [日] 中村元:《中国人之思维方法》,徐复观译,台湾学生书局1991年版。
[110] [德] 马克斯·韦伯:《儒教与道教》,王容芬译,商务印书馆1995年版。
[111] [美] 塞缪尔·亨廷顿:《文明的冲突与世界秩序的重建》,周琪等译,新华出版社1998年版。
[112] [德] 汉斯·格奥尔格·加达默尔:《真理与方法:哲学诠释学的基本特征》,洪汉鼎译,上海译文出版社1999年版。
[113] [德] 卡西尔:《卢梭、康德与歌德》,刘东译,生活·读书·新知三联书店2002年版。

[114][德]马丁·布伯:《我与你》，陈维纲译，生活·读书·新知三联书店2002年版。

[115][美]安乐哲、郝大维:《道不远人：比较哲学视域中的〈老子〉》，何金俐译，学苑出版社2004年版。

[116][美]本杰明·史华兹:《古代中国的思想世界》，程钢译，江苏人民出版社2004年版。

[117][德]胡塞尔:《纯粹现象学通论：纯粹现象学和现象学哲学的观念》，李幼蒸译，商务印书馆2009年版。

[118][英]A. N. 怀特海:《科学与近代世界》，何钦译，商务印书馆2009年版。

[119][英]霍布斯:《利维坦》，黎思复、黎廷弼译，商务印书馆2009年版。

[120][加]大卫·盖洛普英译:《巴门尼德著作残篇》，李静滢译，广西师范大学出版社2011年版。

[121][德]海德格尔:《海德格尔文集》，孙周兴译，商务印书馆2014年版。

[122][美]弗朗西斯·福山:《历史的终结与最后的人》，陈高华译，广西师范大学出版社2014年版。

后记

初见林安梧老师，是在2016年10月13日晚儒家文明论坛的首期讲座上。说来惭愧，我本是中文系学生，于学业一向懒散，与深奥的哲学讲座更是向来绝缘。然而当天下午突然接到《山东大学报》的任务，我需要将林老师讲座的内容整理成文字稿。那是我成为校报学生记者后的第一个任务，接到任务的我瞬间进入警备状态。

有时会怀疑自己患有社交恐惧症，比如跟老师交流时，我经常会陷入手足无措的窘境。每每与老师交流前，我总是先打好腹稿，于无人处演练几番，演练完毕，再深呼一口气，暗示自己已经准备妥当，颇有几分壮士断腕、将赴刑场的悲壮。

当天下午，我先沐浴更衣一番，以为如此便能长几分士气。出门前，我对着寝室的穿衣镜毕恭毕敬地说："林老师您好，我是《山东大学报》的学生记者王冰雅。请问我可以将您今晚的讲座整理成稿件，发表在报纸上吗？"假装林老师说："可以。""嗯，那我可以留一下您的联系方式吗？因为稿件发表前需要您的审核。"然后，我立刻掏出自己准备好的小本，请林老师留下邮箱地址。最后我接过小本，以一声"谢谢老师"完美收官。演习完毕，可以出发了，路上还提醒自己不要忘记微笑。

提前半小时到达讲座现场，讲座火爆的场面令人惊叹：百人教室已然座无虚席。虽然及时改换到相邻的大教室，但是仍然有不少同学源源不断地涌进来，站在教室后排，甚至席地坐。诸事就绪前，林老师戴着标志性的黑色小帽，穿着标志性的唐装，安静地坐在教室前排，面前是一杯冒着热气的咖啡。

瞄准这个机会，我带着几分紧张来到林老师面前，把演练好的台词一股脑儿倒出来："林老师您好……"结果林老师爽快地答应了我的请求，事情进展如想象中一样顺利。虽然，后来据同学描述，我跟林老师讲话时手在抖。至于微笑，更别提了。

在接下来的三天时间里，我将讲座的录音逐字整理成文字稿，并揣摩了以往讲稿整理的写法，反复改了五六次，仍然觉得不得要领，最后犹犹豫豫，忐忑不安地把稿件发给了林老师。没想到，我竟然得到了林老师的表扬。稿件还被林老师推荐到《南方周末》发表。在后来的工作交流中，林老师常常说"可嘉"。与其说"可嘉"是表扬，不如说是林老师对后辈的勉励。

除却"可嘉"，"慢慢来"也是林老师常说的话。记得在一次采访中，林老师说起一个现象：在办公室里，有的人走路做事永远风风火火，他的脚步声一响起，大家就知道是他来了，可是这样匆匆忙忙，一天也不见他做多少事。听完，我像在照妖镜下现出了原形般，很是羞愧，这不正是生活中的我吗？林老师希望他的学生能在从容蕴藉中把事情做好，而不是总是忧心忡忡、着急忙慌。他讲起孔老夫子的气象，"子之燕居，申申如也，夭夭如也"，尽管孔老夫子忧"德之不修，学之不讲，闻义不能徙，不善不能改"，但是平居所处，仍然是一副从容舒坦、安身立命的样子。

听多了"尽快""今天必须""这周末一定"这样的话，再听到"慢慢来"的时候，我会觉得有点感动。我们像是身处一个昼夜运转不休的大车间，而我游走在一个小小的齿轮上，不能慢呀，一旦慢下来就会被小齿轮碾压。原来这叫"疲于奔命"。但是林老师说"慢慢来"，就像一个园丁耐心地给每一株看上去矮小瘦弱不成气候的小树浇水，并且坚信它们终能长成参天大树。

我慢慢地明白了一件事，不要妄自菲薄，也不必自暴自弃。想起鲁迅先生说："愿中国的青年都摆脱冷气，只是向上走，不必听自暴自弃者流的话。能做事的做事，能发声的发声。有一分热，发一分光，就像萤火一般，也可以在黑暗里发一点光，不必等待炬火。"读书读到研究生一年级，自己仍然无知幼稚得像个孩子，而林老师的信任、"可嘉"和"慢慢来"都成为我成长道路上微小的信念支撑。未来的路还很长，充满了名为未知的恐惧，但是或许可以走走看。

写到这里，忍不住提醒自己是在写笔录后跋。可是跋应该怎样写呢？说来有趣，即使这篇跋已经写了三稿，我仍然不知该如何下笔。各位读者朋友大概要惊呼："天呐！就这篇小东西你也写了三遍吗？"我只好难为情地承认，其实不只三遍。一稿初成，其幼稚肤浅着实令人"不忍卒读"。二稿决心一雪前耻，在图书馆翻检一番，决定效法《知堂序跋》。奈何学识太浅，情绪未深，结果只能是东施效颦。林老师点拨：文以自然为尚。心下哀叹前耻恐怕难以洗雪，于是三稿又复归幼稚肤浅之原貌。惭愧掩面，各位读者朋友见笑。

历时数月，书稿终于整理完成。如果说有什么体会，那就是我深深感受到自己的整理工作是一种折伤，难以还原林老师讲课情境之万一、精华之万一。若有机缘，还希望各位读者朋友能够亲临现场听听林老师讲课，必定会有更深刻的感受和体悟。

感谢在整理过程中曾对我给予帮助的每一位老师和同学。无以为报，唯有铭记在心。

王冰雅

2017年7月于山东大学